Heibonsha Library

初期哲学論集

Erste Druckschriften zur Philosophie

平凡社ライブラリー

Heibonsha Library

ヘーゲル初期哲学論集

Erste Druckschriften zur Philosophie

G.W.F.ヘーゲル著
村上恭一訳

平凡社

本書に収めたヘーゲル論文のうち、「フィヒテとシェリングとの哲学体系の差異」は新訳であり、「惑星の軌道に関する哲学的論文」「惑星の軌道に関する哲学的論文への暫定的テーゼ」に関しては『惑星軌道論』（法政大学出版局、一九九一年）所収の訳文・訳注・解説を改訂したものである。

目次

惑星の軌道に関する哲学的論文

先学の思い出に捧げる　訳者

フィヒテとシェリングとの哲学体系の差異

——十九世紀の初頭における哲学の状況を展望するためのラインホルトの寄与に関して

Differenz

des

Fichte'ſchen und Schelling'ſchen

Syſtems der Philoſophie

in

Beziehung auf Reinhold's Beyträge zur leichtern
Überſicht des Zuſtands der Philoſophie zu Anfang
des neunzehnten Jahrhunderts, 1ſtes Heft

von

Georg Wilhelm Friedrich Hegel

der Weltweisheit Doktor.

Jena,
in der akademiſchen Buchhandlung
bey Seidler
1801.

フィヒテとシェリングとの哲学体系の差異

19世紀の初頭における哲学の状況を展望するためのラインホルトの寄与に関して

哲学博士　ゲオルク・ヴィルヘルム・フリードリヒ・ヘーゲル

イエナ　大学書房ザイトラー　1801年

凡例

一、本論は、G. W. F. Hegel : Differenz des Fichte'schen und Schelling'schen Systems der Philosophie, in Beziehung auf Reinhold's Beiträge zur leichtern Übersicht des Zustands der Philosophie zu Anfang des neunzehnten Jahrhunderts, 1stes Heft (Jena, 1801) の翻訳である。

二、訳出にあたっては、G. W. F. Hegel, Werke, Bd. 2, Jenaer Schriften 1801-1807 (Suhrkamp, 1970)、いわゆる「ズールカンプ版」所収の原典を底本とし、他にラッソン版、フェリクス・マイナー「決定版全集」第四巻、および旧東独ベルリン・アカデミー社版（G. W. F. Hegel : Jenaer Schriften, hrsg. von G. Irrlitz, 1972）所収の各原典を参照した。

三、本書の邦訳として、佐々木正治訳『フィヒテ哲学とシェリング哲学』（名著刊行会、一九七五年）、戸田洋樹訳『フィヒテとシェリングの差異』（公論社、一九八〇年）、山口祐弘・星野勉・山田忠彰訳『理性の復権』（批評社、一九八五年）の各書を参照、教えられるところがあった。さらに、メリーの仏訳（Hegel : Premières Publications, —— Différence des Systèmes philosophiques de Fichte et Schelling, Traduction par M. Méry, 1952）、またハリスの英訳（Hegel : The Difference between Fichte's and Schelling's System of Philosophy, Translated by H. S. Harris and W. Cerf, 1977）を併せて参照した。

四、目次は、初版本を含め右諸版ともに不備であるが、そのうち唯一仏訳書にだけ、ヘーゲルの用語に基づき補完して作成された目次のひな型が見られる。本書の目次は、主としてこれに依拠したものだが、原著者の手になるものではないため、あくまで、見出し程度のものと考えていただきたい。

五、原注は、当該段落のうしろに＊、＊＊……で示した。

六、訳注は、（1）、（2）……として末尾に一括して示し、文中での訳者による補足、言い換えは〔　〕で示した。

序文

近ごろ刊行されたもののうち、フィヒテの哲学体系とシェリングの哲学体系との差異につき、何がしかの感触が得られる著述は、きわめて少ない。しかも、そうした稀少の刊行物においてすら、両体系の差異を明晰に意識するというよりむしろ、これらの差異を無視するとか、できれば曖昧にしておこうとする企てが際立っているように見える。公表されている限りでの両体系の直接的見解にしても、またとりわけエッシェンマイヤーが自然哲学に対して観念論の立場から反論した際、これに対するシェリングの返答(1)にしても、右の両体系の差異を話題にしてはいない。これに反して、例えばラインホルトのごときは、両体系の差異をまるで予感すらせず、むしろ両体系が完全に同一であるのは自明のものと、ひとたび思い込んでしまったために、この点に関してもシェリングの哲学体系に対するラインホルト自身の観点を歪めてしまったほどである。こうしたラインホルトの混乱が、本論考の主たる動機をなしているのである。(これに比べると、哲学を論理学に還元することによって哲学の革命をもたらさんものと予告され、あるいはすでに起こったものとして宣言された事態〔哲学の革命〕は、当面の問題ではない[2]。

そもそもカント哲学が必要としたことは、この哲学の精神がその文字から切り離され、〔カント哲学のもつ〕純粋に思弁的な原理だけが、理屈ずくめの反省に属しているものからか、あるいはこの反省に利用される余計なものから抽出され〔際立たせられ〕ることであった。カテゴリーの演繹という原理において、カント哲学は真の観念論である。しかもこの原理こそ、フィヒテが純粋にして厳密な形式において採り出したものであり、またカント哲学の真髄と呼んだものである[3]。なるほどカント哲学では、〔物自体によって客観的に表現されているのは、対立の空虚な形式以外の何ものでもないのだが〕当の物自体がまたもやカントによって実体化され、独断論の哲学者たちのいう物と同じく、絶対的な客観性として措定されている。またカテゴリーそのものは、一方では知性〔悟性〕の枯渇して死に絶えた区分肢とされると同時に、他方では最高の原理とされており、このため例えばスピノザの実体のような絶対者そのものをあらわす表現は否認されることになる。かくして、否定的な理由づけの論弁が、依然として批判哲学の名の下に、差し出がましくもこれを僭称することにより、哲学的思惟の座にとって代わることができたわけである。ただし、こうした事情は、せいぜいカントによるカテゴリーの演繹の形式上だけのことに限られるのであって、その原理もしくは精神に由来するものではない。実際、もしわれわれがカント哲学の原理の〔カテゴリーの演繹のごとき〕側面だけを継承していたならば、彼の哲学の〔思弁から反省へという〕変化は、ほとんど理解しえないであろう。思弁の原理とは、主観と客観との同一性をいうが、この原理があの悟性形式の演繹において、きわめて明確に表現されている。悟性のこの理論は、〔より高い段階へと〕理性の立ち合いのもとで洗礼を施されたのである。

しかるに、カントが理性としてのこの同一性そのものを哲学的反省の対象とするとき、この同一性はその場で自然に消滅することになる。というのも、これまで悟性が理性によって取り扱われていたのに、これに反して理性が悟性によって取り扱われることになるからである。こうしてみると、いかに低い段階で主観と客観との同一性が捉えられていたかが、ここで明瞭になる。〔なお、立ち入って言えば〕そもそも主観と客観との同一性は、十二種の純粋な思惟活動に限定される。あるいはむしろ、端的にただの九種のそれ〔思惟活動〕に限られる、と言った方がよいかも知れない。〔九種〕というわけは、様相は何ら真に客観的な規定を与えるものではなく、むしろ様相のうちにあるのは、本質的に主観と客観との非同一性なのだからである(4)。カテゴリーによって客観的に規定されるもの〔客観的な諸規定〕の他になお、感性と知覚という巨大な経験的領域、つまり絶対的な後天性の王国がなお残っている。この〔後天性の〕王国に対して、先天性として提示されるのは、ただ反省的判断力の主観的格率だけである(5)。すなわち、非同一性が絶対的原則に高められるわけである。当然のことながら、そうならざるを得なかったわけは、理性の所産である理念から、同一性すなわち理性的なものが排除され、この同一性が存在に絶対的に対立させられていたからであり、しかも理性が絶対的同一性としてでなく、無限の対立のうちにある実践的能力として提示され、さらに当の理性が純粋な悟性統一の能力として、すなわち有限な思惟である悟性によって想定されざるを得ないものとして提示されていたからである。このことによって、ここに悟性と理性とを決定的に区別する対照的な結論が生じてくる。すなわち、〔批判哲学における〕悟性にとっては、絶対に客観的な諸規定はまったく存在しないが、これに対して〔思弁哲学における〕理性にとっては、それは存在するという結論である。

さて、フィヒテの体系の原理とは、思惟の純粋な自己思惟、つまり「自我＝自我」という形式をとった主観と客観との同一性をいう(6)。そこで、われわれがカント哲学について、カテゴリーの演繹の根拠をなす超越論的原理をそのまま遵守するのと同様に、いまやこのフィヒテの原理を直接そのまま遵守するなら、われわれは大胆に表現された思弁の真の原理を確保していることになる。しかるに、〔フィヒテの〕思弁が自ら立てるその概念の外に出て、自己を体系へと形成するや否や、思弁は自己自身とその原理を放棄し、もはや再びその原理へと還帰することはない。当の思弁は、理性を悟性に引き渡し、意識のうちの有限なるものの連なり〔意識の働きと対象〕のなかへと移行し、かくして思弁はこの有限性から脱して、再び自己を同一性と真の無限性へと再構成することは決してないのである。このため、〔思弁の〕原理そのものである超越論的直観は、当の原理から演繹されたはずのその多様性に対立するという何とも歪んだ立場をとることになる。こうして体系を構成する絶対者は、哲学的反省によって捉えられた現象という形式《かたち》でだけ自己を示すにすぎない。反省によって絶対者に与えられる〔現象形式という〕この規定性は、したがって有限性と対立を脱し切れないのである。いまや〔思弁の〕原理をなす主観＝客観〔の同一性〕は、主観的な主観‐客観のそれであることが明らかとなる。こうして、〔フィヒテの場合〕この原理から演繹されたものは、自我＝自我としての純粋意識の制約という形式をとることとなり、純粋意識それ自身は、客観的な無限性、すなわち無限への、(in infinitum) 時間進行という条件に限定されたものという形式〔意識のあり方〕をとることになる。時間進行というこの無限累進のなかで、超越論的直観は自己喪失し、自我は絶対的な自己直観として構成されることはない。それゆえ、自我＝自我は、「自我は自我に等しくあるべきである」という原理におき換えられることになる。かくして〔フィヒテの場合〕、克服しがたい絶対的な対立のうちに措定された理性は、この点で悟性の次元へと引き下げられているのであり、(7) この際、絶対者が自分に与えざるをえない諸形態とそれらの学の原理をなすのは、〔かく悟性に転落した〕当の理性にほかならないのである。

フィヒテの体系には、このような二つの側面が見られる。一方の側面からみれば、フィヒテの体系は理性と思弁の概念を純粋に定立し、かくして哲学を可能にした。他方の面からみると、この体系は理性と純粋意識とを一つのものとして措定し、一つの有限な形態において捉えられた理性を原理にまで高めたということである。この二つの側面が区別されるべきなのは、事柄そのもののもつ内的必然性として示されねばならない。ところで、その外的な機縁をなすものとしては、時代の要求というものがある。ラインホルトの書『十九世紀の初頭における哲学の状況を展望するための寄与』(8)は、この時代の要求の流れのなかにあり、さしあたっては、それが機縁をなすことになる。というのも、ラインホルトの書においては、フィヒテの体系が真の思弁にして哲学であるという側面が見落とされているばかりでなく、シェリングの体系に関しても、これがフィヒテの体系とは区別されるものであり、しかもシェリングの体系は、自然哲学において、主観的な主観‐客観に対して客観的な主観‐客観を対立させ、さらに〔主観的な主観‐客観と、客観的なそれとの〕この両者を、主観より高次のものにおいて合一されているものとして提示している、という両面がこれまた見落とされているからである。

なお時代の要求という点に関して言えば、フィヒテの哲学は〔ラインホルトのそれ以上に〕大いに注目をひき、新時代を画すものとなったため、この哲学に反対し、独自の思弁的体系の道に邁進しようと努める人たちですら、何だか知らず識らずのうちにフィヒテ哲学の原理の術中におちいり、この哲学の原理から身を守ることができないほどである。画期的な体系が出現する際にきまって見られる兆候は、いつも〔その反対派からの〕誤解であったり、またその体系に反対する者の拙劣な振舞いである。これに対して、ある体系について、それが成功をおさめたと世間で話題にされるようになると、哲学のごく普通の欲求は、本能的な好みをもってこの体系に盲従するものである。哲学に対する欲求は、元来、独自の力では、哲学に到達することはできない。（実際、それができさえするなら、体系を創造することによって、自ら満足することができたはずだからである。）また体系の受容は、受け身のように見えても、当の体系が語るものが時代の核心に現存しているとなれば、いまや誰もが、各人の学問上であれ生活上の領域においてであれ、体系を主張するというわけである。

このような〔正しく評価されていないという〕意味であれば、フィヒテの体系は成功をおさめたとは言いがたい(9)。一方では、この点はある程度、当節の時代の非学問的傾向のせいでもあるが、そのほか何がしか同時に考慮に入れられなければならないことがある。――すなわち、悟性とか有用性とかが一層重要視され、限られた目的がいよいよ幅をきかせるにつれて、よりよき精神の衝動が、とりわけ開かれた若者の世代のうちに、いよいよ力強くなっているということが、それである。実際、〔シュライエルマッハーの〕『宗教について――宗教の軽蔑者のなかの教養人に寄せる講話』（一七九九年）にみられる現象は、当面の思弁的要求に直接には関与しないかも知れない。が、それにもかかわらず、これらの現象が現にあり、それらが受容されているということは、ある哲学への要求を示唆している。つまり、おぼろげな感情においてか、あるいは鮮明な感情においてか、いずれにせよ詩や芸術一般がその真の領域において、権威を維持しはじめたということは、これこそ哲学への要求の示唆にほかならない。すなわち、〔期待される哲学によると〕かつて自然がカントおよびフィヒテの体系のなかで被った不当な取り扱いから浄化されてはじめて、理性自身は当の自然と調和を得るというのである。もっとも、この場合の調和のことだが、それは理性が自己を断念したり、あるいは自然の浅薄な模倣者となるというごとき調和なのではなく、理性が自己自身の内的な力に基づいて自然へと自己自身を形成してゆくという意味での一致をいうのである。

本書が始まりとするところは、まずもって哲学の要求とか、前提とか、原則などについて一般的な反省を行なうことにある。が、それらは一般的な反省という点で、それ自身欠陥をもっている。それでいて、このような〔一般的反省への〕誘因をなすのは、ほかでもなく、前提とか原則などの諸形式によって、哲学への入口が依然として蔽い閉ざされており、そこでいつか哲学そのものだけが真正面から問題にされる日まで、ある程度はどうしてもそれらを用いて処理せざるを得ないというわけだからである。なお、これら哲学の諸対象のうち、比較的興味のあるものの若干については、さらに別の場でも詳細に述べられるであろう。(10)

一八〇一年七月　イエナにて

A　当世の哲学活動にみられる種々の形式

I　哲学体系についての歴史的見解

あまりにも多くの哲学体系を過去に背負っている時代ともなると、ときにある種の無関心の状態に陥らざるをえないと見える。それは、生命があらゆる形式を経験しつくした後に行きつくのと同じ無関心さである。あたかも白骨と化した個体が自らあえて生命に執着しないとなると、全体性へ向かおうとする衝動は、かろうじて知識を完成しようとする衝動となって現われるにすぎない。〔骨と化し生気なき〕個体は、自分が所有しているもの〔知識〕の多様性にかくれて、自分の正体とは違った見かけ〔仮象〕を装うのである。[1] かくして個体は、学を単なる知識に変えることによって、学が要求する生きた関与を学に対して拒否し、なおかつ学を遠ざけ、これをまったく客観的な形態にとどめおき、そして自己自身の方は、自らを普遍性へと高めようとする一切の要求に反して、自分のわがままな特殊性に身をおき、あくまで平然としているのである。この種の無関心さにとっては、それがたまたま転じて好奇心になったとしても、せいぜいのところ肝心な点は、端的に言えば、新たに形成された哲学に名称を与えること、あたかもアダムが動物の支配を、当の動物に名前を与えることによって表明したように[2]、哲学に対するその支配を、名称の発案によって表明すること、これである。かくして哲学は、単なる知識の序列に移されたのである。知識は、いまや疎遠な客観にかかわることになる。知識以外の何ものでもない哲学の知においては、内的なものの全体がそれ自身運動することはないのであって、そこでは無関心さ[3]が、その自由を完全に主張しているのである。

どのような哲学体系も、このような扱いを受ける可能性を免れることはできない。すなわち、哲学体系はいずれも、歴史的事象として取り扱われうるものだからである。生きた形態はいずれも、同時に現象の領域に属しているものであり、哲学もしょせん現象である以上、まさに体系を死せる私見に見立てたり、哲学の誕生と同時に、過去のものへと葬り去ることのできる威力に委ねられてきたということである。が、ある哲学に宿る生きた精神は、自己を顕現するのに、それにふさわしい精神を通して産み出されることを欲する。この精神は、諸々の私見を知るに際して、何らかの関心〔興味〕によって振りまわされる歴史的態度の前では、疎遠な現象として通り過ぎ、自己の内面を明かすことはないのである。だから、この精神にとっては、無益なミイラの蒐集とか、ありきたりの偶然的なものの集積を増やすことに役立たなければならないということなど、もはやどうでもよいのである。というのも、この精神自身は、もっぱら好奇心がらみの知識の蒐集ごときの手から、すり抜けてしまっているからである。この知識の蒐集という作業は、真理に対して無関心な自分の立場に固執し、私見を受け容れるか、退けるか、あるいはどちらとも決めかねるかのいずれにもせよ、自分の立場の自立性を保持することにおいては変わりないのである。そこで、この知識の蒐集の作業が、諸々の哲学体系に対して自分への関係を認めうるとすれば、それはこれらの哲学体系が私見にすぎないという〔関係〕以外にないのである。しかも、私見のごとき偶有事にしてみれば、当の知識の蒐集そのことには何ひとつ手出しすることはできないわけだからである。これを要するに、この種の知識蒐集の当事者は、真理が存在するという事実をこれまで認識したことがないのである。(4)

しかしながら、哲学の歴史〔哲学史〕は、学を拡張しようとする衝動がそれに向けて没頭するときには、比較的有益な面をもつことにもなる。というのも、ラインホルトによれば、哲学の歴史〔哲学史〕は、哲学の精神をかつてそれが生じたとき以上に深く見究めたり、また人間の認識の実在性の基礎づけに関して、先学者たちの独特の見解を、新たな独自の見解によってさらに押し進めることにも、十分役立つはずだからである。事実また、哲学の課題を解決しようとするこの試みは、従来なされてきたそれらの予備的試みをこのように歴史的に知ることによって初めて、実際に成就しうるだろうからである。[5] もっとも、このような成功が人類に約束されていると仮定してのことだが、というわけである。*

＊ ラインホルト『寄与』（第一分冊）、五頁以下参照。

それにもかかわらず、哲学をこのように研究しようとする目的の根底には、哲学を一種の工芸品に見立て、絶えず新たに考案される技術によって改良されるものだ、という品物扱いする哲学観が潜んでいることがわかる。なるほど、この新しい考案はいずれも、すでに使用された技術とかその使用目的についての知識を前提としている。だが、これまでにどれほどの改良がなされたにしろ、依然として主要な課題が残っている。この課題とは、要するにその技術《わざ》を熟知しさえすれば、誰にでもすぐに作品が作られるそんな普遍妥当的で究極的な技術《わざ》を発明することにある、というのがラインホルトの考えであるように思われる。仮にもしこのような発明が大事なことであり、学というものが疎遠な熟練者の死せる仕事であるのならば、学にふさわしい完全性とは、確かに機械的技術がなしうるかぎりの完全性でしかないであろう。そして、従来の哲学体系は、いかなる時代にとっても、偉大な頭脳の人たちが後世に遺した予行演習としてしか見なされないことになろう。だが、もし仮に絶対者がその現象である理性と同じように[6]、永遠に同じ一つのものであるとすれば（実際、同じ一つのものなのだが）、一方自己自身を目指し、自己自身を認識している理性はいずれも、一つの真なる哲学を産出しているのであって、あらゆる時代にわたって常に同一なる課題を解決してきたのであり、またその解決も同一なのである。哲学においては、自己自身を認識する理性はただ自己自身とだけ関係する以上、理性のすべての仕事とその活動とは、もっぱら理性自身のうちで基礎づけられるのであり、かくして哲学の内的本質という点から言えば、先学も後学も存在しないのである。

哲学を不断に改良することなど論外だが、それと同じように哲学の独自の見解というのも問題とはなりえないであろう。理性的なものが一体どうして独特でありえようか。ある種の哲学にとって独特なものがあるとするなら、まさにそれが独特であるとの理由により、哲学の体系の形式にのみ属することはあっても、哲学の本質に属することはありえないであろう。仮にもし、独特なものが現実にある哲学の本質をなしているとすれば、その哲学は哲学とは言えないであろう。またもし、ある哲学体系が自ら独特なものを自分の本質であると宣言した場合、それはそれで当の体系は、真正な思弁から発現しえたものと言えるのかもしれないが、しかしこの思弁も実は、学の形式で自己を表現しようと試みるや否や、たちまち挫折することになろう。独自性にとらわれている人は、他人のうちにも独自性しか見ないものである。もしも特殊な見解が哲学のもつ本質のなかに一つの場所を占めることを許してもらえるなら、かつまたラインホルトが最近尽力したところの成果〔十九世紀初頭のドイツ哲学界の動向の概説書〕を彼独自の哲学だと見なすことができるなら、その場合にはもちろんラインホルトとともに、概して従来なされてきた哲学のやり方、つまり哲学の課題を提示してこれを解決しようとする仕方を総じて、独自なものないし予行演習でしかないと見なすことも、もちろん可能ではある。が、なるほどそうであるにしても、こうした予行演習ごときものによって、やっと成就する試みが予め準備されているとも言える。というのも、(たとえ、われわれの憧れの哲学という至福の島々の海岸が、難破船の残骸で覆われていて、入江のどこにも使用に耐える船が一隻も見あたらないにしても)われわれは、決して目的論的な見解を断念するには及ばないからである。同じくまた、フィヒテがスピノザについて、スピノザは自分の哲学を信じることができなかったはずであり、内的に充実した完全な確信をもちえていたはずはないと述べ、また古代人についいて、彼らが哲学の〔本来的〕課題を意識して考えていたかどうか、まったく疑わしい限りであると述べている(7)が、この点も同様に、フィヒテ哲学が表明している形式の特性から説明されるに違いない。

もっともフィヒテの場合にあっては、彼自身の哲学体系のもつ独特の形式、すなわちその形式の全体にわたる「強靭な性質(8)」がこのような発言を生むのであるが、これに対してラインホルト哲学の特性は、根本の究明と基礎づけの傾向に存するのである。なお彼の哲学の傾向たるや、諸々の独特な哲学的見解にかかわり、それらをめぐっての歴史的究明に苦慮しすぎているように見える。ラインホルトの真理に対する愛と信仰とは、異常に高まって、きわめて純粋なあまり不快を催させるほどになっている。それゆえ信仰の方は、神殿への歩みを正しく理由づけ基礎づけるために広大な前庭を設け、この前庭のなかで愛の方は、神殿への歩みを躊躇し、分析とか方法論とか枚挙とかにできる限りかかずらわるなりして、結局〔ラインホルト〕は、自分の哲学に対して自らの無能ぶりを慰めるために、他人の大胆な歩みを評して、予行演習か、さもなければ精神錯乱でしかないなどと、強がりを言ってみせるだけである。

哲学の本質は、要するに前述のごとき特性にとっては、まさしく底なしの深淵である。従って、哲学そのものに到達するためには、身体が特性の総和を表現しているのであれば、ひ、と、思、い、に〔身体を捨てて〕（à corps perdu）底なしの深淵に身を投げることが必要である。というのも、意識が特殊性にとらわれているのを見出す理性が哲学的思弁に生成するのは、ただひたすら当の理性が自ら自己自身へと高揚すること、つまり自己自身と同時に自分の対象である絶対者とに対して信頼をよせる〔自らを委ねる〕ことによってのみだからである。理性がそのために一切を賭けるのは、ただ意識の有限性に他ならない。そして〔理性は〕、この意識の有限性を克服し、意識内にある絶対者を構成するために、当の理性は自ら思弁へと高揚するわけである。かくして理性は、諸々の制限とか特性とかの根拠を無くすることによって、自己自身の基礎づけを自己自身のうちに摑みとることになる。思弁というものが、一にして普遍的な理性の自己自身を目指す活動である以上、当の理性は(9)（さまざまな時代や頭脳の哲学体系を、単にさまざまな〔哲学する〕やり方とか純粋に独特の見解などと見なすのではなく〉、むしろ〔理性自身が〕諸々の偶然性や制限から免れ自由に自己自身の見解をうち立てた際には、特殊な諸形式を通して、自己自身を見るのでなければならない。さもなければ、理性が見るのは、悟性的諸概念とか私見のごとき単なる多様性にすぎないことになるが、しかしこのような多様性は、決して哲学ではないのである。ある哲学の真に特有なものとは、興味をひく個体性であって、それも言うなれば、理性が特殊な時代を素材として自己を形態化した個体性に他ならないのである。かくして特殊な姿をまとった思弁的理性は、そこにおいて、その精神の精神を、また肉体の肉体を見出すのであり、さらにこの精神と肉体のなかで、当の理性は自己を、同じ一つのものであって、しかも別のものである生ける存在として直観するのである。このようにして哲学はいずれも、それ自身において完成しており、真の芸術作品と同じく、それ自身のうちに全体性をもっている。かのラファエロにせよ、またシェイクスピアにせよ、彼らが例えばアペレス〔の絵画〕を、またソポクレスの〔悲劇〕作品を知っていたと仮定しても、これら先人の作品はこの両人にとって、自分たちのための単なる「下準備」のごとくに見えたはずはなく、むしろ精神の親和力のごときものとして現われえたはずである。[10]これと同様、理性も、自己自身の以前の諸形態のなかに、単に自分にとって役に立つ「予行演習」〔下準備〕だけを認めるなどということはありえない。が、ヴェルギリウスは確かにホメロスを自分とその洗練された時代にとってのそうした〔模範的な〕前奏曲と見なしたのであり、そのことのゆえにヴェルギリウスの作品は、ホメロスに倣った「習作」〔模倣的練習〕でしかないのである。

Ⅱ　哲学の要求

ある哲学のもっている特殊な形式を仔細に考察してみると、その哲学が一方では、精神の生きた独創性から生じていることがわかる。この場合の精神は、ひき裂かれた調和を哲学において自ら回復し、自発的に活動し形成してきたのである。また他方では、その哲学が、分裂を支えている特殊な形式から生じていることも認められる（もっとも、体系もこの分裂から生じてくるものではあるが）。かくして分裂こそ、哲学の要求[11]の源泉であって、時代の「教養形成[12]」という点から見れば、この分裂は〔時代精神の〕形態の不自由な所与的側面に他ならない。ところで、〔時代の〕教養形成においては、絶対者の現象であるものが、絶対者から隔離され、それ自身で自立的なものとして固定されている。しかし同時に、現象はやはり現象として自分の根源を放棄することはできず、そこで現象は自分の抱えている多様な制限〔されたあり方〕を、一つの全体として構成することを目指さざるをえない。この場合、制限する力としての悟性は、人間と絶対者との中間に建物を設け、この建物に人間にとって価値があって神聖なるもののすべてを結合し、自然の力と人知の限りを尽してこれを堅固にし、無限へと拡張するのである。この無限性のうちには、制限されたものの総体が見出されうるが、絶対者そのものだけは見出されえない。諸部分のなかに消失しながらも、絶対者は悟性を駆り立てて多様性の無限なる展開を促す。が、悟性は自分を絶対者へと拡大しようと努力しつつも、むしろただ自分自身を果てしなく産出するばかりで、ついに自分自身を嘲笑する結果になる。[13] ところで、理性だけが絶対者に到達するものであるが、それも理性が、ただこのような多様な部分的存在から脱出することによってのことである。が、悟性の建物が確乎として輝かしいものであればあるほど、悟性の建物のうちに部分としてとらわれている「生命[14]」が、この建物から脱出して自由へ向かおうとする努力はいよいよ抑えがたいものとなる。理性としての生命が〔悟性から〕遠ざかるとき、制限されたものの総体は同時に否定され、この否定において初めて絶対者と関係づけられ、かくして同時に単なる現象として把握され、措定されることになる。このとき、絶対者と制限されたものの総体とのあいだの分裂は消滅するのである。

悟性は、絶対的措定という思惟形式において理性を模倣する。たとえ措定されたものがそれ自体において対立したものであり、したがって有限なものであるとしても、悟性はこの〔絶対的措定という〕形式そのものによって、自分から理性の外見を装うのである。この悟性が理性のもつ〔措定作用とは別個の〕否定作用を一つの所産に転化し、これを固定するとなると、悟性の理性的仮装行為は極めてはなはだしくなる。この場合の無限なものは、それが有限なものに対立させられる限り、このような悟性によって措定されたものとしての理性的なものである。この無限者は、なるほど理性的なものであっても、それだけでは単に有限者の否定を表現するにすぎない。悟性は、このような無限者を固定することによって、これを有限者に絶対的に対立させるのである。この際、有限者を止揚することによって理性にまで高まっていた〔悟性的〕反省は、理性の行為を対立のなかに固定したことで、再び悟性へと転落することとなった。それでいて反省は、いまや悟性へと後退しているにもかかわらず、なお理性的であるふりをしているのである。

かく対立し合ったものが、これまで理性の所産であり絶対者であるとされてきたわけであって、実はそれらがさまざまな時代の教養形成をさまざまな形で提起したのであり、悟性はそれらを追って尽力してきたのである。このような対立はこれまで、精神と物質、霊魂と肉体、信仰と悟性、自由と必然性等々といった形式のもとで意味をもち、またより制限された領域では、もっと多くの仕方で意味をもっていた。かくして、人間的関心事の一切の重心がここに結びついていたとも言えるこれらの対立は、教養形成の進展とともに、理性と感性、知性と自然との対立、また一般的な概念で言えば、絶対的主観性と絶対的客観性との対立という形式に移行することになる。

このように固定化された諸対立を止揚することこそ、まさしく理性の唯一の関心事なのである。が、理性の関心といっても、それは、あたかも理性が対立とか制限一般とかに対して対立するかのような意味をいうのではない。というのも、必然的な分裂というものが、生命の一つの要因である以上、そもそも生命は永遠に対立を介して自己形成してゆくもので、全体が最も活動的な状態になるのは、最高の分裂状態から自己回復されることによってのみ可能だからである。理性が反対するのは、むしろ悟性が分裂を絶対的に固定することに対してであり、また絶対に対立するものそれ自身が、理性から発現する場合には、なおさらのことである。[15]

対立を合一する力が人間の生命から消え去り、もろもろの対立がその両項のあいだの生きた関係と交互作用とを喪失して、対立項が自立的になったとき、ここで初めて哲学の要求が生じてくる。もっとも対立がただ自立的となったという限りでは、主観性と客観性として固定化した対立を止揚し、叡知の世界と実在の世界として既成化した存在［すでに生成した存在］[16]を、一つの生成として把握すること、しかもまたこの両世界の所産としての存在を、一つの産出する働きとして把握することは、なるほど偶然的なことにすぎない。しかし、このことは、かく二重化して分裂した状況下にあっては、必然的な試みである。つまり理性は、生成と産出する働きという無限の活動において、分離されたものを合一し、そして絶対的となった分裂を根源的同一性によって制約された相対的分裂にまで引き下げたわけである。もちろん、理性のこのような自己再生産が、一体いつどこで、またどんな形式で哲学〔的思惟〕として現われるかは、偶然的である。が、この偶然性は、絶対者が一個の客観的全体として自己を措定するという点に基づいて把握されなければならない。すなわち、この偶然性は、客観性となった絶対者が時間の中での進展過程として直観されるかぎり、時間における偶然〔時間的〕である。しかし、この〔絶対者の〕客観性が空間のなかで並存するものとして現象するかぎり、分裂は風土的である。つまり、現実の世界に対立して、思惟するものと思惟されたものの世界〔二元論〕として、固定された反省形式で言えば、この分裂は西欧の北西部〔この地方の思惟形式〕に属している。(17)

さて、教養形成が広くゆきわたり、生命の外化が多様に発展すればするほど、そこに分裂はからみつくことになり、そうなるとこの分裂の力もますます強まり、その風土的な神聖さもますます堅固になる。それゆえ、調和を目指して再生しようとする生命の努力は、教養形成の全体にとってますます疎遠なものとなり、また無意味なものとなる。近代の教養形成に対抗して行なわれてきた〔学的〕試みは、全体から見てわずかであるが、このような試みとか、過ぎた時代ないし異郷のすぐれた美的傑作の類も、ただわずかに注目を喚起しえたにすぎない。この際、もし生きた芸術の真剣でより深い関係が理解されなければ、その注目も可能性として残るだけである。かくして、いまや生命の諸関係の全体的体系が生きた芸術から斥けられてしまうと、芸術のもつ包括的関係の概念は失われ、迷信とか娯楽的遊戯の概念に移行することになる。ある特定の宗教においては、人間はあらゆる分裂を超脱し、恩寵の国で主観の自由と客観の必然性と〔の対立〕が消滅しているのが見られるが、この種の宗教において形成される最高の美的完全性があくまでも活発でありえたのは、もっぱら教養形成のある一定の段階に至るまで、しかも俗衆的ないし野卑な民衆のなかでしかなかった。しかるに、文化が進展するに際して、文化はこの美的完全性と決別し、それを自分のわきに置くか、あるいは自分の方をそれのわきに置くかするようになった。しかも悟性が自己を確信するようになったので、〔悟性と美的完全性との〕両者は、相互にある種の平穏状態をえている。それというのも、両者はまったく隔絶した領域に分離されていて、双方のいずれにとっても他方に起ることが何ら意味をもたないからである。

しかし悟性は、自分の領域内にあっても、直ちに理性によって攻撃されうるものであり、そこで反省そのものによって分裂を否定するとか、かつまた悟性の絶対性を否定しようとする試みは、悟性には前もって察知されうるのである。それゆえ、自分が攻撃を受けたものと感じた分裂は、憎悪し激怒しながら執拗に理性に立ち向かい、ついに悟性の王国が理性に対して自立しうるだけの力を身につけるまでになる。だが、悟性はやはり理性から逃れ身を守ることはできない。それというのも、徳が実在するということの最大の証拠は、たとえ偽装といえども、当の徳からその仮象《みかけ》を借用せざるをえない、と徳について通常よく言われるように、悟性は結局のところ理性から逃れられず、自分のうちが無内容であるという感情とか、制限に苦しめられる内心の恐れとかに対して、理性の仮象《みかけ》を装うことにより、自分のうわべを特殊性の体裁でつくろおうとするからである。かくして、〔悟性による〕理性に対する軽蔑が最も強く示されるのは、理性自身が無遠慮に軽視されたり見くびられるようなときではなく、むしろ制限されたものの方が哲学の名手たるを誇るとか、また哲学との友誼を誇るようなときである。それゆえ哲学は、このような偽りの試みとの友誼を拒絶しなければならない。というのも、この試みは、不実にも特殊性を廃棄したと自慢し、制限から出発して、この制限を救済し保証するために、哲学を手段として利用しようとするものだからである。

悟性と理性との戦いの際に、悟性が力をもつのは、理性の方がもっぱら自己自身を放棄する限りにおいてのことである。それゆえ、戦いの勝敗は理性自身の態度にかかっており、しかも全体性を回復しようとする要求の真剣さの程度にかかっている。まさしくこの要求から、理性は生ずるものだからである。

もし自己自身をもって始める哲学のために、ある種の玄関〔前庭〕というものが設けられるべきだとすれば、まさに哲学の要求こそ、当の哲学の前提をなすと言うことができよう。われわれの時代には、ある絶対的前提を求める声がしばしば聞こえてくる。哲学の前提と呼ばれるものは、実は〔哲学の〕要求の表明に他ならない。〔哲学の〕要求がかく表明され反省に対して措定されている以上、ここに二つの前提が存在するはずである。

その一つは、絶対者そのものである。絶対者こそ、求められる終局の目標だからである。しかも、絶対者はすでに現存しているのである。さもなければ、それはどうして求められることができようか。(18) 理性が絶対者を産出するのは、諸々の制限から意識を解放することによってのみ可能である。が、かく制限を止揚することは、要するに無制限性が前提されていることに制約されているのである。

もう一つの前提は、意識が全体性から外へ抜け出ている〔意識の脱出存在(19)〕という事態であって、これすなわち、存在と非存在、概念と存在、有限性と無限性、等々への分裂ということになろう。分裂の立場にとって絶対的綜合は、一つの彼岸であって、分裂の諸々の規定性に対立した無規定にして、かつ無形態なるものである。ここにおいて、絶対者は夜であり、光は夜より若く、かくして両者の区別は、あたかも光が夜から歩み出るのと同様、絶対的差異である。すなわち、無こそ最初のものであって、そこからすべての存在、有限者のすべての多様性が生じてくるのである。だが、哲学の課題は、これら二つの前提を合一して、存在を非存在のなかに生成として、分裂を絶対者のなかにその現象として、有限なものを無限なもののなかに生命として措定することにある。

しかしながら、哲学の要求を哲学の前提として表現することは不適切である。というのも、このようなやり方をすると、要求が反省の形式をもつことになるからである。実際、反省の形式というのは、以下で論じられるように、矛盾する諸命題として現われるであろう。これらの命題に対しては、それらが自ら正当化されることが求められうる。これらの命題を前提として正当化することは、まだ哲学そのものであるはずがない。にも拘らず、これらを究明したり基礎づけたりすることは、哲学以前か哲学の圏外でなされるべきことなのである。

Ⅲ　哲学的思惟の道具としての反省

さてもし、哲学の要求が〔哲学の〕前提をなすものとして語られねばならぬとすると、その際この要求を支えているはずの形式はいまや、〔別の形式へと〕移行せざるを得なくなり、かくして哲学の〔単なる〕要求から、哲学的思惟の道具、すなわち理性としての反省〔という形式〕へと移行することになる。〔反省においては〕絶対者が意識に対して構成されるべきであるということ、これこそ哲学の課題である。が、反省の産出作用も、その所産と同じく制限されたものにすぎないがゆえに、この課題は矛盾を含む。そこでまず、絶対者が反省され、措定されねばならぬとしよう。だが、そのことによって、絶対者は措定されず、むしろ止揚されてしまうことになるのである。というのも、絶対者は措定されたそのことによって、同時に制限されたことになるからである。この矛盾を媒介するのが、哲学的反省なのである。それゆえ、ここではとりわけ次のことどもが、明らかにされる必要がある。――すなわち、果たしてこの〔哲学的〕反省にどこまで絶対者を捉える能力があるのか、また果たしてどこまでこの反省は、思弁としての自らの仕事において、絶対的直観と統合される必然性と可能性とをもっているのか、さらには絶対者が反省の所産であること、つまり意識のなかで構成された絶対者が、意識されたものであると同時に意識されざるもの〔無意識的〕でもなければならぬのと同様に、当の反省がそれ自身では主観的でありながら、完全でもあるところの必然性と可能性とを、どこまで担っているのか、これらの点がとくに明示されねばならないのである。

反省が諸々の対立項を措定する働きとして孤立化されると、反省は絶対者を廃棄することに[20]なるであろう。概して反省は、存在と制限との能力だからである。だが、この反省も、理性としては、絶対者へと関係するものであり、この絶対者への関係ということによってのみ理性なのである。この限りにおいて反省は、自己自身を否定し、すべての存在と制限されたものを、絶対者に関係させることによって否定する。だが、それと同時に、この制限されたものは、まさに絶対者と関係することによって存立することになるのである。

理性は、否定的な絶対者の力として、それゆえ絶対的否定の働きとして、自己表現する。しかも、それと同時に理性は、客観的全体性と主観的全体性という対立する両者を措定する力として、自己を示しもする。まず理性は、悟性を駆り立て悟性自身を超えさせ、また悟性なりの仕方で一つの全体へと向かわせようとする。すなわち、理性は悟性を誘って客観的全体性を産出させるのである。この場合、いかなる存在も、措定されたものであるがゆえに、対立し合っていて、制約され制約するものでもある。すなわち、悟性が自らのもつこれらの制限を完成するのは、これらの相互に対立し合った諸々の制限を制約として、措定することによってである。また、これら諸々の制限の方も、同じやり方で完成を必要とするのであり、かくして悟性の課題は、無限に拡張されることになる。この点で反省は、単に悟性的なものにすぎないように見えるが、しかし悟性を導いて必然性の全体へと向かわせるのは、大方理性の関与なのであり、理性のひそかな働きにほかならぬ。理性が悟性を限界なきものに仕立てるとき、悟性とその客観的世界とがこの無限の富のなかに見るものは、没落である。というのも、悟性が産出する存在はいずれも、規定態であって、かく規定されたものは自分の前後に無規定なものをもつのであり、かくして存在の多様性は、二つの闇夜のあいだに支えもなく存しているからである。すなわち、この多様性は無の上に安らっているようなものである。というのも、無規定なものは悟性にとっては無であり、無に終わるからである。悟性の我意〔頑固さ〕のなしうることは、規定されたものと無規定なものとの、有限性と〔悟性によって〕課せられた無限性[21]との対立を合一することなく、これを並存させ、存在を、当の存在にとって同じく必然的な非存在に対立させ、これに固執することである。このように悟性の本質は、あまねく通用する規定を目指すことだが、しかし悟性によって規定されたものは直ちに無規定なものによって制限されている以上、悟性の措定と規定作用は、悟性の課題を決して満たすことはないのである。すなわち、悟性の行なう措定と規定作用それ自身のうちに、そもそも非措定と無規定なものが共存していて、そこで措定し規定するという〔悟性の〕課題そのものが繰り返されるわけである。

仮にもし悟性が、有限なものと無限なものというこの対立する両者を固定し、あたかも両者が互いに対立し合ったまま、同時に存立するようしむけるとすれば、悟性はたちまち自己自らを破壊してしまうであろう。というのも、有限なものと無限なものとの対立〔反対措定〕は、〔悟性にとって〕その一方が措定されている限り、他方は止揚されているという意味をもっているからである。理性はこの点をよく認識することにより、悟性それ自身を止揚してしまっている。つまり理性にとって、悟性の措定作用は非措定として、また悟性の所産は否定態として現われることになる。ところで、〔悟性に対する〕理性のこうした否定作用〔廃棄する働き〕、言い換えると対立をもたない理性の純粋措定作用は、もし仮に理性が客観的無限性に対立させられるならば、さしずめ主観的無限性ということになろう。すなわち、それは客観の世界に対立した自由の王国といったところであろう。が、この自由の王国というのは、その形式そのものからして、それ自身が対立し制約されたものであるから、理性は対立を完全に止揚するために、この王国の自立性をも否定しなければならない。理性が、〔客観的無限性と主観的無限性として〕対立する両者を否定するのは、両者を合一することによってのことである。というのも、両者が〔対立項として〕存在するということは、両者が合一されていないがために他ならないからである。しかし、この理性の合一のうちにおいても、両者は同時に存立している。というのも、対立するもの、言い換えると制限されたものは、〔理性のもとで〕かく合一されることによって、絶対者へと関係づけられているからである。しかし、対立し制限されたものは、あくまでそれだけでは独立に存立しないのであり、絶対者のなかで、言い換えると同一性として措定されているかぎりにおいてのみ、やっと存立するにすぎない。(22)かくして制限されたものは、対立する全体性の一方に、したがって相対的な全体性に属している限り、必然的であるか自由であるかのいずれかである。だが、この制限されたものが二つの全体性の綜合に属している限り、その制限は消滅する。すなわち、それは自由であると同時に必然的であり、言い換えると意識的なものであると同時に、無意識的なものである。そして、有限なものと無限なものとのかく意識された同一性、つまり感性の世界と叡知の世界、必然的世界と自由な世界という二つの世界の意識における合一が、知というものである。要するに、有限なものの能力である反省と、反省に対立する無限なものとは、理性において綜合されており、そして理性の無限性は有限なものを自己のうちに包含しているのである。

反省が自己自身を対象とするかぎり、反省の従う最高の法則は、自己を否定することである。なお、この法則は理性によって反省に与えられるのであり、それにより反省は理性となるのである。反省は、他の一切のものと同様に、絶対者のうちにおいてのみ存立するのであるが、反省である以上、それは絶対者に対立することになる。それゆえ、反省は、〔絶対者のうちで〕存立するためには、自己破壊という法則を自己自らに適用せざるをえない。ところで、反省が自力で自己を絶対的なものとして構成しようとして、そのための内在的法則となれば、それは矛盾律ということになろう。すなわち、反省の被措定有〔反省自らによって措定されたもの〕は存在し、かつ存続するという法則である。そこで反省は、この法則により自分の諸々の所産を固定し、これらを絶対者に対して絶対的に対立させるのである。かくして反省は、依然として悟性のままにとどまって、理性にはなろうとせず、自分の仕事に固執することを自らの永遠の法則とするのである。もっとも、反省のこの仕事というのは、絶対者に対立すると無でしかなく、それでいて制限されたものである以上、それは絶対者に対立するほかないのである。

ところで、理性がひとつの対立のなかに措定されるとき、それによって理性は悟性的なものとなり、また理性の無限性は主観的無限性となる。それと同じく、思惟としての反省作用を表現する形式も、まさしく同じような両義性をもちうるのであり、また同じように不当な扱いを受けることにもなる。かくして、思惟が理性そのもの（そのうちに、まったく何らの対立も許さないとされる当の理性）の絶対的活動として措定されず、むしろより純粋な反省作用、すなわち対立を捨象するにすぎないような作用でしかないと見られるなら、このような抽象作用にはしる思惟のごときは、悟性を脱して理性を内包するとされる論理学には及ぶべくもなく、ましてや哲学に到達することなど論外と言うべきであろう。ところで、思惟としての思惟の本質もしくは思惟の内的性格は、ラインホルトの言によれば、同じ一つのものを、まさに同じ一つのものとして、また同じ一つのものにおいて、また同じ一つのものによって、無限に反復することとして、すなわち同一性として定立される。* それにしても、同一性などというこのような外見的性格に惑わされて、この思惟のなかに理性があるかに見誤るひとがいるかも知れない。しかし、この思惟は、(a)思惟の適用に対立し、また(b)絶対的素材(23)に対立する点から見て、次のことが明らかになる。すなわち、この思惟は、絶対的同一性、つまり主観と客観との対立を止揚し、両者を自己のうちに包括するという〔主観と客観との〕同一性ではなく、むしろ純粋な同一性、すなわち抽象によって生じ、対立によって制約された同一性であって、統一性の抽象的悟性概念、つまり固定された対立項の一方にすぎない、ということである。

＊　ラインホルト『寄与』（第一分冊）、一〇六頁以下参照。

ラインホルトの見識によれば、従来の一切の哲学の誤りは、思惟一般とその適用とを単に主観的なものと考える習慣にあるというわけで、これはわが同時代の哲学者たちのあいだに広汎にひろまり、深く根づいたものだとされる。* しかし、もしもラインホルトがいまいう思惟の同一性と非主観性に関して、もっと真剣にとり組んでいたなら、彼は思惟と思惟の適用とを区別することなど少しも思い及ばなかったであろう。思惟が真の同一性であって、決して主観的なものではないというのに、思惟から区別された適用などというものが、さらにどこから出てくるというのか。なお加えて、この思惟の適用のために要請される素材については、もはや何をか言わんやである。なるほど、分析的方法によって一つの行為をとり扱う場合、この行為は、確かに分析されるべきであるがゆえに、この分析的方法にとって一つの綜合的行為として現われるに違いない。そして分析によっていまや生じてくるものとしては、統一とこれに対立する多様性という両項である。分析が統一として表わすものは、主観的であると言われるのであり、そして多様なものに対立したこのような統一、つまり抽象的な同一性として、思惟は特徴づけられることになる。このようなわけで、〔主観的〕思惟は純粋に制限されたものとなっていて、思惟の活動は、別に存在する素材に対して合法則的に、規則正しく適用されるというのであるが、しかしこのような適用は、知にまで徹底することはできまい。

＊ ラインホルト『寄与』（第一分冊）、九六頁。

要するに反省は、絶対者への関係をもつ限りにおいてのみ理性なのであり、反省の行為は一つの知となるのである。しかし、絶対者へのこの関係によって反省の作業は消え失せ、ただこの絶対者への関係だけが存続するのであり、またこの関係が認識の唯一の実在性なのである。それゆえ、当の反省を廃棄するという真理の他には、孤立した反省の真理、つまり純粋な思惟の真理など存在しないのである。しかし、絶対者は哲学的思索のなかで、反省によって意識に対して産出されるものであるから、それによって絶対者は、客観的全体性にして、また知の全体、かつまた諸々の認識の有機的組織となる。この有機的組織のうちでは、すべての部分が同時に全体である。というのも、部分はいずれも絶対者への関係として存立しているからである。他者を自分の外部にもつ部分としては、いずれの部分も制限されたものであり、他者を介してのみ存在する。かくして、制限のもとで孤立化されると、いずれの部分も欠陥をもつものとなり、かくて部分が意味と意義とをもつのは、ただ全体との連関によってのみである。それゆえ、個別的な諸概念がそれだけで、また個別的な諸々の認識が、一つの知として、問題視されることはありえない。諸々の個別的な経験的知見というのは、数多く存在しうる。それらの知見は、経験上の知である以上、経験に際して、すなわち概念と存在、主観と客観との同一性において、自らを正当化する。が、これらの知識は、まさに次のような理由により何ら学問的知とは言えない。すなわち、それらの知見というのは、ただ制限された相対的同一性においての正当化であるにすぎず、また意識のなかで有機的に組織された認識全体の必然的な部分として、正統を認められることもなく、しかもそれらの知見においては、絶対的同一性、すなわち絶対者への関係が、思弁によって認識されたこともない、というのが右の理由のあらましである。

Ⅳ　常識に対する思弁の関係

いわゆる「常識」[24]が心得ている理性的なものも、実は絶対者から意識のなかに引き込まれた諸々の個別性でもある。〔個別性としての〕この理性的なものは、全体性という闇夜から出てそれだけで自立する諸々の光点なのであり、人間はこれらの光点に導かれて人生を理性的に切り抜けもするのである。それゆえ、これらの光点は、人間にとって正当な立脚点であり、人間はここから出て再びそこへと帰るのである。

だが、人間が現実に諸々の個別性の真理にこれほどの信頼を寄せるのは、この際絶対者が感情のなかで人間につき添い、しかもこの感情だけがこれらの個別性に意味を与えているからに他ならない。が、常識のもつこの種の真理がそれだけとして受けとられ、単に悟性的に、つまり認識一般として孤立させられるや否や、たちまちこれらの真理は歪んだものとなり、中途半端な真理に転落する。常識は反省が加わると混乱させられることになる。すなわち、常識が反省とかかわり合いになるや否や、常識がその際反省に対して命題として発言するものは、それだけで一つの知〔識〕ないし認識だと見られることを要求する。が、〔このとき、かく要求することで〕当の常識は、自分本来の力を放棄してしまったのである。その力とは、常識自らの発した言葉を感情という形の暗い全体性だけで支え、しかもこの感情だけで動揺する反省に対抗できる力のことである。なるほど、常識は反省に対して自分の考えを言い表わしはするけれども、しかし常識の発する言葉は、絶対的全体性への関係をもって意識に対してまで及ぶわけではない。むしろ、この絶対的全体性は、〔常識にとって〕内的なものであって、何とも表現されないままにとどまっている。

それゆえ、確かに思弁は常識をよく理解するわけだが、反対に常識の方は思弁の行為がどんなものであるかを理解しない。そもそも思弁は、認識が全体性のうちにあることだけを、認識の実在性として承認する。ただし、一切の規定されたものが、思弁にとって実在性と真理をもつのは、ただ絶対者へのそれら〔規定されたもの〕の関係が認識される場合だけである。それゆえ、思弁は、常識の諸々の発言の根底にあるもの〔直接的確信〕のなかにも、絶対者を認識する。しかし、認識が思弁にとって実在性をもつのは、それが絶対者のうちにある限りでのことである。それゆえ、認識され知られたものが反省に対して表現されると、しかもこのこと〔反省に対して表現されること〕によって一定の形式をもつようになると、認識され知られたものは、思弁の前では同時に否定されることになる。常識のいう諸々の相対的同一性は、それらが現われるままに、まったく制限された形式をとりながら絶対性を要求するが、しかしこれらの〔相対的〕同一性は哲学的反省にとっては偶然性である。が、常識は、自分にとっては直接に確実であるものも、哲学にとってはいかにして同時に無価値であるかを理解しえない。というのも、常識は、自分の直接的な諸々の真理のなかに、ただ絶対者へのそれらの関係のみを感じているのであるが、常識はこの感情をそれら直接的真理の現象から分離して理解しようとしないからである。なお、常識のもつ直接的な諸々の真理は、この直接的な真理の現象によって制限されたものであるが、それでもこれらの真理は制限されながらも存立し、絶対的存在にあずかるとされる。しかし、思弁の前では、それらは消滅するのである。

しかし、常識はただ単に思弁を理解することができないだけではない。むしろ常識は、思弁のことを知るようになると、これを憎みさえし、また〔思弁に対して〕まったく無関心に安穏としていられなくなったときには、思弁をいよいよ嫌悪し迫害せざるをえなくなる。(25)というのも、常識にとっては、その発言の本質と偶然的なものとの同一性が絶対的であり、しかも常識は〔その発言の〕現象の諸々の制限を絶対者から分離することができないからである。それと同様に、常識が自分の意識のうちで分離するものも、まったく対立しており、また常識は、制限されたものと認めるものを、無制限なものと意識のなかで合一することができないからである。なるほど、制限されたものと無制限なものとは、意識においても確かに同一ではある。だが、この同一性は、一つの内的なもの、一つの感情にとどまり、認識されず、また語られざるものにとどまっている。が、いま常識が制限されたものを想い起こし、この制限されたものが意識のうちに措定されるや否や、直ちに意識にとっては、無制限なものが制限されたものに絶対的に対立することになるのである。

このような被制限性〔制限されたもの〕が絶対者に対して関わりをもつこと、もしくはその関係が、「信仰」と言われるものである。(26) この関係のなかでは、意識のうちには〔両者の〕対立しかなく、これに対して〔両者の〕同一性については、ある種の全き無意識のうちに存する。つまり、信仰とは、感情とか直観とかのもつ綜合的なものを表現するのではない。むしろ信仰は、絶対者に対する反省の一つの関わりなのである。反省は、こうした関わりのなかでは確かに理性であり、いわば分離し分離されたものとしての自己と、その所産（すなわち個別的意識）とを、ともに否定してはいるが、しかし反省は依然として分離の形式を保持しているのである。なるほど、信仰の直接的確信というものについては、意識の究極的なものにして最高のものとして、これまで大いに語られてきたものだが、実はこの確信こそ同一性そのものであり、理性にほかならないのである。だが、〔この場合理性といっても〕この理性は、自己を認識することなく、対立の意識につきまとわれている。しかし、常識が意識していないこの同一性を意識へと高めるのは、思弁なのである。言い換えると、思弁は、常識の意識のなかでは必然的に対立しているものを、意識された同一性へと構成するのである。が、常識にしてみれば、信仰のなかで分離されていたものがかく合一されることは、何とも戦慄すべきことである。要するに、神聖にして神的なものは、常識の意識のなかでは、ただ客観としてのみ存立するがゆえに、いまや常識が、かく止揚された対立と意識にとってのこの同一性のなかに認めるものは、むしろ神的なものの破壊にほかならないのである。

しかし、常識は次のような哲学体系のなかには、とくに否定しか見ないに違いない。——すなわち、意識された同一性への要求を満たすために、対立項の一方を、絶対者へと高め、〔対立項の〕他方を否定することによって、分裂を止揚しようとする哲学体系がそれである。というのも、この時代の教養形成によって、このようなやり方がさらに固定されている場合には、それはなおさら攻撃的に見えるものだからである。当面問題のこの哲学体系においては、確かに思弁が哲学として対立を止揚しているのであるが、しかし体系としての当の思弁は、通常の周く知られた形式に従って制限されたものを、絶対者へと高めてしまっている。この際問題となる唯一の側面、すなわち思弁的側面は、常識にとってはまったく存在していない。というのも、この思弁的側面から見れば、制限されたものは、常識に対して現われるものとはまったく別のものだからである。すなわち、制限されたものは絶対者に高められたことによって、もはや当の制限されたものではない、ということである。かくして、〔この思弁的側面から見れば〕

唯物論者のいう物質は、もはや対立させ形成する作用としての生命をもつような死せる物質ではない。あるいはまた、観念論者のいう自我にしても、もはや制限されたものとして、無限者を自己の外に措定せざるをえないような経験的意識ではないのである。ところで、体系は有限な現象を無限なものへと高めた場合に、この無限なものを真にすべての有限性から純化しているか否か、また思弁は、常識とその対立項の固定化から最も離れていても、絶対者の一つの形式を、したがってその本質からすれば対立項であるものを絶対的とする時代の運命に服従していないかどうか、このような問いは、〔体系ではなく〕すなわち哲学に属する問題である。思弁が有限なものを無限なものにして、実際に現象の一切の形式からこれを解放してしまっているのに、常識は別にこうした思弁の仕事には何ら注意を払わないけれども、それでいて常識がここでこだわるのは、さしあたり〔思弁の用いている〕名称である。思弁はただ事実上、例えば物質とか自我といった有限なものを、無限なものに高め、かくしてこれら有限なものを否定する（ただし、物質とか自我は、この場合全体性を包括するとされる限り、もはや単なる物質でも自我でもないのである）。が、このことがただ事実上のことにすぎないとすれば、確かにここには、哲学的反省という最後の行為、すなわちそれら有限なものの否定についての意識は欠如している。そして事実上、この否定が生起しているにもかかわらず、体系の絶対者はなお依然として一定の形式を維持しているが、それにしても少なくとも真正なる思弁的傾向がそこに歴然としている。が、常識はこの傾向をまったく理解しない。実際、常識は分裂を止揚するという哲学的原理を決して認めず、むしろただ体系的原理だけを見て、対立項の一方が絶対者に高められ、他方が否定されているのを〔思弁のうちに〕見るにすぎない。が、この際、常識の側には、分裂に関してはなお一つの長所があった。すなわち、体系におけると同様、常識のうちにも、絶対的な〔克服しがたい〕対立が存在する。が、常識がもっていたのは対立の完全性であり、かくして常識は二重に信頼を裏切られたことになる。

ところで、ある種の哲学体系には、何らかの側面から見て、なお対立しているものを絶対者に高めようとする欠陥がある。なお、このような哲学体系には、その哲学的側面の他に、それなりにさらになお長所と功績がある。常識はこれらについて何ら理解しないばかりか、嫌悪しさえするのである。まず長所について言えば、有限なものを無限的原理へと高めることによって、これに対立する原理に基づく有限性の集まり全体を一挙に無効にしてしまっているということであり、また功績について言えば、教養形成に関して、分裂をいっそう強化し、かくして全体性における合一への要求をいよいよ強めたことである。

それにしても常識は、頑固である。常識は、その惰性の力にたよって、頑強に自分の身を守ろうとし、根源的な重さをもち意識と対立する無意識的なものを確保し、物質を差異から守ろうとする。ところで、〔無差別的な〕物質のなかに、差異を持ち込むのは光であるが、それはと言えば、物質をより高次の勢位《ポテンツ》において再び綜合へと構成するために他ならない。常識のもつこの頑固さたるや、これがさしあたり克服されるのには、北方の地域では相当に長い期間を要した。すなわち、まず原子論的物質がそれ自身多様化し、さしあたってはこれらの物質のより多様な結合と分解によって、さらにはかくして産出された多量の機敏な原子によって、惰性が根底から運動させられることになる、というわけである。ただし、この結果として、常識のこととする悟性的な行為や知的活動は、ますます混乱させられ、かくしてこの状態は、常識が自分の混乱と対立の止揚そのものに耐えぬくことができるまで続くことになるのである。[27]

要するに、常識にとっては、ただ思弁の〔一面としての〕否定作用の側面だけが現われるにすぎないのだが、それはそれとしてこの否定作用でさえ、その全範囲にわたって現われるわけではない。それゆえ、もしも常識がこの全範囲を捉え得ていたならば、常識は思弁を何ら自分の敵だと見なすことはなかったであろう。というのも、思弁は、意識的なものと無意識的なものとの自己最高の立場での綜合において、実は意識そのものの否定をも要求するからである。このことによって理性は、自らの絶対的同一性の反省作用も、自己の知識や自己自身をも自らの深淵へと沈めるのであり、単なる反省と道理を説く悟性にとっては、〔理性の深淵という〕闇夜ながら、しかし生命の真昼でもあるこの深淵のなかで、〔直接的確信の〕常識と思弁的理性とは、互いに出会うことができるのである。

V　絶対的根本命題の形式における哲学の原理

反省によって産出された知の全体性としての哲学は、一つの体系、すなわち諸々の概念の有機的に形成された全体をなし、そしてこの全体のもつ最高の法則とは悟性ではなくて、理性である。悟性というのは、元来自らが措定したものに対立するもの、また自己の限界とか、根拠および制約をも正しく提示しなければならない。これに対して理性は、これら矛盾する二つのものを合一し、両項を同時に措定し、そして止揚するのである。しかるに、諸々の命題の有機的組織としての体系に対して、次のような要求が生じることにもなる。すなわち、反省の根底にある絶対者は、〔反省の根底に存するものである以上〕反省の流儀のもとにあっても、体系にとって最高の絶対的根本命題として存在するはずである、との要求がそれである。だが、このような要求は、すでにそれ自身において無意味である。というのも、〔絶対者に対する〕反省によって措定されたもの、つまり命題というものは、それだけでは制限され制約されたものであって、当の命題が基礎づけられるためには、他の命題を必要とする等々というように、次つぎと際限なく〔悪無限的に〕続くからである。仮にもし絶対者が、思惟によってまた思惟にとって妥当な一つの根本命題で表現され、そこでその根本命題の形式と質料とが等しいとすれば、一方では形式と質料との単なる同等性が措定され、〔形式と質料との〕不等性の方が排除されることになり、したがって根本命題はこの〔排除された〕不等性によって制約されていることになる。(28) かくしてこの場合、根本命題は絶対的ではなく、むしろ不完全なものとなって、根本命題が表現するのは、単なる悟性概念、つまり抽象物にすぎぬことになる。あるいは他方では、形式と質料とが不等性として、同時に根本命題のなかに含まれていて、その命題は分析的であると同時に綜合的であるということになる。この場合には、根本命題は二律背反《アンチノミー》となり、〔二律背反である以上〕命題ではないことになる。根本命題は、命題である限り、悟性の法則に従うものであって、〔それ自身のうちにおいて〕自己矛盾してはならず、また自己止揚せず、措定されたものである〔という悟性の法則下にある〕。だが、この根本命題は、二律背反として自己を止揚することになる。

単に反省に対してのみ措定されたにすぎないものが、最高の絶対的な根本命題として、必然的に体系の頂点に立たねばならぬといった考えとか、あるいはいかなる体系でも、思惟にとって絶対的とされる命題においてその本質が表現されるものだという考えは、まさしく迷妄であるが、そもそもこのような迷妄は、自ら評価の対象とする当の体系を軽率に扱うことになるというものである。というのも、命題によって表現されている思惟されたものは、それに対立するものによって制約されており、したがって絶対的ではない、ときわめて容易に証明されるからである。すなわち、この命題に対立するものについても、それがやはり措定されねばならず、〔措定されるなら〕それゆえに命題によって表現される先の思惟されたものは、無価値であることが証明されるのである。しかもなお右にいう当の迷妄は、体系それ自身が絶対者という自己の原理を、命題あるいは定義の形式で表現するとき、いよいよ自分が正当化されていると見なすようになる。しかし定義の形式というのも、根本的には二律背反であって、それゆえ単なる反省それ自身にとって措定されたものとして、自己止揚するのである。例えば、〔実をいうと〕スピノザの実体の概念は、原因であると同時に結果であり、概念であると同時に存在であると説明される。が、これは対立項が合一されて矛盾となっている以上、概念であることをやめているのである。

いかなる哲学の始元も、スピノザがやっているような具合に、定義でもって始めるほどに、拙劣な外観を呈している哲学はまたとない。実際、この始元は、知識の諸原理を基礎づけ、究明し、演繹するというやり方、要するに一切の哲学を意識の最高の諸事実にまで苦労して還元するというやり方とは、きわめて著しい対照をなすものである。(29) しかしながら、理性が反省作用という主観性から自己を純化してしまっているときには、哲学を哲学そのもので始め、理性を即座に二律背反を伴うものとして登場させるスピノザのあの素朴な思いつきも、しかるべく評価されてよいのである。

さて、哲学の原理が反省という形式的命題で表現されるべきであるとすれば、さしあたって、この〔反省の〕課題の対象として存在するのは、知、つまり一般的に言えば、主観的なものと客観的なものとの綜合、もしくは絶対的思惟である。だが、反省は絶対的綜合を一つの命題で表現することはできない。すなわち、この場合の命題は、悟性にとっての固有の命題と見なされることになるからである。すなわち反省は、絶対的同一性において一つになっているものを分離せざるをえない。つまり反省は、綜合と反定立とを別々に二つの命題に分離し、その一方で同一性を、他方で分裂を表現せざるをえないのである。

まず同一性の命題としてのA＝Aにおいて、反省の対象となっているのは、関係づけられていること〔関係有〕である。すなわち、この関係、この一つであること〔一有〕、つまり同等性が、この〔命題の〕純粋な同一性のなかに含まれているのである。そこでは、すべての不等性は捨象されている。A＝Aという絶対思惟あるいはこの理性の表現は、悟性的な命題で語る形式的な反省にとっては、ただ悟性の同一性、純粋な統一、言い換えると対立項が捨象されているような統一という意味をもつにすぎないのである。

しかし、このような一面的な抽象的統一においては、理性は自己表現ができないことを知っている。かくして理性は、またかの純粋同等性〔A＝A〕において捨象されたものの措定、〔A＝Aに対する〕対立項の措定、つまり不等性の措定を要請する。A＝Aにおける一方のA

は主観であり、他方のAは客観であるが、この両者の差異を表現するのは、AはAと同等ではない〔A≠A〕という命題、あるいはA＝Bという命題である。この命題〔A≠A〕は、先の同一性の命題〔A＝A〕と即座に矛盾する。つまり、この命題〔A≠A〕においては、純粋同一性が捨象されて、非同一性、すなわち非思惟＊の純粋形式が措定されているが、これに対して、A＝Aという第一の命題が措定するのは、絶対的思惟である理性とは異なる純粋思惟の形式であるからである。だが、非思惟であろうとも思惟されるのであり、A≠Aという命題も思惟によって措定されるというそれだけの理由により、この命題もとにかく措定されうるのである。かくして、A≠AあるいはA＝Bという命題においても、第一命題のいう同一性、関係およびこの命題の〔同等を示す〕＝が、同様に存在している。ただし、それが存在するといっても、それは単に主観的に、すなわち非思惟が思惟によって措定されているという限りにおいてのみにすぎない。しかし非思惟が思惟に対して措定されているといっても、かく措定されているということ〔被措定有〕は、非思惟にとってはまったく偶然的であり、A≠Aという第二の命題から見れば単なる形式にすぎない。ただし、この形式も、第二の命題がその質料を、純粋に保持するためには、捨象されねばならないのである。

＊　ラインホルト『寄与』（第一分冊）、一一一頁参照。

かくして、A≠Aというこの第二の命題は、A＝Aという第一の命題と同じく無制約的である。かく無制約的なる以上、第一の命題が第二の命題の制約となり、同様にして第二の命題は第一の命題の制約となる。第一の命題が第二の命題によって制約されるのは、当の第一の命題が、第二の命題に含まれている不等性の捨象によって存立する限りにおいてである。逆に、第二の命題が第一の命題に制約されるのは、第二の命題が命題であるために一つの関係を必要としている限りにおいてである。

ところで第二の命題は、従来、根拠の命題という従属的な形式の下で語られてきた。というよりむしろ、この第二の命題がかくもきわめて従属的な意味をもつものに引き下ろされてしまったのは、これが因果性の命題とされたことによるのである。Aがある根拠をもつということは、Aの存在ではない存在がAに帰属するということ、すなわちAは措定された存在であるが、この措定された存在は、Aの措定された存在ではないということを意味している。したがって、A≠A、A＝Bとなるわけである。Aは措定されたものであるということが捨象されるならば、実際、第二の命題を純粋に確保するためにはAは捨象されねばならないのであり、かくして第二の命題は、総じてAが措定された存在でないことを表現するのである。Aを措定されたものであると同時に措定されないものとして措定することは、それ自身すでに第一の命題と第二の命題との綜合なのである。

第一の命題〔A＝A〕と第二の命題〔A≠B〕とは、逆の意味においてのことだが、矛盾の命題である。同一性の命題である第一の命題は、矛盾＝0《ゼロ》であることを表現している。これに対して、第二の命題は、第一の命題に関係する限りでのことだが、矛盾も無矛盾と同様に必然的であることを表現している。かくして、両命題はいずれも、命題としては、同等の勢位《ポテンツ》〔展相〕㉚の上にあって、それだけで〔独立に〕措定されたものである。第二の命題について、それには同時に第一の命題が関係していると表現される限り、それは悟性による理性の最大限の表現である。そして両命題が共にもつこの関係が、まさに二律背反の表現なのである。かく二律背反である以上、つまりA＝BとA＝Aとが両命題の関係と解されるならば、絶対的同一性の表現として、A＝Bを措定するか、あるいはA＝Aを措定するかはどちらでもよいことである。A＝Aという命題は、主観としてのAと客観としてのAとの同一性をもつと同時に、両者の差異を含んでいる。また同様にして、A＝Bという命題の方も、AとBとの差異をもつと共に、両者の同一性を含んでいるのである。

仮にもし悟性が、この二つの命題の一つの関係としての根拠の命題のうちに二律背反を認識しないならば、悟性は理性にまで到達しておらず、それゆえ形式的には、第二の命題は悟性にとっては何ら新しい命題とはならないであろう。かくして単なる悟性にとって、A＝Bという命題は、第一の命題〔A＝A〕以上のものを表現するものではない。すなわち、そのため悟性は、AがBとして措定されているのを、ただAの反復としてしか解さないのである。すなわち、悟性はただ抽象的同一性にだけ固執して、AがBとして、あるいはAがBにおいて措定され、反復されることによって、非Aという別のものが措定され、しかもこの非AがAとして、したがってAが非Aとして措定されているという事態を、悟性は捨象するのである。仮に人が単に思弁のもつ形式的な面だけを反省し、もっぱら分析的な形式においての知の綜合に固執するなら、二律背反、すなわち自己自身を止揚する矛盾も、知と真理の最高の形式的表現となるのである。

さて、このようにして二律背反が、真理の形式的表現として承認されるとすれば、二律背反において理性は、反省の形式的本質を自己の配下に従えたことになる。ところが、次のような場合には、この反省の形式的本質の方が依然として優位に立つのである。すなわち、第一の命題は第二の命題に対立させられながら、しかもこの第一の命題だけが唯一の形式とされ、かくも抽象的統一という性格をかね備えた思惟が、哲学の第一の真なるものとして措定される場合、しかも思惟の適用の分析によって認識の実在性の体系が構築されるといった場合には、当の形式的本質が優位に立つというわけである。かくして、このような純粋に分析的な企ての全行程は、次のように行なわれることになる。

思惟とは、AをAとして無限に可能なかぎり反復することという点で、言わば一つの抽象であり、第一の命題〔A＝A〕が活動性として表現されたものに他ならない。ところが、ここには第二命題、つまり非思惟が欠けている。それゆえ必然的に、第一の命題の制約としての第二の命題への移行がなされなければならず、そこでこの非思惟、すなわち質料もまた措定されなければならないことになる。これによって対立する両項が完全なものとなるのであり、かくして〔第一の命題から第二のそれへの〕移行は、対立する両項の一種の相互関係であり、きわめて不完全な綜合とはいえ、思惟の一つの適用を意味するのである。だが、このような虚弱な綜合であっても、それ自身としては、AをAとして無限に措定する思惟という前提に反している。というのも、〔思惟の〕適用においては、Aが同時に非Aとして措定されるからであり、かくてAをAとして無限に反復するという思惟の絶対的存立は、止揚されるからである。

思惟に対立するものは、思惟に関係することによって、思惟されたもの＝Aとして規定される。だが、〔Aの措定として〕措定＝Aというこのような思惟は、捨象によって〔反対によって〕制約されており、したがって対立をもつものである以上、かく思惟されたものも、思惟されたもの＝Aであることの他に、さらに別の諸規定＝Bをもつ。これら諸規定＝Bは、純粋思惟によって単に規定されていることから全く独立している。すなわち、これら諸規定＝Bは、思惟に対して単に与えられているにすぎないのである。かくして、哲学的思惟の分析的な仕方の原理として、多様な絶対的素材が思惟に対して与えられなければならないのである。なお、この点に関しては、後で改めて論及することにしたい(31)。ともあれ、このような克服しがたい絶対的対立が基盤にある以上、哲学を論理学に還元せんとするあの周く知られた構想*(32)が拠りどころとする形式的な企てには、Aを無限に反復するという悟性の同一性の綜合だけが認められ、それ以外のいかなる内在的綜合も認められないのである。しかるに、この反復のためであっても、B、C等々が必要なのであり、それらのなかに、反復されるAが措定されうるからである。これらB、C、D等々は、Aが反復されうるためには、多様で互いに対立し合うものであって（B、C、Dのいずれもが、Aによって措定されたのではない特殊な諸規定をもっている）、言い換えると、それらはまったく多様な素材なのである。しかもその素材B、C、D等々は、Aと按排〔連結〕されなければならず、またそれは可能というわけである。かくして、このように不合理な連結が、いまや根源的同一性にとって代わることになる。ところで、この基体的欠陥は、形式的な点で言えば、A＝AとA＝Bとの二律背反が反省されていないという点に尽きる。要するに、このような分析的本質の根底に欠けているものは、絶対者の純粋に形式的な現象が矛盾であるという意識である。この意識は、思弁が理性から、また主観と客観との絶対的同一性としてのA＝Aから出発するときに初めて発現しうるのである。

＊　ラインホルト『寄与』（第一分冊）、九八頁参照。

Ⅵ　超越論的直観

　いまもし、思弁が単なる反省の側面から見られるなら、絶対的同一性は対立し合うものの綜合として、つまり二律背反の形をとって現われることになる。絶対的同一性は自己を差異化して、二つの相対的同一性となるわけで、この相対的同一性は確かに制限されたものではあるが、その限りで悟性に対してあるもので、二律背反的ではない。しかしながら、相対的同一性といえども、やはり同一性である以上、〔悟性に対するものであっても〕純粋な悟性概念ではない。そもそも相対的同一性が同一性でなければならないのは、哲学においては絶対者への関係を欠いて措定されたものなど全く存立し得ないからである。しかし、絶対者へのこの関係という側面から言えば、制限されたものはいずれも、一つの〔相対的〕同一性なのであって、その限りにおいて制限されたものは、反省にとっては二律背反的なものである。なお、この二律背反的なものが、知の消極的〔否定的〕な側面であって、この形式的な側面は理性に支配されると、たちまち自己破壊をきたすことになる。知は、こうした消極的な側面のほかに、積極的〔肯定的〕な側面として直観というものをもっている。純粋知〔すなわち、直観なき知〕は、矛盾における対立項の否定である。逆に、直観が対立項のこのような綜合を欠くとき、経験的で、所与的で、無意識的なものとなる。〔以上により〕反省と直観との両者を合一〔綜合〕するものが、超越論的知(33)であり、それは概念であると同時に存在でもある。〔かく超越論的知に合一されて〕直観が超越論的なものとなることによって、経験的直観のなかでは分離されていた主観的なものと客観的なものとの同一性が、いまや意識されることになる。かくして、純粋知は、超越論的なものとなるとき、単に概念とその制約、あるいはこの両者の二律背反、すなわち主観的なものを措定するばかりでなく、それと同時に客観的なもの、すなわち存在をも措定するのである。

ところで、哲学的知において直観されたものは、知性と同時に自然との活動であり、また意識と同時に無意識的なものとの活動である。この場合、直観されたものは、観念的な世界と実在的な世界という二つの世界に、同時に帰属している。直観されたものが観念的世界に帰属しているというのは、それが知性のうちに、したがって自由のうちに措定されているからである。また直観されたものが実在的な世界に帰属しているというのは、それが客観的全体性のなかにその位置を占め、必然性の連鎖のうちの一環として演繹されるからである。反省もしくは自由の立場に立つかぎり、観念的なものが最初〔第一〕のものとなり、実在〔本質〕および存在は、図式化された知性であるにすぎない。また必然性もしくは存在の立場に立つかぎり、思惟は単に絶対的な存在の一つの図式にすぎないのである。超越論的な知のうちにあっては、これら存在と知性との両者は合一されている。そして、〔存在と知性と同じく〕これまた同様に、超越論的知と超越論的直観とは、同じ一つのものである。しかるに、知と直観というこの両者の表現上の差異は、観念的要因が優位であるか、それとも実在的要因が優位であるか、を示すにすぎないのである。

かくして、超越論的直観なくしては哲学することはできない、と真剣に主張されているが、それにはそれなりの深い意味があるのである。(34) いったい直観を欠いて哲学するとは、果たして何をいうのか。〔この場合、哲学することは〕絶対的な有限性のなかで、際限なく分散するほかないであろう。つまり、これらの有限性が主観的なものであろうと、客観的なものであろうと、概念であろうと事物であろうと、あるいは一方から他方へと〔いずれからかの〕移行がなされようとも、ともかく直観を欠いて哲学することは、有限性の系列を追って際限なく〔悪無限的に〕辿るほかないのである。そして存在から概念への移行、あるいは逆に概念から存在への移行は、正当化されることのない飛躍でもある。また、このような哲学的思惟は、単に形式的思惟にすぎないとも言われる。というのも、事物であれ概念であれ、いずれもそれだけでは、絶対者の形式にすぎないからである。それにしても、このような哲学的思惟は、存在と概念との克服しがたい絶対的対立という超越論的直観の破壊を前提している。そして仮にこの哲学的思惟が、無制約的なものについて語ることがあっても、それはこの無制約的なものをも、例えば存在に対立する理念の形式によって、再び形式的なものにしてしまうのである。実際、方法が良いとなればよいほど、それだけ結果もいよいよ輝きを増すものである。が、思弁にとっては、〔これに反して〕有限性のすべては、無限な焦点からの放射物と見なされるのであって、しかもこの無限な焦点は、放射物〔という有限性〕をことごとく放射すると同時に、またこれら放射物〔という有限性〕によって形成されることにもなる。かくして、諸々の放射物〔という有限性〕のうちに焦点が措定され、また焦点のうちに諸々の放射物〔という有限性〕が措定されることになる。これを要するに、超越論的直観においては、すべての対立は止揚されていて、しかもそこでは知性による知性にとっての宇宙の構成と、客観的なものとして直観され独立に現象する宇宙の組織とのあいだにある区別は、すべて廃棄〔否定〕されているのである。この両者の同一性の意識を産出すること〔産出活動〕が、まさに思弁なのである。そして、思弁においては観念性と実在性とは、まさしく一つのものなるがゆえに、思弁はまさに直観なのである。

Ⅶ　理性の要請

反省によって措定された二つの対立項の綜合は、反省の仕事としてその完成を要求するものであった。つまり、〔この場合、その綜合は〕自己を止揚する二律背反となるため、この綜合が直観のうちに存立することを要求するのである。すなわち、思弁的な知は、反省と直観との同一性として把握されなければならない。それゆえ、(反省が理性的である限り、二律背反的である) 反省の〔直観に〕関与する部分だけが措定され、しかもこの部分が直観に対して必然的に関係している場合には、直観が反省によって要請されることになる、ということができる。というのも、この際、理念を要請するなどということは、当面の問題外というべきである。というのも、理念というのは、理性の産出したものであり、あるいはむしろこう言ってよければ、悟性によって産出され措定された理性的なものだからである。(35) かくて理性的なものというのは、一定の内容に従って演繹されねばならないのである。つまり、それ〔理性的なもの〕は、一定の対立項の矛盾から演繹されるべきものであって、しかもそれはこの対立項の綜合でなければならない。従って、この際要請されうるのは、実はこの二律背反的なものを充実し、かつ保持する直観だけである。が、それにしても理念が要請されるとして、通常いうところの理念は、経験的なものと理性的なものとの混合としての無限累進〔悪無限的累進〕である。このうち、一方の経験的なものとは、時間の直観のことであり、また理性的なものというのは、一切の時間の止揚、つまり時間の無限化のことである。しかし時間は、経験的累進においては、純粋に無限化されることはない。というのも、この経験的累進のうちでは、時間は有限なものとして、(つまり制限された諸々の瞬間として）存立することになるはずだからである。すなわち、経験的累進は、経験的無限性なのである。真の二律背反は、制限されたものと制限されないものとの両者を、並存するものとしてではなく、同時に同一的なものとして措定するのであり、かくして真の二律背反はこの措定によって同時に対立を止揚するのでなければならない。二律背反は時間という特定の直観を要請するわけだが、そのことによって、この〔時間という〕特定の直観は、現在という制限された瞬間であると同時に、その瞬間が「自己の外に措定されている[36]」という無制限性でもあるわけで、〔同時的にこの両者でなければならず〕かくして、それは永遠でなければならないのである。

　同様にして、直観も理念に対立するものとして、あるいはより適切に言えば、必然的な二律背反に対立するものとして、これを要請することはできない。理念に対立する直観は、まさに理念を排除するとの理由からして、制限された「定在《ダーザイン》」[37]である。直観は確かに理性によって要請されるものではあるが、しかし直観は、制限されたものとして要請されるのではなく、反省の仕事の一面性を完成させ、反省と直観とが相互に対立することなく、一つのものになるように要請されるのである。要するに、この要請というやり方は全体として、もっぱら反省の一面性から出発することのうちに、その根拠をもつものであることがわかる。すなわち、反省の一面性は、その欠陥を補うために、反省から排除された対立物を要請することが必要となるわけである。しかし、このような見解においては、理性の本質は歪められた位置におかれている。というのも、理性はここでは、自己充足するものではなく、欠如者として現われているからである。しかし、理性が自己を絶対的なものとして認識するとき、反省から出発するあのやり方が終わるところから、やっと哲学が始まるのである。すなわち、理念と存在との同一性をもって、哲学は始まるというわけである。哲学は、理念と存在とのいずれか一方を要請することはない。というのも、哲学は絶対性をもって直ちに理念と存在の両者を措定するからであり、しかも理性の絶対性もまた、理念と存在との両者の同一性に他ならないからである。

Ⅷ　哲学体系に対する哲学的思惟の関係

哲学の要求が充足されうるのは、固定した対立の一切を廃棄する〔否定の〕原理と、制限されたものを絶対者へ関係づけるという目的とが達成されたときであろう。絶対的同一性の原理のうちでのこの〔哲学の要求の〕充足は、ここにきて初めて哲学的思惟一般においても見出されるる。が、〔こうした哲学的思惟において〕知られたものは、内容からすれば偶然的なものであろう。なおまた、この知られたものは、分裂の否定から生ずるのだが、これらの分裂が与えられ、また消滅しはしても、それら自身が再構成されて綜合となることはまずないであろう。

このような哲学的思惟の内容は、そもそも何らの内的連関をもつこともなく、また知の客観的全体性をなすこともないであろう。だが、この哲学的思惟は、その内容が内的連関を欠くという理由だけで、必ずしも直ちに煩瑣的思惟であるというわけではない。いったい煩瑣的思惟というものは、諸々の措定されたものを甚だしい多様性へと分散させるだけであって、ひとたびそれがこの多様性の流れのなかに転落し当てもなく漂ったあげくは、悟性的多様性の支えなき全き拡がりが存続するだけである。これに対して、内的連関を欠くにもせよ、真正な哲学的思惟にとっては、措定されたものとその対立物とは消滅することになる。というのも、この哲学的思惟は、措定されたものを他の制限されたものと連関させるばかりでなく、絶対者へと関係づけ、この関係によって措定されたものを止揚するからである。

しかしながら、制限されたものが多様なものである以上、絶対者に対する制限されたもののこの関係も、多様なものである。それゆえ、哲学的思惟は、この多様性そのものに関係を与えるべく目指さなければならない。かくして、ここに知の全体性として、学の体系というものを産出しようとする要求が立ち現われなければならない。これによって初めて、先の関係の多様性が偶然性から解放されるのだが、それというのも、これら関係の多様性が知の客観的全体性の連関のうちに位置づけられ、かくてその客観的完全性が成就されるからである。実際、体系にまで構成されることのない哲学的思惟は、諸々の制限を前にしての絶えざる逃避である。あるいはむしろ、それは、自己を確信して、自己について明断となっている理性の純粋な自己認識ではなく、自由へ向けての理性の闘争とでも言えるものである。要するに、自由な理性とその行為とは一つのものであって、理性の活動は理性自身の純粋な表現なのである。

理性のこのような自己産出の活動において、絶対者は一つの客観的全体性へと自己を形成する。なお、この客観的全体性は、それ自身のうちで支えられ完成された全体であって、しかも自己の他には何らの根拠をも持たず、その初めも中間も終わりも、自己自身によって根拠づけられているのである。このような全体は、諸々の命題とか直観からなる一つの有機体として現われることになる。理性のあらゆる綜合と、この綜合に対応する直観の両者は、思弁において合一され、意識的なものと無意識的なものとの同一性として、それだけで絶対者のうちにあって無限なのである。が、それと同時に、この綜合が有限であり制限されていると見なされるのは、それが客観的全体性のうちで措定され、しかも他の綜合を自己の外部に持っているからである。かくして、極端に未分化的な同一性と言われるものも、例えば客観的極としては質料であり、主観的極としては感情（自己意識）を指すが、たとえこのような同一性であっても、それは同時に無限に対立する同一性であり、まったく相対的な同一性なのである。そこで、（客観的全体性である限りでの）全体性の能力としての理性は、この相対的同一性をこれに対立するものを介して補充し、両者の綜合によって新たな同一性を産出するのである。だが、この新たな同一性ですら、それ自身は理性の前では再び欠陥のある同一性であって、同様にして再び補充されることになる。ともあれ、綜合的とも分析的とも名づけられるべきでない体系の方法が、最も純粋なかたちで与えられるのは、それが理性そのものの展開として現象する場合である。ただし、理性はその現象が二重性として理性から流出するのを自己へと再びとり戻そうとはしない。そのような場合には、理性はその現象〔の流出〕をただ否定するだけのことである。否むしろ、理性はその流出のうちで、まさにこの二重性によって制約された同一性として自己を構成し、さらにこの相対的同一性を再び自己に対立させるのである。このようにして、体系は客観的全体性が完成するまで進展するわけで、その際理性は、この客観的全体性をそれに対立する主観的全体性と合一して、無限な世界直観とするが、ここにいたってこの世界直観のもつ拡がりは、同時に最も充実し、かつ最も単純な同一性にまで縮約されることになる。

さて、真正なる思弁と言われるものでも、思弁がその体系のなかで完全に自己を表現し尽くしていないこともありうるのであり、また体系の哲学と体系そのものとが、合致しないということもありうる。すなわち、ある体系が、一切の対立を否定しようとする傾向を最も明確に表現したとしても、それだけで完全な同一性が達成されることにはならない。哲学と体系というこの二つの観点を区別することは、とくに種々の哲学体系の評価を行なうにあたって重要なものとなる。ある体系において、その根底にある要求が完全に形態化されることなく、ただ対立のなかに存立する制約されたものが絶対者にまで高揚されることにでもなれば、その場合体系としてそれは独断論になる。しかしながら、互いに敵視して独断論であるとか、「精神錯乱」であるとか、等々と誹謗し合う異質の哲学のうちにさえ、真の思弁は見出されもするのである。[38]実際、哲学史が価値をもち興味をひくことになるのは、それがこのような観点を保持する場合に限られる。さもなければ、哲学史は、無限に多様な形式において自己を提示する永遠で唯一の理性の歴史を与えることはなく、単に人間精神の偶然的な出来事とか諸々の無意味な私見の叙事以外の何ものでもないのである。[39]実際、〔人間精神の〕偶然事とか諸々の私見のごときは、そこに理性的なものが認められないために、これらを転倒〔曲解〕せしめた徒輩にとっては、これらが負担となったものだから、結果として〔それらが〕理性に負わされることになるわけである。

真正なる思弁というのは、たとえ体系のうちでそれが完全に自己構成に達しないとしても、それは当然ながら絶対的同一性から出発する。この絶対的同一性を主観的なものと客観的なものへと二分するのは、絶対者の〔による〕産出活動である。かくして、〔真の思弁の〕根本原理は完全に超越論的であって、[40]この立場からすれば、主観的なものと客観的なものとの絶対的対立というものは存在しないことになる。だが、そのことのゆえに、絶対者の現象は一つの対立となる。すなわち、絶対者は自己の現象のうちに存在することはなく、絶対者とその現象との両者がそれ自身対立することになるのである。現象は、同一性ではない。この対立は、超越論的に止揚されることはできない。つまり、即自的〔自体的〕には、何らの対立も存在しないということにはならない。このようなわけで、現象はただ否定されているものにすぎないが、しかしまた同様にして、現象は存在すべきなのである。そこで、絶対者は自己の現象において自己自身から脱出〔脱自〕している、と主張されることにもなる。そうであるからこそ、絶対者は現象そのもののなかに、自己を措定しなければならない。すなわち、それは現象を否定するのではなく、むしろ現象を同一性へと構成しなければならないのである。

　ところで、絶対者とその現象とのあいだの因果関係として〔同一性が〕見られると、それは偽りの〔誤解された〕同一性である。というのも、この関係の根底には絶対的対立が存しているからである。この関係においては、二つの対立項〔絶対者とその現象〕が存立するが、しかしその両者は序列を異にしている。それゆえ、両者の合一は暴力的関係となり、一方は他方を自己の配下におき〔隷従させ〕、支配する。そして他方は、これに従属するのである。[41] 統一はこの際、単に相対的にすぎない同一性において強制されたものである。〔当為として〕絶対的同一性であるべき同一性は、〔存在的には〕不完全な同一性である。かくして、〔因果関係に基づく〕体系は、その哲学に反して二様の独断論になってしまう。すなわち、その一方は客観性を絶対的なものとする実在論であり、他方は主観性を絶対的なものとする観念論である。しかも、これら実在論と観念論との両者が、真の思弁に由来するものであろうとも、先述のとおり体系は、二様の独断論になるというわけである。もっとも、この間の事情は、実在論の方が観念論より多義的と見られる。

哲学上の独断論である限りでの純粋独断論は、その表面的な傾向からしても、依然として対立のうちにとどまっている。つまり、因果関係として、交互作用というより完全な形式のもとで、例えば知性的なものの感性的なものへの作用、あるいは逆に感性的なものの知性的なものへの作用が、この独断論においては、根本原理として支配的である。しかし、徹底した実在論と観念論においては、たとえ因果関係が外見上は支配的であるように見えても、まず前者では主観が客観の所産として、また後者では客観が主観の所産として措定されるにしても、実は因果関係は従属的な役割を演じるにすぎない。なるほど外見上は因果関係が支配的であるようでも、しかし当の関係そのものは、本質的にはすでに止揚されてしまっているのである。というのも、そこでは産出作用は絶対的な産出作用となっており、また所産は絶対的な所産となっているからである。言い換えると、所産はもっぱら産出作用以外では存立しえず、産出作用に先立って、それに独立して存立するごとき〔自立的な〕ものとして措定されていないからである。なお、独断論の形式的原理としての純粋な因果関係においては、事情は次のようになる。すなわち、所産は〔一方では〕Aによって措定されたものであると同時に、また〔他方では〕Aによって措定されたものではない。この場合、Aはまったく〔絶対的に〕単に主観にすぎないのであり、A＝Aは悟性的同一性を表現するにすぎない。ところで、哲学がその超越論的企てにおいて因果関係を用いる場合でも、主観Aに対立して現われるBは、その対立している在り方からして、単なる可能性であり、まさにあくまで一つの可能性にとどまる。つまり、それ〔B〕の関係は単に偶有性にすぎないのである。かくして、思弁の真の関係である実体性〔実体と偶有〕の関係が、因果関係を装っての超越論的原理なのである。さてこのことは、形式的には次のようにも表現されうる。すなわち、真の独断論は、A＝AとA＝Bという二つの根本命題を承認するが、しかしこの二つの命題は、綜合されず依然として二律背反にとどまり、そこで並存したままである。実際、当の独断論は、〔A＝AとA＝Bとを措定する場合〕ここに二律背反が介在していることを認識せず、それゆえ対立する両項の存立を止揚する必然性をも認識していない。要するに、当の独断論にとっては、因果関係による一方から他方への移行が、不完全ながら、可能な唯一の綜合である。

ところで、超越論的哲学は、独断論とかくも鮮明に区別されていながら、それが体系へと構成される限りでは、独断論に移行することになりかねない。すなわち、超越論的哲学は、絶対的同一性だけがあって、この同一性において一切の差異と対立項の存立とが止揚される限り、いかなる因果関係の実在性も認めてはいない。確かにそうではあるが、現象が同時に存立し、かくして絶対者の現象への関係が、現象の否定の関係とは別のものとして存在するはずとされる限り、(42)当の哲学は因果関係を導入し、現象を〔絶対者に対して〕従属的なものとするのである。そうなると、この際超越論的直観は、客観的なものでなく、単なる主観的なものとされることになる。このことは、言い換えると、同一性が現象のうちに措定されないことになるわけである。要するに、〔この超越論的哲学では〕A＝AとA＝B〔この二つの根本命題〕は、ともに無制約的なままである。しかるに、この際A＝Aのみが絶対に妥当すべきだとされる。そうなると、この〔両者の〕同一性は、単なる当為ではない〔綜合、つまり〕真の綜合において提示されてはいないことがわかる。

かくして、フィヒテの体系においては、自我＝自我が絶対者の表現となる。(43)その際、理性の〔求める〕全体性は、非我を措定する第二の命題を伴うことになる。しかも、自我と非我の両者の措定というこの二律背反において、両者の完全性がそこに存在しているばかりでなく、両者の綜合も要請されている。しかし、こうした綜合のうちには、依然として対立が存続している。この場合、自我と非我が両者とも否定されるべきではなく、その一方の命題のみが存立すべきものとされ、しかもこれが序列上他方よりも上位にあるべきとされる。〔フィヒテによる〕体系の根底にある思弁は、対立するものの止揚を要求するが、体系それ自身が対立するものを止揚してはいない。すなわち、フィヒテの体系の達する絶対的綜合は、自我＝自我ではなくて、自我は自我に等しくあるべきである、という命題である。このようにして、絶対者は超越論的観点からすれば構成されているが、現象の観点にとってはそうではない。すなわち、絶対者と現象という二つの観点は、依然として矛盾し合うことになる。要するに、同一性が同時に現象のなかに措定されておらず、言い換えると、同一性がなお完全には客観性へと移行していないために、超越論的であることとそのことが対立的なもの、つまり主観的なものである(44)。この点から、現象が完全には否定されていない、と言われることにもなる。

ところで、次章で「フィヒテの体系の叙述」に際して、フィヒテの純粋意識、すなわちその体系において絶対的なものとして提起されている主観と客観との同一性が、実は主観と客観の主観的同一性であることを明らかにする試みがなされよう。その叙述にあたっては、体系の原理である自我が、主観的な主観‐客観であることを直接的に証明すると同時に、また自然の演繹の仕方とか、とくに道徳と自然法という独自の学問における同一性の諸関係とか、また美的なものに対する体系全体の関係とかについても、同様の手順がとられるであろう。

以上述べた点からして明らかであるように、当面の叙述においてさしあたり問題となるのは、体系としてのフィヒテ哲学である「が、その真正な哲学的思惟のことではない(45)」。なるほど、哲学としてそれは、最も根本的にして最も深遠な思弁であって、真正な哲学的思惟である。それは、カント哲学でさえ、失われた真正な思弁の概念に向けて理性を鼓舞しえなかった時代に出現したことによって、いまやますます注目すべきことになっている。だが、これらの点は、当面の問題ではないのである。

B　フィヒテの体系の叙述

I　理論的認識

フィヒテの体系の基礎は、知的直観であり、思惟自身の純粋な自己思惟にして、かつまた純粋な自己意識であり、自我＝自我、「我在り」*である。絶対者は主観－客観であり、そして自我は、この主観と客観との同一性である。(1)

＊　フィヒテ『全知識学の基礎』（一七九四年）、全集、第一巻、九四頁。

通常の意識においては、自我は対立のうちに現われる。哲学は、客観なるものに対するこの〔自我の〕対立を説明しなければならない。この場合、自我のこの対立を説明するということは、この対立が他者によって制約されている事態を提示することであり、かくしてこの対立を現象として証明することを意味する。もし仮に経験的意識について、〔それが証明されるにあたって〕当の経験的意識が純粋意識のうちで完全に根拠づけられており、単に純粋意識によって制約されているだけではないことが証示されるならば、（しかもその説明が完全であるならば、すなわち、単に純粋意識と経験的意識との部分的な同一性だけが示されたのでないとすれば、）それによって経験的意識と純粋意識との両者の対立は止揚されたことになる。〔純粋意識と経験的意識との〕両者の同一性が単に部分的な同一性でしかないことになるのは、経験的意識のなかに純粋意識によって規定されていない側面が残存していて、しかもそれが無制約的であるような場合である。このような場合には、純粋意識と経験的意識とが、最高の対立の両項であるにすぎないから、経験的意識が無制約的である限り、純粋意識の方が経験的意識によって規定され、制約されていることになろう。こうしたあり方では、両者間の関係は、相互に規定し規定されるという事態を自らのうちに含むところの相互関係となるであろう。しかし、それが相互関係であれば、相互作用する両項の絶対的な対立を前提するものであり、しかも両項の分裂を絶対的同一性において解消することが不可能であることを前提するものである。

ところで、哲学者にとってこの純粋な自己意識(2)が生じるのは、哲学者が自己の思惟のなかで、自我でない一切の異質なものを捨象し、ただひたすら主観と客観との関係だけを確保することによってである。経験的直観においては、主観と客観とは互いに対立し合っている。そこで哲学者は、直観する作用〔働き〕を捉え、直観〔作用としての直観〕を直観し、かくしてこの直観を同一性として把握することになる。かく直観〔する〕作用を直観する〔直観の直観〕というのは、一方では哲学的反省である。それは、通常の一般的反省に対立するばかりか、経験的意識一般（つまり、自己自身および自己のうちに存する諸々の対立を超えることもない意識）にも対立している。他方では、この超越論的直観は同時に、哲学的反省の対象であり、それはまた絶対者にして、根源的同一性である。かくして哲学者は、自由へと高まり、かつ絶対者の立場にまで高揚したのである。

かくして哲学者の課題は、いまや超越論的意識と経験的意識の外見上の対立を止揚することである。この課題は、一般的には、経験的意識が超越論的意識から演繹されることによって果たされる。この演繹は、もちろん異質なものへの移行ではありえない。実際、超越論的哲学が目指すところは、経験的意識を、この意識の外部にある原理から構成するのではなく、その内在的な原理から、この原理の能動的流出[3]あるいは自己産出として構成することに他ならない。経験的意識のうちに、純粋な自己意識から構成されないような何かが現われることはあり得ず、また同様に純粋意識は、本質的に経験的意識と異なるものではない。純粋意識と経験的意識という両者の形式が異なるとすれば、その相違は次の点にあるにすぎない。すなわち、経験的意識において主観に対立して客観として現われるものが、この経験的な直観の作用〔働き〕を直観するなかで〔主観と〕同一のものとして措定され、かくして経験的意識は、その本質をなすものによって完成されるのであるが、〔ただこの経験的意識は〕この点について何ら意識していない、ということである。

そこで右の課題は、また次のようにも表現されうる。すなわち、概念としての純粋意識は、哲学によって止揚されなければならない、と。ところで、知的直観、つまり思惟の純粋な自己思惟は、経験的意識に対立しているときには、概念として現われる。すなわち、この純粋思惟は、一切の多様なものを捨象し、また主観と客観の一切の不等性を捨象するものとして現われるのである。確かに、知的直観は純然たる活動であり、行為であり、また直観する働きであって、それもただ自由な自己活動のうちにあって、しかもこの自己活動が知的直観を喚起するのである。この知的直観の行為は、一切の経験的なものとか、多様なもの、また対立したものから自己を解放し、思惟の統一、主観と客観の同一性としての、自我＝自我へと自己を高めはする。が、それ〔知的直観の行為〕は、他の諸行為と対立しているのであって、その限りで一つの概念として規定されうるのであり、しかもそれは、自分に対立した他の行為とともに共通のより高次の領域、つまり思惟一般の領域を共有することになる。思惟が自己自身を思惟することの他に、なお別の思惟があり、自己意識のほかになお多様な経験的意識があり、さらに客観としての自我のほかに、さらになお多様な意識の客観がある。それゆえ、自己意識の行為が他の意識から決定的に区別されるのは、自己意識の客観が主観に等しいという点においてである。

その限りにおいて、自我＝自我は、無限な客観的世界に対立していることになる。

このような〔対立のある〕仕方では、超越論的直観によって何らの哲学知も生じているとは言えない。むしろ反対に、反省が超越論的直観を支配し、この直観を他の直観〔の働き〕に対立させ、この対立を固執するとすれば、哲学知はまったく不可能である。実際、このような自由な自己活動の絶対的な行為は、哲学知の条件ではあるが、それはまだ哲学そのものではないのである。つまり哲学によると、経験的知の客観的全体性は、まず純粋な自己意識と同等のものとされ、このことによって純粋な自己意識は、概念もしくは対立したものとして全く止揚され、こうして経験的知も止揚されることになるのである。ところが、〔フィヒテにおいては〕概して純粋意識だけが存在するのであって、自我＝自我が絶対者である、と主張されるのである。それによれば、(4) 一切の経験的意識は、自我＝自我の純粋な産物にすぎないことになる。そこで、もし経験的意識のうちに、あるいは経験的意識によって或る絶対的な二重性〔分裂〕が存する場合、しかも経験的意識のうちで措定されているものが、自我に対して自我によって自我が措定されたものではないという場合には、(5) その限りで経験的意識は完全に否定されることになろう。かくして、自我の自己措定と共に、一切のものが措定されており、それ以外には何もない〔無〕ということになろう。要するに、純粋意識と経験的意識との同一性が、両者の根源的な対立を捨象したのではなく、むしろ反対に、両者が相互に対立してあることが、両者の根源的同一性を捨象することになるのである。

前述のごとくにして、知的直観は一切のものと同等のものとされており、この点でそれは全体性なのである。一切の経験的意識と純粋意識とがこのように同一であること〔同一的存在〕そのことが、知と言われるものであり、かくして哲学は、これら両者が同一である事態を知る学問であるから、「知の学」〔知識学＊〕である。それゆえ、哲学は、経験的意識の多様性が純粋意識と同一であることを、自我から客観的なものを現実に展開するという実行によって、示さなければならないのである。[6] しかもそれは、経験的意識の全体性を自己意識の客観的全体性として記述しなければならない。すなわち、この学〔知識学〕にとっては、自我＝自我という命題のなかに、知の多様性のすべてが与えられているのである。実際、単なる反省にとっては、この〔フィヒテの〕演繹は、統一から多様性を、また純粋な同一性から二重性を導出するところから、矛盾する企てのように見える。しかるに、自我＝自我という同一性は、〔フィヒテによれば、純粋な同一性とされるが、単なる反省からすれば、〕純粋な同一性ではないのであり、言い換えると、反省の抽象作用によって生じた同一性ではないのである。反省が自我＝自我を統一として捉える場合には、反省は自我＝自我を、〔統一として捉えるのと〕同時に、二重性としても捉えなければならない。つまり、自我＝自我は、抽象的同一性であると同時に、二重性なのであり、自我＝自我のうちには、一つの対立が存するのである。すなわち、自我は一方においては主観であり、他方では客観である。しかしこの場合、自我に対立しているものも、同じく自我である。対立し合っている両者は、結局、同一なのである。それゆえ、経験的意識は、純粋意識から歩み出るものとは見なされえない。〔経験的意識を純粋意識の外に歩み出るものと見なす〕この見解からすれば、純粋意識から出発する「知の学」〔知識学〕というのは、言うまでもなく何か不合理なものとなるであろう。実際、あたかも経験的意識において、それが純粋意識から歩み出てきたかのようにみる見解の根底にあるのは、前述の抽象であり、そこにおいて反省は、自分の対立項を固定し孤立化するのである。悟性としての反省は、それ自体において、超越論的直観を捉える能力をもたないのである。たとえ理性が自己認識に達したとしても、悟性としての反省は、ひとたび活動の機会が与えられると、理性的なものを再び対立したものへと顚倒させてしまうのである。(7)

　＊　フィヒテ「知識学の概念、あるいはいわゆる哲学の概念について」（一七九四年）、全集、第一巻、四三頁。

　さて、われわれはこれまで、フィヒテの体系のもつ純粋に超越論的な側面を記述してきた。なお、この体系の超越論的な面に関して、悟性としての反省は何らの能力をもたず、哲学の課題は、むしろ理性によって規定され、かつ理性によって記述されているわけである。ところで、フィヒテの体系には、こうした真に超越論的な側面があるために、反省が支配している別の面は、その出発点から捉えることも、またそれを全体として〔一般的に〕把握することも、いよいよ困難である。というのも、反省が理性的なものを顚倒させたことから生じた悟性的なものには、依然として超越論的側面へと復帰する余地が開かれているからである。それゆえ、まずもって示されねばならないのは、次の点である。すなわち、フィヒテの体系には、思弁の立場と反省の立場という二つの立場が本質的に属しており、しかも後者の反省の立場の方が〔前者に対して〕従属的な位置にあるというわけではなく、思弁と反省の双方の立場が体系の中心において、絶対に必然的でありながら、結合されないままである、ということの点である。要するに、〔フィヒテの体系において〕自我＝自我は、思弁の絶対的原理ではあるが、しかしこの同一性は、体系によっては明らかにされていないのである。つまり、客観的な自我は、主観的な自我と等しくならず、両者は絶対的に相互に対立し合ったままである。すなわち、自我は、自分の現象あるいは自分の措定する作用〔働き〕のうちに、自己自身を見出すことはない。自我は、自分を自我として見出すためには、自分の現象を否定しなければならない。このようなわけで、〔フィヒテの体系においては〕自我の本質とその措定する作用とは、合致することがないのであり、かくして自我は自己にとって客観的とならない、ということになる。

フィヒテは、知識学において、自分の体系の原理を叙述するために、三つの原則〔根本命題〕という形式を選んでいるが、この根本命題という形式の不適切さについては、先述のとお

りである。(8)

第一の原則は、自我が絶対的に自己自身を措定すること〔自我の絶対的自己措定の働き〕であり、これすなわち、無限に措定する働きとしての自我である。

第二の原則は、自我が絶対的に反対措定すること〔反措定作用〕であり、あるいは無限な非我を措定することである。

第三の原則は、自我と非我の絶対的分割による前記二つの原則の絶対的結合〔合一〕であり、無限の領域を可分的自我と可分的非我とに配分する働きである。

この三つの絶対的原則〔根本命題〕は、それぞれ自我の三つの絶対的活動を提示している。絶対的活動がこのように複数であるということから直ちに推論されるのは、これら〔自我の〕活動と原則〔根本命題〕がただ相対的なものにすぎないということである。しかも、それらが意識の全体性の構成にかかわる限り、それらは単に観念的な構成要因でしかないということになる。ここにおいて、自我＝自我は、他の絶対的活動に対立するという位置にある以上、それは経験的意識に対立している限りでの純粋自己意識という意味をもつにすぎない。実際、純粋自己意識としての自我＝自我は、それ自身、経験的意識の捨象によって制約されており、第二、第三の原則がともに制約されているのと同様に、この第一原則〔根本命題〕も制約されているのである。自我の絶対的活動が複数あるということがすでに、その内容がまったく知られていなくとも、直接に〔第一原則の被制約性を〕予示しているのである。が、自我＝自我、つまり自我が絶対的に自己自身を措定すること〔自我の絶対的自己定立〕が制約された原則として把握されるということは、何も必然的なことではない。むしろ反対に、われわれはすでにその超越論的な意味において当の自我＝自我を、絶対的な（単に悟性的なそれではない）同一性として見たのである。しかしながら、自我＝自我は諸原則〔三つの根本命題〕のうちの一つの原則として提示されているが、その形式から見てこの第一原則は、経験的意識に対立する純粋自己意識とか、哲学的反省という意義しかもたない。なお、この哲学的反省というのは、通常の反省に対立するものをいうのである。

だが、純粋な措定と純粋な反措定という二つの観念的要因は、〔フィヒテにおいては〕単に哲学的反省のためにだけ措定されている、と言えるかも知れない。確かに、この哲学的反省は、根源的同一性から出発するにもせよ、まさに（この同一性の真の本質を記述するために）、絶対に対立するものの叙述によって始め、これを結合して二律背反とするのである。こうしたやり方が、哲学的反省が絶対者を叙述するにあたっての唯一の仕方なのである。かくして、この哲学的反省は、絶対的同一性を直ちに概念の領域から取り去り、主観と客観を捨象する同一性としてでなく、主観と客観との同一性として構成するわけである。ただし、この場合の同一性は、自己自身を措定する純粋な措定作用〔第一原則としての純粋な自己定立〕と純粋な反措定作用〔第二原則としての純粋な反定立〕との両者が、まさに同じ一つの自我の活動であるという具合には、捉えられ得ないのである。実際、この場合の同一性は、決して超越論的な同一性ではなく、むしろ超越的な同一性とでも言えるものであろう。つまり、対立し合う両者の絶対的な矛盾なれば、それはあくまで存続せざるを得ないであろうし、また両者の結合といっても、それは活動という一般的概念における結合に帰着することになろう。目下、要求されているのは、超越論的結合〔合一〕であって、この場合には、二つの活動の矛盾そのものが止揚され、観念的な二つの要因〔第一、第二原則〕から、観念的であると同時に実在的である真の綜合が構成されることになる。この超越論的結合〔合一〕を与えるのが、自我は自我のうちで可分的自我に対して、可分的非我を反対措定する、という第三原則〔第三根本命題〕である。*〔この原則においては、〕無限な客観的領域、つまり反対措定されたものは、絶対的自我でも絶対的非我でもなく、二つの対立し合うものを包括し、対立し合う二つの要因によって充実された領域である。なお、この場合、対立する要因は、一方が措定されるとき、他方は措定されず、一方が増加すれば他方は減退するという関係にあるのである。

＊　フィヒテ『全知識学の基礎』、全集、第一巻、一一〇頁。

しかし実際には、この綜合〔第三原則〕においては、客観的自我は主観的自我と同等ではない。主観的自我は自我であるが、客観的自我の方は、自我＋非我なのである。この綜合においては、根源的同一性は提示されない。というのも、自我＝自我という純粋意識と、自我＋非我という経験的意識とは、（なお、非我が構成される一切の形式をもってしても）依然として対立したままであるからである。第三原則が表明するこの綜合の不完全さは、第一および第二原則の活動がまったく対立した活動である以上は、当然のことであり、なお根本的には、いかなる綜合もここでは不可能なのである。それでも綜合が可能であるのは、自己措定する働きと反措定する働きとが、観念的な要因として措定されている場合だけに他ならない。確かにこの場合、何らの概念であるはずもない二つの活動が、観念的な要因としてのみ取り扱われねばならないというのは、自己矛盾するように思われる。が、それにしても、自我と非我、主観的自我と客観的自我、要するに結合されるべき両項が、（措定の働きと反措定の働きという）二つの活動として表現されようと、それとも（客観的自我と非我という）二様の所産〔産物〕として表現されようと、この点は、それ自体としても、また同一性を原理とする体系にとっても、いずれも何ら違いはない。ともあれ、この二つのものが絶対に対立し合っているという性格が、両者を直ちに観念的なものたらしめているのであって、フィヒテもこの両者の純粋な観念性を認めているのである。ただし、この対立する両者は、フィヒテにとっては、綜合以前と綜合以後とでは全く別のものである。綜合以前においては、両者はただ対立し合ったものにすぎず、それ以上の何ものでもなかった。つまり、一方は他方ではないものであり、他方は一方ではないものであるというわけである。これすなわち、一切の実在性を欠いた単なる観念であり、重ねて言えば、単なる実在性の観念なのである。[9] 確かに、一方が登場すると、他方は否定されることになる。だが、この一方は、実は他方の反対である述語のもとでのみ登場することができるにすぎず、かくして一方の概念とともに他方の概念が同時に登場し、一方を否定するのであるから、この一方さえも登場することはできないのである。したがって、まったく何も存在していないのであり、それにも拘らず、あの単に対立するにすぎない二つのものに対し、ひそかに〔実在的〕基体を挿入し、その両者について思惟することを可能ならしめたのは、*構想力の善意ある欺きでしかなかった、というわけである。

* フィヒテ『全知識学の基礎』、全集、第一巻、二二四—二二五頁。

さて、対立し合う二つの要因が観念的であるということから、以下の点が明らかになる。すなわち、それら両要因は綜合的活動を離れては何ものでもないのであり、綜合的活動によってのみ、それら両者が相互に対立して在り、かつ両者自身が措定されているのであって、両者の対立というのは、綜合的能力を理解させようとする哲学的構成のために使用されたにすぎない、ということである。そうしてみると、〔綜合的活動としての〕生産的構想力とは、活動として表わされた絶対的同一性そのものであって、この活動が生産されるもの〔所産〕の限界を措定することによって、それと同時に、対立する両者を制限し合うものとして措定しもするのである。この生産的構想力が、対立項によって制約された綜合的能力として現われるという見方は、ただ反省の立場にのみ妥当するものであろう。というのも、反省はまさに対立する両者から出発し、直観をその両者の結合として把握するにすぎないからである。だが同時に、哲学的反省は、このような見解を反省に属する主観的な見方として示さんがために、次のような理由で、超越論的立場を回復しなければならない。すなわち、〔当の超越論的立場によると〕あの絶対的に対立する二つの活動は、端的に観念的な要因とされ、しかも絶対的同一性の観点からすると、まったく相対的な同一性にすぎぬものと見なされることになる。むろん、絶対的同一性においては、経験的意識なるものは、その反対物である純粋意識（この意識は経験的意識を捨象するものとして、自己内に対立をかかえているのであるが）と同様、止揚されることになるわけである。また、このような意味においてのみ、自我は対立する二つの活動の超越論的中心点であって、この両者に対して無差別なのである。確かに、両者の絶対的対立というのも、それらが観念的であるという点に関してのみ意味があるのである。

しかし、第三原則において表明されている綜合は不完全であり、そこにおいて客観的自我は、自我＋非我であるとされる。綜合のこの不完全さそれ自体が、直ちに次のような疑念を喚起することになる。すなわち、〔第一・第二の原則での〕あの対立する二つの活動は、単に相対的な同一性として、つまり観念的な二つの要因としてだけ、見なされるべきではないのではないか。人あってかく見なしたがるのは、両者の綜合に対する関係だけに眼をうばわれて、〔対立する〕二つの活動および第三の活動がもっている絶対性という名称を度外視するならば、あるいは〔そう見なすのも〕あり得ることだ、といった疑念である。

だが、〔自我の〕自己自身を措定する働きとその反措定の働きは、前述のごとき相互の関係に入るはずはないし、また綜合的活動に対してもそうである。自我＝自我は、絶対的な活動であって、どのような観点から見ても、相対的同一性でもなければ、また観念的要因と見なされるはずがない。この自我＝自我に対して、非我は絶対的に反措定されたものである。が、この自我と非我を結合することが必要なのであって、これこそ思弁の唯一の関心事である。それにしても、絶対的に対立し合っているものを前提して、果たしていかなる結合が可能であろうか。明らかに、本来どのような結合も可能ではあるまい。あるいは〔何らかの結合が可能であるには〕、両者の対立の絶対性が、少なくとも部分的に排除され、第三の原則が必然的に登場せざるをえないとしても、なおそれらの対立が根底に存する以上、単に部分的な同一性が可能であるにすぎない。絶対的同一性は、〔フィヒテにとっては〕なるほど思弁の原理ではあるが、この原理は、それの表現である自我＝自我と同様に、規則にとどまるにすぎない。仮に、この規則の無限な遂行が要請されても、それは体系において構成されることはないのである。

ところで、〔対立する二つの活動の合一が可能となるにあたって〕肝要な点は、次のことを証明すること、すなわち、自己自身を措定する働きと反措定の働きは、体系においては絶対的に対立し合う活動であることを証明するのでなければならない。フィヒテの言葉は、なるほどこの点を端的に語ってはいる。[10] だが、〔問題は〕この絶対的対立が、まさに生産的構想力を可能にする必要条件であるはずとされている点にある。が、それにしても、〔フィヒテの場合〕生産的構想力は、単に理論的能力としての自我にすぎないのであって、この能力は対立を超えることはできないのである。〔ただし、フィヒテにおいて〕対立が除去されるのは、実践的能力にとってであって、しかもこの実践的能力だけが対立を止揚する当のものである。それゆえ、われわれにとって証明されなければならないのは、次の点である。すなわち、実践的能力にとっても対立は、〔克服しがたく〕絶対的であって、この実践的能力においてさえ、自我は自我として自己を措定することなく、客観的自我もまた同様に自我＋非我であり、かくして実践的能力は、自我＝自我にまで徹底することがないということ、この点である。逆に言えば、対立が〔克服しがたく〕絶対的であることは、体系中に示される最高の綜合において、対立が依然として存在している以上、まさに当の綜合のこの不完全さからして明らかであろう。

ところで、〔体系において対立する諸立場のうち〕独断的観念論は、客観一般を否定するとか、対立項の一方である主観の規定性を絶対者として措定するとか、このような仕方によって、原理の統一性を維持しようとする。この点は、〔あたかも反対の立場にある〕独断論の純粋な形態たる唯物論が、主観的なものをもっぱら否定することによって、原理の統一性を維持しようとするのと同様である。もし仮に、哲学的思惟の根底に存するものが、いわゆる同一性への要求にすぎず、かくいう同一性の完成が、対立項の一方を否定し、これを完全に捨象することによってなされると言われるなら、実際対立する両項のいずれが〔つまり、主観的なものと客観的なもののいずれが〕、否定されるかは、どうでもよいことである。これら両者の対立は意識のうちに存するのであって、客観的なものの実在性も、主観的なものの実在性と同じように、意識のうちで基礎づけられている。〔独断的観念論者の〕純粋意識は、経験的意識のうちで、独断論者の物自体とまったく同じように確認され得るのであり、どちらか一方が他方より以上に確証を得ることなどありえないのである。主観的なものだけでも、また客観的なものだけでも、意識を充実させることにはならない。純粋に主観的なものも、純粋に客観的なものも、等しく〔反対を捨象した〕抽象である。そこで独断的観念論は、こうした主観的なものをもって客観的なものの実在根拠とするのであり、これに対して独断的実在論の方は、他方の客観的なものをもって主観的なものの実在根拠とするのである。さらに徹底した実在論となると、概して自己措定〔する働き〕という自己活動としての意識〔自我＝自我〕までも否定することになる。しかし、この実在論が、たとえ意識の実在根拠として措定する当の客観を、非我＝非我として表現するにしても、実在論がこの客観の実在性を示すのは、まさに意識のうち以外ではないのである。かくして、この実在論に対して意識の同一性の方が、有限なものから有限なものへと連なる〔実在論の〕客観的序列に対しては絶対的であるとして自己主張することになる。実際、そうである以上、この実在論は、もちろん純粋な客観性という自らの原理の形式を放棄しなければならない。かくて実在論が思惟というものを認めるや否や、思惟の分析の結果として、自我＝自我が提示されることになる。この場合の自我＝自我は、命題として表現された思惟なのである。というのも、思惟とは、対立し合うものを自発的に関係づける働きであり、かく関係づける働きこそ、対立し合うものを等しいものとして措定することだからである。しかしながら、観念論が意識の統一を主張するのに対して、実在論の方は意識の二元性〔分裂〕を主張することができる。意識の統一は二元性〔分裂〕を前提するのであり、関係づける働きは対立する事態を前提する。こうして自我＝自我に対して、〔主観に等しくないという〕別種の実在論的命題が同じく絶対的に対立することになる。すなわち、主観は客観と等しくないという命題がこれである。この二つの命題は、序列としては同等なのである。

さて、フィヒテが彼の体系を叙述した若干の形式を見て、この体系は独断的観念論の体系であると思い違いをする人があるかも知れない。なお、この場合の独断的観念論とは、自らに対立する原理を拒否する立場を指すのである。実際、ラインホルトもまた、フィヒテの原理のもつ超越論的な意味を見落としている。すなわち、この超越論的なそれによると、自我＝自我のうちに主観と客観との差異を同時に措定することが要請されている点である。そこでラインホルトは、フィヒテの体系を絶対的主観性の体系、すなわち独断的観念論と見なすのである。*が、事実においてフィヒテの観念論は、次の点で〔独断的観念論と〕区別されるのである。すなわち、フィヒテの提示する同一性は、客観的なものを否定するのではなく、むしろそれは主観的なものと客観的なものとを、同じ実在性と確実性の序列におき、そこで純粋意識と経験的意識とは一つになっているという。まさにこの点によって、フィヒテの観念論は他と区別されるのである。かくして、〔フィヒテにおいては〕主観と客観とが同一性なるがゆえに、私〔自我〕は私〔自我〕を措定するのと同じように確実に、私〔自我〕は私〔自我〕の外なる事物を措定する。私〔自我〕が存在するのが確実であるのと同様に、事物が存在するのも確実である。しかし、自我が単に事物だけ〔を措定するの〕か、それとも自己自身だけか、つまり両者の一方だけを措定するにすぎないなら、あるいは両者を同時に措定するとしても、これを分離したものとして措定するのであれば、自我は体系においてそれ自身にとって主観＝客観とはならないのである。要するに、主観的なものは、なるほど主観＝客観ではあるが、しかし客観的なものの方はそうではない。それゆえ、主観は客観と等しくはないことになる。

＊　ラインホルト『寄与』（第一分冊）、一二四頁以下。

自我は、理論的能力としては、自己を完全に客観的に措定することができず、このため〔客観的なものとの〕対立から離脱することができない。かくして、「〔理論的能力としての〕自我は、非我によって規定されたものとして自己を措定する」*という命題になるのであり、これすなわち第三原則の部分であって、それによると自我は、知性的なものとして構成されるという。ところで、客観的世界は、知性の〔実体ではなく〕偶有性として証明され、また知性は、非我によって規定されたものとして自己自身を措定するが、当の非我は無規定なものであって、その〔非我の〕一切の規定はいずれも知性の産物〔所産〕である。が、それにしても、やはり理論的能力には、依然として何か制約されているという側面が残存している。すなわち、客観的世界は、それが知性によって無限に規定されるものでありながら、それとともに、知性にとって同時に無規定である何かとして、常に存続するのである。非我は、なるほど〔知性を制約するような〕何か積極的な性格をもつわけではないが、他者、つまり対立するもの一般といった消極的な性格をもつものではある。言い換えると、フィヒテが言うように、知性は何らかの障害によって制約されるが、しかし障害の方はそれ自体まったく無規定なのである。**非我は消極的なもの、無規定なものを表現するにすぎない以上、このような性格が非我それ自身に帰せられるのは、もっぱら自我の措定する働きによる以外にないのである。自我は、措定されないものとしての自己を措定する。つまり、〔非我に対する〕反措定一般、また自我によって絶対に規定されていないものを措定する働きそれ自身が、自我の措定する働きなのである。自我のこの表現において主張されているのは、知性としての自我の内在性であり、それも知性がある他者＝xによって制約されている点を考慮した上で〔自我の内在性が〕主張されているわけである。だが、〔かく主張したとしても〕自我の矛盾は、別の形式を得たにすぎず、この形式によって、矛盾そのものが自我のうちに内在化したのである。すなわち、自我の〔非我に対する〕反措定と自我の自己措定する働きとが、互いに矛盾し合うこととなって、理論的能力たる自我は、この対立から脱却することができないのであり、それゆえ対立は、理論的能力にとって絶対に克服しがたいものにとどまっている。〔フィヒテにとっての〕生産的構想力は、絶対的に対立する両項〔自我と非我〕のあいだの一種の動揺であり、この対立する両者を限界のうちで綜合しうるにすぎず、これら対立し合う両極を結合することはできないのである。

＊　フィヒテ『全知識学の基礎』、全集、第一巻、一二七頁。

＊＊　右同書、二四八頁。

要するに、理論的能力によっては、自我は自己にとって客観的になることはない。自我＝自我に達する代わりに、自我＋非我として客観が自我にとって生じてくる。言い換えると、純粋意識は経験的意識と同等でないことが証明されることになる。

さて、右の事情から、〔フィヒテにおける〕客観的世界の超越論的演繹の性格がいまや明らかとなる。すなわち、自我＝自我は思弁の原理にして、しかも経験的意識に対立した主観的な哲学的反省の原理であるが、この際当の自我＝自我は、経験的意識との対立を止揚することによって、自ら哲学的原理たることを客観的に証明しなければならない。そこで、このようなことが行なわれるのは、純粋意識が自己自身から多様な活動を産み出し、これら多様な活動が経験的意識の多様性に等しいという場合に〔可能であるに〕違いない。こうしたやり方によって、自我＝自我は、客観性という相互に並存する全体の内在的な実在的根拠であることが証明されるであろう。しかるに、経験的意識のうちには、対立するものとして、あるxが存在する。純粋意識はまず自己自身を措定する働きである以上、このxを自分から産み出すことも、また克服することもできず、代わりにこれを前提せざるをえないのである。そこで問題は、次の点にある。すなわち、絶対的同一性は、それが理論的能力として現われる限り、主観性と、経験的意識に対する対立とを完全に捨象し、この領域〔理論的能力の領域〕のうちで、自分自身にとって客観的にA＝Aとなることができるか否か、という点である。だが、〔われわれにとっては、否と言わざるをえない。つまり〕この場合の理論的能力は、自己自身を自我として措定する自我であるとはいえ、非我によって規定されたものである以上、そもそも純粋な内在的領域とは言えないのである。この内在的領域の内部においてさえ、自我の産物のいずれもが、同時に自我によって規定されたものではないのである。それゆえ、純粋意識は、それが経験的意識の多様性を自分から産出する限りにおいて、欠如あるものという性格を伴って現われる。かくして、純粋意識のもつこの根源的な欠如性が、客観的世界一般の演繹の可能性を構成しているのであって、しかも純粋意識のもつ主観的側面は、この演繹において最も明瞭に現われることになる。ところで、自我が客観的世界を措定するのは、自我が自己自身を措定する限り、自己を欠如あるものとして認識するためである。ただこのことによって、純粋意識の絶対性は後退することになる。かくして、客観的世界は、自己意識に対して、それ〔自己意識〕の一つの制約となるという関係を得る。このようにして、純粋意識と経験的意識とは、相互に制約し合うわけであり、一方は他方と同様に必然的となる。フィヒテ流に言うなら、*経験的意識にまで進展することになるのは、純粋意識が完全な意識ではないという理由による。このような相互関係のうちでは、純粋意識と経験的意識とは、依然として絶対に克服しがたい対立のままである。ここにおいて見出されうる同一性は、きわめて不完全で表面的なものでしかない。したがって、さらになお純粋意識と経験的意識とを自己のうちに包含し、しかもあるがままの両者を止揚するような別個の同一性が必要とされるのである。

＊　フィヒテ『全知識学の基礎』、全集、第一巻、一六七頁。

なお、客観的なもの（もしくは自然）が、先述のような〔超越論的〕演繹によって得るところの形式については、後に問題とされるであろう。が一方、純粋意識の主観性は、すでに論究された〔超越論的〕演繹形式から明白であるが、いまこの点からわれわれは、さらに別個の演繹形式への手がかりを得ることになる。すなわち、その形式によれば、客観的なものの産出は、自我の自由な活動の純粋な行為であるとされるのである。もし自己意識が経験的意識によって制約されているとすれば、経験的意識は〔自我の〕絶対的自由の所産ではありえないことになる。そしてこの場合、自我の自由な活動は、客観的世界を直観において構成するにあたっての一要因にすぎぬものとなろう。概して世界は、知性の自由による一つの所産であるというのが、観念論の原理の端的な表現である。[11] しかるに、フィヒテの観念論が、この原理を体系にまで構成し得なかったとすれば、その怠慢の理由は、〔フィヒテの〕体系において自我の自由がふるまう性格のうちに見出されるであろう。

哲学的反省は、〔自我の〕絶対的自由の一つの行為である。言い換えると、哲学的反省とは、まったく無制約な恣意によって所与の領域から出て高まり、[12] 知性が経験的意識のうちで無意識的に産出するもの（一般的には、所与として現われるもの）を、意識的に産出する行為なのである。かくして、哲学的反省にとっては、必然的にして多様な諸表象が〔自我の〕自由によって産み出された体系として成立することになるが、ただこのような意味だけでは、客観的世界の無意識的生産が〔自我の〕絶対的自由の行為である、と主張されるわけにはいかない。というのも、いまいう意味の限りでは、経験的意識と哲学的意識とは、相互に対立し合っているからである。むしろ、そうではなく、経験的意識と哲学的意識との両者が、自己自身を措定する働きの同一性である限りにおいて、客観的世界の無意識的な生産が自我の絶対的自由の行為である、と主張されるのである。自己自身を措定する働き〔自己定立〕、すなわち主観と客観との同一性こそ、〔本来の意味での〕自由な活動なのである。

ところで、〔自我の〕純粋意識もしくは〔自我の〕自己措定の働きによる客観的世界の生産活動について、先述したところでは、どうしても絶対的な反措定〔非我〕の働きが現われるのは必然的〔避けがたきこと〕であった。この絶対的な反措定の働きは、客観的世界が自我の自由の行為として演繹される限り、自我の自己自身による〔ある種の〕自己制限の働きとして前面に現われることになる。かくして、〔フィヒテにおける〕生産的構想力は、一方では無限を目指す無規定な活動と、他方では有限化を目指す制限的な活動という二つの要因から構成される。〔非我に対する自我の〕反省する活動が、〔右の生産的構想力と同様〕無限な活動として措定されるとすれば、（なお、この自我の反省活動は、ここでは同一性にとって観念的な要因をなすものであり、非我に対して絶対に対立したものである以上、無限な活動として措定されなければならない）その場合には、〔自我の〕反省する活動それ自身も、自我の自由の行為として措定され得るのであり、かくして自我は自由に自己を制限することになる。そうであれば、自我の自由と制限は、相互に対立し合うことはなく、互いに自己を無限にも有限にも措定することとなるであろう。この点は、先述したフィヒテの第一原則と第二原則との対立として現われたそれと同じ事態である。この点から、この場合の制限は、ともかく〔自我の〕内在的なものであることがわかる。というのも、自己自身を制限する当の主体が、自我だからである。諸々の客観は、自我のこの自己制限を説明するために措定されるにすぎない。そこで、知性〔としての自我〕のこうした自己制限の働きだけが、唯一実在的なものと言えるのである。かくして、経験的意識によって主観と客観とのあいだに措定された克服しがたい絶対的対立は、いまや止揚されていることになる。しかるに、この対立は別の形式をとって知性それ自身のうちに持ち込まれているのであって、知性はやがて自分が何とも不可解な制限のなかに閉じ込められているのを知ることになる。すなわち、自己自身を制限することが、知性に課せられた絶対に不可解な法規〔掟〕なのである。しかも、通常の意識のうちに存する対立〔意識の自己対立〕が、当の意識にとっては理解しがたいというこうした事態が思弁へと駆り立てるものと見える。ところが、〔知性にとっての〕この不可解さは、知性自身のうちに置かれた諸制限のために、体系においては常に残存するのである。そこで実を言うと、これら諸制限の循環を突破することこそ、哲学的〔思弁的〕要求の唯一の関心事であるはずである。

要するに、自我の〔非我を〕制限する活動の自由が、〔自我の〕自己措定の働きとして、他方〔非我の〕反措定の働きに対立させられるならば、この場合〔自我の〕自由は、〔非我の実在によって〕制約されることになる。このことは、実にあってはならないはずのことである。[13]

すでに述べたとおり、自己措定と反措定という二つの働きが、ともに自我のうちに措定されていたごとくに、この際自我の制限する活動もまた、自我の自由の一つの活動として措定されるとすれば、この場合の自由は、絶対的同一性である。だが、この自由はその現象に矛盾するのである。自由の現象〔現象としての自由〕は、常に非同一的なものであり、また有限的で、不自由なものだからである。体系において、自由は首尾よく自己自身を産出し得ない。つまりその所産は、産出活動に一致しないのである。かくして体系は、〔自我の〕自己措定の働きから出発するが、知性を導き、知性の制約へと至らしめようとする。が、その制約も、また制約された制約である以上、際限なき有限性〔現象〕のうちに追い立てるにすぎない。こうして体系は、終にこの有限性のなかで、またこの有限性から、知性を〔知性の第一原則、自我＝自我へと〕回復することはないのである。

II　実践的認識

さて、思弁はその原理たる自我＝自我を、無意識的な産出の活動において完全には提示することができない。むしろ理論的能力の客観が、自我によって規定されないものを必然的に自己のうちに含む以上、われわれは〔自我＝自我の原理を貫徹するため〕実践的能力に赴くよう指示されることになる。自我は、無意識的な産出の活動によっては、首尾よく自己を自我＝自我として措定することはもとより、自己を主観＝客観として直観することはできないのである。それゆえ、自我が自己を同一性として、主観＝客観として、つまり実践的に生産すべきであるという要求、さらには自我が自己自身を客観へと変形すべきであるとの要求は、依然として存在している。が、この最高の要求も、フィヒテの体系においては、〔実現されないまま〕単なる要求にとどまっている。この要求は、真の綜合となって解消されないばかりか、要求として固定されていて、これがため観念的なものが実在的なものと絶対に対立し、自我が主観＝客観として自己を直観するとの〔自我の〕最高の自己直観も不可能となるのである。

かくして、自我＝自我は〔フィヒテにおいては〕実践的に要請されることになる。この事情は、次のような仕方で、自我は自我として自分にとって客観となることと考えられる。すなわち、自我が非我との因果関係に入ることによって、非我が消滅し、客観が絶対的に自我によって規定されたもの、つまり＝自我〔自我と等しいもの〕となる、との考え方がそれである。ここで支配的なのは、因果関係であって、それによって理性もしくは主観＝客観は、〔反措定的に〕対立し合う両者の一方として固定され、真の綜合は不可能とされるのである。

右のごとき〔真の綜合が不可能とされる〕事態[14]、すなわち自我が主観性と、〔無意識的な産出の活動において、自我に対して x が生じる〕この x との対立から自己を再構成し、自己の現象と一つになることができない、ということの不可能性は、〔フィヒテにおいては〕体系の提示する最高の綜合が、当為であるという仕方で表現される。すなわち、「自我は自我に等しい」は、自我は自我に等しくあるべきである、と表現変更されることになる。体系の帰結は、その始元に立ち還ることはないのである。

〔フィヒテのいう当為の考えによれば〕自我は客観的世界を否定すべきであり、自我は非我に対して絶対的原因性をもつべきである、*とされる。だが、この要求は矛盾していることがわかる。というのも、右の意に即せば、非我は止揚されることになるが、反措定の働きつまり非我の措定は絶対的であるからである。したがって、自我の純粋な活動が客観に対してもつ関係は、単に努力〔志向性〕として措定されるにすぎない。** 主観的自我に等しい客観的自我は、自我＝自我を表示するものである以上、この自我は同時に自己に対する反措定の働きとして非我をもっている。かくして、前者たる観念的自我と後者たる実在的自我は、〔当為として〕等しくあるべきなのである。この絶対的当為としての実践的要請が表現するのは、単に思惟の上での対立の結合に他ならず、したがってこの対立は、結合されて直観となることはない。この要請は、要するに第一原則と第二原則との対立〔反定立《アンチ・テーゼ》〕を表現するにすぎないのである。(15)

＊　フィヒテ『全知識学の基礎』、全集、第一巻、二五〇頁以下。

＊＊　右同書、二六一頁以下。

こうして、自我＝自我は思弁によって見捨てられ、反省に委ねられることとなる。純粋意識は、もはや絶対的同一性として登場することはなく、その最高の品位においてさえ、それは経験的意識に対立しているのである。

前述したことから、フィヒテの体系において〔自我の〕自由がいかなる性格をもっているかが、明らかとなろう。すなわち、この場合の〔自我の〕自由は、対立する両項の止揚ではなく、むしろ対立する両項への対立なのであって、この対立においてそれは否定的自由として固定されることになる。〔フィヒテの体系において〕理性は反省によって統一として構成されるが、この統一に対しては多様性があくまでも対立するのである。だからして、言うところの当為は、こうした理性の恒常的対立とか、絶対的同一性の非存在を表現するわけである。〔自我の〕純粋な措定の働き、つまりその自由な活動は、いまや一つの抽象として、主観的なものの絶対的形式のなかにおかれている。フィヒテの体系の発端である超越論的直観も、実は絶対的捨象によって自己を純粋自己思惟にまで高める哲学的反省の形式の点では、単に主観的なものであった。それゆえ、超越論的直観を形式に囚われない真の姿〔無形式性〕において得るためには、まさにこの主観的なものという性格は何としても捨象されなければならなかったであろう。だからフィヒテにおける思弁は、その主観的原理から主観的であると見られる形式〔反省形式〕を遠ざけ、かくして主観と客観との真の同一性へと自己の原理を高めなければならなかったのである。しかしそれにしても、哲学的反省に属する限りでの超越論的直観と、主観的なものでも客観的なものでもない限りでの超越論的直観とは、依然として全く同一的なものである。この点からしても、〔フィヒテの〕主観＝客観は、差異からもまた反省からも脱却することはもはやなく、それは依然として主観的な主観＝客観であると言える。この主観的な主観＝客観に対して、現象はまったく疎遠なものであって、それは自己の現象のうちで自己自身を直観することにはならないのである。

ところで、自我の理論的能力が絶対的な自己直観に到達することができなかったのと同様に、いまや実践的能力もこの自己直観にまでは到り得ないのである。すなわち、理論的能力と同じく実践的能力も、ある障害によって制約されている。この場合の障害は、事実として存在するのであって、自我から導出されるごときものではない。この障害の演繹にしても、それが理論的能力にも実践的能力にも制約であることを明らかにするという意味をもつのである。かくして二律背反は、〔自我の実践的能力である限り〕依然として二律背反として存続しており、それは〔自我の〕活動としての当為である〔自我の〕努力において表現されることになる。反省にとって、絶対者の把握は二律背反による以外にはありえないのだが、いまわれわれが見た〔実践的能力としての〕二律背反は、反省にとって絶対者が現象する形式ではない。むしろ、この二律背反という対立は、固定されたものであり、絶対に揺るぎようのないものである。この対立は、自我の活動として、つまり〔自我の〕努力として最高の綜合であるべきなのである。かくして、フィヒテにおける無限性の理念は、直観にあくまで対立している点で、かのカント的な意味での理念にとどまらざるを得ないのである。

理念と直観とのこの絶対に克服しがたい対立とこの両者の綜合（これは綜合とは言っても、自己破壊の要求に他ならない。というのも、それは結合の要求ではあるが、しかし当の結合はなされるべきでない要求であるからである）――この綜合は、無限累進という形をとって表現される。このことによって、理念と直観との絶対的対立は、より卑俗な立場の形式にはめ込まれることになるが、この形式は長い間、対立の真の止揚にして、また理性による二律背反の最高の解決と見なされてきたものである。永遠にまで延長された定在《ダーザイン》〔定有〕は、理念の無限性と直観の無限性という両項を含んでいるが、しかし理念と直観との両者の綜合を不可能にするのは、むしろその形式にあると言える。理念の無限性は、一切の多様性を排除する。が、これに対して、〔直観の無限性としての〕時間は、直接そのうちに対立、つまり相互外在性⒃とでも言える在り方を含んでいる。時間〔という形式〕における定有《ダーザイン》は、自己に対立したものであり、また多様なものである。が、〔時間における〕無限性は、時間の外にある。〔直観形式のうち、もう一方の〕空間も、時間と同様に自己の外に措定された存在である。だが、空間における対立の性格からいって、空間の方が時間よりも無限に豊富な綜合であると言われもする。

それにしても、累進が時間のうちで行なわれるという点で時間も、それなりの長所をもっているが、それも次の点に、ただ長所があると言えばあると言いうるにすぎない。――すなわち、〔何かに向かおうと努める力としての〕志向性[17]は、外的感性界に絶対的に対立し、内的なものとして措定されるということであり、この場合、自我は絶対的主観として、いわば点の単一性〔統一〕として、通俗的に言えば、魂として実体化される、といった点にあると言える。もし仮に時間が無限的時間として全体性であるとされるならば、むしろ時間それ自身が止揚されることになる。それゆえ、時間という名前とか延長された定有《ダーザイン》の無限累進とかに、逃げ場を求める必要はなかったのである。実際、時間の真なる止揚とは、無時間的な現在、すなわち永遠なのである。この〔時間の止揚である〕永遠性のなかで、〔時間における〕志向性と絶対的対立の存続という事態は、消滅することになる。かくて先述の定有の延長というのは、対立を単に時間の綜合という点において粉飾するにすぎない。要するに、こうした〔時間の〕綜合のお粗末さたるや、時間に対してあくまでも対立する無限性とかくも結合して粉飾しようとも、かの〔綜合の〕お粗末さが充足されることはなく、かえってより目立つものとなるばかりである。〔自我の実践的活動としての〕志向性のうちに含まれているもののさらなる展開と、この展開から生じてくる諸々の対立の綜合とは、いずれもそのうちに非同一性の原理を含んでいる。実際、〔フィヒテにおける〕体系のさらなる展開は、概して整合的な反省に属していて、思弁はこれに何ら関与することがないのである。それゆえ、〔フィヒテにとって〕絶対的同一性は、ただ対立するものの形式のうちに、すなわち理念としてのみ存在するにすぎない。しかもこの場合、理念とそれに対立するものを結合しても、その結合のいずれの根底にも、不完全な因果関係が存しているのである。すなわち、対立関係のなかで、自己措定する自我、つまり自己自身を制限する自我は、主観的自我と呼ばれる。これに対して無限へと向かう自我は、客観的自我と呼ばれる。この両者は、以下に述べるような仕方で結合されることになる。すなわち、主観的自我のもつ自己規定する作用〔働き〕[18]は、客観的自我の理念である絶対的自発性、無限性という理念に従う規定作用にほかならない。そして、絶対的自発性としての客観的自我の方は、この客観的理念に従って、主観的自我により規定されるのである。この場合、前記二つの自我の規定作用は、両者間での相互規定〔作用〕なのである。つまり、主観的・観念的自我は、客観的自我から、言うなればその理念の質料として、絶対的自発性とか無規定性を受け容れるのであり、これに対して客観的・実在的自我は、無限へと向かって進む限り、主観的自我によって制限されることになる。しかし、主観的自我も、実は無限性という理念に従って規定される以上、この限界を再び止揚する。そこで主観的自我は、自己が無限性にある限り、客観的自我を確かに有限なものとするが、しかし同時に、自己が有限性にある限りでは、客観的自我を無限なものとするのである。このような相互的規定のうちには、有限性と無限性との対立、実在的規定性と観念的無規定性との対立が、依然として存続する。かくして、〔フィヒテの体系においては〕観念性と実在性とは、決して結合されることがないのである。要するに、自我は観念的活動であると同時に実在的活動であるが、この両者の活動は、単に異なった方向として区別されるにすぎない。こうして自我は、後述されるであろうが、個々の不完全な綜合のうち衝動や感情において、それの異なった方向を結合してきた。だが、自我はこれらの綜合において、自己自身の完全な提示に達することはないのである。自我は、定有を延長して無限累進のなかで、自己の部分を際限なく生産しはするが、しかし主観‐客観として自己自身を直観するという永遠性のもとで自己自身を産出することはないのである。

Ⅲ　自然に対する自我の関係

〔フィヒテにおける〕超越論的直観が、その主観性という側面に固執したことによって、自我は主観的な主観‐客観にとどまるのであるが、この場合の固執が最も顕著に現われるのは、自然に対する自我の関係においてである。[19] すなわち、一方では〔自我による〕自然の演繹において、また他方では、この演繹に基づく諸学において最も顕著なのである。

〔フィヒテの体系では〕自我は、主観的な主観‐客観である以上、自我に対して客観が絶対的に対立していて、しかもそこで自我が客観によって制約されているとの一面が、依然として自我につきまとうことになる。絶対的な客観を独断的に措定するという働きは、フィヒテの観念論においては、われわれがすでに見たように、自我の自己制限（これは、自我の自由な活動に絶対的に対立するもの）に転化される。実際、自然が自我によってかくのごとくに措定されること〔被措定有〕が、自然の演繹なのであり、また超越論的自然観でもある。かくして、この超越論的観点がどれほどの範囲に及ぶのか、またその観点のもつ意義が何であるかは、以下において明らかとなるであろう。

　先には必然性として現われたものが、いまやこれに代わって一つの根源的な規定性なるものが、〔自我の理論的能力たる〕知性の制約的条件として、目下〔フィヒテの体系においては〕要請されることになる。なぜなら、純粋意識は経験的意識に進展するためには、まったく完全な意識ではないからである[20]。かくして自我は、自己自身を絶対的に制限すべきであり、反措定すべきなのである。自我は主観であるから、自我の制限は自我のうちに、また自我によって存在するのである。このような自我の自己制限は、自我の主観的な活動の制限にして、また知性の制限であると同時に、さらには自我の客観的活動の制限でもある。かく制限された客観的活動が、衝動*なのであり、またかく制限された主観的活動は目的概念である。このような自我の二重の規定性を綜合するものが感情である。この感情において、〔自我の自己制限としての〕

認識と衝動とが結合されることになる。だが同時に、感情の働きは単に主観的なものであって、それは自我＝自我に対立し、また無規定的なものに対立して、むろん規定されたもの一般として現われるのであり、しかも客観的なものとしての自我に対立して、主観的なものとして現われる。すなわち、この感情の働きは、自我の無限な実在的活動に対しても、また観念的無限性に対しても、有限なもの一般として現われるのであるが、後者、つまり観念的無限性との関係においては、この働きは客観的なものとして現われるのである。しかしながら、〔この場合のフィヒテの推論は、これ以上は進展しない。というのも〕この感情の働きは、それだけとして考えてみると、主観的なものと客観的なものとの綜合、つまり認識と衝動との綜合として特徴づけられているのであって、しかも当の働きが綜合である以上、この〔感情の〕働きの無規定的なものに対する対立も消滅することになるからである。なお、この無規定的なものが、無限な客観的活動であれ、主観的活動であれ、それの対立が消える点は同じである。概して、感情の働きが有限であるのは、反省に対してのことにすぎず、反省こそ無限性というあの対立を産み出すものだからである。かくして、感情の働きは、それ自体としては、質料に等しく主観的であると同時に客観的なものであり、それがまだ再構成されて全体性にまでなっていない限りでの同一性である。

＊　『倫理学の体系』、全集、第四巻、一〇五頁以下。

＊＊『全知識学の基礎』、全集、第一巻、二八九頁。

感情も同じく衝動も、客観によって制限されたもの〔主観〕として現われるのであり、またかく制限されたものと制限が主観としてのわれわれのうちで表現されたもの、それが衝動であり感情である。そして諸々の衝動と感情から成る根源的に規定された体系、それが〔自我としての〕自然なのである。かく制限されたものと制限から成る〔自然としての〕意識が執拗に〔主観としての〕われわれを圧迫する。しかもそれと同時に、諸々の制限から成るこの体系を基礎づけている実体は、自由に思惟し意志するものとされ、またわれわれがこの実体をわれわれ自身として措定すべきものとされる。かようなわけで、かくも諸々の制限から成る体系は、われわれの〔主観としての〕自然なのである。* かくして、自我と自我の自然とが、〔フィヒテにおける〕主観的な主観－客観を構成するのであって、自我の自然はそれ自身自我のうちに存するわけである。

＊『倫理学の体系』、全集、第四巻、一〇九頁。

だが、それにしても自然と自由との対立、つまり根源的に制限されているものと根源的に無制限なものとの対立を媒介するのに、二種の仕方が区別されなければならない。実際、媒介が異なった仕方で行なわれることは、本質的に証明されうることである。この証明によってわれわれには、超越論的立場と反省の立場（実を言うと、この反省の立場が超越論的立場を押しのけるのだが）の相違点が明白となり、かくしてこのフィヒテの体系の出発点〔超越論的立場〕とその帰結〔反省の立場〕との差異が、新たな形式でわれわれに示されるであろう。

まず一方〔体系の出発点〕においては、自我＝自我であって、この場合自我の自由と〔自我の客観的活動による〕衝動とは、同じ一つのものである。これすなわち、フィヒテの超越論的観点である。――自我に属するものの一部が自由によってのみ可能であり、他の部分が自由から独立していて、また自由もそれから独立しているとしても、しかしこの両者が属する実体は同じ一つの実体に他ならず、まさに同じ一つの実体として措定されるのである。感じる自我と思惟する自我、衝動に駆られる自我と自由意志によって決断する自我とは、同じ一つのものである。* 要するに、自然的存在としての自我の衝動と純粋精神としての自我の傾向とは、超越論的観点から見れば、同じ一つの根源的衝動である。この衝動は、自我の本質を構成するものであって、それがいま〔自我の〕衝動とその傾向という二つの異なった面から見られているにすぎないのである。** つまり、それら両面の相違は、単に現象界でのことにすぎないのである。

＊『倫理学の体系』、全集、第四巻、一〇八頁。

＊＊ 右同書、一三〇頁。

他方〔体系の帰結〕においては、自我の自由と〔自我の活動としての〕衝動というこの両者は、異なっている。すなわち、一方は他方の制約であり、一方は他方に対して支配的である。

衝動としての〔自我の〕自然は、確かに自己自身を自己自身によって規定するものとして思惟されはするが、しかしこの自然は〔自我の〕自由に対立するものとして特徴づけられる。自然が自己自身を規定するということは、つまり自然がその本質によって自己を規定するものとして規定されていることを意味する。形式的には、自然は、自由な存在がいずれでもありうるような具合には、決して無規定的ではありえないということである。また実質的にも、自然はまさにそのようなものとして規定されていて、自由な存在と違って、ある規定とこれに対立する規定とのいずれかを選択することはできないのである。* かくして、〔自我の〕自然と自由との綜合は、分裂から同一性を再構成して全体性とするが、その手順は次のように行なわれる。すなわち、知性としての、無規定なものである自我と、衝動に駆られる自我、つまり自然としての、規定されたものである自我は、衝動が意識されることによって同一の自我となる。この限りでは、衝動は〔自由としての〕自我の権力のうちにあり、このような領域では衝動は活動することはなく、むしろ自我が活動するのである。とはいえ自我は、衝動に従って活動するのではない。** 反省するものは、反省されるものよりも高位である。[21] すなわち、反省するものの衝動、つまり意識の主観〔主体〕の衝動は、高位の衝動である。*** 低位の衝動である自然は、反省という高位の衝動の支配下におかれなければならない。自我の一方の現象が他方の現象に服従するということのような関係が、最高の綜合であるとされるのである。

＊　『倫理学の体系』、全集、第四巻、一一二頁以下。
＊＊　右同書、一二六頁以下。
＊＊＊　右同書、一三一頁。

しかし、いま述べた後の場合の同一性と先述の超越論的観点の同一性とは、完全に対立し合っている。超越論的観点においては、自我＝自我であって、この場合の自我は実体性の関係、あるいは少なくとも相互関係におかれている。これに対して、この〔フィヒテの〕同一性の再構成においては、一方の自由が支配するものであり、他方の自然は支配されるものである。つまり、主観的なものは客観的なものに等しくはなく、むしろ両者は因果関係にあるのである。その一方は、他方の支配下におかれている。つまり、自由と必然性という二つの領域のうちでは、その一方の必然性が自由に従属するのである。かくして、〔フィヒテの場合〕その体系の終局はその発端に忠実ならず、結果はその最初の原理に反することになる。原理は、自我＝自我であった。が、結果は、自我＝自我ではない〔自我≠自我〕ということになる。最初の原理〔超越論的観点〕の同一性は、観念的・実在的同一性であり、形式と質料は一つである。これに対して、後者〔反省の立場〕の同一性は、単に観念的同一性にすぎず、形式と質料とは分裂している。この場合の同一性は、単なる形式的綜合にすぎないのである。

このような〔自我の〕支配関係による綜合は、次のようにして生ずる。すなわち、〔自我の〕

純粋衝動は、〔自我の〕活動のための活動への絶対的自己規定を目指すものであるが、この純粋衝動に対して、制限されたものの体系たる〔自我の〕客観的衝動が対立している。自我の自由と自然とが結合されることによって、自由からはその純粋性が捨てられ、自然からはその不純性が捨てられる。が、綜合的活動がそれでも純粋にして無限的であるためには、それは一切の自然から脱した完全な自立性という絶対的自由を、究極目的とする客観的な活動として考えられねばならない。（ただし、この究極目的というのは、そもそも到達さるべくもない目的にして、また無限の系列であって、この系列をなお進展した果てに、やっと自我は絶対的に＝自我〔の境地〕になる、というのである。*）すなわち、なお言えば自我は、客観としての自己を自ら止揚し、それとともに主観としての自己をも止揚するわけである。しかしながら、〔自我の自由に立つ限り〕自我は自己を止揚すべきではない。そこで自我にとっては、諸々の制限されたものとか量によって充実され、限りなく延長された時間だけが与えられている。かくて、かの周知の無限累進が当面の事態の手助けともなろう。〔フィヒテの場合は〕最高の綜合が期待されるところであっても、そこには必ず、制限された現在とその外部にある無限性とのかの同じ対立が見られる。〔フィヒテにとっては〕自我＝自我は絶対的なものであり、全体性であって、自我のほかには何もないのである。が、体系においては、自我はこのように絶対的なものとして、全体にまで達することはない。とくに、時間の考えが混入せられるに至っては、決して到達は望めないのである。自我は絶対的に非我によって触発され、常にただ単に自我の一定量として自己を措定するにすぎないのである。

＊『倫理学の体系』、全集、第四巻、一四四、一四九頁。

それゆえ、〔自我の〕自然は、理論的観点においても、実践的観点においても、本質的に規定されたものであって、死せるものである。まず、前者の理論的観点から言えば、当の自我は自我の直観された自己制限、言い換えると自己制限する働きの客観的側面である。つまり自然は、自己意識の制約として演繹され、自己意識を説明するために措定されたものである。かくして、〔自我の〕自然は、単に自己意識を説明するため反省によって措定されたもの、つまり一つの観念的な作為にすぎないのである。目下、自己意識は自然によって制約〔制限〕されたものとして証明されるが、この理由により自然は、自己意識と同等の自立性を保持することになる。が、そうであるとしても、自然は単に反省によって措定されたものであるがゆえに、自然の自立性は再び否定されるのである。そこで、当の自然の根本的特性は、反措定された存在〔反定立された有〕という特性にほかならない。

　また実践的観点においても、事情は同様である。すなわち、無意識的な自己規定の働きと概念による自己規定の働きとの綜合、つまり自然的衝動と自由のための自由の衝動との綜合＊においては、自然は自由の因果性によって、言わば実在的に産出されたものとなる。[22] 要するに、結論としては、概念は自然に対して因果性をもつべきであり、自然は絶対的に規定されたものとして措定されるべきである、ということである。

＊『倫理学の体系』、全集、第四巻、一三九頁。

ところで、もし仮に〔思惟としての〕反省が、絶対者についての分析を二律背反の形式で完全に措定し、一方の項を自我、つまり無規定性あるいは自己規定の働きとして承認し、他方の項を客観、つまり規定された存在として承認し、しかも両者をともに根源的なものとして認めるとすれば、この場合、反省が主張せんとするのは、両者の相対的な無制約性のこと、言い換えると、両者の相対的な被制約性のことなのである。が実際、反省は、〔絶対者をかく分析しながら〕互いに制約し合うこの両項の相互作用を超え出ることはできない。が反省は、無制約なものが制約されたものである〔制約された無制約的なもの〕という二律背反を提起することによって、自己を理性として証明する。さらに反省は、一方では、こうした二律背反によって自我の自由と自然衝動の絶対的綜合を指示しながら、他方では、この両者〔自由と自然衝動〕の対立と、両者もしくはその一方の存続を主張しているのであり、自己自身を絶対者もしくは永遠なものと主張しているわけではなく、むしろ自己を否定し、自らの完成の深淵に身を投じているのである。しかしそれでも、もし反省が自己と自己のもつ対立項の一方を絶対者として主張し、因果関係に固執するならば、かの超越論的観点と理性とは、単なる反省の立場と悟性に服従するも同然であって、逆に悟性の方は首尾よく理性的なものを、理念という形式において絶対的に対立したものとして固定することになるというわけである。この場合、理性にとって残されているのは、自己自身を止揚する無力な要求にほかならず、さらにまた自然と自由との悟性による形式的な見かけ上の媒介に他ならないのである。なお、いまいう〔自我の自由と自然との〕媒介につき言葉を換えて言えば、それは諸々の対立の止揚という単なる理念における媒介をいうのであり、これすなわち、自我の自立性と、自然（それは、否定されるべきものとして、絶対にあくまでも依存的なものとして措定されている）とが、絶対的に〔完全に〕規定されているという理念における媒介に他ならない。〔理性にとっては、これらのことだけが残されているにすぎないのである〕が、それでも対立そのものは消滅せず、むしろ対立の一方の項が存立することによって、他方もまた存立することとなるため、対立は無限なものとなっているのである。

このような〔反省の立場としては〕最高の立場にあってさえ、〔自我の〕自然は純然たる客観性ないし死せる物という性格を帯びている。が、より低次の段階においてのみ、自然は生命の仮象《みかけ》をまとって、主観＝客観として現われる。なるほど、この〔フィヒテが辿り着いている〕最高の立場から眺めてみると、自我は主観として自分の現象の形式を失うことはないが、これに対して主観＝客観であるという自然の性格は、単なる仮象となるのであり、純然たる客観性が自然の本質となるのである。

右の立場につき、さらに言えば、まず自然は自我の無意識的な産出活動に他ならず、この場合の自我の産出活動とは、自己自身を規定する働きであり、かくして自然はそれ自身が自我、つまり主観＝客観なのである。こうして、自我の自然が措定されると同様に、自我の自然の他にもなお自然が存在していて、それゆえ自我の自然は自然の全体ではないことになる。自我の他に自然が措定されるのは、自我の自然を説明するためなのである。自我の自然は衝動として、自己自身による自己自身の規定する働きとして規定されるのであるから、自我の他なる自然もまたそのように規定されなければならない。かくして、自我の他なる自然のこの規定が、自我の自然の説明根拠となるのである。*

＊『倫理学の体系』、全集、第四巻、一一三頁。

ところが、この自己自身によって自己自身を〔無意識的に〕規定するものについては、いまや反省の産物である原因と結果、全体と部分等々のことが、二律背反の形式において叙述されねばならず、かくして〔自我の〕自然の方も、それ自身の原因とか結果として、また全体であると同時に部分等々として措定されねばならないことになる。このようにして、〔自我の〕自然は、生きた有機的なものであるという外見を得ることになるわけである。*

＊『倫理学の体系』、全集、第四巻、一一四頁以下。

しかしながら、前記のごとき客観的なものが反省的判断力によって生きたものとして特徴づけられるこの立場(23)は、むしろ低次の立場であることがわかる。それというのも、自我が自己を自然として見出すのは、自我が自らの根源的に制限されている事態のみを直観するにとどまり、根源的衝動の絶対に克服できぬ限界を、つまり自己自身を客観的に〔被制限的に〕措定する限りでのことにすぎぬからである。だが、〔このようなフィヒテ流の反省的立場に対して〕超越論的立場において主観＝客観が承認されるのは、ただ純粋意識のうちでのこと、つまり無制限な自己措定の働きのうちでのことにすぎない。ただしかし、この自己措定する働き〔自己定立〕は、自己に対立するある種の絶対的な反措定の働き〔反定立〕をもっており、この点によって当の反措定の働きは、根源的衝動の絶対に克服できぬ限界として規定されることになる。衝動としての自我が無限性の理念に従って自己を規定せず、むしろ〔反省の立場に従って〕自己を有限なものとして措定する限り、この有限なものが自然なのである。とはいえ、この有限なもの〔自然〕も、実は自我である以上、無限であって同時に、主観‐客観なのである。超越論的立場は、〔純粋〕自我としての無限なものだけを措定する以上、このことによって、有限なものと無限なものとを分離することが生じてくる。超越論的立場は、自然として現われるものから主観‐客観性を抽出するが、そうすると自然には、死せる客観性の脱け殻しか残らないのである。かつては有限にして無限なるもの〔有限的‐無限者〕であった自然から、いまやその無限性が取り去られ、それによって自然は、純粋な有限性にとどまり、依然として自我＝自我に対立することになる。自然に即して自我であったもの〔主観にして客観的自我〕は、主観の方へと引き寄せられるのである。ところで、超越論的立場が、主観的なものも客観的なものも含まない自我＝自我という同一性から出発して、主観的なものと客観的なものという両者の差別化へと進もうとする場合、その際の両者の差別化は、自己措定する働き、つまり自我＝自我に対する反措定の働きにとどまるものと見なされる。それでもなおかつ、この超越論的立場が、〔自我＝自我という同一性から、両者の差別化へと進展し〕かくも相互に対立し合うものを絶えず規定し続けるならば、それはまた、自然がそれだけで主観＝客観として措定されるようなある観点に到達してもいる、と言えるのである。だが、この場合、忘れてはならないことは、自然に関するこの見解も、実は低次の立場にある反省の産物にすぎぬということである。なお、〔フィヒテのいう〕自然の超越論的演繹によれば、根源的衝動の制限（これは客観的に措定されると、自然である）は、依然として根源的衝動、すなわち自我＝自我、主観＝客観である真の本質にあくまでも対立する純粋な客観性にとどまっている。

こうした〔客観性の〕対立こそ、自我が実践的となるための条件である。すなわち、そのためにも自我は、対立を止揚しなければならないのである。この対立の止揚とは、〔主観と客観の両者の〕一方が他方に従属するものとされる、というように考えられる。実践的観点からすれば、自然は〔主観＝客観の同一性という〕概念によって、絶対的に規定されたものとして措定されるのである。自然が自我によって規定されていない限り、自我は〔それに対して〕因果性をもつことがなく、その限りで実践的でないことになる。そうなると、自然を生きたものとして措定していた立場は、再び消滅することになる。というのも、自然の本質、自然の自体は、〔自我に対する〕制限、否定以外の何ものでもないはずだからである。このような実践的立場においては、理性は反省の手に委ねられており、死に絶えてなお死をもたらす形式的統一という規則にすぎないのである。そこで反省は、主観と客観とを、相互依存の関係〔従属関係〕もしくは因果性の関係におくことにより、なおかつ思弁の原理としての同一性を完全に除去するわけである。

Ⅳ　自然法の体系における自然の演繹

さて、フィヒテの『自然法の体系』のなかで試みられている自然の叙述とその演繹をみると、自然と理性とがあくまで絶対的に対立し合っていて、しかも反省の支配が全く頑固に浸透していることがわかる。(24)

理性的存在者というのは、すなわち、自分の自由のための領域を自ら形成しなければならないのであり、かくてこの自由の領域をわがものとする。しかし、理性的存在者がこの自由の領域そのものであるのは、〔自然と理性との〕対立においてのことにすぎないのであり、それも当の理性的存在者が排他的にこの自由の領域に身を置き、他の何びともこの領域に踏み込ませないようにする限りでのことにすぎない。かくして、理性的存在者は、この自由の領域をわがものとすることによって、同時に本質的にその領域を自己に対立させるのである。主観（それは、絶対的なものにして、自己自身のうちで活動するものであって、客観を思惟するために自己自身を規定するものである）は、いまや自己に帰属する自分の自由の領域を、自己の外に措定し、自己をこの自由の領域から区別されたものとして措定するのである。*この場合、この自由の領域に対する主観の関係は、ただ所有することにすぎない。(25) これに対して、自然の根本性格とは、有機的なものの世界であり、〔理性に対して〕あくまで絶対的に対立したものであるという性格である。すなわち、自然の本質は、原子論的な死せる物、つまり流動的で頑強とも言える固体的な物質であって、しかもそれは、多様な仕方で相互に原因とも結果ともなるごとき物質なのである。**〔因果的〕相互作用の概念をもってしても、単に原因的なものと単に結果的なものとの完全な対立が、少しも緩和されることにはならない。物質は、このような〔自然の因果的〕交互作用によって、相互に多種多様に変様されうるものとなるが、しかしこの貧弱な結合に要する力でさえ、物質の外にあるのである。〔物質の〕諸部分の自立性のゆえに、諸部分は自己自身において有機的全体をなすことになるが、この諸部分の自立性と同じく、諸部分の全体に対する依存性は、概念への目的論的従属にほかならない。というのも、〔物質の組成としての〕分節***が措定されるのは、実は〔物質の〕他者、つまり本質的に物質から切り離された理性的存在者を目的としてのことだからである。なお、空気とか光などは、原子論的で、変形自在の物質ともなるものだが、ここで言われる物質とは、通常の意味における物質で、総じて自己自身を措定するものに対して断固として対立するものという〔物質の〕域を出ないのである。

＊　フィヒテ『自然法の基礎』（一七九六年）、全集、第三巻、五四頁以下。
＊＊　右同書、六七頁以下。
＊＊＊　右同書、六一頁。

このようにしてフィヒテは、以上に自然と自由との対立を詳細に仕上げ、自然を絶対的な〔自由の〕成果、死せる物として提示することにゆきつく。カントにおいても、フィヒテと同様に、自然は絶対的に規定されたものとして措定されてはいる。しかし、カントの場合は、自然は悟性と呼ばれるものによって規定されているとは考えられ得ず、むしろ自然の多様で特殊な諸現象がわれわれ人間の論証的な悟性によっては規定されないままになっている。この点から見て、これら自然の諸現象は、〔カントにおける所謂悟性とは異なる〕別の悟性によって規定されていると考えざるを得ないのである。もっとも、このような事情は、ただわれわれの反省的判断力の格率として言われているだけであって、この何らか別の悟性の現実性については、何も確言されているわけではないのである。が、フィヒテは、このような回り道を必要としない。つまり、人間の悟性とは異なる特別の悟性という理念によって初めて自然が規定されたものとなる、との言いわけをする必要はなかった。フィヒテの場合には、自然は知性によって、また知性に対して端的に規定されたものだからである。(26)〔フィヒテによると〕知性は、自己自身を絶対的に制限すると言われる。〔知性の〕この自己制限する働きは、自我＝自我から誘導によっては引き出され得ないのであり、むしろ自我＝自我からただ演繹され得るだけである。(27)すなわち、〔自我の〕自己制限する働きの必然性は、純粋意識の不完全性〔欠如性〕から提示されるべきことなのである。要するに、かくも知性があくまで絶対的に制限されていること、つまり否定の直観が、〔フィヒテのいう〕客観的自然なのである。

V　自然法と国家論

以上述べた〔フィヒテの〕試みから、種々の結論が生じてくるが、その帰結として、概念に対する自然の従属関係、つまり自然と理性との対立は、人間の共同体に関する二つの体系(28)において、いよいよ鮮明なものとなる。

この〔人間の〕共同体とは、理性的存在者の共同体のことであって、概念の支配を媒介するという回り道を辿らなければならないものと見られる。理性的存在者はいずれも、他者に対して二重の存在である。すなわち、一方は(a)自由な理性的存在者であり、他方は(b)変様可能な物質、単なる物件として取り扱われうるものである。* 〔理性と物質という〕この両者の分離は、何としても絶対的であって、それが不自然な形ながら、ひとたび根底に置かれると、両者相互の純粋な関係——この関係のなかでこそ、根源的な同一性が示され、認識されるはずである——は、もはや不可能なものとなる。そこでかえって、いかなる関係も、首尾一貫した悟性の法則に従って、支配・被支配の関係におかれるのである。すなわち、生ける存在者の共同体という建物全体が、反省によって構築されることになるのである。

＊　フィヒテ『自然法の基礎』、全集、第三巻、八六頁以下。

理性的存在者の共同体は、自由の必然的な制限によって制約されたものとして現われる。すなわち、自由は、自己を制限する法則を自己自身に与えるのである。* この制限という概念が自由の王国を構成しているのであって、この王国においては、真に自由な、それ自身で無限的にして無制限なる交互関係、すなわち美わしい生の関係は、いずれも否定されている。というのも、いまや生ける存在者が概念と物質に引き裂かれていて、その一方の自然は概念の支配に服しているからである。

* フィヒテ『自然法の基礎』、全集、第三巻、八五頁、九二頁以下。

自由は、〔理性的存在者の〕理性的であることとの特徴をいうのである。すなわち、自由は、そのままで〔自体的に〕一切の制限を止揚するものであり、フィヒテの体系において最高のものである。しかし、他者との共同体においては、それに属するすべての理性的存在者の自由を可能にするためには、自由は放棄されなければならない。かくして、共同体は再び理性的存在者の自由の制約となる。自由は、自由であるために、自己自身を止揚しなければならないのである。この点からさらに明らかになることは、自由がここでは単に否定的〔消極的〕なもの、すなわち絶対的無規定性であり、あるいは先に自我の自己自身を措定する働きについて示されたように、純粋に観念的な要因であって、反省の立場から見られた自由である、ということである。このような〔反省の立場からの〕自由は、理性として見られるのではなく、理性的存在者として、すなわちその対立者である有限なものと綜合されたものとして見られるのである。それゆえ、人格というこの綜合は、〔このような綜合である以上〕すでにそのうちに、観念的要因の一方（ここでは自由がそれであるが）の制限を含んでいるのである。理性的存在者としての理性と自由〔との両者〕は、もはや理性でも自由でもなくて、ただの個別的なものとなる。したがって、〔フィヒテによれば〕人格と他の人格との共同体は、本質的には個人の真の自由の制限と見なされてはならず、むしろ個人の自由の拡張と見なされなければならない。かくして〔フィヒテにおける〕最高の共同体とは、権威の面でもまた実行の点から言っても、最高の自由なのである。——しかるに、このような最高の共同体においては、まさに観念的要因としての自由も、自然に対立するものとしての理性も、完全に消滅することになる。

もし仮に、理性的存在者の共同体が本質的に〔理性的存在者の〕真の自由を制限するものであるとすれば、当の共同体はそれ自体において、最高の専制体であることになろう。だが、さしあたり、制限されたものが無規定的なものとしての自由とか、観念的要因としての自由にすぎないため、前述の〔共同体が自由の制限であるというフィヒテの示す〕観念だけから、直ちに共同体のなかに専制体が生ずるわけではない。しかし、〔理性的存在者の〕自由の制限されるそのやり方が、もっぱら他の理性的存在者の自由を可能にするために行なわれるならば、専制体というのは最も完全な形をとって生ずるものでもある。すなわち、自由は共同体によって、観念的なもの、対立をもつものであるという形式を失うはずはなく、むしろこのような形式のものとして固定され、支配的とならざるをえないのである。生きた諸関係からなる本当に自由な共同体であれば、個人はこの共同体によって〔フィヒテの言によれば〕自分の無規定性、すなわち自分の自由を放棄してしまっているものである。生きた関係において自由が存するのは、自由が自己自身を止揚し、他の諸関係にかかわるという可能性をうちに含んでいる限りにおいてのことに他ならない。すなわち、ここにおいて自由は、観念的要因ないし無規定性のものとしては消滅しているのである。つまり、無規定性〔としての自由〕は、自由である限りでの生きた関係のうちでは、もはや単に可能的なものにすぎず、支配するものとなった現実的なものでもなく、また命令的な概念でもないのである。だが、〔フィヒテの〕「自然法の体系」においては、無規定性のこの止揚が個人的自由の自由な制限として、理解されているわけではない。むしろ、個人的自由の制限が共通の意志によって法の地位にまで高められ、概念として固定されることによって、真の自由、規定された関係を止揚する可能性は否定されることになる。生きた関係は、もはや無規定であることはありえず、したがってもはや理性的ではなく、むしろ絶対的に規定されたものとなって、悟性によって堅く固定されている。かくして、生は従属するものとなり、反省が生を支配するとともに、これを介して理性に対しても勝利を手中にすることになるのである。

ところで、このような〔理性的存在者の自由の〕緊急事態が、〔フィヒテにおいては〕自然法として主張されているのである。しかるに、われわれの終局の目標は、〔理性的存在者の〕こうした緊急事態を止揚し、この悟性的で非理性的な共同体の代わりに、概念のもとでの一切の隷属から解放されて自由な生の有機的組織を理性によって構築することであるとのことが、〔フィヒテによって〕主張されているのではない。むしろ、こうした理性の緊急事態と生のすべての活動に対して、この事態を無限に拡張することが絶対に必要である、と〔フィヒテによって〕は〕見なされているのである。このような悟性の支配下にある共同体は、〔フィヒテによって〕以下のようなものになることを、己れの最高の法とすべきだとは想定されてはいない。すなわち、悟性によってもたらされた生のこのような緊急事態と、この果てしない規定と支配の状態を、美わしい共同体の真の無限性のなかで止揚し、諸々の法を慣習によって、満たされない生の放蕩を神聖な享受によって、抑圧された力による犯罪を偉大な目標に対する可能的行為によって、不要のものとするということ、これらの点を、右の共同体自身が己れの最高の法とすべきである、とは〔フィヒテによって〕主張されているわけではないのである。むしろ反対に、概念の支配と自然の隷属とが〔克服しがたいものとして〕絶対化され、無限に拡張されているのである。

ともかく、悟性が没頭せざるを得ないところの、あの果てしなき規定作用こそ、〔悟性〕概念による支配という悟性の原理の欠陥を、これほど端的に示しているものはない。なお、このような〔フィヒテの悟性国家としての〕緊急国家[29]でも、その市民の傷害行為がすでに起こってしまってから、これを処罰することよりも、むしろそのような行為を防止するという目的の方を考慮している。それゆえ、この国家は、実際上の傷害行為を刑罰によって禁止するばかりでなく、犯罪の起こる可能性を予防しなければならない。また、その究極目的のためには、もともとそれ自体としては誰にも害を及ぼすことなく、全然どうでもよく見える行為であっても、（それらが他人の犯罪を容易にし、犯罪に対する防衛と犯罪者の発見を困難にするような場合には）これを断固として禁止するのでなければならない。* ところで、一方において、人はできる限り自由に自分の財産を使用し、かつ享受するためというただそれだけの動機から、国家に服従するも是とされよう。が、そうであるにもかかわらず、他方では、実はこの国家の徹底した悟性が、他人に対して侵害となる恐れ〔可能性〕を断固予想しえない行為など一件とて存在しないのである。それゆえ、右の予防的悟性とその権力である警察の義務は、こうした際限のない可能性に関与せざるをえないわけである。かくして、このような国家の理想においては、必ずしも法に従う必要はなく、また直接的に監視を受けることもなく、さらに警察やその他の統治機関によって監察される必要もない行為や活動は、何一つ存在しないのである。それゆえ、（〔フィヒテの『自然法の基礎』〕第二部、一五五頁[30]に述べられているように）** この原理に従って制定された憲法をもつ国家においては、警察は市民の誰がその日のどの時間に、どこにいて何をしているかまで詳細に知っている、というわけである。***

* フィヒテ『自然法の基礎』、全集、第三巻、二九四頁。

** 右同書、三〇二頁。

*** 悟性の際限なき規定作用が、それ自身において、いかにその目的を見失い自己をも忘却する

ものであるか、その様子は若干の実例を示すだけで明らかとなるであろう。警察制度を完備すれば、その制度の不完全な国家において起こりうる犯罪の大多数は防止されよう。例えば、手形や貨幣の偽造などがそれである。それがどのような仕方でなされるかについては、一四八頁〔前掲書、全集、第三巻、二九七頁〕以下に述べられている。「手形を譲渡する者は誰でも、自分が当の身分の者であり、現住所はどこそこ等々のことを、身分証明書によって証明しなければならない。次に、手形の受取り人は、手形の裏面の譲渡し人の名前のわきに、〔サイン代わりに〕〈しかじかの当局の身分証明書をそえて〉とだけ付記する。――さらに、身分証明書と当人とを確認するのに、わずか二語ばかり付記するだけでよく、それに要する時間は一、二分足らずである。なお、その他の用件は、以前と同じく簡単である」。（あるいは、むしろそれ以上に簡単であろう。というのも、用心深い人であれば、たとえある手形がまったく問題がないとしても、自分の全然知らない人から当の手形を受け取ることは控えるであろうし、身分証明書とその人物を確認することは、何らか別のやり方で相手の人物について何か〔情報〕を知ることに比べれば、はるかに簡単であるからである。）――「まんいち手形が偽造されている場合でも、捜査がその人物の素性をつきとめ確証すれば、当人は直ちに発見される。誰も高飛びすることは許可されず、敢えてそうする者は関所の大門で阻止されよう」（われわれの村落や町には門などなく、ましてや個々の住居にも門がないのが現実だが、それは何ら反論にはならない。それどころか、門というものの必然性がこれによって演繹されることになる）。――つまり、「ある町から旅立つ者は、どこへ旅行するにせよ、行き先を定めておかねばならないわけで、そのことが町の登録簿と身分証明書に記入される」（この点に付言すれば、この場合、一般の旅行者と〔それ以外の〕門通行人とを区別するためには、門番が必要視されるということだ）。「旅行者は、身分証明書に記入された行き先以外にはどこも容認されない」。——「身分証明書には、当人のありのままの記述がある（一四六頁〔前掲書、二九五頁〕）、あるいは、この記述は常に曖昧にならざるをえないので、これを金で買いとることのできるような重要人物（われわれの場合は、手形を偽造しうる立場にある人物）の場合には、その記述の代わりに、本物そっくりの肖像画が掲げられている」。——「身分証明書は、それ専用の用紙に記載されるのであり、その用紙は最高官庁とその支所で掌握され、管理されており、これら当局は使用された用紙の数量を計算しておかなければならない。この用紙は偽造されることはまずないであろう。というのも、偽造手形のためには、一枚の身分証明書しか必要とされないが、しかしそのためには、きわめて多くの機関が関係し、きわめて多くの技術が結合されなければならないからである（そこで、仮定されることはと言えば、社会秩序のよく整備された国家においては、偽造身分証明書の需要など、ただ一件あるなしかも知れない。だから、通常の国で時おり話題となるごとき偽造身分証明書工場などが存在しても、ここでは買い手がつかず失業するが落ちというわけである）」。——ところで、特許になる用紙の模造を防ぐためには、別の国家機関も協力することになろう。その機関というのは（一五二頁〔前掲書、二九九頁〕によれば）「贋金〔貨幣の偽造〕の防止」にあたる組織である。すなわち、「国家が金属などの独占〔専売〕権をもつ以上、国家は小売業者に対して、〈取得した金属が、誰に対して、何のために配られるのか、との証明がないかぎり〉金属を配分してはならないのである」。——プロイセン軍においては、外国人は信頼された者ひとりを監視者として付けられるのだが、これに対して〔フィヒテの悟性国家においては〕市民の各々は、ひとりの人間ではなく、少なくとも六人の人間を煩わせ、監視とか計算等々のことに従事させるのであり、またこれら監視者のそれぞれも同様であって、こうして〔事は屋上屋を重ね〕無限に累進することになる。この事態は、最も単純な仕事の一つひとつが多量の仕事を無限に誘発することになるのと同じである。

さて、〔悟性の原理によって〕規定したり規定されたりすることは、右のごとき無限性へと進展せざるをえないのであるが、この無限性において、かく規定したり規定される事態は止揚されることになる。すなわち、〔自我の〕自由を制限することとそれ自身が、果てしのないこと〔無限〕であるはずだからである。制限されることが無制限になされなければならない、という〔自我の自由の〕二律背反のなかで、〔自我の〕自由を制限する働きと〔これを原理とする〕国家は、ともに消滅することになる。要するに、〔悟性的な〕規定の理論は、その原理たる規定の活動を、無限へと拡張することによって否定しているのである。

〔フィヒテによると、〕通常の国家*は、その警察当局の権限を犯罪のわずかな可能性にしか適用せず、その他の点では市民を市民自らの手に委ねている点で、首尾一貫しない〔不徹底な〕ところがある、と言われる。つまり、その結果、市民各人のうちに、他人のなし得る事柄に関与すべきではないと、ある概念や法律の力によって、〔市民各自が〕制限される必要はないという希望を抱かせてしまうというのである。しかし実際は、〔フィヒテの考えによれば〕誰もすべて理性的存在者である以上、各人が自らの自由に従って非我を規定するものとして自己措定するのであり、物質一般に関与し得る能力を自己に帰せざるをえないがゆえに、誰もが本来他人の事柄に関与することはあり得よう。それにしても、不完全な国家が不完全であるのは、それらが何らかの対立を固定せざるを得ないという点にある。しかも、それらの国家が首尾一貫しないのは、それらが有する対立を一切の関係を貫いて徹底しないからに他ならない。ところが、人間を一方に理性的存在者と他方に制御し得る物質とに完全に分離し、しかもこの対立を果てしなく維持し、規定する活動を際限なきまでに続行する、この徹底性が実は結果において、自己自身を止揚することになる。かくして、不完全な国家のうちで最も完全なものと見なされるのは、むしろ先述のあの不徹底さの方なのである。

* フィヒテ『自然法の基礎』、全集、第三巻、三〇一頁。

フィヒテの自然法は、純粋衝動と自然的衝動とのあいだの絶対的な対立の結果として、悟性による完全な支配と生きたものの完全な隷属を叙述することになる。自然法は、理性がまったく関与することのない建物であって、したがって理性の拒絶するところである。というのも、理性は一民族への自己形成において、自分自身に支えられうる最も完全な有機的組織のなかに、自己を見出すのでなければならないからである。ところが、あの〔フィヒテのいう〕悟性国家は、有機的組織であるどころか、むしろある種の機械でしかない。[31]国民は、共同的で生気あふれる有機体ではなく、生命の乏しい原子論的数多性である。この数多性が要素としているのは、完全に対立する諸々の実体であり、それは一方では理性的存在者という多数の点であり、他方では理性（すなわち、この形式においては悟性）によって制御されうる多様な物質である。これらの要素を統一するものは、概念であり、これを結合するのは〔悟性の〕際限なき支配である。ともあれ、このような諸々の点を絶対的な実体とする立場が、〔フィヒテによる〕実践哲学の原子論的体系を基礎づけているのである。この体系においては、自然の原子論におけるのと同様、原子に対して疎遠な悟性が法則となっていて、実践的な場では、それは「法」〔法律〕と呼ばれるものである。この際、この法〔法律〕という全体性の概念は、一つひとつの行為に対して（いずれの行為も、規定された行為であるから）対立し、それらを規定し、かくして行為のうちにある生きたもの、すなわち真の同一性を死に至らしめるものである。実際、「たとえ世界が滅ぶとも、正義はなされよ[32]」というのが、当の悟性国家の法規なのである。もっとも、この場合の文意は、カントが解した意味におけるそれでは決してないのである。カントの意味は、「正義はなされよ、たとえ世界の一切の悪が滅ぶとも[33]」ということであった。これに対して、〔フィヒテの意としては〕正義は行なわれよ、たとえそのために、信頼・快楽・愛といった真に人倫的な同一性がもっている一切の能力《ポテンツ》〔内在力〕(34)が、根こそぎ絶滅されようとも、というのである。

Ⅵ　人間の倫理的共同体の体系

さて、次にわれわれは、人間の倫理的共同体の体系の考察に移ろう。〔フィヒテの〕倫理学は、要するに理念が衝動を、自由が自然を絶対的に支配するという見方をとる点で、自然法と共通性をもつ。しかし、両者が区別されるのは、次の点にある。まず、自然法においては、自由な存在者を概念一般のもとに従属させることが絶対的な自己目的であって、共通意志という固定された抽象物が個人の外になお存在し、個人に対して権力をもっているとされる点である。これに対して、倫理学においては、概念と自然とは、同じ一つの人格のうちで結合されているものとして、一緒に措定されなければならない。が、〔自然法によれば〕国家のもとでは、ただ法のみが支配するとされるのに対して、倫理の領域においては、〔法に従うとの〕義務が個人の理性によって法規として承認される限りにおいてのみ、当の義務は〔他者に対して〕力をもつとされるのである。

確かに、人間が己れ自身の主人にして同時に奴隷であるという〔倫理的〕考えは、人間が疎遠なもの〔他者〕の奴隷であるという〔自然法の〕状態より、一見まさっているように思われる。しかしながら、自由と自然との関係が倫理的道義において主観的な支配と隷属〔との関係〕になり、自然の自己〔自らによる〕抑圧となる場合には、自然法における関係より、はるかに不自然なものとなるのである。自然法の関係においては、命令する者、つまり権力をもつ者は、生きた個人の外に存するある種の他者として登場する。この場合、生きた個人は、この関係〔自然法〕のもとでは、自己自身において渾然一体の自立性を保持しており、かく自己と一体にならぬものはこれを自己から排除する。そして、これに対立するものが疎遠な力〔外部の権力〕である。かくして、〔この疎遠な力のゆえに〕たとえ内なるものと外なるものの一致への信仰が崩壊しようと、自己の内なる調和、性格としての同一性への信仰は、依然として存続しうるであろう。内的自然というものは、自己に忠実であるからである。ところが倫理学においては、命令する者が人間自身のうちに移され、人間の内面において命令する者と服従する者とがあくまで絶対的に対立し合うことになる。が、実際そうなると、内的な調和は破壊されており、いまや不和と克服しがたい絶対的な分裂が、人間の本質をなすことになる。かくして人間は、自己自身の統一を求めなければならないが、しかし絶対的な〔統一しがたい〕非同一性が根底に存する以上、もはや当の人間存在に残されているのは、形式的な統一性であるにすぎないのである。

ところで〔フィヒテの倫理学では〕、支配するはずの概念の形式的統一と自然の多数性は、互いに矛盾し合っている。そして両者のあいだの激烈な争いは、やがて重大な弊害を呈することになる。さしあたって、形式的な概念が支配すべきであるとされる。が、この形式的な概念は空虚なものであり、それゆえ〔倫理学的〕衝動に関係することによって充実されなければならない。そうすれば、ここに行為することの無数の可能性が生じることになる。しかるに、学〔つまり実践哲学〕が、この形式的概念の統一性を固持するなら、当の学は、このような空虚で形式的な根本命題によっては何ごとも成就することにはならないのである。

なお〔フィヒテの場合〕自我は、絶対的な自発性の理念に従って、客観的世界を止揚すべく決断しなければならず、また客観的自我に関しては原因性をもたなければならない。かくして自我は、客観的自我と関係することになる。つまり、倫理的衝動は混合されたもの(35)となり、このためこの衝動は、客観的衝動そのものと同じく多様なものとなる。* なおまた、この結果として、実に多様な義務が生じてくることにもなる。もっとも、この義務の多様性とはいえ、当のフィヒテにならって、概念の普遍性に固執するなら、その多様性をかなりの程度にまで減少させることは可能である。が、その場合には、またもや意味なき形式的な諸原則〔根本命題〕が存するだけとなる。多様な義務の間の対立が衝突という名のもとに現われるが、この対立も決定的な矛盾をともなっている。演繹された諸々の義務が絶対的なものであるならば、それらが衝突することはありえない。だが、これらの義務は相互に対立しているから、必然的に衝突するのである。それらの義務が等しく絶対的である場合には、選択が可能であり、選択はそれらの衝突のゆえに必然的である。かくして、恣意の他に〔選択を〕決定するものは何もないことになる。もし仮にこの際、恣意が除外されるべきものとすれば、諸々の義務は同じ絶対性の位置を維持することはありえないはずである。このような場合、われわれは、ある義務は他の義務よりも絶対的であるに違いない、と言わなければならないであろう。だが、このような立言は、義務の概念に矛盾する。というのも、いずれの義務も義務としては絶対的なものであるからである。が、いずれにしても、このような義務間の衝突があっても、行為はなされなければならないのであり、したがって義務の絶対性が放棄され、ある義務が他の義務に優先されることにならざるをえない。それゆえ、いまや〔倫理的方向性を目指す〕自己決定が生じうるために最も肝要なことは、次の点にある。すなわち、批判的判断を通して、ある義務概念が他の義務概念に対して優先することを確認し、最善の洞察に従って、諸々の制約された義務のなかから選択するということ、これである。かくして、自由の自己決定に際して、恣意と偶然的傾向が最高の概念によって排除されると、それ以後この自己決定は、洞察の偶然性に変わり、さらに偶然的洞察を決定するものが何であるか〔その根拠〕は、無意識〔的決意〕であることになる。カントは、その倫理学において、絶対的〔無条件〕なものとして提起された義務のいずれに対しても、「決疑論的問題」を付記している。[36]が、このことによってわれわれは、元来カントが先に提起された義務の絶対性を嘲笑するつもりだったのではないか、などと推測したりはできない。そこで、われわれとしてはこの際、次のように想定せざるをえない。すなわち、カントはむしろ倫理学に対して「決疑論」[37]が必要であることを示唆したのであり、なおまたそれとともにカントは、自分自身の見解が実際まったく偶然的なものでしかないがゆえに、信頼するに値しなくなっている必然性を、ここに示唆しておきたかったのではないかということである。が、偶然性というものは、確かに倫理学によって止揚されるべきものに他ならない。しかも、単に傾向の偶然性を洞察の偶然性に移し換えてみたところで、必然性を目指す倫理的衝動を満足させることにはならないのである。

＊　フィヒテ『道徳論の体系』、全集、第四巻、一五二頁。

以上述べたような〔フィヒテの〕倫理学と自然法の両体系においては、自由と必然性とが固定して克服しがたい絶対的な両極となっているために、〔この両者の〕綜合も、また無差別点なるもの[38]も考えられない。超越論の本性は、現象においても、またその能力である悟性においても完全に喪失してしまっている。絶対的同一性は、そこにおいて〔現象においても、悟性においても〕見出されることはなく、また回復されることもない。絶対的対立は、無限累進というもので体裁を繕ってみたところで、依然としてまったく固定されたままである。つまり、この対立は、個人にとっては、心情や芸術作品に見られるあの美という無差別点のなかへと真に解消されることもできず、また諸個人の生きた完全な共同体にとっては、ある一つの〔宗教的〕共同体というものへと解消されることもないのである。

VII　フィヒテの美的見解と道徳法則

確かに、フィヒテもまた、さまざまな身分の義務を問題にし、そのなかで道徳の最後の添えものの一つとして、美的芸術家の義務についても説き及び、そこで彼は美的感覚を、悟性と心胸とを結ぶきずな〔結合帯〕と見なしている(39)。それによると芸術家は、学者のように悟性にのみ訴えるのでもなく、また通俗的説教師のように心胸にのみ訴えるのでもなく、むしろ自分のもつ全能力をあげて心情全体に呼びかけるものであると見られる。* このようなわけでフィヒテは、美的芸術家と美的教養に対して、理性目的を促進するのに最も効果的な関係をもつものと見るのである。**

＊　フィヒテ『道徳論の体系』、全集、第四巻、三五三頁。

＊＊　右同書、三五五頁。

それにしても、このような〔フィヒテの〕『道徳論の体系』のように、克服しがたい絶対的対立に基づく学において、悟性と心胸の結合体とか心情全体などにつき、これがどうして問題となりうるのか、一般に人は理解しないのである。というのも、ある一つの概念によって自然を完全に規定することは、要するに悟性による心胸の絶対的支配を意味するものであり、このことは〔悟性と心胸の〕結合を止揚〔廃棄〕することによって制約されているからである。が、それはともかく、この際美的教養が、従属的〔副次的〕な位置づけになっている点からしてすでに、〔フィヒテの倫理学では〕そもそも体系の完成のために美的教養というものがどれほど当てにされていないか、ということを示すものである。芸術が理性目的を促進するにあたって最も効果的な関係をもつものであると言われるのは、芸術が道徳の地盤を準備し、道徳が登場してくるとき、芸術としてはすでにその仕事の大半を成し終え、やっと感性の束縛からも解放されている、との理由によるのである。(40)

それにしても奇妙なことに、フィヒテは美について卓越したことを語っていながら、しかし彼の言うことは、その体系から見れば、何とも首尾一貫していないのである。彼は、その美についての見解を自己の体系に適用することをしないが、これをそのまま道徳法則の観念に誤って適用しているということである。

さて、フィヒテの語るところによると、「芸術は超越論的観点を誰にも納得できる普通の見方にするものであって、超越論的観点によれば世界は創られたものであるが、普通の見方によると世界は与えられたものであり、しかも美的観点では、世界は創られたとおりに与えられている」のである。[41]――言い換えると、美的能力を通じて、知性の産出作用と、知性に対して所与として現われる所産との真の結合、つまり自己を無制限なものとして措定すると同時に、制限されたものとして措定する自我の真の結合が、〔美的能力によって〕承認されるというわけである。あるいは端的に、知性と自然との結合〔の承認〕と言った方がよいかも知れない。なお、この場合自然は、この結合が可能であるために、知性の所産であるという〔ことの他に〕もう一つの側面をもっている。[42]知性の産出作用とその所産とのこうした美的結合を承認することとは、絶対的〔無制約的〕当為とか努力とか、さらには無限累進などを措定することとは全く別のことである。というのも、これらの概念たちは、あの最高の美的結合が承認されるや否や、二律背反として、あるいはより下位の領域における綜合として、それゆえより高次の綜合を必要とするものとして自己表示する概念だからである。

なおまた、〔フィヒテによれば〕美的な見解は、次のように述べられている。――所与の世界たる自然は、二つの側面をもつ。つまり自然は、まずわれわれ〔自身〕の制限の所産であって、他面また、われわれの自由な観念的行為の所産でもある。かくして、空間における形態はいずれも、形態をもつ物体それ自身の内的充実と、その〔かく充実した物体そのものの〕力の発現であると見なされるべきである。が、この場合、〔前文の〕初めの見解〔われわれ自身の制限の所産として自然を見る立場〕に従う者は、自然の歪曲され抑圧された不安げな形式しか見ない(43)。その者が見るものは醜である。後の方の見解〔われわれの自由な観念的行為の所産として自然を見る立場〕に従う者は、自然の力強い充実、生命と高揚を見る。その者が見るものは美である。* ところで、フィヒテの自然法においては、知性の行為は自然をただ制御し得る物質として産出したにすぎない。そうである以上、知性の行為は何ら自由な観念的行為ではなく、したがって理性の行為ではなく、むしろ悟性の行為だったわけである。

＊ フィヒテ『道徳論の体系』、全集、第四巻、三五四頁以下。

前述のごときフィヒテにおける美的自然観は、いまや道徳法則にも適用されることになる。この場合、自然が道徳法則以上に、美的見解を受容する点で優越しているなどということは、もちろんあり得ないであろう。すなわち、フィヒテはこう述べている。「道徳法則は絶対的〔無条件〕に命令するものであり、一切の自然的傾向を抑制する。道徳法則をそのように見る者は、道徳法則に対して奴隷として振舞う。しかし、道徳法則はやはり同時に自我自身なのであって、われわれ自身の本質の内的深みに由来するのである。それゆえ、われわれが道徳法則に従う場合、われわれは実はわれわれ自身に服従しているに他ならない。道徳法則をこのように見る者は、それを美的に見ているのである」。* なお、これを要するに、われわれがわれわれ自身に服従するというのは、われわれの自然的傾向がわれわれの道徳法則に服従することなのである。しかし、自然を物体の内的充実と、その力の発現として捉える美的直観においては、〔先述のごとき〕道徳的な意味での服従というある種の分裂状態などは全く存在しないのである。それでもわれわれは、このフィヒテの体系による道徳のなかに服従を見るのであり、しかもかく自己自身に服従するということのなかにわれわれは、自然的傾向がその隣り合わせである理性によって制限され、衝動が概念に服従しているのを直観するのである。かくして、このような道徳性を度外視しえないでいるフィヒテの倫理観は、美的見解であるどころか、まさしく歪曲され、不安に満ちて、しかも抑圧された形式でしかなく、醜を示す見解と言わざるを得ないのである。

＊ フィヒテ『道徳論の体系』、全集、第四巻、三五四頁。

もし仮に道徳法則の要求するものが、〔フィヒテの言うように〕諸々の概念に従い概念によって、ただ定義することという自立性だけにあるのなら、またもし自然が正当な権利を得るには、多くの理性的存在者の自由という概念に従って、ただ自由を制限することによる他ないとされるなら、なおまた、これら二つの抑圧された仕方が、人間が人間として構成される最高のやり方であると見なされるのなら、そうである限りここには、美的感覚の成立する余地は見出されない。この際、美的感覚はもちろん最も広義に解されねばならないが、それにしてもこの美的感覚が純粋なかたちで無制限な自己享受として現われる場合においても、またその制限された現象として、つまり市民的正義や道徳性のうちにおいても、ことさら美的感覚のための場所は全く見出されはしない。これを要するに、美的感覚は、〔広義においては〕とにかく自由と必然性、意識と無意識的なものを結合することによって、全体性が完全に自己を形態化することと解さざるをえない。というのも、美的感覚においては、まさに概念による一切の悟性的規定作用は止揚されており、支配し・規定するというこうした悟性的本質が自分の方に近づくとき、どこであれ〔美的感覚にとっては〕何とも醜悪なものと見られ、憎まれるべきものと感じられるからである。

C　シェリングとフィヒテとの哲学原理の比較

I　哲学原理としての同一性の二つの立場

フィヒテの哲学原理の根本的性格は、すでに示されたように、主観＝客観がこの同一性の外に出てしまって、もはや自己をこの同一性へと回復しえないということである。その理由はと言えば、差別されたもの〔純粋意識と経験的意識〕が、因果関係のうちに置かれたことにある、ということであった。〔フィヒテの場合〕この同一性の原理は、その体系の原理となることはなく、体系が形成され始めるや否や、同一性はむしろ放棄されることになる。フィヒテの体系は、それ自体が悟性的に統一された諸々の有限性の集合体なのであるが、いまや〔この体系の出発点とも言える〕根源的同一性は、この有限性の集合を全体性の焦点のうちへと総括し、かくして絶対的な自己直観となし得ないのである。したがって、フィヒテにおける主観＝客観

〔の同一性〕は、主観的な主観＝客観のそれになっていて、この主観性を止揚して、首尾よく自己を客観的に措定することにはならないのである。

これに対して、シェリングの場合は、同一性の原理がシェリングの体系全体の絶対的原理である。そして、哲学と体系とは〔シェリングにおいては〕合致している。すなわち、同一性は諸部分のなかで〔フィヒテに見られるように〕消失することがなく、もとより結果においても失われることはないのである。

この場合、絶対的同一性が体系全体の原理となるためには、主観と客観の両方が主観－客観として措定されることが必要である。しかるにフィヒテの体系では、同一性は単に主観的な主観－客観にまで構成されたにすぎない。が、この主観－客観は、これを補充するのに、他の一面である客観的な主観－客観を必要とする。それによって絶対者は、両方の主観－客観のそれぞれのうちで自己を示し、この両者の結合のうちでのみ自己を完全に見出すことになる。かくして絶対者は、対立する限りでの両者を否定せざるを得ない最高の綜合として、すなわち両者の絶対的な無差別点として、両者を自己のうちに包括するのであり、そこで両者を産み出し、しかも両者から自己を産み出すのである。

ところで、分裂を止揚することが哲学の形式的な課題とされる場合、この課題を解決するにあたって理性は、対立するものの一方を否定し、他方を無限なものにまで高めるという仕方で、この課題の解決を試みることも可能である。事実、このような試みが、フィヒテの体系において行なわれたことではある。だが、このような解決の仕方では、対立は依然として残る。というのも、絶対的なものとして措定される当のものは、他のものによって制約されているからであり、それが存立する限り、他のものもまた存立することになるからである。かくして、分裂を止揚するためには、対立する両項、つまり主観と客観とがともに止揚されなければならない。対立する両項が主観および客観として止揚されるのは、両項が同一として措定されることによってである。絶対的同一性においては、主観と客観とは相互に関係づけられており、そのことによって否定されている。したがって、その限りでは反省にとっても知にとっても、「その対象とされるべきものは」何ものも存在しないのである。一つの体系にまで達しえない哲学的思惟一般がたどりつくのは、せいぜいここまでである。このような哲学的思惟は、有限なものの一切を無限なもののなかに沈めるという消極的な側面だけで満足するものだからである。もちろん、こうした哲学的思惟も再びそこから脱して知へと至ることもあり得るであろう。また、体系への要求が果たして知に結びついているか否かは、ある主観的な偶然性である。だが、もしこの消極的な側面それ自身が原理であるとされるなら、知へと至ることなどあろうはずがない。というのも、この場合の知はいずれも、ある面からすれば、有限性の領域へと踏み込むものだからである。同様に、色彩を欠いた「無色の」光を直観することに固執するのが、妄想である。こうした妄想のなかに多様性が存在するのは、それが多様なものと戦うことによって、ただそれでもなお〔多様がそこにある〕というそれだけにすぎない。要するに妄想には、自己自身に関する意識が欠けているのであり、むしろその凝集〔的想念〕には、拡散によって制約されているという意識が欠如しているのである。[1]妄想が一面的であると見られるのは、それがそもそも対立するものの一方に固執し、絶対的同一性を対立するものの一方とすることによるのである。絶対的同一性においては、確かに主観と客観は止揚されている。しかし、主観と客観は、絶対的同一性のうちにある以上、この両者は同時に存立することにもなる。そして、この両者の存立こそ、知を可能にするものなのである。というのも、知のなかでは、部分的にこの両者の分離が措定されているからである。この場合の分離する活動は、反省作用である。この分離する活動〔反省作用〕は、それだけで考察される場合には、同一性と絶対者を廃棄することになり、そうであればどんな〔反省的〕認識も、そのうちに分離する活動がある以上、端的に誤謬であると見なされるであろう。確かに、認識すること〔その活動〕は、分離する活動でもあり、その所産は有限なものである。こうした認識活動の側面によって、いかなる知も制限されたものとなり、かくして虚偽ともなるのである。しかし、いかなる知も同時に同一性であり、その限りでは絶対的な誤謬というものは存在しないのである。

同一性が認められるのなら、それと同様に、〔前述の〕分離も認められなければならない。

同一性と分離が相互に対立の場に置かれる限り、両者〔の対立〕は絶対的となる。また、もし仮に同一性が分裂を否定することによって固定されるとなると、そうした場合にも、両者は相互になお対立し続けることになる。それにつけても、哲学は主観と客観とへの分離を公平にと り扱うのでなければならない。とはいえ、哲学が分離を、それに対置された同一性と同等のものとして絶対化するならば、哲学はむしろそのことによって、分離をただ制約されたものにしてしまうだけである。このことは、対置されたものの否定によって制約されている一方の同一性が、これまた相対的なものにすぎなくなるのと同様である。が、以上の点から、絶対者そのものは、同一性と非同一性との同一性なのであって、絶対者のうちでは、反措定の〔対立する〕働きと同一であることとが、同時に存在するのである。[2][3]

哲学は分離を行なうに際して、分離されたもの〔主観と客観との対立〕を絶対者のうちに措定するのでなければ、それらを措定することはできない。というのも、そうでなければ、〔対立する二つのものについて〕他方が存在する限り一方は存在しない、という性格しかもたない純粋に対立し合う両者がそこに存在することになるからである。絶対者への〔対立し合う両者の〕この関係は、このことによって対立し合う両者が再び止揚されることを意味しない（というのも、そうである以上、〔両者は〕何ら分離されてもいないだろうからである）。[4]否むしろ、対立し合う両者が絶対者のうちに措定されているか、あるいは逆に絶対者が、この両者のうちに措定されているか、〔そのいずれか〕である限り、対立し合う両者は分離されたものにとどまるべきであり、かく分離されたものであるというこの性格を失うべきではないのである。それにしても、確かに、対立し合う両者は、絶対者のうちに措定されなければならない。そうであるならば、両方のうちのいずれが、他方に優るいかなる権利を与えられるのであろうか。両方にとっては、同等の権利ばかりでなく、同等の必然性がある。というのも、仮にもし一方だけが絶対者に関係づけられ、他方は関係づけられないとすれば、両者は本質的に不等なものとされることになり、両者の合一はもとよりのこと、分裂を止揚するという哲学の課題も、不可能であることになろうからである。しかるにフィヒテは、対立し合うものの一方だけを絶対者のうちに措定した、あるいはそれを絶対者として措定したのである。フィヒテにとっては、この権利と必然性は自己意識のうちにある。というのも、自己意識のみが自己自身を措定する働きであり、主観＝客観だからである。しかし、〔フィヒテのいう〕この自己意識は、より高次のものとしての絶対者に初めて関係づけられるのではなくて、むしろ自己意識それ自身が絶対者であり、絶対的同一性だからである。なるほど自己意識は、自分が絶対者として措定されるというより高次の権利をもつが、それはまさしく当の自己意識が自己自身を措定する、という点にある。これに対して客観は、ただ意識によってのみ措定されるものであるから、そのような権利をもたないのである。だが、客観をこのように位置づけることは、ただ偶然的であるにすぎないが、このことはむしろ、〔フィヒテの意味する〕自己意識として措定される限りでの主観‐客観の偶然性から見ても明らかである。というのも、この場合の〔自己意識としての〕主観‐客観は、それ自身制約されたものであるからである。それゆえ、この立場〔自己意識を主観‐客観とするフィヒテの立場〕は、最高の立場ではない。この主観‐客観は、なるほど理性ではあるが、ただし制限された形式において措定された理性なのである。このような制限された形式の立場から見る場合にのみ、客観は〔自分では〕自己を規定しないものとして、すなわち絶対的に〔無条件的に〕規定されたものとして現象するにすぎないのである。それゆえ、〔フィヒテの場合には〕主観と客観の両者が絶対者のなかに措定され、絶対者がこの〔主観と客観の〕両者の形式のなかで措定されなければならず、しかもそれと同時に、両者は分離されたものとして存立するのでなければならない。こうして、主観の方は主観的な主観‐客観となり、客観の方は客観的な主観‐客観となる。いまや二重性が措定されているがゆえに、対立し合うもののいずれもが自己自身に対立するものとなり、分割は悪無限的に進行することになる。それゆえ、主観のどの部分も、客観のどの部分も、絶対者のうちにあり、それぞれが主観と客観の同一性である。どんな塵埃といえども有機体となるように、いかなる認識も一つの真理とはなるのである。

ところで、客観それ自身が主観‐客観である場合にのみ、自我＝自我は絶対者なのである。

すなわち、自我＝自我が、〔フィヒテの場合のように〕自我は自我に等しくあるべきである、という当為命題に転換せずともよいのは、客観的な自我それ自身が主観＝客観である場合に限られるのである。

主観と客観とが、ともに主観‐客観であることによって、主観と客観との対立は実在的な対立であることになる。というのも、主観と客観との両者は絶対者のうちに措定されており、それによって実在性をもつことになるからである。かくして、主観と客観という対立するものの実在性および実在的な対立は、対立する両者の同一性によってのみ生起するのである。*仮にもし客観が絶対的な客観であるならば、客観は単に観念的なものにすぎず、また主観と客観との対立も同様に単に観念的な対立であるにすぎない。なおまた、客観が単に観念的なものにすぎず、絶対者のうちに存在しないのであれば、主観の方もそのことによって、単に観念的なものとなるであろう。このような観念的要因なるものが、〔フィヒテの場合の主観と客観であって〕換言すれば、自己自身を措定する働きとしての自我と、自己を反対措定する働きとしての非我なのである。この場合、自我が純粋な生命にして動態であり、また活動し行為する主体そのものであって、各人の意識のなかで最も実在的で直接的なものであると言われても、事情は変わらない。つまり、自我が客観に対して絶対的に対立させられるや否や、それは何ら実在的なものではなくなり、むしろ単に思惟されたにすぎぬもの、すなわち反省の純粋な所産、認識する働きの単なる形式にすぎぬものとなる。実際、単なる反省の所産からでは、同一性は全体として自己を構成することはできない。というのも、反省の所産は絶対的同一性を捨象することによって成立するものであるが、これに対して一方、絶対的同一性にしても、反省の所産に対して直接的には否定する態度をとりうるだけであって、構成する態度をとることはできないからである。ところで、無限性と有限性、あるいは無規定性と規定性といった等々の概念が、まさしくいまいう反省の所産である。だが、これら反省の所産にとっては、無限なものから有限なものへの移行とか、無規定なものから規定されたものへの移行などは、決して存在しないのである。〔対立者間における〕綜合としての移行は、二律背反になってしまう。というのも、絶対的に分離する働きである反省は、有限なものと無限なものとの綜合とか、規定されたものと無規定なものとの綜合を成し遂げることなどできないからである。それでも、この際、〔綜合にあたって〕ここで法則を与えるのは、当の反省なのである。この反省に与えられている権利は、単に形式的な統一を主張するだけにすぎない。それというのも、無限なものと有限なものとに分離するという反省の仕事が、許容され受容されていたからである。しかし、理性は、これら〔無限なものと有限なものと〕の分離を二律背反のなかで綜合し、それによって両者〔の分離〕を廃棄するのである。観念的な対立をおくのが反省の仕事であり、そこで反省は、絶対的同一性を完全に捨象することになる。これに対して、実在的な対立をおくのが理性の仕事であって、そこで理性は、対立するもの、つまり同一性と非同一性を、単に認識の形式においてばかりでなく、存在の形式においても、同一のものとして措定〔同一化〕するのである。実際、このような実在的な対立においてのみ、主観と客観の両者が主観‐客観として措定されるのであり、かくして両者がともに絶対者のうちに存立し、絶対者が両者のうちに、要するに実在性が両者のうちに存立するわけである。このようなわけで、実在的対立においてのみ、同一性の原理はまた実在的原理ともなる。が、これに対して、〔主観と客観との〕対立が観念的で全く克服しえないものである場合には、同一性は単に形式的な原理にとどまる。すなわち、同一性は対立する〔主観と客観との両〕形式の一方のうちに措定されているにすぎず、自己を主観‐客観として主張しえないのである。そうしてみると、その原理とするものが形式的な原理であるような哲学は、それ自身、形式的な哲学となる。確かに、フィヒテも旧著のなかで述べているとおり[5]、神の自己意識（すなわち、自我が措定されることによって、一切がそのうちに措定されているような意識）にとっては、自分の〔知識学の〕体系は形式上の正当性しかもたないであろうとのことだが、それはそのとおりである。これに対して、もしも実質、すなわち客観それ自身が主観‐客観である場合には、形式と実質との分離は消滅しうるのであり、体系とその原理とは、もはや単に形式的なものではなく、むしろ形式的であると同時に実質的なものでもある。すなわち、そこでは絶対的理性によって、一切のものが措定されているのである。実在的な対立においてのみ、絶対者は主観あるいは客観の形式において自己を措定することができ、主観は客観に、あるいは客観は主観に本質的に移行することができる。主観が自己自身にとって客観的なものとなりうる〔客観化する〕のは、主観が根源的に客観的なものだからであり、言い換えると客観自身が主観‐客観だからである。また、客観が主観的なものとなりうる〔主観化する〕のは、客観が根源的に主観‐客観に他ならないからである。ここに存立しているのは、まさしく真の同一性であり、それこそ主観と客観の両者が主観‐客観であるという同一性に他ならない。なお、それと同時に、主観と客観との両者が持ちうる真の対立がある。しかるに、この〔主観と客観の〕両者が主観‐客観でない場合には、両者の対立は観念的となり、同一性の原理は形式的なものとなる。要するに、形式的な同一性と観念的な〔両者の〕対立とによっては、不完全な綜合しか可能ではないということに帰着する。すなわち、この場合、〔カントの〕範疇の類別に従って言い換えると、同一性は、対立する両者を綜合する限り、それ自身単に一つの定量にすぎず、[6]〔対立する両者の〕差異の方は質的である。なお、右の範疇にてらせば、第一の範疇である実在性は、〔第二の範疇と同様に〕第三の範疇のうちで、単に量的に措定されているにすぎないのである。が逆に、対立が実在的である場合には、差異は単に量的であるにすぎず、〔同一性の〕原理は観念的であると同時に実在的であり、それが唯一の質である。かくして、量的な差異から自己を再構成する絶対者は、決して定量ではなく、全

体性なのである。(7)

＊　プラトンは、絶対的同一性を介しての実在的な対立について、次のように表現している。——「真に美しい絆と言えるものは、自分が結合した当のものと自己自身とを一体化するものである。〔その見事な事例としては、比例もしくは類比と呼ばれるものがそれである。〕というのも、三つの数とか三つの量とか三つの力といったもののなかで、例えば〔任意の立方数とか平方数とかの間に〕中項となるものがあって、初項が中項に対する関係は、中項が末項に対する関係に等しく、また逆に、末項が中項に対する関係は、中項が初項に対する関係に等しい、という相互の関係が成り立つとすると、その場合には、中項は初項にも末項にもなり、また逆に、初項と末項は両者ともに、中項となるのであり、このようにして、すべては必然的に同じものだという結果になるからである。しかも、相互に同じ関係にあるものは、そのすべては一つのものだからである」(『ティマイオス』Timaios, 31c-32a)(8)。

Ⅱ　絶対者に対する両方の学の同一性

主観と客観との真の同一性を措定するためには、主観と客観の両者は主観‐客観として措定されねばならない。それによっていまや、両者つまり主観と客観のいずれもが、それだけで個別の学の対象となりうるのである。これら個別の学はいずれも、他方の原理の捨象を要求する。

知性の体系においては、客観はそれ自体としては何ものでもないもの〔無〕であり、自然は意識のうちでただ存立するにすぎない。すなわち、〔知性の体系において〕客観が自然であること、そして意識としての知性が自然〔である客観〕によって制約されていることは、いまや捨象されることになる。一方、自然の体系においては、われわれは自然が知られたものであるということを忘れている。つまり、学のうちで自然が得ている諸々の観念的な規定は、いずれも同時に自然に内在しているものであるが、この点が忘れられているのである。このように両方の学が相互に他方の原理を捨象すると言っても、この相互的な捨象は、しかしながら学の一面性を指すのではない。すなわち、それは他方の学の実在的な原理を主観的に捨象することではない。なお、このような主観的な捨象は、知のためになされるものであるとしても、次にいうような場合をみる限り、より高次の立場では消失するものであろう。すなわち、観念論では意識の所産に他ならないとされる意識の諸々の客観も、それ自体として見れば、実は意識の所産とはまったく別のものであり、意識という存在の外で絶対的な存立を得ているようなものとされる場合が、それに当たる。また、これに対して自然学では、当の自然は自己自身を規定するものとして措定され、なお自己自身において観念的なものとされるが、そのような自然も、それ自体として見れば、実は単に客観にすぎず、理性がこの自然のなかに認識するすべての同一性も、単に知によって自然に与えられた形式にすぎないとされる場合が、やはり上記の条件に該当するであろう。ともあれ、そこで捨象されるのは、内的原理ではなく、単に他方の学に固有の形式にすぎないのであり、その目的があくまで、両方の学のいずれをも純粋に保つこと、すなわち両者の内的同一性を確保するためなのである。他方の学にそなわる固有性の捨象とは、一面性の捨象のことである。自然と自己意識とは、それぞれに固有の学のなかで思弁によって措定されているとおりに、それ自体として〔即自的に〕ある。自然と自己意識とがそれ自体としてこのように存在するのは、この両者を措定するのがまさしく理性だからである。理性が〔自然と自己意識の〕両者を、主観-客観として、したがって絶対者として措定する。この場合、唯一の自体〔即自〕は、絶対者なのである。要するに、理性が両者を主観-客観としてアン・ジイヒ措定するのは、理性が自己を自然としてまた知性として産出し、この両者〔自然と知性〕のうちに自己を認識する当のものだからである。

主観と客観とがそのうちに措定されている真の同一性のゆえに、〔主観的な主観‐客観と客観的な主観‐客観との〕両方の学の立場が異なっていても、このことは何ら矛盾するものではない。というのも、主観と客観の両者は主観‐客観〔の同一性〕であり、したがって両者の対立が実在的な対立となるため、一方が他方へと移行することができるからである。しかるに、主観と客観が互いに絶対的に対立させられ、その一方だけが主観‐客観であるというのであれば、両方の学は相互に同等の位で存立することはできないで、ただ一方の立場だけが理性的な立場であることになろう。実際、両方の学のいずれにおいても、同じ一つのもの〔絶対者〕が、その現存の必然的形式において構成されることによってのみ、両学は可能となるのである。両学が一見して矛盾し合うように見えるのは、絶対者がそれぞれに相反する形式において措定されているからである。が、このような〔表面的〕矛盾は、両学の一方だけが唯一の学であると主張され、その立場から他方が否定されるという仕方で、止揚されるものではない。むしろ、両方の学の一面性を真に止揚するより高次の立場とは、この両学のうちに、まさしく同一の絶対者を認識するような立場をいうのである。ところで、主観的な主観‐客観についての学は、これまで超越論的哲学と呼ばれ、客観的な主観‐客観についての学は、自然哲学と呼ばれてきた。この両哲学が相互に対立する限り、前者の超越論的哲学では主観的なものが第一のものであり、後者の自然哲学では客観的なものが第一のものである。こうして両学のいずれにおいても、主観的なものと客観的なものとは、実体性の関係におかれているのである。すなわち、超越論的哲学においては、知性としての主観が絶対的実体であり、自然は客観であって偶有的なものである。これに対して自然哲学においては、自然が絶対的実体であり、主観すなわち知性の方は偶有的なものにすぎない。が、要するに、より高次の立場とは、一方の学か他方の学のいずれかが止揚され、主観か客観か、そのいずれか一方のみが絶対的なものであると主張されるようなものでもなければ、また両方の学が混合されているような立場でもないのである。

なお、両学の混合という点に関して言えば、自然学に属するものが知性の体系に混入されると、諸々の超越的仮説(9)が生じるのであり、これらの仮説は、意識と無意識的なものとの合一という虚偽の仮象《みかけ》によって目をくらませるものともなりかねない。それらの仮説は、自然的であると自称するが、実際には、意識の繊維〔細胞〕理論をもって一例(10)とするように、「手で触知し得る」というあたりまえのことを超え出ているわけではないのである。これに対して、知性的なものそのものが、自然学のなかに混入されると、超自然的な、とりわけ目的論的な諸説が与えられることになる。ともあれ、このような両学の混合という誤謬は、ものごとを説明するという傾向に由来するものである。つまり、この説明のために、知性と自然とが因果関係のなかに置かれ、一方が根拠として、他方が根拠づけられたものとして定められるのである。だが、このようなやり方によっては、ただ対立が絶対に克服しえないものとして固定されるだけであって、しかも因果的同一性などという見かけ上の形式的同一性によって、絶対的合一への道は完全に遮断されてしまうのである。

ところで、〔超越論的哲学と自然哲学という〕両方の学において矛盾するところは止揚されるべきであると主張するもう一つの立場とは、両学のいずれか一方の学を絶対者の学とは認めない立場であろう。この場合、二元論は、知性の学の方にきわめてよく順応すると言えるかも知れないが、それにもかかわらず、〔客観的な領域の〕事物を固有の本質的実在として主張することもできる。このようなわけで二元論は、自然学について、事物固有の本質に関する学の体系である、とかく受けとめることが可能なのである。そうしてみると、両方の学はいずれも、それ相応に、この二元論には妥当することになるのであり、そこでは両方の学が仲よく並存することにもなる。しかしながら、このような二元論をもってしては、絶対者の学であろうとする両方の学の本質が見落とされることになりかねない。というのも、絶対者は決して並存するものではないからである。

　あるいは、さらにもう一つの立場があって、これまた両方の学のうち、いずれか一方の学を絶対者の学とは認めない立場の一つである。これすなわち、一方の学の原理を絶対者のうちに措定するのを取り止めにする（あるいは、絶対者をこの学の原理の現象のうちに措定するのを取り止めにする）との立場である。この点について最も注目に値するのは、通常、超越論的観念論と呼ばれている立場がそれである。主観的な主観‐客観の〔これを原理とする〕当の学は、それ自身、哲学全体を構成するに不可欠な学の一つであるが、しかもそれが単に学の一つにすぎないということについては、すでに述べられたことである。この学が自らを優越〔典型〕的（κατ᾽ ἐξοχὴν）[11] な学であると主張するような場合、この学は一面的であることや、また自然がこの学から〔いかなる形態を受け容れるか〕その受け容れる形態のことも、すでに明示された。ここでは、この立場から自然の学が構築される場合、果たして当の自然の学がいかなる形式をもつことになるか、これについて考察することにしたい。

カントが自然を承認するのは、彼が客観を〔悟性によっては〕規定されないものであると仮定したうえでのことである。またカントが、自然を主観‐客観として提示するのは、彼が自然の所産を自然の目的と見なすことによってである。すなわち、彼が当の自然を、目的概念がないはずなのに合目的的に、機械論的であることを欠きながら必然的に〔考察すること〕、要するに概念と存在とを同一的に見立てるということによってである。が、同時に、この自然観は、単に目的論的に認められるにすぎないとされる[12]。言い換えると、この自然観は、論証的に思惟する制限されたわれわれ人間悟性の主観的格率としてのみ妥当するというわけで、この人間悟性の普遍的な概念には、自然の特殊な諸現象は含まれていないのである。つまり、このような人間的な考察の仕方によっては、自然の実在性については何ひとつ言明されるはずがないのである。確かに、このようにして、〔カントの場合〕その考察の仕方は、徹底して主観的なものであって、自然は純粋に客観的なもの、単に思考されたものにとどまっている。かく悟性によって規定されると同時に規定されない〔無規定である〕自然を、感性的悟性において綜合することは、なるほど〔カントの場合〕単なる理念にとどまらざるを得ないのである。それにしても、われわれ人間にとっては、機械論的な説明の途上で合目的性と符合するなどということは、実際不可能であると言わざるを得ない。が、この批判的見解は、きわめて低級で非理性的なものではあるが、たとえ人間的理性と絶対的理性とを相互に端的に対立させながらも、ともかく感性的悟性の理念、すなわち理性にまで、自己を高揚させもするのである。かくして、自体的には、(言い換えると、理性においては) 機械論的自然と合目的的自然とが合致することも不可能ではない、というわけである。しかしながら、カントは自体的に可能なもの〔主観的側面〕と実在的なもの〔客観的側面〕との区別を放棄したわけでもなく、また感性的悟性の必然的で最高の理念を〔客観的〕実在性にまで高めたわけでもない。(13) このため、カントの自然学においては、(14) 一方では、自然の根本諸力の可能性を洞察することはそもそも不可能なことである。他方 (この自然学にとっては、自然は物質、すなわち〔主観に対して〕あくまで絶対に対立させられたものであり、しかも自己自身を規定しないものである以上)、この種の自然学は、ただ機械論〔的自然〕を構成することしかできないのである。実際、カントの自然学は、引力と斥力〔反撥力〕という貧弱な概念*を用いることで、実はかえって物質を豊かにしすぎてしまった。というのも、力というのは、外的なものを産出するところの内的なもの、すなわち自己自身を措定する働きとして、自我と等しいもの (=自我) であり、このような働き〔自己措定する作用〕は、純粋に観念論的な立場からすれば、〔客観的な〕物質に帰属させることはできないからである。が、〔純粋に観念論的な立場に立ちながら〕カントは、物質を単に客観的なものとして、つまり自我に対立するものとしてのみ把握するにすぎない。実際、カントにとっては、かの両力〔引力と斥力〕は余計なものであるばかりではなく、純粋に観念的であるか（そうであれば、力ではない）、それとも超越的であるか、なのである。そうしてみると、いまやカントにとって残されたものとしては、〔自然としての〕諸現象の力学的構成ではなく、むしろただその数学的構成だけにすぎない。[15]確かに、所与として必然的に与えられる諸々の現象を範疇によって濾過することにより、種々の正しい概念が与えられはするが、しかし諸現象に対しては何の必然性も与えられ得ない。しかるに、この必然性の連鎖こそ、〔現象を〕学的に構成する形式なのである。が、〔カントの場合〕自然の諸概念は、自然に対して偶然的なものにとどまり、また同様に〔客観そのものとしての〕自然は、諸概念に対して偶然的なものにとどまる。[16]それゆえ、〔カントの示す〕諸々の綜合が、範疇を通じて正当に構成されたとしても、それだからと言って、その正当さが必然的に自然それ自身のうちで例証されるわけではないのである。それゆえ、〔カントにとって〕自然は、ただ多様な遊戯、つまり悟性法則にとって偶然的な図式として見なされうる多様な事例を、提示し得るにすぎないのである。ただし、その実例に固有の生けるものも、まさしくそれらのうちに反省諸規定だけしか認められない以上、直ちに消え去ってしまう他なかろう。逆に言うと、諸々の範疇は「自然の図式」、それも貧弱な図式**にすぎないのである。

＊　カント『自然科学の形而上学的原理』（一七八六年）のうち、とくに第二部「動力学の形而

上学的原理」参照。――全集、第四巻、四六八頁以下、四九六頁以下。

＊＊　同書、序文（A, XII）参照。

ところで、自然がおよそ〔主観にまったく無関係の〕物質であるにすぎず、主観‐客観でないとすれば、認識するものと認識されるものとが同一でなければならないあの自然の学的構成の可能性は崩れることになる。もっとも理性は、客観に対して絶対的に対立すること〔克服しがたい対立〕によって反省に成り下がってはいるが、それでも理性は、自然についてただ演繹によるだけで、物質という自然の一般的性格以上のことを、ア・プリオリに表現することはできるのである。しかし、物質という自然の一般的性格がそのまま根底にあって、〔この性格〕それ以上に多様な諸規定は、反省に対して、また反省によって措定されることになる。なお、この種の演繹が一見して先天性をもつように見えるのは、それが反省の所産である自然の概念を客観的なものとして措定するからである。この演繹は、〔反省による諸概念のほかには〕それ以上の何も措定しないため、依然として内在的にとどまることになる。が、このような〔自然の〕演繹は、その本質からすると、自然のなかに外的な合目的性しか認めないかの〔先述の〕見解〔ヴォルフ流の目的論〕と同じである。ただし、〔当面の演繹と目的論という〕この両者の違いを認めるとすれば、この演繹の方がより体系的に、例えば理性的存在者の身体という一定の点から出発するということだけである。(17) だが、両者どちらの見解においても、自然は己れにとって疎遠な概念によって完全に規定されたものだということである。実際、目的論的な見解は、自然を単に外的目的に従って規定されたものとしてしか認めないが、しかし完全性という点では、この目的論的な見解の方が〔自然の演繹より〕すぐれている。というのも、この見解は、自然の多様性を経験的に与えられるままに受け容れるからである。これに反して、〔フィヒテの〕自然の演繹は、一定の点から出発するが、その出発点が不完全であるために、さらになおそれ以上のものを要請する――〔実はここに、この演繹が存立するのである〕。かくして、この演繹は、このように要請されたものをもって直ちに満足するのであり、そこで要請の方も、概念が要求するだけのことを直ちに充たせばそれで十分なのである。自然という現実的客観が、〔概念によって〕要求されたものだけでも充たしうるかどうかは、自然の演繹にとっては何ら関与することではないのであり、当の演繹がこの要求されたものを見出しうるのは、経験による以外にないのである。そこで、直接的に要請された客観が自然のうちに十分に見出されないときには、その目的が充足されるまで、さらに別の客観が次つぎに演繹されることになる。このようにして与えられる演繹された客観の秩序は、出発点をなす一定の目的に依存するのであって、諸々の客観は、その目的に関して何らかの関係をもつ限りでのみ、相互に連関することになる。が、本来的に言えば、それらの客観が内的な連関をもつことはありえない。というのも、直接的に演繹された客観が、これから充実されるべき概念にとって不十分であることが経験によって判明する場合、そのような客観がただ一つでもあれば、それは外的には無限に規定しうるものであるため、無限への分散をひき起こすものだからである。なお、この分散が避けられ得るのは、ただ一つのやり方による以外にはないのであって、いわば演繹が、その多様な諸点を一つの円環として回転させる、というやり方であろう。だが実を言うと、この演繹は最初から外部にある以上、それはこの円環の中心点に自己を定立することはできないのである。要するに、〔フィヒテの演繹においては〕概念にとって客観は外的なものであり、かつまた客観にとって概念は外的なものとなっている。

かくして、両方の学〔主観的な主観－客観を原理とする学と、客観的な主観－客観を原理とする学〕のいずれも、自己を唯一の学として構成することはできないのであり、また一方が他方を止揚することもできないのである。ただし、この場合〔いずれか一方が自己を唯一の学として構成するならば〕、絶対者は唯一つ、その現実存在《エクシステンツ》という形式においてのみ措定されるだけであろう。かくして絶対者は、自己を現実存在の形式において措定すると同時に、自己を形式の二重性〔二面的形式〕において措定せざるを得ない。というのも、〔絶対者が〕現象することと、自己を二分〔二重化〕することとは、まさに一つのことだからである。

さて、両方の学はいずれも、絶対者がいかにして現象の一つの形式〔一現象形式〕としての下位の勢位《ポテンツ》〔展相〕から、この同じ形式における全体性へと自己を生成してゆくか〔その絶対者の展相」を、叙述するものである以上、両方の学は内面的に同一なのである。この内的同一性のために、両方の学はどちらも、その連関およびその段階系列の点からして他方に等しいのである。一方は、言うなれば他方の例証である。この点に関して、前代の哲学者がほぼ次のように語っている。すなわち、諸々の観念（主観的なもの）の秩序と連関は、諸々の事物（客観的なもの）の秩序と連関と同一である、*というのがそれである。すなわち、一切のものは単に一つの全体性のなかにあるにすぎない。客観的全体性と主観的全体性、つまり自然の体系と知性の体系とは、まさに同じ一つのものである。かくして、ある主観的規定性には、まさに同一の客観的規定性が対応するのである。

＊　スピノザ『倫理学』第二部、定理七参照。――「観念の秩序と連関は、事物の秩序と連関と同一である」。

ところで両方の学は、学としては、〔二つの〕客観の全体性であって、一方の制限されたものから他方の制限されたものへと進展する。しかし、各々の制限されたものは、いずれもそれ自身絶対者のうちにあり、それゆえ内的には制限されないもの〔非限定的なもの〕である。そこで、各々の制限されたものが、客観的全体性における体系的連関のうちに措定されることになってやっと、制限されたものはその外的な制限を脱却することになるのである。この客観的全体性のうちでは、各々の制限されたものは制限されたものとしてさえ、真理をもつのであり、制限されたものの位置〔場所〕を規定することが、それを知ることなのである。かくして、かのヤコービの表現として知られた「諸々の体系は組織化された非知である」*との言[18]に対しては、非知〔知でないもの〕、つまりそれが個別的なものの認識なれば、それは組織化されることによって知となる、とだけ付言しさえすればよいのである。

＊　ヤコービ『フィヒテ宛書簡』参照、全集、第三巻、二九頁。

両方の学が互いに区別されている限り、それは外的に等しいが、この外的同等性はさておき、両方の学の原理は、それでも必然的に、直接的に浸透し合っている。一方の学の原理が主観的な主観‐客観であり、他方の学の原理が客観的な主観‐客観である以上、言うまでもなく、主観性の体系のなかにも同時に客観的なものがあり、逆に客観性の体系のなかにも同時に主観的なものがある。かくして、知性が内在的な実在性であるように、自然も内在的観念性であることになる。認識と存在の両極は、〔両方の〕どちらの体系にもあり、したがって両体系とも無差別点を自己のうちにもつことになる。ただし、一方の〔主観性の〕体系においては、観念的なものの極の方が優勢であり、他方の〔客観性の〕体系においては、実在的なものの極が優勢であるにすぎないのである。もちろん自然においては、観念的なものの極は、まさしく理性のうちで観念的なものが自己構成するのとは違って、無限の拡張に逆らって自己を点として自己自身のうちに措定する絶対的抽象という地点にまで達することはない。そしてまた、知性においては、実在的なものの極は、まさしく実在的なものが物質のうちで自己構成するのとは異なり、このような凝集において自己を無限に自己の外に措定する無限なものの展開[19]にまで達することはないのである。

さて、〔主観性と客観性との両方の学の〕いずれの体系も、同時に自由と必然性の体系である。自由と必然性とは、あくまで観念的要因であり、それゆえ実在的に対立するものではない。かくして、絶対者は両形式のいずれか一方において自己を絶対者として措定することはできない。〔主観性と客観性との〕両方の学とも哲学である以上、一方が自由の体系、他方が必然性の体系である、ということはありえないのである。〔自由と必然性とが分離されるとして〕このような分離された自由なれば、形式的な自由であろうし、また分離された必然性なれば、形式的な必然性であろう。自由とは、絶対者が内的なものとして措定されるなら、そのような場合の絶対者の性格なのである。かく内的なものとされる絶対者は、制限された形式、つまり客観的全体性の一定の点のうちに自己を措定する場合であっても、それがあるがままのもの、何ら制限されないままに存続することになる。それゆえ、もし仮にこうした絶対者が、その存在との対立において、つまり内的なものとして、（それゆえ、その存在を捨て他の現象へと移行する可能性をもつものとして）考えられるならば、いまいう自由とは、そのような場合の絶対者の性格なのである。これに対して必然性とは、絶対者が外的なもの、つまり客観的全体性として見られ、かくしてまた相互外在性と見なされる限りでの、当の絶対者の性格である。(もっとも、この場合、相互外在性と言っても、その諸部分は客観性の全体を離れては何ら存在することはないのである。)しかるに、知性も自然も、それらがともに絶対者のうちに措定される場合には、実在的に対立することになるから、自由と必然性という二つの観念的要因は、〔知性と自然という〕両者のいずれにも帰属することになる。しかし、恣意という自由の仮象〔見かけ上の自由〕は、必然性あるいは全体性という自由を完全に捨象する自由である。[21] このような〔自由の仮象のごとき〕抽象観念は、自由が個々の個別的領域の内部に措定されることになる場合にのみ、生起しうるものである。[22] さらに〔自由にとって恣意と〕同様に、必然性にとって恣意に相当するものが、偶然である。すなわち、個々の部分が、あたかも客観的全体性のうちに、客観的全体性によってのみ存在するのではなく、むしろそれだけで独自に在るかのように措定されるのも、この偶然によるところなのである。——このような恣意と偶然は、低俗な立場においてのみ場を得るものにすぎず、よって絶対者の学の概念から追放されているものである。これに対して、必然性の方は、知性にも自然にも帰属している。というのも、知性は絶対者のうちに措定されているために、当の知性には〔その思惟活動と〕同じく存在の形式も帰属するからである。すなわち、そこで知性は、自己を二分〔割〕し、現象しなければならないのである。かくして知性は、認識と直観から成る充実した有機的組織なのである。が、知性の具有する諸形態は、いずれも〔抽象的同一性と客観的全体性という〕対立する形態によって制約されている。そこで、もし知性の具有する諸形態のうちの抽象的同一性が、自由として諸形態それ自身から孤立させられると、この〔自由としての〕抽象的同一性は、知性のもつ無差別点の一つの観念的な極にすぎないものとなる。なおまた、知性の無差別点は、他にもう一つの内在的な極として客観的全体性をもつことになる。これに対して、〔知性のみならず〕自然も自由をもつ。というのも、自然は静止した存在ではなく、同時に生成だからである。すなわち、自然は外部から分離されたり綜合されたりする存在ではなく、自己自身のうちで自己を分離し、かつ合一する存在であって、しかもその〔自然の〕いかなる形態においても、単に制限されたものとして自己を措定するのではなく、全体として自由に自己を措定する存在だからである。自然の無意識的展開は、活動的な力〔生命力〕の反省であって、この力は限りなく自己を分割するが、制限された形態のいずれにおいても自己自身を措定し、しかも同一のものなのである。かくして、以上のようである限り、自然のいかなる形態も決して制限されているわけではなく、むしろ自由である。(23)

以上を要するに、総じて自然の学は哲学の理論的部門であり、知性の学はその実践的部門であるとされるが、それと同時にこの両方の学は、いずれもそれだけで、独自の理論的部門と実践的部門とをもつ。自然の体系のうちでは、光の勢位《ポテンツ》においての同一性は、重さのある物質にとっては、自体的には差し措くとしても、勢位としては疎遠なものである。この疎遠なもの〔物質に内在する力〕が、物質を分割し合一して凝集させ、かくして非有機的自然の体系を産出するのである。これと同様に、客観的直観において自己を産出する知性にとっては、自己自身を措定するという勢位《ポテンツ》においての同一性は現存しないものである。すなわち、同一性は客観的直観においては、自己自身を認識することはない。要するに、〔右にいう非有機的自然と客観的直観の世界との〕二様の同一性は、当の同一性の〔による〕産出〔活動〕ではあっても、その産出行為を反省することのない産出〔活動〕である。それゆえ、この場合の両者は、理論的部門の対象である。(24)これに対して、知性は意志〔活動〕のうちに自己を認識し、自己を自己自身として客観性のなかにもち込み、その無意識的に産出した直観を否定する。これと同様に〔自然も〕、有機的自然においては、光はその所産と結合し、内的なものとなるため、自然も実践的となるのである。光は、非有機的自然においては、収縮点を外へ向けて外的観念性として結晶体のうちに措定するが、しかし有機的自然においては、〔光は〕自己を内的なものとして脳髄の収縮へと形成することになる。また、花という植物においてすでに、内的な光の原理は、諸々の色彩へと自己を分散させ、それら色彩のなかで速やかに色褪せてゆくのである。しかも、光は植物においてのみならず、また動物においてはより一層確実に、性という両極性を介して、自己を同時に主観的かつ客観的に措定することになる。つまり、個体は他の個体のうちに己れ自身を求め、そして自己を見出すわけである。光がより強く内的なものにとどまるのは、かく動物においてである。動物において光は、（多少とも変化する音声としてではあるが）主観的なものとしてのその〔動物的〕個体性を、普遍的伝達において措定し、そのなかで自己を互いに認識し合い、かつ承認されるべきものとするわけである。要するに自然学が、非有機的自然の〔動力のごとき〕諸契機を内面から再構成することによって、〔内面的光にみる〕同一性を叙述するものである以上、当の自然学はその学の内に実践的部門をもつことになる。例えば、再構成された〔有機的勢位《ポテンツ》で反復される〕磁気、つまり実践的磁気は、自己を外へ向けて両極にまで拡張する重力の止揚である。なお、この磁気は、脳髄という無差別点へ向けての重力の再収縮をいうのであり、それはまた重力を二つの無差別点として内部へ向かう両極に置き換えることに他ならない。――それはあたかも、自然がすでに惑星の楕円軌道においても提示しているかの二つの無差別点〔焦点〕と同様である。[25] なおまた、内部から再構成された電気は、諸々の有機的組織の性的差異を措定する。諸々の有機的組織はいずれも、自己自身によって〔性的〕差異を産み出すが、かく差異の産出だけでは十分ではないために、自己自身を観念的に措定し、他の有機的組織のうちに自己を客観的なものとして見出そうとする。かくして、有機的組織は他者なるこの客観的な自己との融合によって自己に同一性を与えざるを得ないのである。このようにして、自然は化学的過程によって実践的なものとなる以上、それは差異あるもの〔異種の有機的組織〕を媒介する第三者を、内的なものとして差異あるものそれ自身のうちに連れ戻したのである。この内的なもの〔第三者〕とは、音として、言うなれば自己自身を産出する内的な音響のようなものであって、（かの非有機的過程の「第三の物体」が、勢位《ポテンツ》を欠いて消失するものであるように(26)）この内的なものは差異をもつ存在の絶対的実体性を消滅させ、この実体性を相互承認という無差別にまでもたらすことになる。もちろん、この相互承認とはいっても、それはあくまで観念的措定にすぎず、両性の相互関係とは異なって、実在的同一性のなかで再び消滅するものではないのである。

Ⅲ　両体系における絶対者の直観

われわれはこれまで、〔主観的な主観‐客観に関する学と客観的な主観‐客観に関する学との〕両方の学を、それらが内的に同一であるにもかかわらず、互いに対立させてきた。両者のうち、一方の学〔主観的・知性の学〕にあっては、絶対者は認識の形式では主観的なものであり、他方の学〔客観的・自然の学〕にあっては、絶対者は存在の形式では客観的なものである。存在と認識とは、〔それらが客観と主観との両方の学の形式として〕相互に対立させられることによって、観念的要因あるいは〔観念的〕形式となる。この両方のうちには、存在と認識との両者がともに存在しているが、一方の学〔主観的・知性の学〕においては、認識の方が質料で、存在の方は形式であり、他方の学〔客観的・自然の学〕においては、存在の方が質料で、認識の方は形式である。絶対者は、両方の学のどちらにおいても同一のものである。そして両方の学は、かく対立するものを単に形式として叙述するばかりではなく、この対立するもののうちに主観‐客観が措定されている限り、これをも叙述するわけであるから、両方の学はそれ自身単に観念的に対立するのではなく、むしろ実在的に対立するのである。それゆえ、両方の学は、同時に一つの連続性のなかで、関連する一つの学と見なされねばならない。両方の学が互いに対立し合っている限りでは、それはなるほど内的にそれ自体で完結しており、全体性ではある。だが、それは同時に、ただ相対的な全体性であるにすぎず、そういった全体性として無差別点へと向かって努力するものである。なお、この無差別点は、同一性および相対的全体性としては、両方の学それ自身のうちの至るところにあるが、絶対的全体性としては、両方の学の外にあるのである。しかし、この両方の学がともに絶対者の学であって、両者の対立が実在的対立である限り、両方の学は無差別〔点〕の両極であり、この無差別点それ自身において互いに連繫するわけである。両方の学は、それ自身が極と中心点とを結ぶところの線分なのである。しかし、この中心点も、それ自身二重化された点であり、一方では同一性であり、他方では全体性である。その限りにおいて、両方の学は同一性の全体性へと向かう展開、あるいは自己構成の進展として現われるのである。

ところで、両方の学は、(その観念的要因という側面から見ると、対立しているのであるが、その限りにおいて両者ともに) 無差別点へ向かって努力している。この場合、この無差別点は、絶対者の自己構成として考えられた全体であり、〔両方の学にとっては〕究極にして最高のものである。中間の媒介項、すなわち、自己を自然として構成する同一性が〔そこを脱して〕知性として自己を構成するに至る移行点〔自然としての同一性から知性としての同一性への転換点〕は、自然の光の内面化[27]である。これは、シェリング流に言えば*、観念的なものが実在的なものに降りかかる稲妻であり、この閃光《せんこう》の点としての自己構成をいう。この〔閃光〕点こそ、理性としての両方の学の転換点であり、自然のピラミッドの頂点、つまり自然が自己完成によって達する究極の所産である。だが、この点も〔閃光の〕点である以上、それと同時に自己を自然のなかへと拡張しなければならないのである。それにしても、〔学としての〕学が、中心点としてのこの点に自己を定立し、この点から自己を二つの部分に分割し、そして一方の側に〔自然による〕無意識的な産出活動を割り当て、他方の側に〔主観的知性による〕意識的な産出活動を割り当てる場合、その際、学はそれと同時に次のことを周知していると言える。すなわち、実在的要因としての知性が同時に、他方の側の自然の自己構成の全体を自分の領域にとり込み、先行するもの、つまり知性の傍らに並び立つもの〔自然〕を自己のうちに所有しているということ、同じくまた実在的要因としての自然のうちには、学〔自然の学〕において自然に対立しているもの〔知性〕が同様に内在しているというのが、それである。かくして、〔知性および自然という〕二つの要因の観念性のすべてと、その一面的形式は止揚されることになる。〔この点を反映した〕学の立場こそ、唯一のより高次の立場であって、この立場では、両方の学はいずれも他方のうちに解消しているのである。というのも、両方の学の分離が単に学的上のものにすぎず、また二つの要因の観念性も、単に学的な目的のために措定されたものにすぎないと認められているからである。

＊『思弁的物理学雑誌』第二巻（第二分冊）、一一六頁（全集、第四巻、二〇五頁）。

このような見解も、そのままでは消極的なものにすぎない。というのも、それは絶対者がそこで自己を措定した両方の学および両形式の分離の止揚であるにすぎないからである。つまり、この見解は実在的綜合ではないのであり、言うなれば絶対者の二つの形式が合一されて存立するという仕方で否定されているところの絶対的無差別点ではないということである。さて、この際、根源的同一性は、その無意識的な収縮（それは、主観的には感情の収縮、客観的には物質の収縮である）を展開して、無限に組織された空間と時間の相互的並存と、相互的継起（つまり、客観的全体性）にまで拡張したのであり、また他方で、〔この根源的同一性は〕この拡張に対して、拡張を否定することによって、（主観的）理性としての自己認識的な点にまで自己構成する収縮（つまり、主観的全体性）を対立させた。かくして、いまや当の根源的同一性は、主観的全体性と客観的全体性の両者を合一して、完全な全体性のなかで自己自身にとって客観的となる絶対者の直観としなければならない。すなわち、神の永遠の受肉の直観、初めの言葉の証しの直観としなければならないのである。[28]

上述のように、絶対者は自己自身を形態化したり、あるいは自己を客観化しもするが、こうした絶対者の直観は、〔絶対者の両面の〕均衡をなす二つの要因として、一方では意識が、他方では無意識的なものが優位にあると見られる場合、再び同様に極性《ポラリテート》という形式においてこれを考察することができる。例えば、芸術においては、かの絶対者の直観は〔その二つの要因のうち〕いっそう一点に集中することで、意識の面はむしろ打ち消された形で現われる。すなわち、本来のいわゆる芸術〔作品〕においては、〔絶対者の直観は〕一方では客観的なものとして存続するが、他方では悟性によって死せる外的なものとして受けとられもする作品として、天才という個人の所産でありながら、むしろ人類に属するものとして現われる。あるいはまた、宗教においては、〔絶対者の直観は〕主観的なものとしてただ〔主観的〕諸契機のみを充実させるが、悟性によって単に内的なものとして措定されうる生きた運動として現われる。なお、〔宗教における〕この生きた運動は、普遍的独創性という集団の所産でありながら、しかも各個人に帰属するものでもある。然るに、思弁においては、絶対者の直観はあえて言えばより一層意識的なものとして、それも意識のうちで展開されたものとして現われる。つまり、それは客観性と無意識的なものを止揚する主観的理性の行為として現われるのである。かくして、芸術の真の領域においては、絶対者がどちらかと言えば、絶対的存在という形式において現われるとするなら、思弁にとってはむしろ絶対者は、その無限な直観において自己自身を産出するものとして現われると言える。だが思弁は、絶対者を確かに一つの生成として把握するわけだが、それによって同時に生成と存在の同一性を措定するのである。かくして、思弁にとって自己産出するものとして現われるもの〔絶対者〕は、同時に存在する限りでのみ生成しうる根源的な絶対的存在として措定されることになる。思弁は、このようなやり方で、意識が思弁のうちに占めている優位性を自分から取り除くことも心得ている。もっとも、この場合、優位性といってもそれは、元来は非本質的なものなのである。要するに、芸術と思弁の両者は、その本質において神への奉仕〔礼拝〕なのであり、その限りでいずれも絶対的生命の生ける直観であり、それこそ絶対的生命と一如となることである。

かくして、思弁と思弁的知は、無差別点のうちにあるが、しかしそれ自体において本質上明らかに〔即自かつ対自的に〕、真の無差別点のうちにあるというわけではない。思弁が真の無差別点のうちにあるか否かは、ひとつには〔思弁とその知が〕自己をその無差別点の、一側面にすぎないと認識しているか否かにかかっている。ところで、超越論的哲学は、絶対者の一つ、の学問である。というのも、この哲学の主観がそれ自身で主観 - 客観であって、その限りにおいて理性であるからである。だが、仮にもし、この場合の主観的理性が自己を絶対者として措定するならば、それは純粋理性、つまり形式的理性であることになる。そして、この理性の所産である諸々の理念も、感性もしくは自然に対して絶対的に対立するものとなり、また諸現象に対しては、それら現象に疎遠な統一性という規準としてのみ役立ちうるにすぎない。〔この超越論的哲学においては〕絶対者がかく主観の形式に向けて措定されているから、この学はある内在的な限界をもっていると言える。それゆえ、この学が絶対者の学へと高まり、絶対的無差別点にまで到達するのは、当の学が自己の限界を知り、しかも自己とその限界を学的に止揚することを心得ること、これ以外にはないのである。確かに、以前には、人間理性の境界標について多くのことが語られた。が、いままた、この超越論的観念論も、自己意識のもつ不可解な制限、すなわちわれわれがかつてそこに閉じ込められていたあの〔自己意識の〕不可解な制限というものを承認してはいる。[29] しかし、この自己意識の制限が、先の伝統の上では理性の境界標[30]と言われ、また当面の場合は不可解〔把握不可能〕なことであると言われている以上、学の自認することは、自己自身によって自己止揚する能力のなさであり、言うなれば死を賭した跳躍（salto mortale）を介しての自己止揚する能力のなさに対してである。言い換えると、当の学が理性を措定した主観的なものを再び捨象する能力のなさを、自認しているということである。

超越論的哲学は、その主観を主観‐客観として措定し、かくして絶対的無差別点の一側面をなすがゆえに、この哲学のなかにはもとより全体性があることになる。自然哲学の全体も、それ自身知としてこの超越論的哲学の領域に含まれるわけである。知の学〔フィヒテの知識学〕は、超越論的哲学の一部門を構成するにすぎないが、この知の学に対してわれわれは、この学が知に与える形式と知のうちに存する同一性とを要求するのを拒否し得ないのであり、否むしろ、意識としての形式を孤立させ、現象そのものをそれだけで〔独立するものとして〕構成することを拒否し得ないのである。この点は、かの論理学〔ラインホルト＝バルディリ一派の論理学〕に対しても、同様のことが言える。しかしながら、この場合の〔フィヒテの知識学のいう〕同一性は、それが知の多様なものの一切から分離され純粋な自己意識となっている以上、それがどんな形式をとっても、対立するものに制約されていることから離脱することができないという点で、相対的同一性であることを自ら明示している。

要するに、哲学の絶対的原理、つまりその唯一の実在的根拠にして確乎たる立場というのは、フィヒテの哲学においても、シェリングの哲学におけると同様に、知的直観である。反省の用語を用いて言えば、それは主観と客観の同一性である。学において、知的直観は反省の対象となるのであり、それゆえ哲学的反省はそれ自身が超越論的直観なのである。そこで哲学的反省は、自己自身を客観となし、しかもこの客観と一体である。こうして、哲学的反省は思弁となる。フィヒテの哲学は、このゆえに思弁の真なる所産ではあるが、しかし哲学的反省は制約されて〔つまり主観的なもので〕ある。すなわち、超越論的直観というのは、経験的意識のすべての多様性を自由に捨象することによって初めて意識されるに至るのであり、その点で言えば、それ〔哲学的反省〕は主観的なものにすぎない。そこで、もし仮に哲学的反省が〔この限りでの〕自己自身をその対象とするならば、それは制約されたものを自らの哲学の原理とすることになる。それゆえ、超越論的直観を純粋に把握するためには、哲学的反省はいまいうこの主観的な面をさらに捨象しなければならない。そうすれば、哲学的反省にとって超越論的直観は、哲学の基礎として、単に主観的でもなければ客観的でもなく、また単に物質に対立する自己意識でもなければ、自己意識に対立する物質でもなくなる。それはむしろ、主観的〔同一性〕でもなく、また客観的〔同一性〕でもない、まさしく絶対的同一性なのであり、これこそ純粋な超越論的直観となるのである。この超越論的直観も、実は反省の対象としては、もとより主観ともなり、また客観ともなる。哲学的反省は、こうした純粋な反省の所産〔主観と客観〕を、この両者の対立を残したまま絶対者のうちに措定するのである。ここにきて、思弁的反省に属する対立は、もはや単に主観と客観とではなく、むしろ主観的な超越論的直観と客観的な超越論的直観とであって、すなわち前者が〔フィヒテの〕自我、そして後者が〔シェリングの〕自然である。この〔対立し合う〕両方の超越論的直観が、自己自身を直観する絶対的理性の最高の現象なのである。この対立し合う両項（いまそれらは、自我と自然、純粋自己意識と経験的自己意識、認識と存在、自己措定と反対措定〔自己定立と反定立〕、有限性と無限性、等々と呼ばれている）が、いずれも同時に絶対者のうちに措定されているわけである。が、この二律背反のうちに、通常の反省は矛盾以外には何も認めないのである。ただし、〔自己自身を直観する〕絶対的理性だけが、このような絶対的矛盾のうちに真理を認めるのである。すなわち、対立する両項が措定され、かつ否定されているという絶対的矛盾、あるいは両項のいずれもが、存在しないと同時に存在するというこの絶対的矛盾のうちに、真理を認めるのである。

D　ラインホルトの見解とその哲学について（1）

I　両哲学に関するラインホルトの見解

なお当面の問題として、まず第一にフィヒテ哲学とシェリング哲学に関するラインホルトの見解について述べ、次いでラインホルト自身の哲学について付言することが残されている。

まず、フィヒテとシェリングの両哲学に関して言えば、ラインホルトは第一に体系としての両哲学の差異を見落としたこと、そして第二に両哲学を哲学としてとりあげなかったということである。

ラインホルトは、数年来読者の前に公表されている〔シェリングの〕哲学が、純粋な超越論的観念論〔フィヒテのそれ〕とは異なるものであることに、何ら気づかなかったと見える。それもそのはず、ラインホルトはまったく驚くべきことには、シェリングの提示した哲学のなかに、主観性という概念を明確ならしめる原理、つまり自我性*の他は何も見ていない。(2)ラインホルトは、〔次にいう〕シェリングの創見になることを、〔先の自我性と合わせて〕同時に述べることもできたはずである。すなわち、〔その創見になることはと言えば〕絶対者は、単なる主観性でない限り、単なる客観性あるいは自然そのものでしかなく、またそれ以外の何ものでもあり得ないということである。(3)しかも、ここに至る〔この創見に至る〕道程は、絶対者をまず知性〔自我〕と自然との絶対的同一性に向けて措定することだったのである。**かくしてラインホルトは、シェリングの原理を一気に、次のように〔二様に〕表現することもできたはずである。すなわち、(a)絶対者は、単なる主観性でない限り、単なる客観性であって、それゆえ両者〔主観性と客観性と〕の同一性ではないということ、しかるに(b)絶対者は主観性と客観性との同一性である、ということ〔をラインホルトは同時に表現することもできたわけである〕。これを逆に言えば、主観と客観との同一性の原理は、同一性としての絶対者が、単なる主観性でもなければ、単なる客観性でもない、ということを洞察するための道程とならざるを得なかったのである。もっとも後になって、ラインホルトが二つの学〔主観性の学と客観性の学〕の関係について示した表現は、適切である。すなわち、それによると、両学はむろん同じ一つの事柄に関してというわけではないが、絶対的同一性、唯一のものに関しての異なった見解にすぎない、ということである。まさにそれゆえに、一方の学の原理も、他方の学の原理もともに、単なる主観性でも単なる客観性でもなく、まして両者がただそこにおいて浸透し合うもの、つまり純粋な自我性といったものでもないのである。このような〔純粋自我性のごとき〕ものは、自然と同様、絶対的無差別点において呑み込まれてしまうものだからである。

＊　ラインホルト『寄与』（第一分冊）、八六頁以下参照。

＊＊　同書、八五頁以下。

ところで、ラインホルトの考えるところによれば、真理への愛とか信仰に懸命になって、体系などによって惑わされることのない人であれば、いま述べた〔シェリングの〕解決法のもつ誤りが課題の捉え方のうちに存していることを容易に確信するであろう。しかしながら、シェリングの哲学観に関してラインホルトの記述の誤りがどこにあるか、またこうした問題をこのような〔ラインホルト流の〕やり方で捉えることが、いかにして可能であったのか、ということについては、それほど容易には説明され得ないのである。

この際、シェリングの『超越論的観念論の体系』の序論を引き合いに出して、そこにおいて哲学の全体に対するこの超越論的観念論の関係とか、またこの哲学全体の概念が提起されているとはいえ、この序論に〔先述の解決の〕何か手がかりを求めようとしても無益であろう。というのも、ラインホルトは『超越論的観念論の体系』を評価するのに、その典拠としては本書の序論だけに限定していて、しかも彼の評価するところは、その書中に述べられているものとはおよそ正反対のものだからである。なおまた、同じように、当の序論の個々の箇所では、なるほど〔超越論的観念論の〕真の観点が最も明確に語られているとはいえ、いまことさらそれに注意を向けるには及ばない。というのも、ラインホルトはその最も明確である箇所を例証として引き合いに出して、この〔超越論的観念論の〕体系に関する最初の評価を下しているからである。その箇所の主張するところでは、(4)「哲学の〔二つのうち〕一つの必然的な基礎学、すなわち超越論的観念論においてのみ、主観的なものが第一のものであって」*、それは哲学全体における第一のもの〔第一原理〕というわけではない。ところが、ラインホルトにおいては、事柄がそのまま〔反対に〕転倒しているのである。なおまた、この第一のものが純粋に主観的なものとしては、超越論的観念論の原理ですらないのであり、むしろそれが主観的な主観-客観である場合に初めて、この観念論の原理となるのである。

＊ シェリング『超越論的観念論の体系』、全集、第三巻、三四二頁以下参照。

さて、誰にもわかる一定の表現から、その表現するところの事柄とは反対の含みを理解する能力のある人たちに対しては、次のように指摘することも、おそらく余計なことではあるまい。——すなわち、『超越論的観念論の体系』の序論のほかに、なお『思弁的物理学雑誌』の最近の冊子(5)はもとより、さらにその〔雑誌〕第一巻第二分冊(6)についても、直ちに注意を喚起していただきたい、ということである。そこにおいてシェリングは、次のように述べている。

「自然哲学は、観念論の物理的〔観点からの〕説明である。自然は、はるか以前からすでに、理性において到達するその高さのための足場を築き上げてきた。が、哲学者はただこのことを看過しがちである。というのも、哲学者は当の客観をその第一歩においてすでに、最高の勢位にあるものとして、自我、つまり意識を具えたものとして受けとめるからである。こうした錯覚の真実を見透かせるのは、ただ自然学者だけである。実際、観念論者が理性を万物の自己創造者として掲げるのは、正当である。すなわち観念論者は、人間自身に関係する自然固有の志向を占有している。だが、それがまさに自然の志向である以上、かの観念論そのものが何か釈明せざるを得ないものとなり、かくして観念論の理論的実在性は崩れることになる。このようなことを人びとが理解するようになるのは、彼らがまず純粋に理論的に、一切の主観的なものを交じえることなく、まったく客観的に思惟することを学んでのちのことであろう[7]」。

ところでラインホルトは、思惟がこれまで単に主観的な活動という性格をもつものと見なされてきたという点に、従来の〔近代の〕哲学の主要な誤りを認め、この観点から思惟の主観性を捨象する試みがなされることを要求するのである。*だが、実は超越論的直観においてその主観的なものを捨象することは、先述の引用箇所ばかりでなく、シェリングの体系全体の原理のなかにも存することであり、シェリング哲学の形式的な根本性格なのである。この性格についての特徴がさらに明確に述べられているのは、『思弁的物理学雑誌』第二巻、第一分冊所載の論文で、自然哲学に対してなされたエッシェンマイヤーの反駁を機縁として書かれたものである。なお、エッシェンマイヤーの反駁とは、超越論的観念論の立場を根拠として立論されたものだが、この観念論においては、全体性が単に一つの理念ないしは思想として、つまり主観的なものとして措定されているのである。(8)

＊ ラインホルト『寄与』(第一分冊)、九六、九八頁参照。

フィヒテとシェリングとの両体系に共通の側面、つまり両体系がどちらも思弁哲学であるという側面についてのラインホルトの見解に関して言えば、この両体系ともラインホルトの独特の立場からすれば、何とも特異なものに見えるらしく、そこで彼にとってはそれが哲学とは見えないのも当然である。ラインホルトによれば、哲学の最も本質的な仕事、つまりその主題にして原理なるものは、まさに認識の実在性を分析すること、すなわち分離によって基礎づけることとされる。＊この視点からすれば、分離を主観と客観との同一性において止揚することを最高の課題とする思弁というものは、もちろん全く何の意味もないわけで、当然のことながら、思弁であるという哲学的体系の最も本質的な側面も考慮されないことになる。「ラインホルト流のこうした視点からすると、両体系において」いまや残るものとしては、その特異な見解と、その他は強弱の程度の差こそあれ、精神錯乱だけである。(9)それゆえ、例えば、唯物論もまたラインホルトにとっては、ある種の精神錯乱の一面をもつものと見えるようで、このような精神錯乱はドイツに固有なものではないとされるのである。** それゆえ、ラインホルトは唯物論のなかに、精神と物質という形式における分裂を止揚しようとする真の哲学的要求があることを何ら認識しないのである。ところで、この唯物論という体系は、西方地域に限られた文化〔教養形成〕圏[10]から生まれたものだが、その文化的地域性のゆえに、この〔唯物論〕体系がある国から〔追放し〕遠ざけられるとすれば、こうした隔離〔追放〕というのは、果たしてその国の文化の反対の一面性に由来するのではないか、という点が問われることになる。たとえ仮に、この〔唯物論〕体系の学問的価値がわずかのものであったとしても、同時に見そこなってはならないことは、例えば〔ドルバック著〕[11]『自然の体系』*** の書中には、その時代に困惑しながらも、学のなかで自己を再生しようとする精神が、自ずとあふれている、ということである。なおまた、〔この体系においては〕その時代の多方面にわたる欺瞞とか、自然の底知れぬ破壊とか、はたまた真理であり正義であると自称する限りのない虚言とかをめぐる痛恨の嘆きが、〔書中の〕全体にみなぎっている。しかも、それは生の現象から逃避した絶対者を、真に哲学的な要求と真の思弁とによって、学において真理として構成するだけの十分な力を保持していると言える。なおまた、この際の学の形式は、地域的な客観性の原理と調和しているように見える。〔唯物論体系につき以上の点を、われわれは見誤ってはならないのである。〕これに対して、ドイツ文化〔教養形成〕は、愛とか信仰をも含む主観的なものという形式のなかに、しばし思弁を忘れて居座っているようである。

＊　ラインホルト『寄与』（第一分冊）、一頁以下、九〇頁以下参照。

＊＊　同書、七七頁。

＊＊＊　ドルバック『自然の体系』（一七七〇年）。

ところで、ある哲学の分析的な立場は、〔克服しがたい〕絶対的対立に基づいているために、その哲学を考察するにあたっては、まさに絶対的結合を目指さんとする哲学的立場というものを無視せざるをえない。それゆえ、シェリングが有限なものと無限なものとの結合を哲学のなかに導入したという事態は、ラインホルトが述べているとおり、この分析的な立場にとっては何とも奇妙なことのように思われる。(12) つまり、〔分析的立場からすると〕哲学的思惟は、あたかも有限なものを無限なもののうちに措定するのとは何か別のものであるかのように考えられているのである。なお言い換えると、哲学のなかに哲学的思惟が導入されるべきだということは、分析的立場から見ると、極めて奇妙なことと思われるのである。

同様にまた、ラインホルトはフィヒテとシェリングの体系において、思弁的哲学的立場をすっかり見落としているだけではない。それのみならず、ラインホルトにとって、この両哲学の諸原理が最も風変わりな〔特殊な〕ものに変わり、主観と客観の同一性という最も普遍的な原理さえもが彼にとって最も特殊なものに、すなわちフィヒテとシェリング両氏自身の個人的な個人性〔独自の個性〕に変貌するとき、彼はそれを重大な発見だとか啓示の沙汰だと見なすのである。[*] 仮にもし、ラインホルトがこうして彼の制限された原理とその独特の見解の高みから、これら両体系に関する彼の偏狭な見解の深淵へと転落するというのなら、このことは理解できるし、また当然であると言えなくもない。だが、唐突で我慢がならないのは、ラインホルトがこれら両体系の特殊性を不道徳から説明し、しかも当の不道徳がこれらの両体系においては原理と哲学の形式をまとっているなどと説明するその語り方にあるのである。ラインホルトは、こうした〔説明の際の〕言い方を、あらかじめ『新ドイツ・メルクール誌』[**]において、[(13)] 次いで『寄与』の第二分冊ではずっと詳細に展開している。[***] 実際、われわれとしては、このような説法に対して、卑劣な行為だとか、救いがたい悪意のはけ口だとか、等々と気のすむままに罵倒してやることもできはする。[(14)] というのも、このようなことは法の外に追放されたも同然だからである。ところで確かに、哲学というものはその時代から生まれるものである。もし人あって、その時代の分裂状態を不道徳と呼ぼうとするのなら、哲学は不道徳から生まれると言ってもよい。しかしながら、それは時代の混乱に抗して人間を己れのうちから回復させ、時代が引き裂いた全体性を再建するためなのである。

*　ラインホルト『寄与』（第一分冊）、一五三頁。
**　『新ドイツ・メルクール誌』（一八〇一年）第三号、一六七—九三頁。

*** ラインホルト『寄与』（第二分冊）、一〇四頁以下参照。――当『差異』論文が書かれてから後に、事はかくのごとくなされたのである。

II　ラインホルトの哲学について

(1)　その哲学的遍歴

ラインホルト自身の哲学について言えば、彼は自分の哲学上の経歴を公表している。それによると、彼は哲学的遍歴の第一歩として、まずカント哲学に入り、次いでこれを脱してフィヒテ哲学に向かい、そしてフィヒテ哲学からヤコービ哲学へ、さらにヤコービ哲学をも捨てて以来、いまはバルディリの論理学に転向した、というわけである。[15]『寄与』の一六三頁によると、「〔ラインホルトは〕バルディリの論理学の研究に従事するため、純粋な学習、雑念なき受容、そして最も本来的な意味での省察〔追考〕に限ることにより、放埒《ほうらつ》な想像力を抑制し、古い超越論的な型の哲学を新しい合理主義的な型の哲学によって最終的に自分の念頭から追放しようとした[16]」という。こうした規律に従って、彼はいまやそこにおいてバルディリの論理学の仕上げを開始するにあたり、『十九世紀の初頭における哲学の状況を展望するための寄与』を公表したというのである。この『寄与』の書は、人間精神の〔教養〕形成の過程のなかで、きわめて重大な新世紀の夜明けを告げる時期を捉えて、「すべての哲学的革命の動機は、十八世紀末〔一七九〇年代末〕において、より早くも遅くもなく現実に発見されており、その事とともに、事実上革命はすでに止揚されてしまっている、との祝辞を新世紀に向けて述べようとする」*のである。実際、かつてフランスではきわめて頻繁に、「革命は終わった」(la révolution est finie) との布告がなされたものだが、同じようにラインホルトも、すでに幾度となく哲学的革命の終わりを告知したのである。そして、いまやラインホルトは、たとえ「超越論的革命の悪しき帰結がなおかなり長いあいだ続くであろう」[17]としても、かの〔革命にまつわる〕諸々の終結のなかの最後の終結を認識しているのである。が、彼はなお続けて、「自分はいまもまた錯覚しているのではなかろうか。この真実の本来的な終わりもまた、もしかして何かまた新たな歪んだ曲がり角の始まりではあるまいか」**と、こう問いかけもするのである。だが、この際、〔ラインホルトにおいて〕むしろ問われるべき点はと言えば、果たしてこの終結は、それが終結であることができないのに、一体何らかの始まりとなることができるのか、との点に関してではあるまいか。

＊　ラインホルト『寄与』(第一分冊)、序文ⅣおよびⅥ頁参照。

＊＊　右同書、序文Ⅴ頁以下参照。

これを要するに、〔ラインホルトによる〕根拠に即して基礎〔原理〕を究明する傾向、つまり哲学以前の哲学的思惟は、ついにここにおいて完全に自己を説明する仕方を知ったのである。この傾向は、何がなされるべきだったのか、その問題について、正しく発見した。それは、哲学を認識の形式的な面、つまり論理学に移し変えることに他ならない。[18]

全体としての哲学は、自己自身のうちにおいて、自己を基礎づけるとともに、認識の実在性をその形式と内容という両面から基礎づけるのである。これに対して、〔ラインホルトによる〕根拠に即して基礎〔原理〕を究明するとのやり方は、証明とか分析につき性急になるあまり、「なぜなら」とか「しかるにその際」とか「それゆえ」とか「その限りでは」等々を連発しては、自分の流儀〔基礎を究明するとのやり方〕を超え出ることもなく、また哲学に踏み込むこともないのである。根拠なき不安がつのるばかりで、こうした不安がらみの〔ラインホルトによる〕やり方では、すべての論究はあまりに性急すぎ、端緒はいずれも先取りであり、また哲学はいずれも予行演習にすぎないのである。[19] これに対して、学が主張するところは、当の学がその諸々の部分のいずれをも絶対的に措定し、こうして始元と個々の点のうちに同一性と知を構成することによって、自己を自己自身のうちに基礎づけることなのである。知は客観的全体性として、自己形成をふかめるほどに、それだけ同時に自己を基礎づけることになるのであり、これに対して知の諸部分が基礎づけられるのは、ただこうした認識の全体と同時的なのである。あたかも円の中心点と円周とが相互に関係し合う仕方と同様で、円周の開始点がすでに中心点に関係しているのに対して、中心点の方はそれが係わる関係の一切、つまり全円周が完成しないうちは、完全な中心点とはならないといった具合である。ところで、全体というものが基礎づけという特殊な手がかりを必要としないということは、次の場合と同様である。すなわち、地球は、太陽の周りを運行させる力によって支えられ、しかもその支えにより同時に地球の形態の生きた多様性が全体にわたって保持されていて、何ら〔基礎づけという〕特別な操作を必要としないというのがそれである。

が、これに対して、〔ラインホルトによる〕基礎づけのやり方は、常にせわしく手がかりを求めて、生きた哲学に向かって助走することに専心する。このやり方は、こうした助走を真の仕事とするのである以上、そのやり方の原理からして、知と哲学に達することは不可能となるのである。かくして〔ラインホルトにおける〕論理的認識は、仮にもしそれが実際に理性にまで進展するにしても、理性に達した時点において自己を否定するという結果にならざるを得ないのである。すなわち、この認識は、自己の最高の原理として二律背反を認識せざるを得ないということである。なおまた、ラインホルトの主題、思惟の適用においては、思惟はAとしてのAがAにおいて、またAによって無限に反復され得ることになるが、これは確かに二律背反的でもある。*というのも、Aは適用において実際にはBとして措定されるからである。ところが、この二律背反の存在は、〔ラインホルト自身にして〕まったく意識されておらず、概して承認されないままである。なぜなら、思惟とその適用およびその素材とは、平穏にも共存しているからである。それゆえ、〔ラインホルトの〕思惟は、抽象的統一の能力として、認識と同様に単に形式的であるにすぎない。また、かの基礎づけのやり方全体にしても、ただ蓋然的で仮定的たらざるを得ないのである。しかるに、〔ラインホルトによれば〕時がたつにつれて、当初は蓋然的にして仮定的なものにしても、それが前進してゆくうちに、ひとは真なるものに即して原真理に出合い、また原真理を介して真なるものに辿りつくことになる[20]、ということである**。しかしながら、まず第一に、そのようなことは不可能である。というのも、絶対的な意味で形式性からは決して質料性のごときものに至ることはありえず、〔形式たることと質料たることとの〕両者は、あくまで絶対的に対立し合っているからであり[21]、ましてそれが単なる接合〔継ぎ合わせ〕以上のものにも等しい絶対的な綜合に至ることなど断じてありえないからである。また他方から言っても、仮定的なものとか蓋然的なものをもってしては、概して何ものも基礎づけられはしない。だが、そうでなければ、認識は絶対者に関係づけられ、かくして認識は主観と客観との同一性、つまり思惟とその素材との同一性となる。この場合には、認識はもはや形式的ではないことになり、そこに〔基礎づけのやり方にとっては〕厄介な知が生じたことになる。かくして、〔ラインホルトによる〕知以前の基礎づけの試みは、ここでもまた〔知の前で〕失敗したのである。いまや、知に陥ることへの不安にとって残されていることと言えば、その愛と信仰とさらに目的を目指す不動の傾向のもとで、分析したり方法化したり、また説明したりすることに熱中することだけである。

＊　ラインホルト『寄与』（第一分冊）、一〇八頁。
＊＊　同書、九〇頁以下。

ところで、〔哲学へ向けてのラインホルトによる〕この助走が、墓穴をとび越えることがない場合には、その失敗はこの際の助走の繰り返しに帰せられるのではなく、むしろその方法のせいにされる。が、〔ラインホルトのいう〕真の方法とは、墓穴の手前で助走を行なう運動場のうちに知を引き入れるようなものであり、それこそまさに哲学が論理学に還元されるごときものであろう。

(2)　哲学的諸前提

さて、〔ラインホルトによる〕この方法に従えば、哲学は〔哲学に向けての〕助走の領域に移されることになるが、それにしてもわれわれは直ちに、この方法の考察にとりかかるわけにはいかない。むしろ、それに先立って、ラインホルトが哲学にとって必然的と見なすかの諸前提、すなわち〔哲学に向けての〕助走のための助走について、まずさしあたって語っておかねばならない。

ところで、哲学的思惟に先行する予備条件（すなわち、認識の根拠を解明しようとする努力の出発点とされるべきもの）として、ラインホルトは真理への愛、確実性への愛というものを挙げている。* このことは、直ちにしかも容易に承認されるものであるから、ラインホルトはこれ以上この点に関与しようとしない。実際、哲学的反省の対象は、真実にして確実性のあるもの以外のものではあり得ないであろう。ところが、意識がこのような対象によって充たされている場合には、愛という形式においての主観的なものへの反省の余地などここには見られない。ただこの反省が愛を産み出すのは、主観的なものを固定することによる以外にないのである。しかもこの反省は、真理ほどに極めて崇高な対象をもつ愛を、何かもっと崇高なものとするのであり、同様にかくも愛に充たされて真理を要請するところの者〔ラインホルトその人〕をまた、最高に崇高なものとするというわけである。

* ラインホルト『寄与』（第一分冊）、六七頁。

哲学的思惟の第二の本質的条件、すなわち真理としての真理への信仰は、愛ほど容易に承認されないであろう、とラインホルトは考える。それにしても、信仰というのは、この〔信仰という〕言葉によって表現されるべきものを十分に表現しているとみえる。また哲学に関しては、例えば真の健全さとしての理性への信仰について語られるかも知れない。が、「真理としての真理への信仰」という過剰な表現は、ありがたく思われるどころか、むしろ何か歪曲したものを持ち込んでいるようである。要点は、ラインホルトが真剣にこう語っていることに尽きるであろう。[22]——「人は真理への信仰とは何かと、〔ラインホルト当人に〕問うてはならない。信仰というものが自己自身によって明瞭にならない人は、信仰が知において確証されるのを知ろうとするつもりもないし、またそれを知る要求すら知らないのである。実際、知はこの信仰からしか生じえないものである。要するに、右にいうような人は、あの〔信仰とは何かという〕問いそのものにおいて、何のことかわかっていないのであり、〔ラインホルトにしてみれば〕そのような者に対しては、もうこれ以上何をか言わんやなのである」。*

＊　ラインホルト『寄与』（第一分冊）、六九頁。

仮にもしラインホルトが〔真理を〕要請する権利が自分にあると信じているとすれば、一切の証明を超えた〔かの崇高な〕ものを〔哲学的思惟の〕前提とすることと、そこから生じてくる〔真理を〕要請する権利と必然性も同様に、超越論的直観の要請のなかにあるのがわかるであろう。が、実を言うと、ラインホルト自身も認めているとおり、フィヒテとシェリングは、純粋理性の固有の働き、つまり超越論的直観を、絶対的に己れ自身のうちに還帰する行為として記述したということである。*これに対してラインホルトは、彼の信仰の記述に疑問をいだくような人には全く何ごとも言う必要を認めないのである。それでもラインホルトは、実は自分が義務であると信じている以上のことを行なっている。すなわち、彼は信仰を少なくとも知と対立させることによって、信仰とはどんな知によっても確定されない信念である、と規定している。〔知とは何か、という〕知の本質についての規定は、蓋然的で仮定的な基礎づけの作業が遂行されるにつれて、やがて明らかとなるであろう。また、知と信仰の共通の領域も、同様に明らかとなる。こうして、〔ラインホルトの当初の意に反して〕信仰の記述は、完全になされることになるわけである。

＊ ラインホルト『寄与』（第一分冊）、一四一頁。

ラインホルトは一つの要請を設定することによって、それ以上の説明を一切免れたものと信じているようだが、これに対してフィヒテおよびシェリングの両氏が要請を設定するということは、ラインホルトにとっては実に奇妙なことのように見えるらしい。そこでラインホルトによれば、彼ら両氏の要請は、そのための特殊な感覚を具えたある異常な個人の意識において現われる特異体質と見なされることになる。ただ彼らの著作において、当の活動的知と知的活動とを公表しているのは、純粋理性それ自身なのだというわけである。＊ラインホルトの発言によると（一四三頁）、彼もかつては〔フィヒテやシェリングとも共通の〕この魔術仲間《サークル》の一員であったが、しかしいまではそこから脱出していて、その秘密を暴くことができる、と信じているようである。(23) いったい彼が秘密を漏らすというのは何かと言えば、最も普遍的なものである理性の働きが、彼から見ると最も特殊なもの、フィヒテとシェリング両氏の特異体質へと変じているということなのである。

＊　ラインホルト『寄与』（第一分冊）、一四〇頁。

それにしても、ラインホルト流の愛と信仰がそれだけでは明瞭にわからない人に対して、当のラインホルトはそれらに関して何ら語る必要を認めないわけであるから、そのような人はラインホルトを同様に秘密の魔術仲間《サークル》の一員として認めざるをえない。というのも、この秘密の所有者は、愛と信仰の代表者として、まさに特殊な感覚を具えていることを自称するだろうからであり、またその秘密は、このような異常な個人の意識のうちに提起され、表現され、かつまた「バルディリの」『論理学綱要』やそれを仕上げる当の『寄与』によって、外的世界に公表されるのを願っていた、等々というわけだからである。

ラインホルト流の要請、愛と信仰の要請は、超越論的直観というあの奇妙な要求よりも、どちらかと言うと遥かに快く穏やかに聞こえるであろう。大衆は、この温和な要請によるならば、よりよく教化されもしようが、超越論的直観という何とも無作法な要請によると、突き放されて嫌悪の情を起こさせられるかも知れない。とまれ、こうした点はどうでもよく、決して肝心な問題ではないのである。

(3) 形而上学的な主要前提

いまやわれわれは、結局のところ、哲学的思惟の問題に直接関係する主要前提に到達した。ラインホルトによると、哲学に先立って、ただ試み程度にもせよ前提されるべき事柄は、「原真理」(das Urwahre)と呼ばれる。* それは、それ自身において真にして確実なものであって、一切の明晰な真理の説明根拠である。が、これに対して哲学の出発点となるものは、最初の明晰な真理でなければならず、しかも真なる最初の明晰・判明的なものでなければならない。それは、努力〔目標〕としての哲学的思惟においては、まずさしあたっては蓋然的かつ仮定的に想定されるにすぎない。が、この最初の明晰・判明な真理は、知としての哲学的思惟において初めて確証されることになる。しかも、それ〔明晰な真理〕が、まず唯一可能な最初のものとして確証されるのは、完全な確実性をもって、次のような事態が成立する場合に、そしてその限りにおいてなのである。すなわち、この明晰・判明な真理それ自身(と認識可能なものおよび認識の可能性と現実性)が可能であるのは、可能的なものと現実的なもののうちに現われる一切のものの根源〔根拠〕としての原真理によってであり、またなぜ可能であるのか、しかもこの明晰・判明な真理が原真理によって、いかにしてまたなぜ真であるのか、という事態が結果として示されるときである。それにしても、当の原真理なるものは、「可能的なものと現実的なもののうちで自己を顕示するのであって、この両者に対する関係なくしては、それは絶対に把握しえないものであり、全く説明しがたきものにして、また名づけがたきものである」**と見なされるのである。[24]

＊　この箇所でラインホルトは、ヤコービの用語を借用しているが、しかしヤコービの考えまで保持しているわけではない。ラインホルトの言によると、彼はヤコービのいう事態を見捨てなければならなかったからというわけである。ヤコービは、真なるものを前提する能力としての理性について語る場合、真の本質としての真なるものを、形式的真理に対立させている。が、彼は懐疑論者として、真なるものが人間悟性によって知られうるということを否定するのである。これに対してラインホルトは、それを形式的基礎づけによって思惟することを得たというのであるが、ヤコービの見方からすれば、そのようなやり方のなかには、真なるものは見出されないのである（『寄与』一二六頁）。

＊＊　ラインホルト『寄与』（第一分冊）、七〇―七五頁、その他。

ところで、ここでは絶対者が原真理なるものとされるこのような〔絶対者の〕形式から見ると、〔それが原真理なるものの形式である以上〕もはや哲学においては、知と真理を理性によって産出することは問題とならないのであり、真理の形式をとった〔ラインホルトのいう〕絶対者は、理性の仕事ではない。むしろ、この場合の絶対者は、すでにそれ自体において〔即且対自的に[25]〕真で確実なものであって、それゆえ認識され知られたものと言えるのである。つまり理性は、絶対者に対して何ら能動的な関係をもつことはできないのである。むしろ逆に、理性のどんな活動も、また絶対者が理性〔の活動〕を介して得るどんな形式も、絶対者の変様と見なされるであろうし、また原真理の変様は誤謬の産出であるとされるであろう。かくして、〔ラインホルトにとって〕哲学的思惟とは、すでに〔それ自体において〕完成した知識を、どこまでも受動的な受容性の能力によって自分のうちに取り込むことを意味するわけである。実際、この種のやり方に安易さがあることは否定しえない。が、事実、真理と確実性は認識の外では、（この場合、認識が信仰であろうが知であろうがどうでもよい）無意味であるとか、理性の自己活動によってのみ、絶対者は真にして確実なものとなると〔前記のやり方に対して〕指摘してみたところで、何の役にも立つまい。しかしながら、思惟が理性の自発的活動によって知へと向上せしめられ[26]、学によって自然が意識に対して創造されるということ、また主観‐客観が意識の自発的活動により自己を創造しないものとなれば、当の主観‐客観はまさに無意味なものとなるということ、これらのことが主張されるとき、完成した原真理を初めから前提するという〔ラインホルトの〕このような安易さにとって、これらのことがいかに奇妙に見えざるをえないか、それは明白であろう。

それにしても、知における反省と絶対者との結合は、〔ラインホルト流の〕あの安易なやり方によると、端的にある哲学的ユートピアの理想に従って生起するというわけである。すなわち、そのユートピアにおいては、絶対者はすでにそれだけで仕上げられて、真にして知られた対象となり、その際思惟の受容性として完全に享受できるよう仕組まれているため、思惟は〔かの絶対者を受け容れるべく〕ただ口を開いているだけでよいのである。このようなユートピアからは、労苦に充ちた断乎たる定言的表現による創造活動とか構成は駆逐されることになる。〔哲学的〕基礎づけという砂上に、認識の樹木が立っており、蓋然的で仮定的なやり方で一揺さぶりすれば、その樹木から〔絶対者という〕果実が、ひとりでに咀嚼され消化されて、落ちてくるというわけである。要するに、哲学というのは単に蓋然的で仮定的な試みにして暫定的企てのごときものでよしとされる、かの〔ラインホルト流の〕還元的哲学(27)の仕事全体からすれば、絶対者は必然的にすでに原真理であり、知られたものとして措定されていなければならない。さもなければ、かの蓋然的にして仮定的なものから、いったいどのようにして真理と知が生じてくるというのであろうか。

ところで、〔ラインホルトによれば〕哲学の前提は、それ自体においては〔即自的には〕把握しえないもの、根源的な真理〔原真理〕と言われるものであるが、そうである以上、またその限りにおいて当の哲学の前提としての原真理(28)は、〔概念的に捉えられる〕明晰な真理に即してのみ自ら名乗り出ることができるのでなければならない。だから哲学的思惟は、判然としない〔不明瞭な〕根源的真理のごときものからは出発しえないのであり、むしろそれは明晰な真理から始めなければならないのである。——が、この場合の〔ラインホルト流の〕結論は、何ものによっても決して証明されることがないばかりでなく、ここではむしろ、反対の推論がなされるべきである。すなわち、哲学の前提となる原真理なるものが、〔即自的には〕把握しえないものである以上、原真理は明晰で判然としたものに即して、自己に対立するものを通して自己を告知〔顕現〕することになるが、しかしそうなると、それは誤謬であろう。それゆえ人はむしろ、こう言わねばならないであろう。——すなわち、哲学は確かに概念をもって始めなければならないが、判然としない〔即自的には把握しえない〕概念によって始め、前進し、そして帰結しなければならない。というのも、〔原真理という〕判然としない概念は、〔これに対立する概念を介しての〕概念の制限に際して顕示されることなく、止揚されることになるからである。——さて、〔前述のごとき判然としない原真理と明晰な真理という対立する二つの概念について〕この両概念を、二律背反という形式で結合する場合、この結合は〔概念把握の能力にとっては矛盾であるが〕、単に原真理という概念の蓋然的で仮定的な現象なのではない。むしろそれは、〔原真理という〕判然としない概念と直接的に結合しているために、この概念〔原真理〕の確言的ないし定言的な現象である。かくして、〔二律背反という形式での〕この結合は、反省によってなされうる諸概念のうちで判然としないものの真の開示なのである。それにしても、ラインホルトに従えば、絶対者が概念上判然としないものと見られるのは、〔自らを開示する〕現実的なものと可能的なものとの関係の外でのことにすぎないのであり、それゆえ絶対者は、〔自らが開示されるはずの〕可能的なものと現実的なものにおいて、認識されるべきものとされるのであるが、仮にもしそうであれば、この認識は単に悟性による認識にすぎず、何ら絶対者の認識ではないことになろう。というのも、理性は絶対者に対する現実的なものと可能的なものとの関係を直観するものであるが、まさにこの直観によって、可能的なものと現実的なものを、可能的なものと現実的なものとして止揚するからである。(29) 要するに、このような理性の洞察をまえにしては、〔可能的なものと現実的なものとしての〕これらの規定性とか両者の対立は、消滅することになる。かくして理性は、啓示としての外的現象の方を認識するのではなく、むしろ自己自身を啓示する本質の方を認識するのである。また他方で理性は、（思惟の抽象的統一といったような）抽象的概念それ自身を、絶対者という存在の告知として認識するのではなく、逆に意識から絶対者が消滅するものとして認識するのでなければならない。もちろんこの場合、絶対者がそれ自体として消滅するというのではないのであって、かくいう思弁から消滅するという意味である。

(4)　論理学に還元された哲学の仕事

さて、われわれはさらに立ち入って、論理学に還元された哲学の仕事についてその真相を考察することにしよう。この仕事は、すなわち「思惟としての思惟の適用を分析することによって、原真理が真理とともに発見され提起され、また真理が原真理を介して発見され、提起されねばならぬ」[30]と言われる。そこでわれわれは、さまざまな絶対者がここに要求されるのを見ることになる。

(a) 思惟はまず適用において、適用によって、かつ適用されるものとして初めて、一つの思惟となるのではなく、むしろここでは思惟のもつ内的な性格が理解されなければならない。すなわち、この思惟の内的性格こそ、まさに「一にして同一的なもの」[31]が、一にして同一的なものにおいて、まさに一にして同一的なものによって無限に反復されうること〔無限の反復可能性〕なのである。これこそ、純粋な同一性であって、しかも一切の相互外在性、継起〔継列存在〕・並列存在なるものを自己から排除する絶対的な無限性としての純粋同一性なのである。*

* ラインホルト『寄与』(第一分冊)、一〇〇頁および一〇六頁以下。

(b) 「思惟の適用」は、思惟そのものとは全く別個のことである。「つまり、思惟そのものが決して思惟の適用でないことは、確実である。が、それと同様に、思惟の適用において、またその適用によって、〔われわれが思惟に達するのは〕これまた確実である」[32]。

(c) さらに、第三のもの、つまり＝Cが、〔思惟に〕付加されなければならない。それは、思惟の適用の素材である。* つまり、思惟のうちで部分的には否定されるが、部分的には思惟と継ぎ合わされるこの「素材自体《そのもの》」（Materiatur）[33]が要請されるわけである。かくして、素材を想定し前提する権利と必然性とは、仮にもし素材がなければ思惟が適用されることはありえない、という点にある。（ところで、素材は思惟と同じものではありえない。というのも、素材が思惟そのものであったとすると、素材は思惟とは異なるものではないことになり、それでは思惟の適用ということは全く起こらないであろうし、なお加えて、思惟の内的性格が、統一であるからである。）これに対して、素材の内的性格は、思惟のそれに対立したもので、換言すれば多様性という性格である。** かつては経験によって与えられるもの〔経験的所与〕として端的に想定されていたものが、カントの時代以降では要請されるに至っており、この際そのようなことが内在的にとどまっていることを意味している。この場合においても（客観的なものは、要請されるものでなければならないが）、もっぱら主観的なもののうちにおいてのみ、経験的に与えられた諸法則、諸形式、その他を含めて、それらは「意識の事実」という名のもとで、今なお認められているわけである。

* ラインホルト『寄与』（第一分冊）、一〇七頁および一一〇頁。

** C・G・バルディリ『第一論理学綱要』（シュトゥットガルト、一八〇〇年）三五頁、一一四頁参照。ならびに、ラインホルト、前掲書、一一一頁以下。

まず、ラインホルトの思惟の概念に関して言えば、われわれがすでに指摘しておいたように、当のラインホルトはすべての近代哲学に共通する根本的誤謬が、思惟を単に主観的な活動にすぎぬと見なす根本的偏見と悪癖にあるとする。そこで彼は、ただ試み程度ながら、まずさしあたって思惟の一切の主観性と客観性とを捨象することを求めるのである。が、それにしても、次に述べる点を洞察することは、さして困難なことではない。――思惟というものが純粋な統一のうちに、すなわち「素材自体《そのもの》」を捨象してそれと対立的となった統一のうちに措定され、しかもそこから必然的に、この捨象に従って思惟とは本質的に異なった自立的な素材の要請が生じてくるのであり、するとたちまちラインホルトのいうかの根本的誤謬と根本的偏見というものが、かえっていっそう強調されて出現してくるということ、この点を洞察することはさして難しいことではないのである。ただし思惟は、この場合、本質的には主観と客観との同一性ではなくなる。いわゆる〔主観と客観との〕同一性によってこそ、思惟は理性の活動として特徴づけられるのであり、したがってまた同時に、一切の主観性と客観性が捨象されるのも、実は思惟が同時に主観と客観との両者〔その同一性〕であるということによってこそなのである。ところが、この場合はそうではなく、客観は思惟のために要請された素材であり、そうである以上、思惟は主観的なものに他ならないのである。それゆえ、この際〔ラインホルトの試みに同調して〕、仮にもし思惟の主観性を捨象し、しかも思惟を同時に、主観的でも客観的でもあるものとして措定し、かくしてまたこれらの述語のいずれによっても措定しないようにしたとところで、このようなやり方は容認されることではない。むしろ、思惟は客観的なものとの対立によって、主観的なものとして規定されるのであり、克服しがたい絶対的対立こそ、論理学によって還元された哲学の主題であり、原理となるのである。

実際、このような原理によって、綜合はもちろん失われることになる。〔ラインホルト流に言えば〕この際、綜合は通俗的な言葉で、「思惟の適用」と表現される。しかるに、〔思惟の適用という〕この貧弱な形態においては、絶対的に対立する二つのものが綜合〔する働き〕へと向かうことはまずほとんどあり得ないのだが、しかもこの場合の綜合は、〔よしこれを綜合に見立てたところで〕ラインホルトの要求と合致することはないのである。けだし、哲学の第一主題は明晰にして判然としたものでなければならない、というのがそもそもラインホルトの要求だからである。かてて加えて、当の適用という貧弱な綜合も、統一から多様性への移行を含み、かつまた思惟と素材との結合を含み、したがっていわゆる「把握しえないもの」〔判然としないもの〕を、うちに包含することになるからである。実際、綜合が可能となるためには、思惟と素材の両者は、あくまで対立し合うものであってはならない。むしろ、両者は根源的に一つのものとして措定されねばならないであろう。そうなればわれわれは、超越論的直観における主観と客観というあの厄介な同一性とともに、ひいては知的思惟のもとにあることになろう。

(5) ラインホルトとバルディリとの比較

が、それにしてもラインホルトは、この予備的で序論的な説明において、克服しがたい絶対的対立のなかにある前述のごとき困難を緩和するのに、〔バルディリの〕『論理学綱要』の書中からその寄与しうるすべてを、ここに持ち出したわけではない。ところで、〔バルディリの〕『綱要』の書が要請している点はと言えば、要請された素材とそれから演繹された多様性のほかに、さらに思惟されるにあたっての素材のもつ内的資質と適性〔が求められる〕ということなのである。なおまた、思惟において否定されざるをえない「素材自体《そのもの》」の他に、それと並んで、思惟によっては否定されることのないもの、つまり馬の知覚にさえ存するようなものがあって、言うなればそれは、思惟から独立した形式である。自然の法則によれば、形式は形式によって破壊されることはない以上、思惟の形式はいまやこの思惟から独立した形式に適合〔服従〕せざるを得ないのである。さらにまた、〔バルディリの〕『綱要』の書が要請しているのは、（思惟されえない素材自体《そのもの》、つまり物自体とは別の）絶対に表象可能な素材であって、表象する主体から独立してはいるが、表象において形式に関係づけられるところの素材がそれである。*ところでラインホルトは、形式と素材とをかく関係させるというバルディリのやり方を、いつも「思惟の適用」と呼び、バルディリが「それに代えて」使用した「表象作用」（Vorstellen）という表現を、常に回避している。[34] すなわち、ここでラインホルトにより主張されているのは、バルディリの『論理学綱要』はまさに〔当ラインホルトの〕『根元哲学』の蒸し返しにほかならない[35]、ということなのである。ともあれラインホルトがこともあろうに、哲学の一般読者のあいだでは、もはや顧みられることもない当の「根元哲学」を、ほとんどそのままの形式で哲学界にいまいちど復活させようなどという意図をもっていたようには見えないのであり、むしろ〔バルディリの〕「論理学」を率直に受け容れ純粋にこれを研究しているうちに、ラインホルトはまったく知らぬまにこの学派に入門することになったように見える。

＊　バルディリ『第一論理学綱要』、六六、六七、八八、九九、一一四頁等参照。

ラインホルトは『寄与』のなかで、事態を前述のように受けとめる見解に対して、次のような論拠を提示している。

〔i〕第一に、彼〔ラインホルト〕は、自分の『根元哲学』を、バルディリの『論理学綱要』のなかに求めるよりは、むしろその書のなかに、「〔超越論的〕観念論との親近性」を認めたという。実際、〔ラインホルトは〕自分の『理論』[36]〔新理論の試み〕に対してバルディリが、機会あるごとに辛辣な皮肉を浴びせたこともあって、かえってバルディリの『綱要』には、自分のものとは異なる哲学があると予感したのである。

〔ii〕次に、「表象」とか「表象されたもの」とか、また「単なる表象」などという用語は、バルディリの『綱要』においては、『根元哲学』の著者が使用している意味とはまるで正反対の含みで常用されているということである。（このことは、当の著者自身〔ラインホルト〕が、最もよく承知しているはずである。）

〔iii〕 要するに、かの『綱要』が、ラインホルトの『根元哲学』の改作であると主張する者は、その言わんとする意味がどうであれ、かく主張するそのことによって、自分が一体何を批評しているのか、まったく理解していないということを明示しているのである。*

＊ ラインホルト『寄与』（第一分冊）、一二八頁以下参照。

さて、〔ラインホルトの挙げる右の三つの論拠のうち〕辛辣な皮肉などをめぐる最初の論拠については、これ以上論及するにはおよばない。また他の二つの論拠についても、その主張が適切かどうかは、〔ラインホルトの〕『理論』*の主要な契機を、〔バルディリの〕『綱要』のそれと簡単に比較してみさえすれば、直ちに明らかになるであろう。

＊ ラインホルト『人間の表象能力に関する新理論の試み』（プラーク、イエナ、一七八九年）。

〔ラインホルトの〕『理論』によれば、表象作用〔表象する働き〕には、表象の内的条件として、表象の本質的な構成要素が属している。(37)

(a) 表象の素材、――感受性に対して与えられるもので、その形式は多様性である。

(b) 表象の形式、――〔思惟の〕自発性によって産み出されるもので、その形式は統一である。*

＊　ラインホルト『人間の表象能力に関する新理論の試み』、二三〇頁、二五五―八五頁。

〔バルディリの〕『論理学』においては、

(a) 思惟、——活動性であって、その根本性格は統一である。

(b) 素材、——その性格は多様性である。

(c) 思惟と素材との両者の相互関係、——これは〔ラインホルトの〕『理論』においても、〔バルディリの〕『論理学』においても、表象作用と呼ばれる。ただし、〔後年の〕ラインホルトの場合は、〔表象作用とは言わないで〕常に「思惟の適用」と言われる。(38) 形式と質料〔素材〕、思惟と素材は、ラインホルトおよびバルディリの両者においても同様に、それ自身で存立するものである。(39)

なお、素材に関して言えば、〔ラインホルトとバルディリの考えは〕こうである。

(a) 〔ラインホルトの〕『理論』においても、〔バルディリの〕『論理学』においても、素材〔という客観〕の一部分は「物自体」(Ding an sich) である。ただ、一方の『理論』においては、「物自体」は表象されえない限りでの対象それ自身＊であるが、しかし表象されうる諸対象それ自身＊＊と同様に、否定されえないものである。これに反して、他方の『論理学』においては、「物自体」は思惟において否定されざるをえない「素材自体《そのもの》」であり、素材のなかで思惟されえないものをいうのである。

＊　ラインホルト『人間の表象能力に関する新理論の試み』、二四四頁。
＊＊　同書、四三三頁。

(b)　客観のもう一方の部分は、〔ラインホルトの〕『理論』においては、周知の「表象の素材」＊であり、これに対して〔バルディリの〕『論理学』においては、思惟から独立していて、思惟によって破壊しえない＊＊客観の形式である。形式は形式を廃棄することはできない(40)以上、思惟の形式は、この〔客観の〕形式に対して結合〔従属〕しなければならない。

＊　ラインホルト『人間の表象能力に関する新理論の試み』、三〇四頁。
＊＊　バルディリ『第一論理学綱要』、八二頁。

以上を要するに、〔バルディリによれば〕客観は二つの部分をもつとされる。〔すなわち一方は、思惟に対して絶対的な「素材自体《そのもの》」であり、思惟としてはこの「素材自体《そのもの》」に結合〔従属〕することはできない。そこで思惟は、この「素材自体」を否定すること、すなわちこれを捨象することより他に、何らなすすべを知らないのである。他の一方は、性質の面として、これまた一切の思惟から独立していて、客観に属するという性質である。が、この場合それ〔客観としての性質〕は、思惟されうるに適している形式であって、しかも思惟はできる限りこの形式に結合〔従属〕すべきであり、またそうしなければならないのである。〕そうであるからには、〔バルディリによれば〕思惟は、このような客観の二元性を超えて、生命のなかに身を投ずるべきでないか、*というわけである。が、一方哲学においては、〔すなわち、ラインホルトの場合だが〕思惟が前述のごとき克服しがたき絶対的な二元性への転落から脱出するにも、頸骨を折られていてはせん方なしである。この二元性は、実際〔主観的と客観的という〕自分の形式を無限に交替させることができるが、常に同一の非哲学を産み出すだけである。ラインホルトは自己自身の学説が新たに提起されたこの「理論」(41)において、自らの一切の希望と願望が充たされ、新世紀の哲学上の革命がすでに終焉したかのように思いなしているようである。かくしてラインホルトの予想では、いわゆる普遍妥当的な仕方で哲学を論理学に還元することにより、いまや哲学上の永久平和(42)が直ちに始まる、というのである。この点は、かの人〔バルディリ〕が、そうとは知らず自分の酒蔵からもち出された酒で歓待されて、まるで悦に入っているのと大して変わらない。

＊　バルディリ『第一論理学綱要』、六九頁。

ラインホルトは、この哲学的ブドウ園での新しい仕事を始めるにあたって、『政治雑誌(43)』が毎号刊行のごとくに〔その巻頭言で〕よくやるように、事は当初予告していたのとは二転三転して別のことになってしまった、などという説明を繰り返すことになる。「革命の当初に彼が宣言したのとは別のことに、また革命の最中において彼が促進しようとしたのとは別のことに、さらには革命の終わりにあたって革命の目標が達成されたと信じたのとは別のことに、それぞれがそういう〔別の〕結果になってしまった(44)。いままた四度目も果たして見当違いをしているのではないか、と彼は問うている*。なお、もし仮にこの見当違いの数がわかると、蓋然性の予測も容易になるばかりか、この数が権威と言われるものを斟酌しての上で、顧慮されうるとすれば、いまや〔この場合の基準では〕何ら現実的でありそうにないこの権威に先立ち、われわれはこの『寄与』のなかから、先に認められたあの三つの見当違いの他に、さらになお二、三の見当違いを拾い出し、追加することができる。すなわち、次のとおりである。

＊　ラインホルト『寄与』、序文Ⅲ—Ⅵ頁。

まず、『寄与』一二六頁によれば、ラインホルトは、かつて「フィヒテ哲学とヤコービ哲学との中間の立場を発見したと信じたのだが、〔いまや〕この立場を永久に捨てなければならなくなった(45)」というわけである。

次に、同書一二九頁によると、ラインホルトは、「バルディリの哲学の本質は、フィヒテ哲学の本質に還元され、また逆に後者が前者に還元されうる」等と信じ、かつ願いもした。このため〔ラインホルトは〕大真面目になって、「バルディリは〔超越論的〕観念論者である旨をバルディリ当人に納得させようとしたわけである」。ところが、バルディリは納得しなかったばかりか、むしろ反対に、ラインホルトの方がバルディリの手紙（一三〇頁）によって、観念論一般を放棄するよう強要されたのである。

さらにラインホルトは、バルディリを観念論者とする企てが失敗したので、次はフィヒテに対して、〔バルディリの〕『論理学綱要』を読むように説き勧め、その際バルディリの方に向けては（一六三頁）、こう呼びかける。「もしフィヒテが彼自身の用語と貴方〔バルディリ〕のそれとの要塞を突破して、貴方との統一を達成するようなことになれば、かくもよき事態を前にして何という勝利の凱旋であろうか」と。(46)――この経緯がどのような結果になったかは、周知のとおりである。(47)

最後に、ラインホルトの歴史的見解に関して、次の点は言い忘れられてはならない。すなわち、ラインホルトはシェリング哲学の一部分だけを見て、それをシェリング哲学体系の全体であると信じ、このシェリング哲学を、通常世間で観念論と呼ばれているものと同じであると見なしているようだが、事実はラインホルトが考えているものと違っているということである。

Ⅲ　結び――シェリングによる真の哲学的視点

さて、〔ラインホルトのいう〕哲学の論理学的還元に関して、要するにそれがどのような結果になるのかについては、前もって何かを発言することは容易ではない。〔哲学の論理学的還元などという〕この企ては、哲学の局外に居座って、しかも哲学的に思惟するのにきわめて有益であるため、存外望まれるものかもしれない。ただ、このような工夫をこらした企ては、常に自分自身の判決を己れ自身で下すようなものである。すなわち、それは、反省の立場のもつ多くの可能な諸形式のなかから、何らかの形式を自分で選択せざるをえない以上、〔これら既存のものとは〕別の形式を自分のために創造することは各人の好みによることである。このようなやり方は、「新しい体系によって古い体系を追放することだ」と言われるが、この場合、反省の形式が体系の本質と考えられざるをえない以上、これまた止むをえないことである。例えば、このようなやり方によって、ラインホルト自身もまた、バルディリの『論理学』のなかに、自分の『理論』にあるのとは異なった体系を見ることができたのである。

ところで、哲学の基礎づけの傾向とは、〔ラインホルトによると〕哲学を論理学に還元することを目ざすことだが、その基礎づけのなかに実は、哲学に対する一般的な要求の一側面が現われ定着しているのである。したがって、〔一現象としての〕それは、その必然的で一定の客観的な立場を、教養形成の多様な努力のうちに占めるのでなければならない。が、この場合の〔教養形成の〕諸々の努力は、哲学に関係するものだが、哲学そのものに到達する以前に、一つの固定した形態を身につけてしまう〔その限りで哲学に達することはない〕のである。絶対者は、自己自身の発展の系列を自らが完成に至るまで産出を重ねながら、その系列を辿るのであるが、絶対者は同時に、その発展の系列において、そのいずれの地点でも足を止め、自己自身を一つの形態へと有機的に組織化するのでなければならない。このような発展の系列の多様性のなかで、絶対者は自己を形成するものとして現成するのである。

なお哲学への要求が、哲学の中心点に達していないときには、絶対者の二つの側面が分裂したものとして示されることになる。すなわち絶対者とは、内的なものであると同時に外的なものであり、また本質であると同時に現象であると言われる。それがいま、とくに内的な本質と外的な現象という二つに分離したものとして示されるわけである。こうしたなかで、絶対者の外的な現象がそれだけで独立させられると、それはまったく客観的な全体性にして、無限に分散した多様性となる。そしてこの多様性は、無限の量を求める努力のなかで、自らのかかわる絶対者との無意識的な繋がりをそれとなく告知するだけである。それにしても、〔ラインホルトの試みとしての〕この非学問的な労苦に対して、ひとはそれのもつ正当性を認めなければならない。というのも、〔非学問的とはいえ〕この経験的労苦も、経験的なものを無限に拡張しようと努力するものである限り、全体性の要求の何たるかを感じとっているからである。もとより、経験的なものを無限に拡張することによって必然的に、〔経験の〕素材は、まさしく最後にはきわめて稀薄になるわけであるが、この点をも認めてのことである。ともかく、無限の客観的素材にまつわるこの労苦は、密度という極と対極をなす極を形成している。密度の極の方は、常に内的な本質のうちに踏みとどまろうとし、その純粋な素材の収縮から脱して、学問的な広がりへと達することはできないのである。が、〔この密度の極とは反対に〕かの経験的〔非学問的〕労苦は、果てしない多忙のあまり、それが取り扱う本質の死のなかに一片の生すら持ち込めず、ただ雨だれを注ぐにすぎないのである。いまもし、ダナオスの娘たちが〔永遠の水汲みをして〕桶を満たそうにも、あたかも水が桶から永遠に漏れ出るためにそれを満たせないでいるとすれば(48)、これとは反対に、かの経験的労苦の方も、常に水を注ぐことによって、その海を無限に拡大することになるため、結局のところ、充満するに至らないのである。なるほど確かに、かのダナオスの娘たち〔の努力〕は、注がれるべくして注がれないものを常にとどめている点で、満足を得ることがないわけだが、これに対して経験的に多忙な仕事の方はと言えば、こちらはまさにその仕事のなかで、測り得ぬほどの広大な地面に立って永遠の糧を得ることになる。が、さはさりながら、「自然の内奥にまでは、どんな被造的精神も決して入っては行けぬ＊」という俗諺(49)に固執して、この多忙な経験論は、精神と内的なものとを創造するという希望も、また死せるもの〔素材〕を生ける自然へと蘇生するという希望をも、放棄するのである。これに反して、空想家のいう内在的重力は、水を軽蔑し斥ける。つまり、水が密度に加わることによって、内在的重力という素材は生きた形態へと結晶することができるにもかかわらず、それはあえて水というものを軽蔑し斥けるのである。泡立つ衝動は、一つの形態を産出する自然必然性に由来するが、それは形態の可能性をしりぞけ、自然を精神に解消し、かくして自然を形態なき形態へと形成するのである。仮にもし、この場合、空想よりむしろ反省が優位にあるなら、真の懐疑主義が生じることになる。(50)

＊　アルプレヒト・フォン・ハラー「人間の徳の偽り」、詩集『スイス詩の試み』（ベルン、一七三二年）所収。

さて、要するに、いわゆる通俗哲学ないし公式哲学なるものが形成しているのは、〔経験的知識への〕拡張と〔宗教的狂信への〕収縮という両極の偽りの中心点(51)なのであって、しかも当の哲学は、この両者を本当には把握していないばかりか、その上に両者をもってどちらの意にも適うようにすることができると信じている。すなわち、この通俗哲学は、両者のいずれの原理もその本質にとどまりながら、〔これらの原理の〕変様によって両者が互いに順応し合うようにすることができると信じているのである。が、この哲学は、両極を自分のうちに包括しているわけではない。否、むしろ、この哲学にとっては、両者の本質は表面的に変様し、親しく結合しあうことによって、消え失せたも同然なのである。かくして、通俗哲学は、双方の原理に対してだけでなく、〔思弁〕哲学に対してもまた疎遠なものと言える。それでも通俗哲学は、分裂の極から対立という原理を得ているが、この場合の対立させられている両項は、どこまでも〔ad infinitum〕単なる現象とか概念であるには及ばないが、対立するものの一方は、無限なものであって、また捉えられないもの〔判然としないもの〕でなければならない。このようであれば、超感覚的なものを求める空想家の要求も充たされることになるというわけである。しかしながら、分裂の原理は超感覚的なものを軽蔑し斥ける。それは、あたかも空想の原理が超感覚的なものとの対立を避け、またそれ〔超感覚的なもの〕の傍に、制限されたものが何らかの仕方で存立することを軽蔑し斥けるのと同様である。これまた同じようにして、通俗哲学が有限なものと無限なものとの絶対的非同一性という自己の原理に対して、中心点にまつわる仮象《みせかけ》(52)を与えてみたところで、この仮象はいずれも、〔思弁〕哲学によって排斥されることになる。実際、〔思弁〕哲学というものは、死に絶えた分裂せるものを絶対的同一性によって再び生へと高めるものである。(53) しかも、かく分裂せる両者〔有限なものと無限なもの〕を自己のうちに吸収し、両者を母のように等しく措定する理性によって、哲学は有限なものと無限なものとのこの同一性の意識を追求するものであり、言うなれば知と真理をどこまでも追求するものなのである。(54)

訳注

序文

（1）本書の序文は、一八〇一年七月の日付をもつ。これを判断基準にするかぎり、この箇所は、ヘーゲルと同世代の若きエッシェンマイヤー（Karl August Eschenmayer, 1768–1852）の仕事を指す。すなわち、初期シェリング哲学の影響を受け、ロマン主義的自然哲学を展開していた時期の論文「自発性＝世界霊魂あるいは自然哲学の最高原理」（一八〇一年）がそれである。一方、シェリングは当の「エッシェンマイヤー氏の論文への補遺〔返答〕」として、自身の論文「自然哲学の真なる概念とその問題の正しい解決法について」を公表している。右両論文ともに、シェリングの編集になる『思弁的物理学雑誌』（一八〇一年、第二巻第一分冊）に掲載。Schelling : Zeitschrift für spekulative Physik（覆刻版 Felix Meiner 2001. Bd. 2. S. 1–68 ; 109–46）参照。なお、後年のエッシェンマイヤーは、ヤコービの影響もあって、「非哲学」つまり信仰への道を模索し、ついに宗教哲学にゆきつく。彼によると、信仰は思弁の上に立ち、思弁を却下するのではなく、むしろ思弁を補足するものだという。ところで、ヘーゲルは後年「哲学史講義」を担当するが、それによると、第三部「近代哲学」のうち、最終章「最近のドイツ哲学」につき彼は、ヤコービ、カント、そしてフィヒテに続き、旧友シェリングの哲学を語ってお仕舞いとする。それは、イエナ時代の初期シェリング哲学の概観とも見なされよう。かくして、一八〇一年の本書の主題とも重なって見える。シェリングによると、主観と客観とは絶対的同一である以上、この両者の間には対立はなく、ただの量的差別でしかないことになる。つまり、この両者の量的差別は、有限なものすべての根拠であるとも言える。この量的差別を、シェリングが潜在的なものが顕在化する形式（die Form actu）として捉え、しかもこれを具体的に示すのに、「ポテンツ」（Potenz）〔潜在力、勢位〕の概念を導入した経緯については周知のとおりである。が、この若き哲学者にこの重大な哲学説を思いつかせる手がかりを与えた人こそ、当のエッシェンマイヤーであったことを、一挿話ながらヘーゲルの哲学史はわれわれに教えてくれる（Vgl. G. W. F. Hegel's Vorlesungen über die Geschichte der Philosophie, hrsg. von Bolland, 1908, S. 1068–69）。

（2）ラインホルトは、バルディリの『第一論理学綱要』（一八〇〇年）の労作をもって、ドイツ哲学の革命はなし遂げられたものと信じた。因《ちなみ》に、この論理学書のタイトルの全文を示せば、次のとおりである。――『従来の論理学一般のみならず、とりわけカント論理学の誤謬を正し、純化されたものとしての、かつまた主としてドイツ批判哲学に適用されるべき精神剤（medicina mentis）としての第一論理学綱要』（シュトゥットガルト、一八〇〇年）。

（3）フィヒテ『全知識学の基礎』（一七九四年）のうち、第一部「全知識学の根本諸命題」、第一章（Fichte, Werke I, S. 99；S. 186）および、「知識学への第二序論」（Werke I, S. 468–91）を参照。

（4）カントのカテゴリー表〔範疇表〕（『純粋理性批判』B106）参照。いま指摘される「様相」のトリアーデは、(i)可能と不可能 (ii)存在と非存在 (iii)必然と偶然からなる。なお、様相の特殊性に関しては、前掲書A74（B100）およびA219（B266）参照。

（5）反省的判断の格率については、『判断力批判』の序論Ⅳ、および第二篇「弁証論」のうち、§75–76参照。

（6）フィヒテ『全知識学の基礎』第一部「全知識学の根本諸命題」のうち、第一章参照。

（7）「悟性の次元へと引き下げられた理性」とは、理性の座をおわれて、悟性の位置にポテンツ（勢位）を格下げされた（herabpotenzierte）との意であるが、この真意を示すのに、語中にあえてシェリングの用語（Potenz）を含めて巧妙に表現しているあたり、さすがイエナで活躍中の当の旧友を前にして、ヘーゲルの気遣いらしきものが窺われる。

（8）ここに紹介されるラインホルトの書名の全文が、本書の副題をなしている。本書の刊行の同時代、つまり十九世紀の初頭のドイツ哲学界の動向がラインホルトによって概観されており、ヘーゲルはこの展望に即して、これを水先案内として論を展開してゆく。

（9）フィヒテ「知識学の概念について」（第二版、一七九八年）への第二版序文、参照。——一七九四年、その第一版序文では、同年にイエナ大学に赴任したフィヒテの哲学への抱負が述べられている。が、右第二版序文では、思い半ば、当の体系〔知識学〕の明確な内容にもかかわらず、同書をめぐる世人の無理解とか誤解に対し、筆者の嘆きがきかれもする。それにもかかわらず、「体系」〔知識学〕は幸運にも恵まれ、ことに才智に長けた若者〔シェリング等〕の心を捉えたばかりか、また哲学界において功績をのこしたわが先学者〔ラインホルト等〕によっても賛同を得たことなどが、率直に報告されている（J. G. Fichte : Über den Begriff der Wissenschaftslehre, hrsg. von E. Braun, Reclam, 1972, S. 80）。

（10）本書刊行の翌年、一八〇二年七月に、シェリングとの共同編集による『哲学批判雑誌』第二巻第一分冊に掲載されることになる論文『信仰と知』を指す。序文の締めの言葉には、目下世に問わんとするこれらの論考を前にして期待と不安の交錯する若きヘーゲルの心中が窺われる。

A　当世の哲学活動にみられる種々の形式

（1）学〔学問〕とは、概してWissenschaftのことであるが、この場合は、フィヒテの「知識学」（Wissenschaftslehre）の影響を受けたシェリングおよびヘーゲルのいう「哲学」を指すわけで、とくに彼らは自らの思弁哲学を「学」と見なすからである。その意味で、学と哲学とは同意語と見なされることになる。

（2）英訳者ハリスの指摘によれば、一八〇三年の冬学期、ヘーゲル最初の「精神哲学」講義の中においても、同じ状況が例示されていて、そこではこう述べられている。「アダムが動物に対して自己の支配権を確立した最初の行為は、彼がその動物たちに名前を与えたこと、すなわち彼らを存在するものとしては否定し、本質的に観念的なものにしたことである」（Jenenser Realphilosophie I, hrsg. von J. Hoffmeister, 1932, S. 211）。この引用文にみるような先鋭な分析に接すると、一八〇一年当時にしてすでに、歴史哲学者ヘーゲルの眼識が定着しつつあったことを窺わせる。

（3）　ここで再び、本節の冒頭の言葉を思い起こしてみよう。実際、あまりに多くの哲学体系が次つぎと登場してくる当節では、悟性は無関心にものを見ることに慣れてしまっているかのようである。それゆえ、本書の当面の課題であるフィヒテとシェリングとの哲学体系の「差異」（Differenz）について問う大方の意識にしても、実はこの点を度外視して、まるで「無関心」（Indifferenz）にふるまうことになる。

（4）　一八〇五年、ヘーゲルは冬学期より「哲学史」を講義するが、角度を変えてこの箇所が再び問題にされる。すなわち、ヘーゲルによると、博学とは知識の単なる「寄せ集め」をいうのではないのであり、例えば同時代の博識の老学者D・ティーデマンの大著『思弁哲学の精神』（全六巻）のごとき書は、いまいう知識の蒐集の「哀れな一つの見本」として批判されることになる（Vgl. Hegel's Vorlesungen über die Geschichte der Philosophie, hrsg. von Bollad, S. 90-91）。

（5）　「哲学の歴史〔哲学史〕は、云々」から始まるこの箇所の論述は、哲学史に寄せる若き哲学者の学的抱負を感じさせる。前注にも記すとおり、この四年後（一八〇五年）ヘーゲルは、図らずも初めて「哲学史講義」を担当するが、まず対象とするその学の歴史のうちに、「出来事」（Geschichte）と「記録・史料」（Historie）という二面性の困難を指摘する。この際、ヘーゲルがこれを克服することによって、学としての哲学史を確立するのに、なお二十五年余を要し、場所もイエナ、ハイデルベルク、そしてベルリンの各大学へと転じながら、やっとその円熟した境地に達した一八三一年、惜しむらくは哲学者の終焉の地において、その年の冬学期の講義を開始した直後、病にたおれた。それにしても、ヘーゲルがイエナに来て同時代の哲学と対決し、かつ哲学の歴史に関心を向け、批判的対象としてであれ、常に座右において参照した数少ない書物の一冊に、かのテンネマンの大冊『哲学史』（1798-1819）を挙げても大方の異論はあるまい。いま、右につき贅言するを諒とされたい。

テンネマン（W. G. Tennemann, 1761-1819）は、ザクセン州エルフルトの出身で、土地の学校に学び、神学および哲学を修めたが、一七八一年さらなる向学心により、イエナ大学に再入学した。この年はカントの第一批判書の刊行にちなみ、またおりよくカント派の哲学者として聞こえた若き教授ウルリッヒ（J. A. H. Ulrich, 1746-1813）の講義をも介して、テンネマンは、カント哲学の理解をふかめてゆき、七年後（一七八八年）、カント批判を主軸にした『形而上学考』（De quaestione metaphysica）により、マギステルの学位を取得した。それと同時にテンネマンは、イエナ大学私講師となるが、なお前後してひとりのカント学者の知遇を得た。すなわち、『カント哲学に関する書簡』（一七八六―八七年）により名声を得て、哲学教授としてイエナ大学に招聘された「時の人」ラインホルトである。が、一方テンネマンの将来の名声は、この無給時代の地道な研究成果にあるのであり、その一つがカントの批判精神を背景にしての多年に及ぶプラトン研究の集大成、『プラトン哲学の体系』（全四巻、一七九二―九五年）に他ならない。これを機に彼は、「哲学史」の研究に余命を傾けんものと決意。一七九八年助教授に昇格、一八〇四年まで「哲学史講義」担当。が、おりしも同年、前注４にも記す博学の教授D・ティーデマンの後任、しかも哲学正教授として招聘を受けてマルブルク大学に赴く。テンネマンの名を不朽のものとした大著『哲学史』（全十一巻、一七九八―一八一九年）は、この地で完成した。ヘーゲルをして、「哲学史に関する最も注目すべき著作の一つ」とまで言わしめたものである。

なお余談ながら、前注4にも記す一八〇五年冬学期より、ヘーゲルが「哲学史講義」担当というのは、前述のとおりテンネマンの転任により、急遽代講のような形で担当せざるを得なかったかとも推定される。また一八〇六年冬学期に開講予告されていた「哲学史」は、事実上、他科目ともに中止。ときに、ナポレオン軍によるイエナ占領下に遭遇、大学は閉鎖、よって授業はすべて中止となったからである（vgl. Evolution des Geistes : Jena um 1800, hrsg. von F. Strack, 1994, S. 220–21）。

（6）この箇所の原文は、das Absolute, wie seine Erscheinung, die Vernunft ... で、「絶対者はその現象である理性と同様に」と解した。が、「絶対者とその現象である理性は……」とも読める。仏訳者はそう解している。

（7）フィヒテ「知識学への第二序論」（Fichte, Werke I, S. 513）参照。

（8）「強靭な性質」との訳語をあてた原語“sthenische Beschaffenheit”は、スコットランド人ジョン・ブラウン（John Brown, 1735–88）の医学（あるいはブラウン学派の医学）の専門用語から借用されたもの。一八〇〇年当時、ブラウンの医学はガルヴァーニ電気理論と組み合わされて、いわゆる精神身体医学的治療法として普及し、おりしも同時代のシェリングの有機的自然論には、この医学理論がすこぶる影響していると言われる。ヘーゲルは、このような事情を念頭において、この医学用語を用いたように思われる。この本文に即して、仮に右理論を導入してフィヒテの哲学に「強靭な性質」をあてるなら、これと対照的とも言えるラインホルトの哲学には「無力性体質」が妥当するかも知れない。ただし、この一節を書いているヘーゲル自身が、右のような方法に対して深く共感しているようには見えない。シェリング流に言えば、かくのごとしとでも言いたげである（vgl. H. S. Harris, p. 88）。

（9）この箇所の人称代名詞 sie は、文章論としては Spekulation を受けるのが妥当であろう。が、この場合は内容上から、直前の Vernunft を受けるものと解した。因に、英訳書は、ドイツ語を母国語とするワルター・ツェルフが下訳し、英語に精通したハリスがこれを校定した点で、ハリス＝ツェルフ共訳本である。この一節は、この両者の良識に従った。ただし仏訳は、当面の問題の代名詞を Spekulation と解している。なおまた、文中のカッコは、この一節があまりに長文であり、読みやすくするため訳者の判断により初版のスタイルを採用した（vgl. H. S. Harris, p. 88）。

（10）この一節の発想法は、間違いなく美学上の理念であり、この理念は晩年の「美学講義」にまで発展してゆくように推考される。この想念は、かつてのテュービンゲンの神学生にとっては、異質の思想であったろうが、その時代に同じ部屋で過ごした旧友ヘルダーリンの比類なき古典的美学の感性に触発され、同じく旧友シェリングを介して、いまやロマン派の首都イエナにおいて、願ってもない芸術家ゲーテの手引きにより思索する哲学者は、美の世界にいよいよ開眼してゆくことになる。

（11）「哲学の要求」（Bedürfnis *der* Philosophie）は、この節の見出しにもなっているが、この属格〔の〕が二義的であることに注意。まず、哲学を求め・要求するという目的のふくみをもつ。と同時に、哲学がこの場合要求するところのものという主語のふくみをもつ。

（12）おりから、ロマン主義・理想主義という時代精神を反映して、人間の教養とは「自己形成」の謂《いい》であると一般に受けとめられるところから、転じて個人的自己を一般的・普遍的自己に高めることの意味にもなる。このような二義的ふくみを考慮して、この場合の原語 Bildung に「教養・形成」の語をあてた。

（13）この想念の背景には、実は、ゲーテの『ファウスト』の一節があったものとみえる。「ウル（初稿）・ファウスト」をへて、『ファウスト断片』が公刊された年（一七九〇年）は、ヘーゲル二十歳のとき、テュービンゲン神学生時代に相当する。若き日の読書は、よほど強烈だったとみえる。とくに、いま指摘するこの場面は、後年まで持続し、晩年ベルリン時代の哲学者の記憶にまで鮮明だったようである。すなわち、悟性は絶対者に憧れ、自己をそこまで高めようとするが、結果的にはどうにもならない自分に気づき、自分自身を嘲弄せざるを得ない。——このような悟性の嘆きを表現するのに、後年の『エンチュクロペディー』のうち、「論理学」（§38）でも、「自然哲学」（§246）でも、それぞれ補遺のなかで引用されている（vgl. H. S. Harris, p. 89–90）。

（14）当面の問題としての Leben は、まず一般的には生命・生活・人生などを示す。が、ヘーゲルの生きた時代状況に即して、この語の独自のふくむところに着目し、この語をヘーゲル哲学の根源的な基礎においたのは、ディルタイであった。この生の哲学者によると、ヘーゲル哲学において、この語は単なる生物学的な意味を超えて、さらに精神的世界のうち、その根源的実在としての精神、つまり無限な生〔命〕としての精神を指すことにもなるという。端的に言って、それ自身単純で流動的であるようなもの、この場合の生〔命〕とは、ある意味で「否定的統一」であると言えるかも知れない。このような多義的な語であって、しかも後年、ヘーゲル哲学の基本的用語として定着するものである点を留意しながら、以下では、「生命」もしくは「生」と訳し換えながら読むこととする。

(15) 分裂は、*Ein* Faktor des Lebens〔生命の一つの要因〕であると言われる。このように、不定冠詞が大文字になっている点に注意。(なお、ラッソン版・ズールカンプ版ともに小文字になっている。)ところで、「絶対者」との合一ないし一致が、生命の他の要因とされる。

(16) この原語は、das Gewordensein で、この語の主軸をなす動詞 werden〔生成する〕の完了分詞による名詞化として、das Gewordene〔生成せるもの〕の意に基づき、ここでは「すでに生成した存在」〔既成化した存在〕の訳語をあてた。

(17) この節の要点としては、デカルト哲学のことが念頭におかれていると推考される。すなわち、本書の刊行後、わずか数か月のちヘーゲルは、シェリングとの共同編集による『哲学批判雑誌』に寄せる序文として「哲学的批判一般の本質について」との小論を書いているが、そのうち次の一節からして明らかであろう。――「デカルト哲学は、われわれの北西世界の近世文化において一般的に広範に広まっていた二元論を、哲学的形式で表現したのである。云々」(Hegel, Werke, Suhrkamp, Bd. 2. S. 184)。

なお、右の一節はこう続く。「……この二元論を、哲学的形式で表現したかのデカルト哲学に対して、〔われわれの〕哲学は救済の手立てを求めなければならない……」と。これを書いていた当時(一八〇一年)のヘーゲルの心中を推考し、ハリスは以下のように解釈している。――デカルトが哲学的形式を与えた二元論のうち、宗教的表現は「宗教改革」を指し、またその政治的表現は「フランス革命」を指すものと、ヘーゲルは留意していたに違いない。これら両革命がデカルト哲学と一緒になって没落させたかの旧来の生活とは、ローマ・カトリックの封建制度のそれではなかったか。いまや、「同一哲学」の学的表現の目指す当節は、二元論のいう西欧北西部の極と、はるか遠き古典ギリシアを含む南東部の極とを結合するものでなければならない。かく考えるヘーゲルとシェリングは、心中ひそかに、自分らの故郷シュヴァーベンを、この両極の地理的な中心点に見立て、いわゆる「無差別点」を想定していたのではあるまいか(vgl. H. S. Harris, p. 91-92)。

(18) 英訳者ハリスの指摘するところによると、この箇所というより、むしろこの文体そのものがパスカルの『パンセ』のうち、次の一行を彷彿させる、という。「あなたがわたしを見出していなかったら、あなたはわたしを求めはしないだろう」(『パンセ』〔VII553〕)。右の言葉は、「イエスの奥義」と呼ばれる断片中の一節だが、あるいは神学生時代の読書の記憶がイエナの著者の念頭にあったのかも知れない(vgl. H. S. Harris, p. 93)。

(19) この原語は、das Herausgetretensein des Bewuβtseins で、「意識が外に抜け出る在り方」をいう。主軸をなす動詞 heraustreten［外に抜け出る、脱出する］の完了分詞による名詞化として、ヘーゲル哲学用語となる一例を示す。イエナ後期、右の意識が、「自己意識」に発展すると、「自己から外へ抜け出る」(aus-sich-hinaustreten) という自己意識の脱自的 (ekstatisch) なあり方を示すことになる。

(20) 反省が悟性的な段階にとどまるとき、たとえ仮に絶対者が反省されたとしても、反省は絶対者を廃棄〔止揚〕せざるをえない。というのも、反省は理性の境地に達して初めて絶対者との関係を得ることになるからである。このような文脈を受けて、この箇所の文によると、反省は「絶対者の廃棄〔止揚〕」(ein Aufheben des Absoluten) である、と言われる。周知のとおり、後年のヘーゲル哲学の基本的用語のひとつ Aufheben〔否定し・高め・保存する意を含む語〕が、このあたりから両義的なふくみをもって使用されているのに読者は出会うであろう。

(21) 〔悟性によって〕課せられた無限性とは、元来悟性は無限性に関心をよせるが、自分の能力の限界からこれを放棄せざるを得ないとの点で、廃棄された無限性でもある。この箇所の主軸をなす完了分詞の原形 aufgeben は、「問題を提起する」の意と、「事を放棄する」との両義を含んでいる点に注意 (vgl. H. S. Harris, p. 95)。

(22) 本書の成立とほぼ同時期（一八〇一年）のシェリングの哲学、すなわち「同一哲学」によれば、絶対的理性と呼ばれるものこそ、自然と精神あるいは客観と主観との無差別にして、一切の対立のない同一性である以上、「絶対者」と見なされる。かくして、この絶対者を意識のうちに構成することこそ、哲学の課題であるとされるのである。本書序文の訳注1を参照。——この箇所は、以上のごとく指摘されるシェリングの「無差別の同一性」を念頭におきながら、目下ヘーゲルがこれと微妙に異なる自分の立場の想念を吐露しようとしているところが窺われる。なるほど、主観と客観とは絶対的同一（A＝A）である以上、主客両者のあいだに対立はない、とシェリングは言う。ただし、主客両者のあいだに認められるのは、ただ量的差別あるのみで、同一律A＝Aに代わる一つのあり方としてA＝Bで表現するも可能であり、この論理を展開するのにシェリングが「ポテンツ」（勢位）の概念を導入する点は哲学史でも周知の名場面である。かく「無差別の同一性」を語る高名のシェリングに対して、無名のヘーゲルはそれにもかかわらず、区別ある現実を度外視する旧友の哲学的態度に対して、異議をとなえようとするのである。最も明瞭に言ってしまえば、六年後刊行になる『精神現象学』の序論の一節を引くだけで十分であろう。——すなわち、絶対者を〔無差別という〕暗闇に見立てるのは、「すべての牛が黒く見える闇夜」と同じで、このような見方をすること自体、認識の空しさによるおめでたさというものであろう。繰り返しになるが、一八〇一年当時のヘーゲルの思想のなかに、右のごとき鋭いシェリング批判の自覚まではともかくとして、ただシェリング哲学との「差異」を自覚しながら発展してゆくヘーゲル哲学の萌芽が、この箇所を含むこの一節にすでに見えることを指摘しておきたい。

（23）なお、この一節の要点につき付言すると、以下のとおり。——絶対的同一性、つまり主観と客観との対立を止揚し、主・客の両者を自己のうちに包括する〔主観と客観との〕同一性の論理（著者の立場）が背後におかれていて、その視点から、それ以前の通俗的な悟性による反省的思惟がいかにして、思惟の自己否定に陥らざるをえないか、が指摘されている。すなわち、後者によれば、主観と客観とはあくまで対立していて、客観と没交渉にある主観性そのものが自己定立するとなると、抽象的主観性による「純粋な同一性」にゆきつく。これに対して、主観と没交渉にある客観性そのものは、抽象的客観性として、この場合いわゆる「絶対的素材」（Stoffheit）にゆきつく。かくして、この思惟は両項の対立となって、思惟の挫折をまねくことになる、というのがこの一節のあらましである。

（24）「常識」の訳語をあてた原語は、der gesunde Menschenverstand で、直訳すれば「健全な人間悟性」の意味、英語の common sense、また仏語では bon sens にあたる。例えば、デカルトの『方法序説』の冒頭が、この語をもって書き出されていることは、周知のとおりである。かくも健全な悟性的思惟に基づく直接的確信の「常識」ではあるが、しかしヘーゲルが当面の問題とする「思弁」の領域を理解しようとしない。かくして本節は、見出しからも推察されるとおり、思弁と人間悟性〔常識〕に関する論考にして、両者のふくむところの論のせめぎ合いがその主軸をなす。さしずめヘーゲルの「方法序説」に見立てられるかも知れない（vgl. H. S. Harris, p. 98-99）。

（25）本書とほぼ同時期に執筆されたと推定される論文「常識は哲学をいかに解するか――クルーク氏の著作に即して」は、シェリングとの共同編集になる『哲学批判雑誌』（一八〇二年）に発表された。いま、われわれが読んでいるこの一節から察せられるように、同時代のドイツ哲学界において、「常識」の視点に立って「思弁哲学」を攻撃するソフィスト的動きのような光景が見えてくる。例えば、論文のサブタイトルに記されているクルーク氏（W. T. Krug, 1770–1842）という人物は、ヘーゲルと同年の生まれながら、当時すでにオーデル河畔にあるフランクフルトで哲学教授の地位にあったばかりか、一八〇四年にカントが没すると、直ちにケーニヒスベルクでカント後任という名誉ある地位に就いたほどである。ヘーゲルは若き頃から、この通俗哲学者の言行がよほど気がかりだったらしく、後年の『エンチュクロペディー』の書中にもその名が見える（Hegel, Werke, Suhrkamp, Bd. 2. S. 188–207）。

(26) 本書では、とくに「信仰」について立ち入った議論は見られない。それにしても、この場合ヘーゲルは、主としてヤコービのことを考えていたように見えるが、さらにまたカントおよびフィヒテ、またシュライエルマッハー等のことも、当面のヘーゲルの念頭にはあったかも知れない。なお、同時期の論文『信仰と知』（一八〇二年）参照。

(27) この一節は、ヘーゲルおよびシェリングが「非哲学」と呼ぶ全ての形式を含め、いわゆる「常識」理論を思弁によって克服せんとする方向性を示唆するものと見える。なおまた、訳注1でも指摘したが、シェリング自らの編集になる『思弁的物理学雑誌』（一八〇〇—〇一年）の意向と、同時代のロマン主義者たちのそれをも反映して提唱された「自然哲学」により、伝統的なニュートン流の物理学を克服することを合わせて示唆していると見える（vgl. H. S. Harris, p. 102）。

(28) カントによる分析判断と綜合判断の区別は、周知のとおりであるが、この種の論理的な手法は、ヘーゲルによれば、「悟性の反省哲学」の典型と見なされる。すなわち、この立場は概念的変換を媒介して、「理性の思弁的哲学」へと止揚されねばならない。ヘーゲルは、単なる思惟の形式的論理学の立場を超えて、例えば命題について検討するのに、「主語と述語」から成る命題の両名辞について、それが同時に「主観と客観」、「思惟と存在」あるいは「形式と質料」を意味するものであることを説こうとする。こうした概念的変換が根底にあることをわきまえていれば、ヘーゲルがこのあと展開する第一命題（A＝A）と第二命題（A＝B）および「二律背反」についての論述の巧妙さを読者は理解するであろう（vgl. H. S. Harris, p. 103–05）。

（29）スピノザが定義をもって始める哲学的方法に対比して、知識の諸原理の「基礎づけ・究明・演繹」というやり方、等々を語るのにヘーゲルは、もっぱらラインホルトの用語を借用している。が、当のラインホルトは初めのうちカントの門人にして卓越した学者であると評判をとりながら、後年ひるがえって、「知識学」を語るフィヒテの支持者となった。これらの経緯をめぐって、ラインホルトはいたるところでヘーゲルの皮肉の標的にされることになる。

（30）原語 Potenz は、一般的には「潜勢力」の意であるが、この書中シェリングの用語としては「勢位」ないし「展相」を指す。つまり、初期シェリングの自然哲学では、まず自然の諸段階を支配している根源的な力の意に用いられる。が、この箇所では、特別の意味を含んでいるわけではないが、さりげなく当用語を用いることで、「差異」論文の筆者は、シェリング哲学の支持者たることを暗に表明しようとしているかに見える。

（31）すでに訳注23でも指摘した抽象的客観性のこと。この箇所でも再び、「絶対的素材」（ein

absoluter Stoff）として、同じ場面に帰着する。なお、この一節は、長文の挿入句であるが、訳文では単なる付けたりであるため、後置した。すなわち、本書の最終章D「ラインホルトの見解とその哲学について」のうち、IIにおいて再考される、と著者は注記している。

（32）「哲学を論理学に還元する構想〔考案〕」とは、同時代の哲学者バルディリ（C. G. Bardili, 1761-1808）の『〔従来の論理学の誤謬から純化された〕第一論理学綱要』（一八〇〇年）を指す。バルディリは、「病めるドイツ哲学の混乱状態を救済する唯一の道」として、まずわれわれの思惟の整合的な分析から始める。すなわち、彼の哲学における基本原理は、純粋に論理的なもの、すなわち「同一性（A＝A）の原理」である。かくして、彼のいわゆる「理性的実在論」は、この論理学書において基礎づけられることになる。書中、絶対的理性における客観的なものと主観的なものとの「無差別」という思想をはじめ、同時に存在論にして論理学という思想が混入している点から、期せずしてシェリングおよびヘーゲルの思弁哲学の萌芽が指摘されもするのである。が、バルディリ自身は、若きヘーゲルが目指す思弁哲学の意義につき、どれほど深く認識していたかどうか。——因に、バルディリは、ヘーゲルがテュービンゲン大学神学院に在学中、最初二年の哲学部で教わった最初の先生の一人であったという。また二年目（一七八九年）、かのフランス革命の報に接した年にも、ヘーゲルは補習教師バルディリの授業を受けている（vgl. H. S. Harris, p. 16, 70）。

（33）「超越論的」（transzendental）という語義につき、カントの定義によれば、次のとおりである。「対象がア・プリオリに可能であるべき限り、われわれが対象一般を認識する仕方にたずさわるすべての認識を超越論的と名づける」。つまりカントは、この時やっと達しえた批判期哲学の立場から、この方法を認識論の領域に向けて語っているのである。この適用範囲を、認識論からさらに存在論の領域にまで拡大して継承・発展させたのが、フィヒテの知識学であり、またこれを介してのシェリングの初期哲学であった。が、いま当面の問題としてヘーゲルの念頭には、これら先学の全体にわたる展望が集約されていたに違いない。

(34) 「知的直観」を欠いての哲学的思惟というのは、何とも不毛の哲学的行為ではないか、との想念を示そうとするのに、この際ヘーゲルが念頭においていたのは、さしあたってフィヒテおよびシェリングの哲学的方法としての、とりわけ彼らのいわゆる「知的直観」についての考え方であったに違いない。すなわち、フィヒテの場合は、「知識学への第二序論」(Werke, Bd. I. S. 466–67) また、シェリングの場合は、『超越論的観念論の体系』(Schellings, Werke, Bd. III. S. 351) 参照。

(35) 周知のとおり、カントは第二批判書のうち、「純粋実践理性の弁証論」において、「理性の要請」につき問題提起をおこなった。フィヒテはカントの問題点を発展的に継承し、自我の権利として受けとめ、彼の「知識学」における理論的・根本原則とした。すなわち、「自我は非我において制限されたものとして、〔要請として〕自己自身を定立する」との根本命題がそれである。この際、ヘーゲルが批評の対象としているのは、いわゆる「反省哲学」の理念のことであり、これを否定的媒介として、目下の自己の立場を表明しようとしているかのようである (vgl. H. S. Harris, p. 111)。

（36）「自己外被措定有」すなわち「自己の外に措定されていること」（Außersichgesetztsein）とは、「常に自己の外に自己の本質があるという在り方」を意味するヘーゲル独自の用語。これは、後年論理学において量規定を表わすのでも知られるが、他に自然哲学でも時間論・空間論を語るのに、この用語がその派生語とともに用いられている。例えば、目下この箇所では、時間を語ろうとしている。時間の一契機にすぎない瞬間とは、「常に在って無く、無くて在るような在り方」を果てしなく継続する他ないのである。いま・いま・いま……の果てしない連り（その在り方）を指して、この場合ヘーゲルは「自己の外に措定されているという無制限性」あるいはその「無限累進」と表現したのである。哲学者として第一歩をふみ出す本書の目下の場面に、右の用語が頑として用いられている点にまず注目しておきたい。

（37）右の注に関連してついでながら、本書の冒頭の一節から多用される動詞「措定・定立する」（setzen）、またその名詞としての「措定・定立」も、後年論理学の基本用語となるものであり、「〔本来の場所に〕置く・定める・そこに〔位置を〕定める・仮定する」等の意。また、この箇所の「定在」（Dasein）も、論理学の基本用語となるもの。まず最初に何かが在るという場合の「存在・有」（Sein）は、全き無規定の状態にあるゆえ、その意味では純粋有でもある。が、一歩すすめて具体的に、それは「そこに在る」と規定されると、ただの「存在」は、いまや「定在・定有・現存在」（Dasein）と呼ばれ、一段と具体的なものとなる。これらの点からこの箇所について推考するに、直観は理念に対立し、理念を排除するような在り方をする以上、これをあえて規定すれば、それは〔制限された形で〕そこに在ると言われるのであろう。

（38）この一節に言われる「独断論」（Dogmatismus）について、その典型として一般的に知られるのは、まずカント以前のヴォルフ流の古い形而上学。なおまたヘーゲルと同時代では、主として悟性的思考法の立場に固執する者たち、例えば注25で指摘したクルークの「通俗哲学」なども含め、総じて独断論と呼ばれる。これと対立的に提示されているのが、「精神錯乱」（Geistesverirrung）という一見奇妙に聞こえる用語であり、これはラインホルトが目下の論文『寄与』において、十八世紀フランス唯物論者ドルバック（P. H. d'Holbach, 1723-89）の思想的立場に対して評した用語である。これを要するに、月並な言い方だが、いわゆる観念論と唯物論という両陣営による思想的せめぎ合いのなかにも、「真の思弁が見出されもする」と、ヘーゲルは推考する。なおこの一節は、前後して右時代状況の動きを反映している。

（39）右の注に関連するが、ヘーゲルによると、哲学史が価値をもつのは、人間精神の偶然的出来事や私見の叙事にあるのではなく、過去の思惟の動向のなかに「真正な思弁」を見ぬく理性的眼識の保持いかんによる、とされる。この一節に、「永遠で唯一の理性の歴史を与えること」とヘーゲルは記している。この言葉は、哲学史家ヘーゲルの注目すべき第一歩の表明とも言えないか。

（40）Ⅵ「超越論的直観」のうち、訳注33参照。カント以後、この用語（超越論的）に対し、特別の関心をよせた人として周く知られるのは、『超越論的観念論の体系』（一八〇〇年刊）の著者シェリングであるが、その書名からしても明らかである。この際、シェリングがこの用語を使用する仕方としては、概してカントの定義と共通している。なお、シェリングによると、さしあたって、「超越論的哲学」と「自然哲学」との両者が対置されるが、この対立する両者を統一する究極の原理が、いわゆる「同一性の原理」である。そして、この絶対的同一性の知的直観を介して、一切の対立が止揚される場合、これを支えていた原理としての「同一性」そのものが、「超越論的」と呼ばれるという（vgl. H. S. Herris, p. 115)。

(41)『精神現象学』において成立する主たるテーマの一つ「主人と奴隷の弁証法」の原形が垣間見られる。

(42)「……が現に存在すべきである」(vorhanden sein *soll*) あるいは「……が存在するはずである」の意。この場合の助動詞 sollen が、名詞 Sollen として用いられると、「当為」の意で、この数行あとに、その一例あり。「存在」〔在ること〕(Sein) に対して、「当為」(Sollen) は、「あるべきこと・なすべきこと」を意味する。なおカントによると、目的そのものとしての無条件な「当為」は、道徳法に見立てられる。

(43) ヘーゲルは、目下フィヒテの『全知識学の基礎』第一部「全知識学の根本諸命題」を念頭において、論述を展開していると推考される (vgl. Fichte, Werke, Bd. I. S. 91–122)。言うなれば、この一節は、次の章B「フィヒテの体系の叙述」へと読者を導くための前置きである。

(44) 周知のように、フィヒテの「知識学」が、シェリングの最初の哲学論文への機縁をなした。かくて、主観主義の立場から自我の優位を説くフィヒテの体系構成に従いながら、他方でシェリングは、客観的世界へのわが道の可能性をひたすら求めている。そして終にシェリングは、自己の哲学的立場とも言うべき客観的観念論の立場に到達する。本書、序文の訳注1でも紹介した『思弁的物理学雑誌』（一八〇一年、第二巻第二分冊）に掲載された論文「わが哲学体系の叙述」により、われわれは前述のシェリング自身の哲学的歩みをたどることができる。さて、ヘーゲルは当面の論述に際し、右にいうシェリングの視点に即していると見える。それゆえ、この一節で指摘されているフィヒテ批評は、ヘーゲルによるシェリングの祖述と言えるかも知れない。

（45）最後の一節は、段落のない長文で、その直訳だと文意が不明確になる。そこで、表題が「フィヒテとシェリングとの哲学体系の差異」につき、なるべく右の主旨に添う訳文を考案した（vgl. H. S. Harris, p. 118）。

B　フィヒテの体系の叙述

（1）前章末尾の訳注43でも指摘したとおり、この箇所でもヘーゲルは、フィヒテについて叙述するのに、主として『全知識学の基礎』（一七九四年）の第一部に基づいていると推考される。なお、他の拠りどころとしては、「知識学への第一序論」、「同第二序論」（一七九七年）が挙げられよう。本節の一行「フィヒテの体系の基礎は、知的直観である」とは、右「第二序論」（§ 5）が、おそらくヘーゲルの念頭にあったものと見える。フィヒテの簡潔な発言を拠りどころにして、ヘーゲルの叙述を読むにあたり、われわれの手控えを示せば、こうである。——「知的直観」は、思惟と存在の一致〔同一的なること〕（Identität）である。かの周知の命題「われ思う、故にわれ在り」（Cogito, ergo sum.）は、フィヒテ流に言うと、こうなる。「自己自身を思惟として自覚する者は、同時に自己自身を存在として知ることでもある」。言い換えると、こうなる。「思惟において、思惟は自己自身を思惟する。かくて、自己自身を思惟として思惟することにおいて、自己は自己自身を存在として自覚する」。このことは、「思惟と存在との同一性」として表現されよう。この際、思惟が主観の側にあるとするなら、存在は客観の側にある。かくして、当然のことながら、思惟と存在との同一〔性〕は、「主観と客観との同一〔性〕である」とも表現される。これを要するに、〔思惟＝直観〕＝〔思惟＝存在〕＝〔主観＝客観〕という同一性の同一性に対して、この際もう一つの同一性として、純粋意識と経験的意識との同一性が加わる。カントは暗黙のうちにこの点を発言しなかったが、目下フィヒテはこれに一歩踏み込むことになる（vgl. H. S. Harris, p. 119)。

（2）「この純粋な自己意識」のこのとは、冒頭のヘーゲル用語で補足すれば、「思惟自身の純粋な自己思惟」であるような意識のあり方を指す。このような意識の「我あり」（Ich bin）を言う。哲学者ヘーゲルは、この五年後『精神現象学』中、「自己意識」の段において忘れ得ぬ名場面を語るが、当面のこの箇所は、哲学者にとっての第一声として注目しておきたい。

（3）「ある一つの能動的流出」（eine tätige Emanation）のうち「流出」（emanatio）とは、一者なる神から万物が流出するという汎神論を説くプロティノス（Plotinos, 204-69）の用語として知られる。ヘーゲルは、後年「哲学史講義」においても、とりわけこの新プラトン主義者の学説に注目している。ヘーゲルによると、一者なる第一の存在は、「絶対的純粋存在」とも言われるが、それは「あたかも源泉から水が溢れ出るように」現われ出るのであり、その意味で

「自己産出」(Selbstproduktion)とも呼ばれ、もっぱら限定に向かって前進することになる。ところで、一切の事物の存在根拠をたずねんとするこの発想法は、元来プラトンのイデア論に由来する。ヘーゲルとしては、かつてテュービンゲン大学神学院に在学中、旧友シェリングのプラトン研究に触発され、さらに転じて新プラトン主義の哲学に関心をよせているとの目下の自己表現に加え、対外的にはシェリング傘下に立って学界に第一歩踏み出そうとしているいま、この周知の用語をからめた挿入句を示し、シェリング当人への心遣いを表明しておきたかったのに違いない。ただわれわれが一読者としてこの箇所の一節を読むとき、この挿入句を削除した方が理解しやすい。すなわち、「超越論的哲学が目指すのは、経験的意識をその内在的原理をもって構成することに他ならない」。

(4) 本章は、「フィヒテの体系の叙述」に充てられているが、さしあたっては『全知識学の基礎』第一部の同根本諸命題を拠りどころにする旨を、著者は原注に示している。それゆえ、例えばこの箇所のすぐ前に、「……と主張される」と受動態になっているのは、いま断るまでもなく、「フィヒテ〔の書〕においては」等の省略による。本章は、当然ながら、このような文体が多用されている。この当面の問題の箇所も、「フィヒテの場合には」等のふくみが言外にある。

(5) あくまでも「フィヒテの視点に即して」言えば、との意をこめた条件節。自我=自我なる純粋意識の所産〔産物〕でしかない経験的意識のうちに、克服しえない分裂が存するばかりか、当の意識のうちに措定されているもの(ein Gesetztsein)〔被措定態〕が、「自我による自我の措定された存在」でない場合には、との意。

（6） この一節の段落のはじめに、フィヒテの哲学が「知の学」、つまり知識学と呼ばれる理由が述べられている。そして著者は、この箇所に読者の理解を促すため原注として、フィヒテの「知識学の概念について」を推挙している。この表題への添え書きに、「いわゆる哲学の概念について」とあるところから、この小論文は、フィヒテ自身がわが哲学に対する理念を要約した綱領とも見なされよう。ヘーゲルとしては、この小冊子を、同時代のフィヒテ哲学に関する最適の文献に見立て、原注に選択したものと推考される。しかるに、フィヒテが「知識学」を宣言した一七九四年以来、目下ヘーゲルが当『差異』論文を執筆し刊行することになる一八〇一年までの間に、およそ六、七年の歳月が経過している。それゆえ、この間にフィヒテとシェリングとの両者において哲学上の差異が生じたとしても、何ら不思議ではない。まず、手短に言えば、前章［A］のうちの訳注44でも指摘したように、若きシェリングは、フィヒテの「知識学」に触発されて、言わばフィヒテの傘下に立って哲学の第一歩を踏み出したのである。が、シェリングはわが哲学的道を模索するなかで、『自然哲学への理念』（一七九七年）を公表し、さらに『超越論的観念論の体系』（一八〇〇年）を公表した。しかも、この後者の書中において、超越論的哲学と自然哲学とを対置して見せるというシェリング独自の哲学体系を提示した。こうした経緯がきっかけともなり、両者は訣別するにいたる。一八〇一年、シェリングが「わが哲学体系の叙述」なる弁明書を公表せざるを得なかった理由も、右のごときフィヒテとの関係を考えると容易に推測される。同年、奇しくもヘーゲルは、右のごときシェリングの傘下に立って第一歩を踏み出したのである以上、フィヒテ＝シェリングという両者の哲学上の微妙な動向が、当『差異』論文に反映していないはずはないのである。また著者ヘーゲル自身にしても、当論文を着想し刊行するまでに何年要したか、その間にあって両哲学（者）に対する評価がこれまた固定していない点も、われわれは十分に考慮しておかねばならない。因に、本章中に付記されている原注は、初版に即して検すると三十四箇所に及ぶが、これら原注のいずれかは今や形骸化しているやに見受けられもするのである。この箇所の直前に付記された原注も、あるべき場所の誤植なのか、妥当でないように思われる。以上の点につき、英訳者ハリスも指摘している（vgl. H. S. Harris, p. 122）。

（7）自我＝自我の自己展開を叙述するのに、典拠として示されているフィヒテの「知識学」に基づいているようでありながら、あくまでもフィヒテから距離をおいたシェリングの視点を通して、悟性としての反省的態度にまつわりつかれているフィヒテ批評の叙述であるように見える。

（8）「先述のとおり」とは、A章のうちのV「絶対的根本命題の形式における哲学の原理」において、すでに指摘された点を指す。なお、別にB章の訳注1を参照。

（9）フィヒテ『全知識学の基礎』（Werke. Bd. I. S. 224–25）。

（10）右同書参照。S. 214–17.

（11）この箇所の拙訳につき、破棄した方の一文を参考までに付記しておく。「概して、観念論の原理を明確に表現すると、世界は知性の自由による一つの所産である、ということになる」。

（12）「絶対的な恣意によって」（mit absoluter Willkür）が原文であるが、まったく随意にふるまうことによって、の意。

（13）自我の自己措定する活動の自由のなかで、まず考えられない事が生起する（geschehen）とき、「自由」ということに常に矛盾がつきまとうのであり、この事態をわれわれが（für uns）反省するとき、「どうしてあるべきでないことが起きたか」、「あってはならないはずなのに」（was nicht sein soll）等といった詠嘆の表現が発せられることにもなる。

（14）この箇所の原文は、訳文の作成に苦慮する。因に、いま一つの訳文を示しておく。――「〔客観的世界の〕無意識的な産出活動に際して、自我に対してxが生じてくる。自我は、主観性とこのxとの対立から自己を再構成して、自己の現象と一つになることができない。かくして〔真の綜合が不可能であるという〕この事情は、体系の示す最高の綜合が当為（sollen）という形で表現される」。なお、右の文中のxは、フィヒテによると、A＝Aとの命題における主語Aと述語Aとの「必然的連関」を示すとされるが、これについては、『全知識学の基礎』第一部のうち、第一章「第一根本命題」を参照。

（15）上に述べた理由により、第一根本命題と第二根本命題との綜合《ジュンテーゼ》には至らず、むしろ両者の反定立《アンチ・テーゼ》でしかない、とのヘーゲルのフィヒテ批評。「綜合」（synthese）にならないことのアイロニーとして、Antithese なる語が用いられている。

（16）「相互外在性」（ein Außereinander）との語は、相互に外的な対立性を含む在り方、あるいは外的並存といった在り方として、ヘーゲルの時間規定を示す用語である点に注意されたい。拙論「ヘーゲルの時間論」（『哲学』第二一号、日本哲学会、一九七一年）一八六頁を参照。

（17）自我の活動として、自我は常に「何かに向かおうと努める力」（Streben）を発揮する。論中、再三目にするこの原語は、第一義的には「努力」の意味だが、ここでは倫理的なふくみはなく、むしろ「志向性」の意。例えば、nach dem Mittelpunkte *strebende* Kraft「中心に向かう力」〔求心力〕のように。

(18)「自己自身を規定する作用〔働き〕」(das Sich-selbst-Bestimmen)は、端的に「自己規定作用」として、後年のヘーゲル基本用語に定着する。この一節の前後には、後年のヘーゲル用語が多く見受けられる。例えば、「自己の外に措定されて在ること」(ein Außersichgesetztsein)すなわち、「自己外被措定有」もその一つ。

(19)本節の小見出しは、この一節の傍点の箇所を採用した。この点に関してのヘーゲル自身の論究は、本節の末尾に見える。一般論としては、フィヒテの書中、『全知識学の基礎』および『道徳論の体系』参照(vgl. Fichte, Werke. Bd. 1. S. 285-322, および Bd. 4. S. 76-88)。

(20)この箇所につき、もう一つの拙訳を付記しておく。——「知性の制約として、〔フィヒテは〕ある根源的な規定性を要請することになる。このことは、以前には、(純粋意識は何ら完全な意識ではないがために)経験的意識へと進展がなされねばならないという必然性として、現われたものであった」(vgl. H. S. Harris, p. 136)。

(21)この箇所でいう「反省するもの」(das Reflektierende)とは、自由な活動としての自我のことで、これに対して「反省されるもの」(das Reflektierte)は、前者の自己否定として産出された「自然」としての自我のこと。前者は働きの能動態(主体)であり、後者はその作用を受けたもの(客観)で、その両者の関係が、ここでは自我の一現象が他の現象に及ぼす支配・被支配の関係として考えられている。

(22) 自我の〔客観的活動としての〕自然的衝動と、自我の〔自由のための〕自由の衝動とは、それぞれその目標を目指すことになる。つまり、一方の自然的衝動は、享楽を目指し、他方の自由の衝動は、自由それ自身を目指すわけである。――なお、序《つい》でながら、この箇所までの文脈は、本節の小見出し「自然に対する自我の関係」の視点に即して言えば、総じて、〔自我の〕自然と自由の相互関係が考察されている。しかも、その相互作用によって、自然は自由の拡張をもたらすとも言える。つまり、自我は客観へと関係することによって、客観への関係を拡張してゆくとともに、同時に自己自身をも拡張することになる。かくして、「知識学」は、その基礎づけを介して、いまや『道徳論の体系』へと拡大されてゆくのが見られる（vgl. H. S. Harris, p. 139）。

(23) この立場とは、前段の一節の主意をなすもので、自我から自立して無意識的に自己規定する働きをもつ「客観的自然」が、反省によって特徴づけられている立場を指す。高次の立場ながら、対立を内含するがゆえ、むしろ低次の立場と見なされる。

(24) 本節の冒頭にフィヒテの『自然法の体系』とあるのは、正確に言えば『知識学の原理による自然法の基礎』（一七九六―九七年）を指す。本書は、フィヒテの最初の体系的な実践哲学の書と見られる。なお周知のとおり、ヘーゲルはこの『差異』論文の発表の翌年にあたる一八〇二年、シェリングとの共同編集になる『哲学批判雑誌』を刊行するとともに、同誌に五本の論文を執筆している。そのうち、イエナ初期ヘーゲルの思想形成上とりわけ注目される論文の一つが、『信仰と知』であり、他の一つが『自然法の学問的取り扱い方について』である。それにしても、後者の「自然法」論文を若きヘーゲルに着想させた機縁の一つとして、われわれはフィヒテの前掲書を想定することができる(Hegel, Werke, Suhrkamp, Bd. 2. S. 436f.)。仮にもし、そう予想してよいとすれば、当面問題のこの箇所の一節も、あるいは追って公表されるはずの右「自然法」論文への一つの予備考察と見なしてよいかも知れない。

(25) 本節は、総じて、知識学の原理による「自然法論」におけるフィヒテの自然主義的法思想を念頭においてのヘーゲルの論究であるが、この箇所では、外界の領域に対する主観(個人)の関係として、フィヒテ独自の概念「所有すること」(Haben)の見解が指摘されている。すなわち、一定の法的な保護の下で、事物を所持し占有するという通俗的な「所有」の理解に反対して、フィヒテは「事物に対する所有の究極的根拠」として人間相互〔自己と他者と〕の承認の下で、これを個人の「自由な活動に向けての独占的〔排他的〕権利」と見なしたのである。右はある意味で、存在から活動へと自らの思惟方法を転じたフィヒテの立場ならではの、動的な「所有」理解と言えなくもないのである。

(26) フィヒテの知識学によれば、知性は、「自己自身を表象するものとして措定する自我」と規定される。これは、「理論的自我」のことで、なお言い換えると、「非我によって制限され規定されたものとして自己措定する自我」のことである。なお、この理論的自我は、さらに『自然法論』においては、「理性的存在者」(Vernunftwesen)とも規定されることになる(vgl. H. S. Harris, p. 143)。

(27) この箇所に見られるとおり、ヘーゲルは「導出」(Ableitung)と「演繹」(Deduktion)との二語を並べて使用しながら、その語の区別をどこにも説明していない。推察するにヘーゲルは、一方の「導出」については、ある種の初歩的ないし論理的関係にみられる単純で直接的な認識的方法を意味したものかと考えられる。これに対して、「演繹」の方は、先ずはより複雑で間接的な認識作法を意味し、しかも目的論的・道徳論的必然性が、あたかも「……すべし」(sollen)を示す論理的必然性とあいまって成立する認識的方法のごときを示唆したものか(vgl. H. S. Harris, p. 143f)。

(28) ここで言われる「二つの体系」とは、先ず「体系の適用」として、知識学の原理による『自然法の基礎』の部門がその一つ、他方は『道徳論の体系』がそれである。

(29) この箇所でいう「緊急国家」ないし「強制国家」(Notstaat)とは、われわれ人間の自然的条件を「緊急・強制状態」(Stand der Not)と見なす考え方に基づく国家を意味する。すなわち、ヘーゲルによると、フィヒテが『自然法の基礎』において念頭においている国家とは、「悟性の支配下にある共同体」、つまり悟性国家としての緊急国家と見なされるのである(vgl. H. S. Harris, p. 144)。

(30) 前記の訳注24・25を参照するだけでも、当『差異』論文を構想・執筆し、かつ刊行した当時の若きヘーゲルがどれほど熱心に同時代の精神的状況に対して関心事を傾注していたかが窺える。その際、ヘーゲルの読書の手控えらしきもの、例えば同時代の諸『雑誌』からの抜粋とその頁、またその注目された諸家の著書については、その初版本からの抜粋とその頁の注記が、目下のわれわれの注意をひく。当面のヘーゲル自身による原注については、ご覧のとおり、煩瑣な引用が目につくが、それらはすべて、フィヒテ『自然法の基礎』(一七九八年)からの引用と、それに関してのヘーゲルの注釈から成る。なお、引用頁が同書の初版のそれであるため、われわれとしては、同書所収の全集版でその頁を示した。

(31) フィヒテのいう国家は、市民社会ないし悟性国家の域を出ず、それゆえこの場合の国家は、一つの機械(eine Maschine)として考えられているという。なお、当『差異』論文とほぼ同時期の草稿と推定される「ドイツ憲法論」の緒論「国家の概念」のなかにも、右と同様の記述が見える。すなわち、「国家は、一つのバネが無数の歯車のすべてに運動を伝える一つの機械である」と。だが、この悟性国家がかく見なされる理由をより具体的に説明している箇所としては、『法哲学』のうち、§一八三を参照(Hegel, Werke, Suhrkamp, Bd. I. S. 481. vgl. H. S. Harris, p. 149)。

(32) 「正義はなされよ、たとえ世界は滅びるにしても」(Fiat justitia, (et) pereat mundus)この格言は、ドイツ皇帝フェルディナント一世(Ferdinand I, 1503-64)の言葉とされる。因に、直訳では、「正義はなされよ、而して世界は滅びよ」となる。

(33) カントの言葉「正義は行われよ、たとえ世界の諸悪がすべて滅ぶとも」は、『永久平和論』(一七九五年)の付録一「永久平和の見地での道徳と政治の不一致」につき論究した一節に、前注32の格言が引用され、それに対してカントが自らの注釈を加えたものである。なお、右の付録の見出しのもとで、カントは自らの政治哲学の一端を披露しているのだが、その際カントの語りの枕詞として、先のラテン語の格言は、見事な役割をつとめている。ヘーゲルの原典《テキスト》の背後には、この箇所の文脈が巧妙に反映しているように推考される。

(34) A章の訳注30を参照。この箇所では、フィヒテを批評しながら、シェリングの用語を挿入することで、筆者がシェリング哲学の支持者であることを暗示している。

(35) さしあたって「衝動」は、純粋衝動と客観的(自然的)衝動とに区別される。倫理的衝動は、この両者を含む意味で「混合されたもの」と言われる。

(36) この箇所で言われるカントの倫理学とは、『道徳の形而上学』(一七九七年)を指す。なお、この書は、第一部として「法論の形而上学」と、第二部「徳論の形而上学」〔形而上学的徳論〕から成る。当面の問題としては、後者の第二部のうち、「自己自身に対する完全な〔絶対的〕義務」の論述(これらの論述のいずれの項目に対しても「決疑論的問題」が付記されている)に関して、Werke, Bd. VI. S. 422f., 425f. 参照。

(37) この箇所で言われる「決疑論」(Kasuistik)とは、倫理の一般的根本原則を、良心の個別的事例に即して、いかに適用すべきか、という「実行」に関する倫理学の応用部門に属する。前注に指摘するカントの倫理学書において、人間の「自己自身に対する完全な義務」につき、カントはまず第一に、人間という動物的本性における自己保存を挙げる。人間は、自らの生命を保存するように義務づけられているのだが、仮にもし勝手に生を断つ行為にはしるとすれば、それこそ人間としての義務の行為に反対することではないか。故意に、自らの生命を断つことは、「自殺」と名づけられる。かくして、カントの徳論の第一章人間の義務につき、その第一項は「自殺について」である。——仮にもし国家存亡の危機に直面して、人間は自ら万死の中に邁進せんとするとき、この際の自殺〔行為〕なるものは果たして許されるか否か、これがこの際いう「決疑論的問い」の一例である。

(38) 「無差別点」(Indifferenzpunkt) という比喩は、磁力ないし磁気現象に由来するものである。磁気は、その性質上、まず「分極性」(Polarität) というあり方を示す。つまり、例えばN極〔A〕とS極〔B〕といった反対の力 (Potenz) が、互いに対立し合う両極を形成する。さて、この場合、一本の連続体において、両極が対峙し合いながら、交互に移行しようとする際、両者はその中間にある一定の場において、もはやいずれの極とも区別のつかないある種の無関心な状態をなす一種の合一体(同一性)を得ることになる。これがすなわち、言うところの「無差別点」である。この箇所でも、ヘーゲルはシェリングのこの用語を巧みに用いることで、自己の立場を表明してもいる (vgl. H. S. Harris, p. 151)。

(39) 本章〔B〕は、「フィヒテの体系の叙述」につき広範にわたるが、仮に末尾に小見出しをおき、「フィヒテの美的見解と道徳法則」としておく。そこで、この残余の部分においてヘーゲルは、フィヒテの『道徳論の体系』(一七九八年) 第三部第三章 (Werke, Bd. IV. S. 353ff.) §31〔美的芸術家の義務について〕の一節を拠りどころにして、後先を考えず自由に論評を加えている (vgl. H. S. Harris, p. 152)。

(40) 『道徳論の体系』(Werke, Bd. IV. S. 354f.)。

(41) 同書、全集、第四巻、三五三頁以下。——この箇所は、フィヒテの右同書の原文に即しつつ、ヘーゲルが自由に引用している一節、ラッソン版、ズールカンプ版ともに、イタリック体を採用しているが、本書では引用符を用いた（ベルリン・アカデミー社版〔東独版〕のそれに従った）。

(42) この箇所の許される訳文として、「自然は、〔いわゆる所与としての自然の他に〕もう一つの〔別の〕面、知性の所産であるという側面をもつ」との拙訳も可能であろう（vgl. H. S. Harris, p. 153）。

(43) この箇所でのヘーゲルの叙述によれば、自然には二つの側面があって、それについての見方も二通りあるという。そして、〔前文の〕初めの見解に従う者の場合は、しかじか、後の見解に従う場合は、これこれと、ヘーゲルは述べているが、これらの文意から、前文に示される初めの方の見解と後の方の見解とを推考することによって、この箇所の訳文を定めた。――因に、初めの見解とは、「われわれ自身の制限の所産として自然を見る立場」のことで、これを言い換えると、「空間的形態を物体そのものの内的充実の発現として見る立場〔その見方〕」を指す。これに対して、後の見解とは、「自然をわれわれの自由な観念的行為〔活動〕の所産として見る立場」のことで、これを言い換えると、「かく内的充実を伴った物体そのものの力の発現として自然を見る立場〔その見方〕」を指す。なお、これらの点に関しては、英訳者ハリスの注釈も参照されたい（vgl. H. S. Harris, p. 153）。

C　シェリングとフィヒテとの哲学原理の比較

（1）この箇所で言われる「妄想」（Schwärmerei）とは、一般的には我を忘れた熱狂とか宗教的狂信などを指す。同義語として知られる「夢想」（Träumerei）も、この場合同じ意味をもつ。因に、ヘーゲルは現象学の序文のなかで、哲学に無知な人びとは、この「夢想」という語をもって、断乎として哲学の刻印となしている、と評している。が、実はヘーゲルがここで主張したい点は、妄想にしても夢想にしても、言わば我を忘れての想念である以上、まずは「自己自身に関する意識」の欠如ではないかとの含みがある。それもあって、この一節は、同時代の思想運動のひとつ、「ロマン派の人びと」（Romantiker）に対するヘーゲルの批評とも解されよう。なおまた、「凝集」〔的想念〕も、拡散という反対の力によって制約されているとの意識を欠いている点で、これまた「自覚の欠如」と見なされもする。結論的に言えば、本書の末尾で著者ヘーゲルは、いま指摘するようなこれら対立する両極の分裂が、真に和解されている哲学の典型として、シェリングのそれを例示するのである（vgl. H. S. Harris, p. 156）。

（2）同一性とは「同一性と非同一性との同一性」である、というこの同一性に関する命題は、後年のヘーゲルの論理学においても、常に引き合いに出されるほど今や周知の定式だが、この存在論的規定の想念がこのとき一挙に結実したわけではない。本稿の成立する前年、ヘーゲルのフランクフルト時代の最終年に、幸いにも未定稿ながら遺された「一八〇〇年の体系断片」の中に、この同一性の命題によせる若きヘーゲルの執着のほどを窺わせる貴重な証言が見られる。この時期、ヘーゲルは多年の神学研究をひきずりながら、やっと哲学の方向へと一歩踏み出そうと決意していたと推考される。それゆえ、この当時の彼の関心事たる最高原理としての絶対〔的統一〕者は、多分に両義的なふくみをもつことになる。それは、スピノザの汎神論的な一者のようでありながら、しかし自然的実体ではなく、多様な関係や対立が同時に含まれているような一つの無限な生命体とでも言えようか。――このような文脈を受けて、前記の未定稿の断片に、こうある。すなわち、〔絶対的統一としての〕生とは、「結合と非結合との結合」である、と規定される。冒頭のごとき同一性に関する命題が成立するにあたっては、以上のような経緯があったものと推定されるのである。

(3) 「対立することと一つであること（Einssein）」とは、要するに、対立する概念という他者をうちにとり込み、これを介して一つになることで、いわゆる「否定的一者性」（die negative Einheit）を言うのであろう。

(4) この箇所の（　）の部分、「というのも」（denn）以下の従属文は、初版での扱いにならった。

(5) 『全知識学の基礎』第三部「実践の学の基礎」第五章の第二定理「自我は非我を、自我によって制限されたものとして定立する」の箇所の一節によれば、こうある。――「神性（Gottheit）に対しては、われわれの知識学は何らの内容をも持たないであろう。しかし、知識学は神に対しても形式上の正当性はもつであろう。というのも、知識学の形式は純粋理性そのものの形式だからである」（Werke, Bd. 1. S. 253）。

(6) 周知のように、カントの『純粋理性批判』の前半、原理論のうち、「概念の分析論」において、範疇《カテゴリー》としての機能をもつ純粋悟性概念が先行する「判断表」を拠りどころにして導出され、範疇の体系として整えられたものが、すなわちカントの「〔十二の〕範疇表」である。その全体は「量・質・関係・様相」の四綱目に区分され、それらの各々が三分法《トリアーデ》によって構成されている。カントによれば、各々の第三の範疇は、前二つの範疇の結合によって生じる、とされる。なお、テキストのこの箇所で当面の問題とされるのは、四綱目のうち「量」と「質」で、まず「量」の綱目は、「単一性・数多性・総体性」の三つの範疇から構成され、また「質」の綱目は、「実在性・否定性・制限性」の三つの範疇から構成される。（これをフィヒテ流に言えば、範疇は「自我・非我・絶対我」との論理展開を示すことになる。）ところで、この注に関係するテキストの本章の冒頭に、こうある。「フィヒテにおける主観＝客観の同一性は、主観的な主観＝客観の同一性にとどまっている」云々。この場合、主観＝客観の同一性が主観的とされるのは、両者のあいだに対立が残存していて、完全な綜合を達成し得ていない点で、フィヒテの綜合があくまで部分的綜合にとどまっているという意味である。それゆえ、対立を綜合する同一性と言っても、それは一種の「定量」（ein Quantum）にすぎぬとされる。なお、この定量という語は、ヘーゲル論理学の用語で、その量論によれば、量そのものを示す「純量」から一歩具体的となり、限定された一定の量を指す。この箇所に垣間見る範疇をめぐっての論究は、「イエナ体系構想」中、その巻頭に位置づけられるべき「イエナ論理学」の萌芽として注目に値する。

（7）前注とも重なるが、対立する両項を綜合するのに（依然として対立が存続し、部分的同一性にとどまっている以上）、この場合の主観と客観との差異の方は、質的であると言わざるをえない。ところで、この際ヘーゲルは、さまざまな内容を受け容れるに適した形式として、「定立《テーゼ》・反定立《アンチテーゼ》・綜合《ジュンテーゼ》」というカントの範疇方式に従って、論述を展開しようとする。カントの範疇の三分法は、フィヒテの場合、「自我・非我・〔当為としての〕絶対我」との形式をとり、さらにこの考え方がヘーゲルの場合には、論理学における最初の三分法「有・無・成」となって定着することになる。ただし、この箇所では、第一にフィヒテのいう「自我の定立」の代わりに、ヘーゲルは第一の範疇として「実在性」という語を用いる。かくして実在性は、第二の範疇〔フィヒテの非我に代わる非実在性〕も同様に、第三の範疇において、単に量的に措定されるにすぎない。さて、本節の末尾では、シェリング＝ヘーゲルの哲学的立場とフィヒテのそれとの対立が提示される。もし主観と客観との対立が、〔観念的でなく、逆に〕実在的である場合には、すなわち自我と自然の両方が相互に全体性を表明する場合には、対立する主観と客観との差異は、単に量的であるにすぎないと言われる。ところで、自我に関する反省を通じてフィヒテが確認した点は、主観的認識の限界を自覚したこと、端的に言うと同一性の原理を客観的に措定することの困難な点である。これに対して、シェリング＝ヘーゲルが自然に関する反省を通じて思い知ったことは、観念的な極の巧妙さだけでは、これが自己内在の点〔主観と客観との同一を示す点〕として措定されている如き絶対的抽象には到達しえないとの限界ではなかったか。それでも、シェリングの場合は、主観‐客観の差異はもはや質的ではなく、単に量的であるにすぎない。（ただし、フィヒテの場合は、対立する両者が質的差異にある点で、真の同一性に達する妨げとなっているとされる。）かくして、いまや〔シェリング＝ヘーゲルの〕同一性の原理は、観念・実在的一体となったもので、まさにこの場にあって、実在的なものにおいて観念的なものの通路が、あるいは客観において主観の通路が、またその逆の道も開かれていると言える。この絶対的同一性の原理こそ、唯一の質であり、真の絶対者に他ならない。「唯一の質」(die einige Qualität) である絶対者は、一つの定量〔フィヒテの当為は、この境地を指す〕であるはずはなく、むしろ全体性なのである。——一八〇一年当時の若きヘーゲルは、イエナ論理学を形成する途上にあって、その用語法の不十分さに加え、弁証法的方法論の未完成な状況にありながら、彼の天分になる思弁を傾け、およそ以上のような点を言いたかったものと推考される (vgl. Hegel, Premières Publications, Traduction, par M. Méry, notes, p. 184f.)。

(8) ヘーゲルがこの原注として、プラトンの『ティマイオス』から一節を引用するに際し、現代でも定本とされるステファヌス版『プラトン全集』(書中、マルシリオ・フィチーノのラテン語訳を所収、一七八一—八六年) 第十一巻を典拠としたことは、周知のとおりである。刊記から推して近世の古活字本だが、この原典につき訳者の寡聞によれば、わが恩師桝田啓三郎先生と旧知であったプラトン学者田中美知太郎氏旧蔵の稀覯本、いわゆる南ドイツ古都・「ツヴァイブリュッケン (Bipontium) 刊行本」こそ、まさしくそれであり、奇しくもヘーゲルはこの原典に基づき、いまわれわれが眼前にしている訳文を作成したに相違ないのである。当時、この原典の独訳書は存在しない (ただし、これより二年後に、次のごとき待望の独訳書が刊行された。すなわち、M・ヴィンディッシュマン『プラトンのティマイオス——本来の物理学の真なる典拠』、一八〇三年)。書中、比例関係について説くプラトンの語りの妙味に魅了されたか、ヘーゲルは後年「哲学史講義」を担当した際、そこでプラトンを語りその自然学を問題にするとき、きまってこの同じ箇所の一節を引用したようである。多年、おりにふれて見直され、講義中でも語られたりして当の訳文は、一八〇一年当時の論文中のそれに比して、はるかに読みやすくなっている。訳者は、後者を参照して当面の訳文を作成した。なお、英訳者ハリスも、訳文を作成するによほど苦心したものと見え、別にプラトン学者コーンフォードの訳文を並記して紹介しているほどである(vgl. H. S. Harris, p. 158)。

(9)「超越的」(transzendent)の語は、カントが『純粋理性批判』(B 351f.)で示したところを端的に言い換えれば、あらゆる可能な経験の限界を超えた実在(例えば、物自体のような存在)にかかわることを指す。ただし、カントはこのような実在の世界にかかわることによって生ずる認識の可能性を否定した。この際ヘーゲルは、このカント用語を介して、「思弁哲学が示す二分法の真の合一」の成立の可能性を模索している。が、このような超越的仮説によっては、「意識と無意識的なものとの合一」という偽りの仮象を生むばかりで、かえってそれに幻惑されかねないではないか、とヘーゲルは言うのである(vgl. H. S. Harris, p. 161)。

(10)この箇所は、当『差異』論文の仏訳者メリーの注釈によると、十八世紀末から十九世紀初頭にかけて影響力をもったフランスの生理学者ビシャー(Bichat, Marie F. Xavier, 1771–1802)の仕事のことを指しているものと推考される。が、この文脈に即して言えば、例えばかの生理学者による苦心の力学的解明とはいえ、「手で触知し得る」という初歩的なやり方を超え出られないではないか、とヘーゲルは言いたげである。それにしても、一八〇一年当時ヘーゲルが、こうした医学的文献にまで関心を向けることになったのは、同時期シェリングの医学界の動向に寄せる熱意の影響によるところと推考される。なお、後年の『エンチュクロペディー』第二篇「自然哲学」(三五五—五六節)では、まさしくビシャーの名を挙げてその著書からの引用が見られる。しかも、ラッソン版同書を継承したF・ニコリン＝D・ペゲラーによる同版に示された注釈によると、『生と死に関する生理学的研究』(改訂増補版、一八二二年)からの引用であることが指摘されている。後戻りして、イエナ期の体系構想中の「自然哲学」(一八〇五—〇六年)では、ビシャーの示す「交感神経」、つまり、彼の『生と死に関する生理学的研究』(初版一八〇〇年)より摘出された用語を媒介して、叙述を展開している。これをもう一歩遡って詮索すると、一八〇一年の『差異』論文の当面の箇所につき当たることになる。仏訳者メリーが示唆せんとする点を換言すれば、この箇所の一行を書いているヘーゲルの脳裏には、おそらくはビシャーの処女作『繊維〔細胞〕概説』(Traité des membranes, Paris, 1800)〔独訳、テュービンゲン、一八〇二年〕のことが去来していたのではあるまいか、ということである。この書では、細胞組織の構造とそれが演じるその役割、また腫瘍やポリープの形成などについて、才気に富む解説がなされている。——最後に、あと一言書き添えておきたい。先述のとおり、ヘーゲルがイエナ期の「自然哲学」(一八〇五—〇六年)を構想執筆中、一目したとされるビシャーの初版本は、正確には『生と死についての概説』(Traité de la vie et de la mort, Paris, 1800)との表題である。書中に、ビシャーの「生の定義」と言われるものがある。

それによると、「生とは、死に抗し耐えしのぶ機能の全体である」(La vie est l'ensemble des jonctions, qui resistent à la mort.) という。周知のとおり、ヘーゲルのイエナ期の成果『精神現象学』は、右にいう「体系構想」の翌年(一八〇七年)の刊行になるが、その序文にこうある。「死に耐えて死のなかに自己を支える生こそ、精神の生である」と。双方ともに、味わい深い言葉と言わなければならない。それにしてもヘーゲルが、彼にとって二次的資料でしかないと思われるこの種の書に対して、これほどまでに執着したのは、察するに、右に引用した一短文からでも窺われるその鋭い見識に共感したか、哲学者は即座に捨て去りがたい何かをそこに見出していたように推測されるのである(vgl. H. S. Harris, p. 162 ; M. Méry, op. cit., p. 185)。

(11) καταʹ ἐξοχὴν は、par excellance、つまり「典型的な意味での」とか、「優越的な」の意。この箇所は、自らの学を優越的な学であると主張するとすれば、僭越・軽率の誹《そし》りを免れまいとの含みをこめて、フィヒテのことを指しているのは明白である。

(12) カント『判断力批判』第二部、第一篇「目的論的判断力の分析論」(六二―六八節)参照(Werke, Akad. Bd. V. S. 362-84)。

(13) この箇所に見るヘーゲルの感性的悟性についての評言は、カント『判断力批判』第二部、第二篇「目的論的判断力の弁証法」の七七節中、とりわけ「直観的悟性」に対するカントの論究を指す。なお、目的論的判断力の弁証法のうち、ここでは、とくに前掲書中七五―七八節を参照。周知のとおりカントは、『純粋理性批判』でも、知的直観および直観的悟性について論究しているが、ヘーゲルがこの箇所でそれらに対する自らの意見を展開するのに、どちらかと言うと、第一批判書のそれよりむしろ、第三批判書でのカントの叙述の仕方の方が自らの論拠として、より馴染みやすかったのではないか、と推考される。当面の問題であるカントの「知的直観および直観的悟性」についての考え方を、フィヒテ流儀に変更しようとする試み（Werke, I. S. 471–74）は、さらに徹底してその変更を企てようとしていたシェリング＝ヘーゲルの前途に対して、ある種の光を投じたと言えるかも知れない（vgl. H. S. Harris, p. 763）。

（14） ヘーゲルは、ここで直ちにカントの自然哲学に注意を向ける。本文数行あとに、原注としても提示される『自然科学の形而上学的諸原理』（一七八六年）が、それである。

（15） この箇所での問題提起としては、まず『純粋理性批判』におけるカントの範疇論（B 110）に関係する。周知のように、その範疇表は、「量・質・関係・様相」という四綱目に基づいて構成される。そのうち、まず量と質からなる数学的範疇と、関係と様相からなる力学的範疇とに大別される。一方、数学的範疇は、純粋直観・経験的直観の対象に向けられ、これに対して力学的範疇の方は、これら直観の諸対象の現存在《エクシステンツ》に向けられる、と言われる。ところで、この第一批判書（第二版）公表の前年（一七八六年）の刊行になる『自然科学の形而上学的諸原理』にも、範疇表に対する注解が見られる。実を言うと、当面の箇所におけるヘーゲルの論究は、第一批判書のそれより、むしろカントの後者の書中に見られる形而上学的原理に基づく論述を念頭にしていると推考される。Werke, Akad. Bd. IV. S. 467–79 ; S. 496–553.（vgl. H. S. Harris, p. 164）。

(16)　この箇所の文意は、前後の用語を補って解釈すると、次のようになろう。――カントにおける自然の諸概念は、元来、「範疇」と呼ばれる悟性法則による自然に対する図式である以上、主観的である。それゆえ、これら諸概念は、自然そのものにとっては、単に偶然的であると言わざるを得ない。同様にして、客観そのものとしての自然は、これまた単に主観的な諸概念から見ると、偶然的なものにすぎないのである。要するに、カントの自然概念は、自然そのものに即して証明されたものでなく、「範疇」から演繹されたものである以上、主観的であると言わざるを得ない、ということである。――なお、前注でもふれたとおり、カントの『自然科学の形而上学的諸原理』の書を拠りどころにして、この箇所はヘーゲルのカント批評の特徴が鮮明にみられる。

(17)　この文脈の流れからして、数行前の箇所では、ヴォルフ流の目的論とこれに対するカントの立場が念頭におかれているように見える。が、この箇所では、ヘーゲルはカントの立場よりも、むしろフィヒテの先験的演繹を念頭においているように見える。

(18)　原注に指摘されているヤコービの『フィヒテ宛書簡』(一七九九年刊)のうち、ヘーゲルによる引用の箇所は、次のとおりである。――「われわれの学は、単に学のようなものとして受けとられようと、人間精神が暇つぶしに考案した遊びでしかない。これらの遊びを考案するなかで、人間精神は、真なるものの認識にはわずかながらも接近することがないにせよ、ただその非知を組織化するにすぎない」(Jacobi, Werke, Bd. III, S. 29.)。それにしても、ヘーゲルの引用は、他の場合もそうだが、必ずしも厳密ではない。右にいう「われわれの学」の箇所は、自らの文意に即して「諸々の体系」に改められている（vgl. H. S. Harris, p. 166）。

(19) ズールカンプ版によると、この場合、「無限なものの包摂」（*Ein*wicklung des Unendlichen）の語は、むしろこの箇所の文意としては「無限なものの展開」（Entwicklung）との意ではないのか、と指摘されている。訳者は、ズールカンプ版の意に解した。

(20) 「相互外在性」とは、ein Außereinander の訳語としてあてたが、ある存在のあり方として、相互に外在的に存在すること、〔分散的に〕並存することをいう。例えば、時間のあり方を説明しようとして、いま・いま・……の諸部分は「並存」するようでありながら、「時間」という客観性の全体を離れて何ら存在することはない、という具合にこの用語が用いられる。後年のヘーゲル用語が、このような文脈のなかで用いられている点に着目しておきたい。なお、この箇所の本文（原文）にカッコはないが、右用語を説明する挿入句であるため、訳文構成上これを用いた。

(21) 自由の仮象である恣意は、なるほどそれもまた一つの自由であるに違いないが、実は必然性をすっかり捨象した自由にすぎず、言うなれば「全体性としての自由」をすっかり捨象した自由に他ならない、との意。

(22) 自由が、「ある個別的領域の内部に」（innerhalb einer einzelnen Sphäre）措定される場合とは、一体何を示唆しているのか。——例えば、ある単独者の心中に、自由な想念・気ままな思いつきが生じたと仮定しよう。そして、その個人的な恣意が動因となって、日常生活のなかで不慮の事故を誘発したとする。さて、この場合の当の気ままな思いつき、つまり「自由の仮象である恣意」こそ、「全体性としての自由」を脅かす行為の原因に他ならない。それこそ、ひいては国民の自治権までも侵害することにならんとも限らないのである（vgl. H. S. Harris, p. 167）。

（23）本節は、表面的には、「フィヒテとシェリングとの哲学原理の比較」のもとで、なお各論の吟味検討という点にも充てられているが、実際にはシェリング＝ヘーゲルの立場から受けとめられた「フィヒテ批判」と解される。執拗にシェリングの用語が用いられている点に接して、われわれ読者はいささか狼狽するに相違ない。この箇所もその一つで、「無差別点」（Indifferenzpunkt）とか「両極性」（Polarität）のうち、一方の極への分化といったシェリング用語を駆使しながら、当の『差異』論文の筆者は、シェリング＝ヘーゲルの立場を巧妙に展開しようとしているとも言える。なお、この箇所の自然観にもシェリングの影響が認められる。――自然は「静止せる存在」（ein ruhendes Sein）でなく、むしろ同時に生成するもの（ein Werden）でもある。自然の無意識的展開は、言うなれば生命力（die lebendige Kraft）の反映である、とも解されるのである。

（24）この箇所を含む一節は、いささか難解である。ここは段落ではないが、内容上、文意の切れ目に相当する。英訳者ハリスの意をくみ、訳文を作成したので、重複をおそれず一つの注釈を付記しておきたい。――非有機的自然の体系の産出も、客観的直観の世界の産出も、実はこの同一性による産出に他ならないのだが、当の同一性はその産出行為を反省することがない産出〔活動〕である、との意。それゆえ、この場合の両者、つまり非有機的自然の体系と客観的直観の世界は、理論的部門の対象であると見られる（vgl. H. S. Harris, p. 168）。

(25) この箇所の但し書きは、本文のつけたりにすぎない。しかし、ケプラーの法則に基づく惑星の楕円軌道の構造が、この箇所では、二つの「無差別点」(焦点)というシェリングの用語とその考え方を媒介として想像される。すなわち、一八〇一年、当『差異』論文をもってイエナの哲学界に登場した若きヘーゲルは、同年に別途、〔大学教師〕就職論文として『惑星軌道に関する哲学的論文』をもって、イエナ大学の教壇に立つこととなった。因に、英訳者ハリスも指摘しているとおり、ヘーゲルの当の天体論は、最初ドイツ語で下書きが作成され、しかる後、慣例にならってラテン語に仕立て直されたものと推考される。それゆえ、この『差異』論文と天体論とは、表裏一体の言わば姉妹篇を成す処女作で、大方フランクフルト時代の最終年の一八〇〇年には稿本が成立していたものに相違ないのである(vgl. H. S. Harris, p. 169)。

(26) イタリアの物理学者ヴォルタ(1745–1827)の「電堆・電池」理論とその成果が、一八〇〇年頃ヨーロッパで話題となった。この一行には、同時代のそうした学的業績の動向の一面を反映していて、わが哲学者の関心事の鋭さを窺わせる。文中に見える「非有機的過程の第三の物体」とは、ヴォルタの説くところによると、「二種の金属と一つの液体で回路をつくれば起電力を生ずる」というもので、この場合、亜鉛(負極)と銅(正極)の両極を媒介する第三物体が、希硫酸であることを示す(vgl. M. Méry, op. cit. p. 186f)。

(27) 「自然として自己構成する同一性が、知性として自己構成する同一性へと移行する際の、双方の媒介項あるいは転換点」とは、あえて言えば、「自然の光の内面化」(das Innerlichwerden des Lichts der Natur)ではないか、とヘーゲルは提言する。当『差異』論文の著者は、総じてシェリング＝ヘーゲルの立場をとりながら、一方ではこれを隠れ蓑にして、大胆な論理を展開しもする。この箇所は、しかしわが友シェリング流に言えばとして、右の「自然の光の内面化」につき、シェリングの用語をもって換言せんとする。わが友の発言の出所を示すに、ここの原注には、『思弁的物理学雑誌』（全二巻、一八〇〇―〇一年）の参照頁の記載があるだけである。（なお、本書冒頭の訳注を参照。）シェリングの注目すべき論文「わが哲学体系の叙述」は、右同誌（第二巻、第二分冊）の所収になるのであり、ヘーゲルの引用は、それによる。いま、その箇所をシェリングの言葉にもどせば、こうである。――「重力のうちに光が先ず降りかかるというのも、観念的原理が実在的なもの一般のうちに最初に降りかかる〔かかる光景を〕経験的な仕方で叙述するのは、不可能なことである」（Werke, Bd. Ⅳ. S. 205）が、それにしてもヘーゲルは、当面問題の観念的なものと実在的なものとの触れ合う接点、そんな言語を絶した光景を、あたかも「閃光の点」のごとし、と言いたかったものと推考される。

（28）ヘーゲルは、周知のように生涯を通して、キリスト教の三位一体の教義の解釈に関心をもち続けたが、この箇所にもその一端が窺われる。「父と子と聖霊」という三位一体のうち、子は第二位のペルソナ〔位格〕として、ロゴスないし「神の言」と同一視される。つまり、ヨハネ「福音書」によれば、イエスは神の言が肉をとったものと規定されている。「使徒行伝」によると、父なる神は世界を創造したのだが、子は〔世界の創造以前に〕父によりもうけられたのである。ヘーゲルが聖書から受けた影響としては、「創世記」や「使徒行伝」よりむしろ、ヨハネ「福音書」によるところが大であったと推考される。一八〇三年より翌〇四年までの時期に、ヘーゲルが三位一体の教義に基づいて、「神聖な三角形について」(断片)を構想し、彼の自然哲学を簡略に論じていることは注目に値する(vgl. H. S. Harris, p. 171 ; K. Rosnkranz, Hegels Leben, S. 101-02, S. 133-41)。

(29) 目下、われわれの読むこの箇所の行間には、ある種の思想上の余韻が漂っていて、つい先年、当地イエナ思想界で起きた宗教思想上の忌々しい事件を想起させる。——一七九八年、当時イエナ大学教授フィヒテは、同僚F・ニートハンマーと『哲学雑誌』を共同編集していたが、その際F・フォールベルクの論文「宗教概念の発展」の寄稿を受理した。これが外的機縁をなして、フィヒテの後日問題となる論文「神の世界支配に対するわれわれの信仰の根拠について」が作成され、前記の論文への序文とし、合わせて同誌(Philosophisches Journal, 1798, Heft I)に掲載された。当論文の発表直後に、「無神論」と誹謗されたのに続き、翌一七九九年には、ドレスデンの宗教局は当の『哲学雑誌』を没収し、問題のフィヒテとフォールベルク両人を譴責したばかりか、かてて加えてヴァイマール当局にその処罰を要求した。これらに対するフィヒテの自己弁明を介して、ついに大学評議会によるフィヒテの教授辞職の承認にまで及び、事態はいよいよ「無神論論争」という宗教思想上の忌々しい事件にまで発展した。が、事の顚末としては、一七九九年の夏、フィヒテ三十七歳、五年間に及ぶ華やかな著作活動の成果をのこし、イエナ大学を去って、当面一私人として生きんがため、ベルリンに転じたことで、表面的には一件落着したかに見える。それにしても、事がどうであれ、フィヒテの信念としては、終始自ら一キリスト者をもって任じていたということであり、問題は実体としての神の承認にあるのではなく、彼のうちでは道徳的世界秩序こそ神であり、そうした神に対する信仰がわれわれ自身の道徳的行為の根拠をなす、と見なされるのである。英訳者ハリスの一行の注は、かの「無神論論争」の起点をなしたフィヒテの前記論文（Werke, Bd. V. S. 184）の指摘にあるが、実はそれを介して垣間見られる同時代の思想的動向までも示唆してくれる（vgl. H. S. Harris, p. 172）。

（30）「理性の境界標」（Grenzpfähle der Vernunft）との語は、この箇所の数行前にも決まり文句のように用いられているが、むしろ翌一八〇二年の注目すべき論文『信仰と知』の序論および本論冒頭でも、この語の真意・主旨が吟味され、さらにその由来が明確に指摘されており、この方がわかり易い。というのも、ヘーゲルはロックの『人間悟性論』（Versuch vom menschlichen Verstande）の序論から原文を引き、その本文に即してロックが悟性能力を検討しての結果、当の悟性能力により「把握され得る部分」と「把握され得ない部分」との間の境界を示す境界標を見出すに至る経緯を平易に紹介しているからである。ただし、ロックの人間悟性論に即して言えば、境界標は「悟性の境界標」の意味になろうが、「先の伝統の上に立って」表現するなら、むしろ「理性の境界標」ではないかとヘーゲルは言いたかったのであろう（vgl. H. S. Harris, p. 173）。

D　ラインホルトの見解とその哲学について

（1）　順序からすると、D〔第四章〕に相当するが、初版にはこの箇所を示す「見出し」がなく、ただ数行分の余白の間をおいて、本文が始まる体裁になっている。初版を踏襲する以上、グロックナー版もラッソン版も同じである。本書は、凡例に記すとおり、目次に関しては、仏訳者メリーの作成したひな型を範例として、よりよくこれを再考・再現につとめはしたが、本章についてはかえって、内容が多岐にわたってやむなしとはいえ、目次の項目がいささか詳細にすぎたかも知れない。それゆえ、この箇所の冒頭にD〔ラインホルトの見解とその哲学について〕と示すように、以下の見出し・項目のつけ足しは、いずれもこの〔 〕つきのつもりで読み流し願いたい。そう考えると、初版の体裁に立ち帰ることになり、苦心の「つけ足し」もあってよし、またなくてよし、と言えるかも知れない（vgl. H. S. Harris, p. 174）。

（2）原注が付せられて注目される「自我性」（die Ichheit）なる用語を含むこの一節の原文は、次のとおりである。すなわち、das Prinzip des Begreiflichen der Subjektivität, die Ichheit ―― この箇所は、ハリスの明解な英訳文にたすけられて、ご覧の本文の訳文を作成した。なお、原注に指示されたラインホルトの『寄与』のうち、当の参照箇所については、「決定版全集」にラインホルトの原文が手際よく引用されている（ibid., Anmerkungen, S. 565）。だが、それを検するかぎり、当面問題のシェリングの「同一哲学」の根本思想について、適切に指摘されている語句は見当たらない。それゆえ、「自我性」云々の一節は、ラインホルトのそれでなく、むしろヘーゲル自身によるシェリング理解を示す言葉のようにも解せられ、あたかもそれはラインホルトも及ばないシェリング解釈の高さを誇示するヘーゲルの自負のようにも推考される。

（3）この箇所を初版で見ると、引用符が付せられていて次のとおりである。「シェリングの創見はと言えば、絶対者は単なる主観性でない限り、単なる客観性あるいは自然そのものでしかなく、またそれ以外の何ものでもあり得ないということである」。さらに続けて、「ここまでに至る道は、絶対者を知性と自然との絶対的同一性のうちに措定することである」。——なお、この一節に付せられた原注＊の引用文（Beyträge, S. 86-87）は、同原注＊＊のそれ（ebenda, S. 85-86）に続くものであり、「完全版全集」の注記（Anmerkungen, S. 565）にてらしてみても、この箇所でのヘーゲルの引用は正確であることが窺われる。

（4）この箇所は、初版によれば、次に見られるように引用符が用いられている。この引用文を主張する当事者は、ラインホルトであるが、しかし『寄与』の該当箇所（Beyträge, S. 85-89）を見るかぎり、当面問題のシェリングの著書から引用を交じえての考察は見られないばかりか、またシェリングの体系を初めて論究するにあたって、明確な箇所を例証として引き合いに出して語っているとされる箇所も見当たらない（vgl. H. S. Harris, p. 175）。

（5）英訳者ハリスも指摘するように、ヘーゲルがイエナに到来した一八〇一年の初め、彼は旧友シェリングの編集になる『思弁的物理学雑誌』（第二巻、一八〇一年刊）を一覧し、たちまち同誌所載論文中、とりわけシェリングの二つの論文に注目した。一つは、「エッシェンマイヤー氏の論説への追加——自然哲学の真の概念とその自然哲学上の諸問題を解くための正しいやり方について」（同、第一分冊所収）であり、他は「わが哲学体系の叙述」（同、第二分冊所収）である（vgl. H. S. Harris, p. 176）。

（6）『思弁的物理学雑誌』（第一巻、第二分冊、一八〇〇年刊）に所載のシェリングの論文「力動的過程あるいは自然学のカテゴリーの一般的演繹」を指す。――因に、前注にも関連するため、一言付記しておきたい。一七九七年シェリングは二十二歳にして自然哲学の処女作として『自然哲学への理念』を刊行して以来、一七九九年に『自然哲学の体系の第一草案』および『自然哲学の体系の草案への序論』などを着実に刊行するという若きシェリングの多彩な観点による成果は、彼の学説上、周知のように「自然哲学期」と呼ばれる。かてて加えてシェリング自身がわが学的成果を学界に周知せしめ、かつ自然哲学上のこの領域をさらに論究する場として、自らの編集による専門雑誌の刊行を企画したのは、一七九九年春にさかのぼる。かくして、当の企画が『思弁的物理学雑誌』として実現し、その第一巻（第一分冊）の刊行は、一八〇〇年の初め、同第二分冊の刊行は同年九月のことで、目下ヘーゲルがこの本文において、読者に注意を喚起しているのは、この冊子を指すのである。

（7）前注6に基づき、シェリングの論文からの引用であるが、ヘーゲル自身により省略されたり、簡略化された文章に変更されたり、きわめて自由な引用であることがわかる。―― vgl. F. W. J. Schelling : Zeitschrift für spekulative Physik, Bd. I. (hrsg. von M. Ourner, F. Meiner, 2001) S. 164.

（8）『思弁的物理学雑誌』（第二巻、第一分冊、一八〇一年刊）所載論文「自然哲学の真の概念について」一一九頁以下参照。

（9）この箇所において、ヘーゲルが何を言いたかったか、あえて要点を言えば、こうであろうか。――ラインホルト流に見ると、シェリングの哲学的原理というのは、思弁のゆきつくところとして、あたかも常軌逸脱（迷い）による極度の行き詰まり、「精神的錯乱」（Geistesverirrung）のごとくにしか受けとめられないのではないか、とヘーゲルは言いたかったように思われる（vgl. H. S. Harris, p. 177）。

（10）この箇所の原語は、die westliche Lokalität der Bildungで、「教養形成〔文化圏〕の西方地域性」の意であるが、英訳者ハリスはthe western locality of the cultureの訳をあてている（vgl. H. S. Harris, p. 177）。

（11）現代の読者であるわれわれにとっては、ドルバック（d'Holbach, 1723-89）は、十八世紀フランスの唯物論の哲学者として著名で、その主著が『自然の体系』であることは周知のとおりである。が、ヘーゲルは当『差異』論文の初版において、単にフランス語による原書名を記載しているだけで、何らの注も付記していない。ズールカンプ版では、右に欠けているその著者名を補って、d'Holbach, Système de la nature, 1770と記して、原注としている。

ところで、正確に標記すると、『自然の体系、あるいは自然界〔物質的世界〕および道徳界〔精神的世界〕の諸法則について、故ミラボー氏著』（ロンドン、一七七〇年刊）——何と厳《おごそ》かな書名を冠せられた書物であろうか。これほどの著作を書きえた著者は一体誰か。「刊行者の序」によると、ある学者の書庫のなかで、この著作の写本が発見され、当の写本の冒頭に添付された覚え書きから、本書の著者は一七六〇年フランス・アカデミー書記官として死亡した故ミラボー氏であることが知られ、しかもその伝記が添えられている。だが、この大冊の書を開き内容を検するに、それは十八世紀フランスのあらゆる進歩思想が見事に体系化されており、

第一部は著者の物質観・自然観に基づく唯物論思想の形成、第二部はそれに基づく無神論的世界観の展開に充てられたものである点が判明する。――それにしても、これほどの書を企てた者は誰か。実を言うと、本書の著者は、当時その思想書に対する当局の弾圧の厳しさを憂慮して、また周りの者の配慮もあって、ミラボーなる仮名のもとに身を隠し、慎重にも前記のような「刊行者の序」を用意したのであった。それゆえ、本当の著者を知る周りの限られた者たちの間では、世人をして「唯物論のバイブル」とまで言わしめた書を構想しうるのは、ドイツ生まれのかのホルバッハ男爵の他にはないことが知られていた。しかるに、一般の知識層を含む世間では、長らく右のごとき著者の「作為」に妨げられて、真の著者は突き止められなかった。実際、当訳注の冒頭に記すごときドルバックに関する共通観念が思想上定着するようになるのは、十八世紀フランスの同時代の思想的状況が周知のものとなる十九世紀初頭に入ってからだというのが定説である。

さて、以上のような状況下におかれた書『自然の体系』に関心をよせ、自らの見識を披露しているヘーゲルにもう一度話題を戻そう。ヘーゲルの学識が最もよく発揮されている最適の例として、かの『哲学史講義』、一八〇五年、当地イエナ大学でその最初の講義担当、そして一八三一年、ベルリン大学で当人の突然の死をもって最終講義となったそれを、いまボーラント版の手引きで検討してみる。ヘーゲルは、そこで先ずこう語っている。――十八世紀フランス哲学においては、宗教に矛先を向ける傾向として、唯物論、無神論、自然主義へと突き進むことになるが、「ここでは『自然の体系』の著者とされるミラボーをまず挙げねばならない」と。

〔この箇所に付したボーラントの脚注は詳細で範、当面の訳者の注はあらまし、これに準拠している。〕この同じ一節中、話題が二転三転し、数頁後に再びもとの話題に立ち返った箇所では、こうある。「一ドイツ人ホルバッハ男爵によってパリで書かれた主著『自然の体系』は、生気のない内容のあまり読者は直ちに退屈してしまうであろう」と。『自然の体系』という同一の書に対して、前者は情報不足のゆえにミラボーを原著者としている非はあれ、その語りは熱いものを感じさせる。後者の一文は、正しい情報に基づき後年に書き改めたと推考されるが、もの静かな老境の語りを思わせる。『差異』論文では、見られるとおり、著者名を除き、一無名氏の『自然の体系』が話題とされていて、何とも意味深長な含みを残している。——われわれの哲学者が、若き日に巡り会った一冊の書物をめぐって、かくも三十年に及ぶ歳月のいずれかの時どき、以上のごとく三たび感想を提示した。瑣事ながら、訳者にとっても学友と共に何度かこれを考える機会があって忘れがたき一節、注記としてとどめておきたい（vgl. Hegels Vorlesungen über die Geschichte der Philosophie, hrsg. von Bolland, S. 964-68）。

（12）ラインホルトが『寄与』において実際に述べているのは、次のとおりである。「哲学のなかに、無限なものという絶対的有限性を導入することは、シェリングのためにとって置かれていたのである」（同書、第一分冊、八五頁——vgl. H. S. Harris, p. 178）。

（13）『新ドイツ・メルクール誌』（Neuer Deutscher Merkur, 1801, Stücke 3）にラインホルトが寄せた論説に付記された注によれば、「この小論文は、わが論叢『寄与』（第二分冊）に所載の論文の断章である」と記されている。これによってヘーゲルは、ラインホルトが目指さんとする企てを察知した。なお、右の『寄与』の論文（同書、第二分冊、一〇四―四〇頁）は、次のとおり。すなわち、「カント学派の実践哲学の原理としての自律性とフィヒテ＝シェリング派の哲学全体の原理としての自律性について」が、それである（vgl. H. S. Harris, p. 178）。

（14）ラインホルトによるフィヒテおよびシェリングの哲学に対する批判が転じて、スキャンダラスな人身攻撃まがいの「語り方」になったことを指す。原注＊＊＊に特記してまで、ヘーゲルとしてはラインホルトの弁説の波紋のことを示しておきたかったのであろう。

（15）ラインホルトが自ら語るところの「哲学的経歴」は、『寄与』（第一分冊）の序文および一一八―三四頁参照。

（16）この一節の引用文は、一本の文章になっているが、実を言うと、『寄与』の書中の目下参照すべき頁の箇所では、「ラインホルトによるバルディリ宛の手紙」が二つの文に分断されているのを、ヘーゲルが引用するにあたって、一本の文章に仕立て直したものである。この箇所の訳文を作成するに際して、この場合はとくに、独語を母語とするツェルフが下読みしたのをもとに、ハリスが最終決定して作成したとされる英訳本に依拠した（vgl. H. S. Harris & W. Cerf, p. 179）。

（17）この一節中のいくつかの引用符は、段落までいずれも、ラインホルトの『寄与』序文からの引用であることを示すが、各版によって引用符の位置が多少異なっている。この箇所は、本書の初版とほぼ同様であるズールカンプ版に依拠した。なお、この箇所の「超越論的革命」とは、バルディリの論理学がもたらした一時的功績とその後の余波を指すとみられる。

（18） 哲学を論理学に移し変えるとの課題は、かつて本書の「序文」の冒頭で提起された問題と重複する。「序文」の当該箇所に付記した訳注2を参照。――ラインホルトは、バルディリの『第一論理学綱要』に着目し、この書こそ、何よりも哲学を論理学に還元することによって、ドイツ哲学に革命をもたらそうと意図した宣言の書であると見た。「序文」では、問題提起にすぎなかったこの問題が、以下において再検討されることになる。

（19） A章のうち、I「哲学体系についての歴史的見解」の後半から末尾を参照。

（20） この箇所の叙述は、原注の指摘により、ラインホルトの『寄与』に依拠するものであることが明白である。なお、ズールカンプ版で省略されている引用符を、初版によって補うと次のとおりである。――ひとは「真なるものに即して原真理に出合い、また原真理を介して真なるものに」辿りつく云々。この際、ラインホルトの言わんとする「真なるもの」（das Wahre）の手前にある「原真理」（das Urwahre）とは、「根源的真理」と解してもよいであろう（vgl. H. S. Harris, p. 180）。

（21） この箇所を含め、後ほど何度か使用されることになる「素材」（Stoff）なる語は、この書中、最も漠然としたカテゴリーである。それは、質料のうちでも、生《なま》の「原料」に相当するから、かく「素材」と呼ばれるゆえんである。素材が具体化して「質料」と言われるとき、それは「形式」と区別されうる。かくして、質料の側と形式の側とは、対立し合う関係になる。周知のように、アリストテレスでは、実体的なものとして「質料」は「形相」と相関的な概念として使用されているとおりである。本質的なものとしての「形相」〔形式〕は、可能態としての

「質料」に対立する。しかしまた一方では、偶有的なものとしての「形式」は、転じて「内容」に対立するとも言える。ところで、具体的事物でもある「物質」（Materie）が総じて「精神」（Geist）に対置されるところから、「唯物論」は通常「観念論」に対置される。が、むしろ実を言えば、ideal（理念・観念的）は、real（実質・実在的）に対比されると言うべきであろう。この点からすると、「物質たる性質」は端的に「精神的たること」に対比されるのが妥当であろう。以上のことどもに関連して、後ほどわれわれは、Materiatur（素材そのもの・素材自体）なる概念に出合うことになろう。この語は、バルディリの「原料」のことで、冒頭の「素材」（Stoff）と同意語に相当する。それはまた、バルディリの「第一質料」に該当するとも言えるが、この「素材そのもの」は、「思惟の適用」によって補充された「形式」に対置されるとも言える（vgl. H. S. Harris, p. 181）。

(22) 以下の一節は、原注の指示により、ラインホルトの『寄与』に依拠するものであることが知られる。ズールカンプ版では、該当する全文をイタリック体で表示している。和文では、この箇所の全文に傍点を付すのが慣例であるが、長文で読みづらくなるため、ここは訳者の判断で初版に従って引用符つきに戻した。その第一行目、ラインホルトは一人称表記によって、「人は真理への信仰とは何かと、〔私に〕問うてはならない」と書いている。この箇所を、引用者ヘーゲルは、自らの意図により、「彼〔ラインホルト当人〕に問うてはならない」と変更してはいるが、的確な引用文を作成している（vgl. H. S. Harris, p. 182）。

(23) この箇所の本文中に頁数だけが指示されて一見唐突だが、直前の原注から推して『寄与』一四三頁参照の意味であることが判明する。それによると、当論文の筆者（ラインホルト）も、かつて「イエナ時代」（一七八七—九四年）に、かの「魔術仲間《サークル》」（Zauberkreis）の一員であったことを告白している。当時イエナでは、ゲーテ、シラーおよびシュレーゲル兄弟などを中心として、若き詩人や文学者たちによるロマン主義の運動に加え、かつまた学問研究の場として大学がその主役を演じさえした。ラインホルトのいわゆる「イエナ時代」は、かくのごとく文学・思想運動、そして学術研究の上に、なおフランス革命の余波を受けて政治的・文学的「理想主義」が加わり、それらが一つになって、おりから全民衆があたかも魔術に魅せられたかの如く熱狂的であったとも言える。それらの時代のある時期、確かにラインホルトは、哲学思想上かの「魔術仲間《サークル》」の旗手をつとめたこともあったが、幸い北方の静穏な風土に包まれたキール大学の招聘を受けて、イエナの熱狂的状況から脱出したのであった。そして、一八〇一年、彼はこの北方の地にあって、当『寄与』を執筆し、往時のことどもを総括しているのである。当面の問題としての「フィヒテ＝シェリング流の魔術仲間《サークル》」のごときも、ラインホルトの評としては、一つの時代の小さな風潮にしかすぎぬ、と一笑に付されているかに思われる（vgl. H. S. Harris, p. 183）。

（24） この一節の最後の箇所だけが、引用符をもって表示されたとおり、ラインホルトの『寄与』（第一分冊、七三頁）からの直接の引用である。その他の箇所について、ラインホルト独自の何とも誇張された諷刺調の文体を引用符つきで直接引用することは、無名のヘーゲルにとっては憚《はばか》るところがあったのかも知れない。なお、今日の哲学史の常識では想像できないほど、当時の学界にあって、ラインホルトおよびヤコービは、フィヒテとさほど引けをとらない（若きシェリングのごときは遠く及ばないほど）輝かしい人物であったことを、われわれとしては再確認しておかねばならないのである（vgl. H. S. Harris, p. 184）。

（25） この箇所において、後年のヘーゲル哲学用語 an und für sich が、イタリック体で強調されて用いられている点に注意すべきである。

（26） 「思惟が知へと向上〔強化〕せしめられる」との訳文を読む限り、何ら特色を感じさせないが、原文（das Denken sich zum Wissen *potenziere*）で見れば直ちにシェリングの哲学用語「勢位《ポテンツ》」（Potenz）を反映させていることが読みとれる。些事ながら、この時期、シェリングの傘下に立って当論文を執筆しているヘーゲルの心遣いを思わせる。

（27） 「還元的哲学」（die reduzierte Philosophie）は、字義的には、「還元された哲学」ということ、すなわちそれによると、「哲学は単に蓋然的で仮定的な試みにして暫定的企てのごときものでよし、とされる」と言われる。仮にもし、哲学の仕事がこのような試みでよしとされるのであったら、一体どうして真理と知が生じてくるのであろうか、とヘーゲルは問いかける。この一節全体が、ヘーゲルによるラインホルト批判に終始していると推考される。

（28） 原文中、三人称中性 es は、直前の「原真理」（das Urwahre）を指すが、内容的には「哲学の前提」（die Voraussetzung der Philosophie）となるものを指す。

（29） カント『判断力批判』第二部第二篇「目的論的判断力の弁証論」中、七六節を参照（vgl. H. S. Harris, p. 186）。

(30) 「論理学に還元された哲学」と言われるものの真の仕事とは何かを考察するにあたって、ヘーゲルはラインホルトの『寄与』(第一分冊)九一頁を拠りどころとしている。この箇所に対して、著者による原注の付記はないが、英訳者ハリスに従って、右につき引用符を表示しておくことにした(vgl. H. S. Harris, p. 186)。

(31) 後年のヘーゲル哲学用語、「一にして同一的なもの」(ein und dasselbe)、あるいは「同じ一つのもの」との表現を介して、「純粋同一性」(die reine Identität)なる概念が成立している点に注目しておきたい。なお、この概念を説明するにあたって補助的に用いられている用語、つまり「相互外在性」(Außereinander)、「継起・継列存在」(Nacheinander)、「並存・並列存在」(Nebeneinander)などの語がここに示されている点も記憶にとどめておきたい。というのも、これらのヘーゲル哲学用語は、一八〇一年以降イエナにおいて構想されることになる「自然哲学」中、例えば空間論・時間論を展開する際に不可欠の基本用語となるものだからである。因に、英訳者ハリスは、「継起」には temporal order の語を、「並存」には spatial order を充てている(vgl. H. S. Harris, p. 186)。

(32) 当面の問題であるこの箇所が、『寄与』一一〇頁に基づいていることは、英訳者ハリスも指摘しているとおりである。しかるに、引用符つきの引用ながら当の文章が簡略化されすぎて、原典の文意が必ずしも明瞭ではない。この問題の箇所については、訳者はB・ジルソンの新仏訳の試みに従って訳文を作成した(vgl. La Différence entre les Systèmes philosophiques de Fichte et de Schelling, Presentation et traductions par Bernard Gilson,［Paris, 1986］p. 194)。

（33）この一節に、素材・質料を示す用語として、Materie が使用されているが、その派生語としての Materiatur については、「素材自体《そのもの》・素材性」の語を充てた。先の注21を参照。

（34）「素材自体《そのもの》」（Materiatur）は、いわゆる「物自体」と同様で、思惟されえないものだが、いま問題としているのは、表象する主体から独立していて、表象において形式に関係づけられる「素材」（Stoff）のことであって、それこそ「絶対に表象可能な素材」である以上、「表象作用」（Vorstellen）にとっては不可欠のものとして要請されねばならないものである。バルディリ『論理学綱要』では、以上のごとき主旨のことが繰り返し論究されているというわけである（vgl. H. S. Harris, p. 188）。

（35）原文では、『論理学綱要』はまさに「蒸し返された根元哲学」（die aufgewärmte Elementar-philosophie）にほかならない、の意。――この一節にまつわる主旨については、バルディリの『論理学綱要』が刊行された直後に、フィヒテがその書評を『エアランゲン文学新聞』一八〇〇年一〇月三一日（全集、Werke, Bd. 2. S. 491 参照）に寄せたが、その際に匿名で述べられている。この『差異』論文を執筆中のヘーゲルが、この書評の筆者が誰なのかを事実上知っていたことは確かである。なお、右にいうラインホルトのいわゆる『根元哲学』（Elementar Philosophie）は、次の三巻から成る。⑴『人間の表象能力に関する新理論の試み』（一七八九年）、⑵『従来の諸哲学の誤解を正すための寄与』（一七九〇年）、⑶『哲学的知の基礎について』（一七九四年）がそれである（vgl. H. S. Harris, p. 188）。

（36）この箇所の原語 die Reinholdische Theorie（ラインホルトの理論）とは、その著書である

『人間の表象能力〔認識能力〕に関する新理論の試み』（一七八九年）を指す。この書は、通例、簡略して「新理論の試み」とも呼ばれる。

（37）ラインホルトの「経歴」によりすでに周知のとおり、彼は『カント哲学に関する書簡』によりイエナの哲学界に登場した。そして、これを基盤にして彼は、まずカント学者として、先哲の「認識論」から必然的に導かれる根本命題、すなわち人間の「表象能力」（Vorste llungs-vermögen）の理論を再検討する試みの書により第一歩を踏み出した。ラインホルトにとって、この「新理論の試み」の書は、「一切の哲学の基礎づけをなす」との視点に立つ限り、あたかもデカルトの哲学原理をドイツ哲学のために復活せしめんとする試みでもあった。それゆえ、この書は、一切の哲学の「基礎学」との意味において、ラインホルトのいわゆる「根元哲学」（Elemental-philosophie）の第一巻をなすもので、伝統的表現をもってすれば、まさしく「第一哲学」（philosophia prima）に相当するのである。さて、ラインホルトによれば、人間の「表象活動」こそ、一切の理性活動中、ある中心的機能の原点をなすものではないかと目される。というのも、「表象」（Vorstellung）は、「感覚・思惟・直観・概念・理念が成るにあたってそれらが共有する当のもの」だからである（Versuch, S. 214）。かくして、この原点を問う「根元哲学」は、何人もこれを否定しえない「事実」（Faktum）である。この事実とは、換言すれば、一切の表象能力としての「意識」（Bewußtsein）がまず存在するという根源的事実である。ところで、この「意識の事実」を反省することによって、「意識の命題」と呼ばれるものが見出されることになる。それは、近世批判哲学のすべての学説を制約する基本命題としてとくに注目に値する。すなわち、「あらゆる表象は意識においては表象するものと表象されるものとから区別され、しかもその両者に関係させられる」と定式化される。これをあえて換言すると、あらゆる表象は、その表象を産み出す主観と表象が関係する客観と〔の両面〕についての意識である以上、〔しかもその意識のうちで〕表象は主観と客観とに関係させられるというわけである。（この際、「受容性と自発性」との対立を想定するのに、これに関連する「感性と悟性」との対立というカント的範例を念頭におけば、当面の問題は自明なことに思われる。）そこでまず、われわれの表象の「素材」（Stoff）は、与えられるものと言わざるをえない。というのも、それは表象を産み出す主観が「物自体」によって触発されることによって、まずこの方に「与えられる」という形で提供されるからである。なおラインホルトによれば、「物自体」は表象〔認識〕されえない限りでの対象それ自身であるが、表象されうる諸対象と同様に、否定されえない〔不可欠の〕ものなのである。以上のようにして表象の素材は、〔感性に〕与えられるわけだが、次いでその素材に対して主観がこちらから自発的に「形式」を附加するのであり、これを媒介として主観は表象を産み出すことになる。この直後の原注＊は、この点を指している（vgl. H. S. Harris, p. 189f.）。

（38）『新理論の試み』（一七八九年）以後、〔後年の〕ラインホルトは、バルディリ学派に入門したとも見られ、ヘーゲルはその時期のラインホルトの考えを指して批評しているのかも知れない。（何故なら、『新理論の試み』には、確かに著者がカント学徒であることを志向している以上、「思惟の適用」という表現を用いている形跡は全く見えないからである。）それとも、もしそうでないとすれば、この箇所で「思惟の適用」という表現にこだわって、ラインホルトの場合ではなく、むしろ「バルディリの場合は常に思惟の適用を言う」とヘーゲルは実際に書こうとしていたのかも知れない。——英訳者ハリスは、この箇所の内的矛盾にからむ「原典《テクスト》」の混乱を指摘している（vgl. H. S. Harris, p. 190）。

（39）カントの認識論によると、感覚的所与なる「質料」を、総合統一して認識を成立させるのが、アプリオリな要素としての「形式」であるとされる。この考え方を基盤にして、ラインホルトとバルディリの個性的論法が展開されるが、当面の問題としてヘーゲルは、この両者の考えを拠りどころに目下論述していると推考される。が、さらに立ち入ると、ヘーゲルの考えがこれに介入して若干の変更が見られる。因に、この場合の訳語にヘーゲルの原語を添えておく。「形式」（Form）と「質料」〔素材〕（Stoff）、「思惟」（Denken）と「素材」（Materie）がそれである（vgl. H. S. Harris, p. 190）。

（40）「形式は形式を廃棄することはできないから」（weil die Form die Form nicht zernichten kann）とは、バルディリの『論理学綱要』から引用された一節である（Grundriss, S. 81, 115）。

（41）この場合のラインホルトの「理論」とは、彼の「根元哲学」の第一巻に充てられた『新理論の試み』の書を指す。

（42）「哲学上の永久平和」（der philosophische ewige Frieden）は、カントの『永久平和論』の書名を暗に示している。本書中、B「フィヒテの体系の叙述」のうち、「自然法と国家論」の一節では、カントの同書からの引用句をめぐって熱い語りが展開された。いまは、ラインホルト先哲の名著から受けたある種の感銘の余韻を感じさせる。

（43）『政治雑誌』（Das Politische Journal）とは、一八〇一年当時、ハンブルクにおいて時の政論家から成る委員会により編集刊行されていた雑誌を指す。この当時ヘーゲルは、哲学者として立つか、さもなければ政論家としての可能性をも模索していたことが、この一行からふと窺われもする（vgl. H. S. Harris, p. 191）。

（44）原典初版では、見られるとおり、ヘーゲルによる引用符つきの長い引用文であるが、忠実な引用ではない。第一には、ラインホルトの原文の第一人称の語法が第三人称の語法に変更されている点である。まず文中の「革命当初の宣言」とは、ラインホルトの出世作『カント哲学に関する書簡』を指す。次いで、「革命の最中の労力」とは、彼の主著とも言える『新理論の試み』において発揮された労力を指す。そして革命の終わりに際して、ラインホルトの考えによると、かの革命はフィヒテの『知識学』においてその目的を達成した、と総括された点を指す（vgl. H. S. Harris, p. 191）。

（45）超越論的観念論の立場から、ヤコービは「独断論」として非難された。この場合の独断論とは、認識論的観点からすると、実在論に分類されると言えるかも知れない。当『差異』論文と、ほぼ同年の構想になると推考される『信仰と知』（一八〇二年）の書中に、ヤコービ哲学に対するヘーゲルの批判論が見られる。それは、端的に言って、宗教的基盤に立つ経験的実在論としてのヤコービの哲学に対するヘーゲルの批判的考察である、と見なされるかも知れない

(vgl. H. S. Harris, p. 191)。

(46) 後世の読者がこの箇所の論拠をたどるには、『バルディリ＝ラインホルト往復書簡──哲学の本質と思弁の非本質について』(一八〇四年) が、最適の文献とされる。ヘーゲルが当論文執筆に際して論拠としたのは、『寄与』(第一分冊) 所収になるラインホルトの「バルディリ宛書簡」中の一文で、われわれの読む本文に一六三頁とあるのは、『寄与』中の頁であることを指す (vgl. H. S. Harris, p. 192)。

(47) 一七九九年フィヒテは、周知のとおり、「無神論」との誹謗に端を発したかの「論争事件」の廉《かど》で、イエナ大学を辞職し、同年七月イエナを去り、一私人としてベルリンへ移住した。「ラインホルトとの関係」は、フィヒテの辞職後、文通において「貴殿から貴君へ」と移行するほど、親密の度を増していた。一七九九年末、ラインホルトは、バルディリの「論理学」の予告をフィヒテに通知し、その意見を乞うていた。予想違わずラインホルトは、バルディリの待望の書に感激するや、早速フィヒテに当の『論理学』書を読むことを勧めた。一八〇〇年七月末になってフィヒテは、それに関して返書した。バルディリの書についてのフィヒテの意見は、ラインホルトのそれと正反対であった。すなわち、手紙の口調は、辛辣で鋭い批評の上に、反対の意見が述べられていたのである。一八〇〇年十月末に、その書評が公表された。「バルディリの『第一論理学綱要』についての批評」(『エルランゲン文芸新聞』掲載) がそれである (Fichte, Werke, Bd. 2. S. 490–504)。

なお、ラインホルトの方も、右のフィヒテの批評についての注釈を公表している (Beyträge

I, S. 113-34)。それにしても、ヘーゲルが本文中に、「この経緯がどのような結果になったかは、周知のとおりである」と付記している点からも窺われるように、一八〇〇年当時のイエナの哲学思想界の動向は、実に興味津々にして、予断を許さないドラマが演じられているようにも思われる（vgl. H. S. Harris, p. 192）。

(48)　ギリシア神話の伝えによると、アルゴス王ダナオスに娘が五十人いて、そのうち四十九人の娘たちがいずれも婚礼の夜、わが夫たちを殺害した。このため彼女らは、永遠の罰として、地獄に落とされ底のない桶を用いて永遠に水を汲む刑に処せられたという。この故事の意味するところだけでは、この際ヘーゲルが何を念頭にしていたかを察知することはできない。われわれにとって唯一のヒントとしては、ヘーゲルが旧友ヘルダーリンを介して、ローマの哲学詩・ルクレティウス『自然論』（『事物の本性について』）を早くに通読していた点がまず推考される。——ローマの詩人によると、日常の四季折りおり、自然の恵みに満足も自足も感じない者は、あたかも世に伝えられるかの若い娘らが、下界で底のない容器に水を汲み、決して充足することがないのに等しいではないか、という（Ⅲ、一〇〇九）。さらにヘーゲルは、ローマの詩人の手引きにより、プラトンの『ゴルギアス』にまで辿りついたかも知れない。その書中（四九三―四）、くしくもソクラテスの語りの場面、それによると、ハデスの国にいる者が穴のあいた桶に向けて、これまた穴のあいた手桶で水汲みをする労苦は、要するに思慮に欠けた者のなす愚行ないし徒労にすぎぬと見なされる。つまり、ヘーゲルが故事を引いて本文で表現したかったのは、かのラインホルト流の経験的〔非学問的〕努力も、実は思慮〔哲学的方法論〕

に欠けると、ただの徒労になりはすまいか、との警告であったとも受けとめられるのである(vgl. H. S. Harris, p. 193)。

(49) ここで問題となる俗諺、つまり通俗的格言の語句については、「引用符」を用いた方が適切と見られるので、初版本のそれに従った。ズールカンプ版では、その引用符を省略しているが、その代わりに格言の出典を明記してくれている。それによると、問題の語句とは、実は十八世紀スイスの学者で詩人だったというアルブレヒト・フォン・ハラー(Albrecht von Haller, 1708-77)の詩集『スイス詩の試み』(ベルン、一七三二年)所収の教訓詩「人間の徳の偽り」より引かれた詩句であることが判明する。——「自然の内奥までは、どんな被造的精神も入っては行けぬ、幸いなるかな、願わくば自然の外殻だけでも知れたなら」。それにしても、当時若きヘーゲルは、この詩句によほど愛着をよせたと見えて、当の『差異』論文をはじめ、翌年の『信仰と知』のなかでも、その一節を引用している。なおまた晩年のゲーテが、やはりこの詩句に感銘を受け、当の詩人自らもこれに因む詩を作した一件が、ヘーゲルをいたく感激させ、こちらも晩年の一八三〇年、ベルリン時代の『エンチュクロペディー』において(§140)、さらにこの詩句の一行が引用されることになる(vgl. H. S. Harris, p. 193)。

(50) 同時代ドイツの精神的状況の一コマが、この箇所の一節に垣間見られる。すなわち、初期シェリングの自然哲学において展開される「展相説」のうち、「光の勢位(Potenz)」が、その勢位の理論的構成、あるいは著者によるその説明から得た類比を介して特徴づけられている。当面、シェリングの傘下に立つヘーゲルは、ドイツ精神界の一断面的動向を、シェリングの用語にあやかりながら、実はシェリング自身に語らせるのではなく、あくまでシェリングの哲学を受けとめたヘーゲルが自己自身の立場をしかと見きわめた上で語ろうとするのである。かくして、ここにヘーゲル独自の文体が成立するわけだが、その反面では、かの晦渋さを増すことにもなる。この箇所も、その一例と言えるかも知れない。

例えば、「光の勢位」について言うと、光の自発的力は、自然現象を生起せしめる力である以上、暗くて生命なき物質（重力で言えば、その従属的焦点に対応する）とは全く異質的な関係で、対立的でさえある。が、この際具体化〔結晶化〕という現象が起きて、この両者の対立は止揚されることになる。水晶《クリスタル》というのは、水という媒介物〔媒体〕から当の水分を沈澱させることによって自己を形成する。水は、単純に光をはじく〔斥ける〕のではなく、光を焦点に集め、しかも強化された形で、〔光を〕反射したり、また分解したり、変形したりもする、等々。いま、シェリングによる「光の勢位」の構成に即して言えば、水はものを結晶化させる媒体であるが、水そのものは「無力」（potenzlos）であるとされる。というのも、水は自己自身に形態を与えることもできず、また自己を結晶化させることもできない（『わが哲学体系の叙述』一八〇一年、〔Werke, Bd. 4. S. 182〕）からである。

右と同じ意味で、ラインホルトおよびバルディリの「論理学」に見られる同一性の形式的原理もまた、自己の内容を生み出すとか、それを形態化することができない点で、やはり「無力」（potenzlos）と言わざるを得ない。また、自然全体の思弁的〔包括的〕理解という観点からすると、経験的科学者の「労苦」というものはすべて、前述の「論理学」に見られるような形式的範例に注がれるとすれば、それはあたかも前注でも指摘したとおり、穴のあいた桶、つまり「ざる」で海の水を汲む作業と同じである。それらの労苦は、無益に終わるばかりか、自然に対していかなる哲学的洞察も得られることはないであろう。

さて、この箇所の末尾の一行、つまり空想を越えて反省が優位を占めると、真実懐疑論が誕生することになる、との一行は、あるいはカントの第三批判書の成行きの注釈とも受けとめられる。当面の想念を論述しているヘーゲルとしては、同時代のカントの「追従者《エピゴーネン》」たち、例えばシュルツェ（Schulze, G. E., 1761–1833）のような公然たる懐疑論者に対してよりか、むしろカントその人に純然たる懐疑論者の位置づけを認めさせたい、という思いがあったのかも知れない。因に、翌年の一八〇二年にシェリングとの共同編集になる『哲学批判雑誌』第一巻（第二分冊）に発表された〔シュルツェの著書に即しての〕長文の書評「懐疑主義の哲学への関係」（Hegel, Werke, Suhrkamp, Bd. 2. S. 213–72）を見れば、当面の問題の経緯が確証されよう（vgl. H. S. Harris, p. 194）。

（51）　いわゆる通俗哲学が形成している中心点は、「両極の偽りの中心点」（ein *falsche* Mittelpunkt zwischen beiden Pole）である、とヘーゲルは言う。すなわち、通俗哲学は、同時代の経験論的合理論と宗教的非合理論との対立を、当の両極の共存的和解として、一つの仲裁法ないし妥協案を提示しようとする。例えば、バルディリは、フィヒテとヤコービとの中間点に一つの立場を想定し、この統一的立場を成就するのに、「規範法」（Formula-Methode）という概念を考案し、かつ導入した。この発想法は、さしものフィヒテの注意を喚起したのであり（Fichte,

Werke, Bd. 2. S. 491）、とくに付記しておきたい。しかるに、目下シェリングの傘下に立つヘーゲルから見れば、バルディリのこの方法は、有限なものと無限なものとの両極間の対立が克服されていない点で、当面の問題の打開策にならないとして一蹴されることになる。つまり、いわゆる「主観＝客観との絶対的同一性」との境地をもって、「真なる無差別点」（der wahre Indifferenzpunkt）とするシェリング＝ヘーゲル流の視点からすると、他のやり方はすべて「偽り」のものと見なされるのである（vgl. H. S. Harris, p. 195）。

（52）前注でも記すとおり、通俗哲学の形成する中心点は、「偽りの中心点」だとヘーゲルは批判するが、この箇所では再びそれが「中心点にまつわる仮象（Schein）」であると言い換えられている。

（53）通俗哲学あるいは公式哲学という場合、当面ラインホルトおよびバルディリの哲学が暗示されているように推考されるが、それらの哲学の批判をへて、いまやシェリング〔＝ヘーゲルの思弁〕哲学が念頭におかれるとき、この両人の先駆たるフィヒテの哲学さえも後退することになる。この箇所の訳文につき、仮にいまハリスの訳注を考慮に入れて、いま一つの拙訳を付記しておきたい。「分裂という死をとげたもの（der Tod der Entzweiten）を、〔主観＝客観との〕絶対的同一性によって、再び生へと高めることこそ、〔思弁〕哲学の仕事なのである」（vgl. H. S. Harris, p. 195）。

（54）結論の本節は、はりつめた思弁の語りが、一挙に終わりをむかえる。まず、さしあたっては、有限な経験論的な立場と、無限な宗教的信仰の立場という両極を媒介する二つの方法を比較検討するにある。ところで、結論を先に言えば、有限なるものを対象とする学の立場と、無限なるものに関係する宗教的信仰の立場という両極の分裂を前にして、通俗哲学は真の意味での解決法を見出せない。要するに、この哲学はいまいう両極の二律背反を克服する方法を知らないからである。かくして、この哲学は当面の打開策として、対立間の矛盾をその原理とする悟性論理学にたよらざるを得ないわけである。ラインホルトの「表象」へのこだわりも、バルディリの「思惟の適用」も、ともに同様の仲裁方法の試みでもあった。これに対して、いまや新しい方向性を目指すのに、手段を変えて思弁哲学の方へ向かわねばならない。というのも、思弁哲学だけが理性の加護を受けて、二律背反そのものから出発することを恐れず、対立するものを「止揚する」ことにより、首尾よくそれを弁証法的に諸契機として再建するというわけだからである。この場合の超越論的直観というのは、そうしたもので、フィヒテはこの超越論的直観の先駆者と言える。が、フィヒテとシェリングとの差異は歴然としていて、シェリングは何と言っても、自然を自我に対して再びその犠牲に供することなく、これをもとに回復させ復権したことである。かくして、哲学は、「主観＝客観との絶対的同一性」の意識に向けて、つまり真の「無差別点」（der Indifferenzpunkt）、絶対的〔中立不偏の〕無差別点の意識に向けて、客観的な主観‐客観、すなわち「知と真理」に向かって努力することを使命とするものである。いまや、「初めに言葉がもうけられた」という神聖な創造的行為の見地から、自然と知性との一つの世界が見すかされるのである（vgl. H. S. Harris, p. 195）。

惑星の軌道に関する哲学的論文

DISSERTATIO PHILOSOPHICA

DE

ORBITIS PLANETARVM

QVAM

RECTORE ACADEMIAE MAGNIFICENTISSIMO

SERENISSIMO PRINCIPE AC DOMINO

DOMINO

CAROLO AVGVSTO

DVCE SAXONIAE IVLIACI CLIVIAE MONTIVM

ANGARIAE ET GVESTPHALIAE REL.

CONSENTIENTE

AMPLISSIMO PHILOSOPHORVM ORDINE

PRO LICENTIA DOCENDI

RITE OBTINENDA

PVBLICO EXAMINI

SUBMITTIT

GE. WILH. FRID. HEGEL

PHILOSOPHIAE DOCTOR.

IENAE

TYPIS PRAGERI ET SOC.

cIↄIↄcccI.

惑星軌道に関する哲学的論文

まずは当アカデミーの学監にして、かつきわめて尊大で静謐この上なき君主、かつまたハンガリア、ヴェストファリア等の山野、枢要の地にまでも及ぶところのザクセン・ワイマール公国の君主カール・アウグスト大公の承認を仰ぎ、慣例にならって、大学講師資格を取得するにあたり、公開審査に向けて、諸哲学者方々の指図に服従するものとする。

哲学博士　ゲオルク・ヴィルヘルム・フリードリヒ・ヘーゲル

イエナ　プラガー印刷　1801年

凡例

一、本論は、ヘーゲルがイエナ大学へ提出した教授資格取得論文『惑星の軌道に関する哲学的論文』(G. W. F. Hegel: Dissertatio philosophica de Orbitis Planetarum, Jenae 1801)の全訳である。原典《テキスト》には、ラッソン編『ヘーゲル初期著作集』に収録のもの(三四七—四〇五頁)を用い、また決定版全集本を参照した。

一、右ラッソン版は、ラテン語の原文にドイツ語訳がいわゆる対訳形式で添えられていて、原文読解に便利である。なお当翻訳にあたって、この独訳のほかに、訳注の冒頭に示した新しい独訳、仏訳の両者をそれぞれ参照した。

一、目次および各節に付けられている小見出しは、原典にはない。が、この難解な原典の理解をいくらかでも容易にするために、とくに右仏訳を参照のうえ、これを採用した。

一、本文中の〔 〕は訳者の補足であり、(1)、(2)……は訳者の注である。なお訳注はまず第一に簡潔なることを心がけた。が、原典は小論文ながら、内容の密度はたかく、ために訳者は、その理解にあたって大部の手控えを作成せざるをえなかった。いまこれらを取捨選択のうえ、訳注に活用することにした。それもあるいは読者にとって、原典を読むのに多少とも手引きになりうればとの老婆心からである。

天体を除いて、自然が創り出す地上のいかなる物体も、自然の第一の力、すなわち重力の点からみれば、十分に自立的とは言えない。これらの物体はいずれも、たとえこれらがどれほど完全にそれ自身の仕方で宇宙像[1]を表現していても、全体の圧力によって消滅することになる。これに対して天体は、土塊に束縛されることなく、その重心を自らのうちに十分に担っているから、神々のように透明なエーテルのなかをゆったりと移動する。[2]だから太陽系と呼ばれることの有機体〔生命体〕以上に、理性の崇高で純粋な表現はないし、また哲学的考察にふさわしいものは他に存しないのである。[3]かつてキケロがソクラテスを称えて、哲学を天上から引きずり下ろしてこれを人間の日常生活に適用したと言ったあの称賛は、まったく注目に値しないことであるばかりか、あるいは少なくともこう解釈されるべきであろう。——つまり、哲学が天上から引き下げられ、そして再び天上に持ち上げられるように、全努力が傾注されるのでなければ、哲学は人間の日常生活に何ら益するところとなりえまい、と。[4]

狭く限定された学位論文の枠内では、このように重大な対象を取り扱うにはいささか適当ではない。そこでここでは、ただ基礎的原理を提示するだけでよしとせざるをえないであろう。これを試みるにあたって、私はまずさしあたり［Ⅰ］、天文学がその物理学的な面において一般に依拠しているところの基礎概念を論じておきたい。次に［Ⅱ］、真の意味での哲学が、太陽系の機構について、主として惑星の軌道に関して確証していることどもを叙述したい。そして最後に［Ⅲ］、古代哲学から有名な例を借用することによって、数学的な比例関係の規定についても、哲学がどれほど有益であるかを提示したいと思う(5)。

I　ニュートン天文学の原理の批判的論究⑹

A　物理学・力学・数学

(1)　ニュートンの誤謬

目下われわれの関心の対象である物理学のこの部門の研究にたずさわってみて、容易に分かることはと言えば、物理学よりはむしろ天体力学の方がここでは問題だということである。しかもこの天文学のなかに示されている諸法則が、実を言えば、自然そのものから取り出されるとか、あるいは理性から推挙されるというよりはむしろ、どちらかというとそれらの根源を他の学問、すなわち数学から演繹しているという点も、容易に分かるであろう⑺。

立ち入って言えば、われわれの偉大な同郷人で天分に恵まれた才人ケプラーが、ちょうど惑星がその軌道上を周行するさいに依拠するところの法則⑻〔惑星の軌道運動の法則〕を発見した後で、例のニュートンが登場してきて、まさにこれらの法則を物理学上の根拠からではなくて、幾何学的なやり方で証明したにもかかわらず彼は、天文学を物理学に併合した、と一般には噂されている。(9)

この場合、ニュートンは、求心力ないしは引力と同一視しようとする重力を、この物理学の部門に導き入れたのでは決してなかった(10)(というのも、ニュートン以前のどの物理学者〔自然哲学者〕も、惑星と太陽との関係が真の関係であり、すなわち実在的・物理的〔自然法則的〕力であると考えていたからである)(11)。むしろニュートンは、重力の一定の大きさ――それは地上に存在している諸物体については実験によって証明されるとおりであるが――を、天体運動の一定の大きさと同等に取り扱ったことのほかに、その他の点では幾何学および微分学といった数学的根拠に従って万象を論証したのである。(12)

(2) 数学的形式主義と物理的実在性

このように物理学と数学とを混合するに先立って、とりわけ注意しておかねばならないことがある。すなわち、純粋に数学的な観点と物理学上の観点とを徒らに混同しないようにしなければならないばかりか(13)、また幾何学でその定理の証明を立てるために補助線として用いられるところの線を、軽率にも力とか力の方向と早合点しないように注意しなければならないということである。

数学的なものの全体は、まったく観念的なもの、ないしは形式的なものとばかり見なされるべきではなく、かえって実在的でもあり、また物理的〔自然法則的〕でもある。というのも、数学によって証明される量の相互関係〔量的比例関係〕は、それが理性的な関係であるからこそ、まさに自然のなかに内在するのであり、またそれが概念的に把握されるとき、これこそ自然の法則を意味するものだからである[15]。しかしながら、全体そのものの理性的な関係と、自然の完全な総体性を捨象して考えるところの企て、つまり全体の分析や説明とは、厳密に区別されなければならない。というのも、数学の一部門である幾何学は、時間を捨象し、〔数学の〕他の部門の算術は、空間を捨象するものだからである。この場合、前者はただ空間の原理だけから幾何学の全体を構成し、また後者は、もっぱら時間の原理から算術の全体を構成しているのである。このようなわけで、こうした形式的な全体性の認識の原理は、時間と空間が不可分のまま結合しあっているところの実在的自然の真の相互関係から分離されることになる[16]。だが他方において、解析学の計算法を幾何学に導入し、さらに空間および時間の関係を互いに統一づけられた形式として規定する必然性そのものから導き出されたところの高等幾何学[17]はどうかと言えば、それは無限の概念によって空間と時間の分離をただ消極的に止揚してはいるが、しかしこの両項〔空間と時間〕の真の綜合を提起するまでにはいたっておらず、またその取り扱いの点では、幾何学および算術に固有の形式的な方法からまったく脱してもいないのである。それゆえ、われわれはただ数学の内部においてだけ実在性をもっているにすぎないものに対して物理的実在性を承認することによって、数学に特有の形式的な認識方法にかかわるものを物理的〔自然の〕相互関係と混同してはならない。

(3) ニュートン物理学における力の概念

ニュートンは、確かに、運動法則について叙述するとともに世界の体系からその実例を提示しているところの、彼のあまねく知られた著作に対して、ただ『自然哲学の数学的諸原理』という表題《タイトル》を与えたばかりではなく[18]、また彼が「引力」・「衝撃」あるいは「中心に向かう傾向」などの言葉を相互に無差別に、無頓着に用いたということ、しかもまたこれらの力を物理的な意味においてではなくて、もっぱら数学的な意味において考察している旨を繰り返し強調している[19]。だから読者は、いまいうこの種の言葉によって、ニュートンが何かの作用の種類や様式ないしは物理的な原因またはその理由をどこかで規定しようとしているなどと、考えないように注意しなければならない。なおまたニュートンが、たまたま、中心が引力を働かせるとか、中心力が存在するなどと言ったとしても、彼は中心（それらは数学的な点である）に真の物理的な力を付与するようなことはないはずだ[20]。

しかしながら、ニュートンが物理学についてどんな観念をもっていたかというと、「引力」はおそらく、物理的に言うならば、いっそう正しくは「衝撃」と呼ばれるべきであろうと彼が言っている点からだけでもすでに明らかである。[21] ところで、われわれの見解からすれば、衝撃というのは力学に属するものであって、真の物理学〔自然学〕に属するものではないと考えられる。この両学問の区別については、もっと後でわれわれは詳細に述べるであろう。[22] ここではただ、ニュートンが数学的な相互関係を論述しようとするさいに、一体どうして「力」という用語を使用したのかという、一般にどうも訳が分からないとみられている点を指摘するだけにしておきたい。というのも、数学はただ現象の比例〔数量の認識〕にたずさわるものであるが、これに対して力の研究は物理学の分野に属するものだからである。だが、ニュートンは、もろもろの力間の相互関係をいつも規定しているものと思い込んでいたのに、実際には物理学と数学との混合からなる体系を築き上げた次第で、このような混合物にあっては、物理学に属する部分とこの学問に実際に貢献した部分とを容易に識別することができないほどである。[23]

(4)　ケプラーの法則とそのニュートン的解釈

ケプラーの場合はどうかと言えば、彼は、重力が物体の共通の質であるとか、月の引力が海の潮の干満の原因であるということを認識していたし、また月の運行の不規則性が太陽と地球の力の合一〔二重の力〕によって起こるものだということをも理解していたということである。[24]——もっとも、哲学および諸学に対してまったく純粋な愛と鋭敏な感受性に恵まれたこの天才が、後にみるように、重力・求心力・遠心力などといったもろもろの力の提示によって生じるところの混乱をそもそも受けとめることができていたなら、この天才にとっては、彼の発見した不滅の法則の物理学的外観に対して純粋に数学的な表現を与えるなどということは、おそらくいとも容易なことであっただろう。[25] ところで、ケプラーによって立てられた法則とはすなわち、回転する物体が〔不動の力の中心に引かれた〕動径によって描く〔扇形の〕面積は運動の時間に比例するというものであるが、[26] ケプラーはこの法則を次のような物理学的法則の形式——つまり、重力は等しい扇形に属する〔円の〕弧に比例するという形式に、変形することもできたであろう。——また〔二つの〕円Aとaの全体の面積が半径Rとrの自乗に比例するとき、$\frac{1}{A}$と$\frac{1}{a}$との比はr^2とR^2との比〔すなわち$\frac{r^2}{R^2}$〕に等しいことになろう。そしてさらに、$\frac{1}{A}$および$\frac{1}{a}$が運動の大きさを、あるいはこう言ってよければ、〔重力ないしは〕求心力の大きさを表わすとすると、重力あるいは求心力は半径あるいは距離に反比例する、とケプラーは言うこともできたであろう。[27]

ところで、ニュートンが自己の命題——すなわち、〈回転する諸物体が不動の力の中心に向かって引かれた動径によって描くそれぞれの面積は、回転時間に比例する〉ということ[28]——を証明するあのやり方に関して、これこそ真の証明であるとあくまで考えようとするひとたちの盲信ぶりといったらとんでもない話だ。というのも、ニュートンの証明によれば、〔円の〕弧も面積も、時間に比例することになるからである。しかし実際には、時間に比例するのは、どんな場合にも弧ではなくて、面積だけだ〔面積だけが時間に比例するものだ〕という点が証明されるべきであったろう。(29)

(5)　力の分割

あのあまねく知られた力の分割は、自然に対する理解力がまるでないとみられているとはいえ、私の意見では、この力の分割は数学的証明にはすこぶる役だつ仕方であると見なしてもよいと思う。〔力の分割が自然の法則による現実的な意味を欠いているとみられるわけは〕というのも、実際、機械的な運動の方向が、多くの力の反対方向から生じうる場合、〔このことによっては〕生きた力の方向が反対の力から生み出されるものだということは論証されないばかりか、それ以上にむしろ物体が自分に無縁な力によって動かされるといったような機械的関係は、生きた力とはまったく無縁なものと見なされねばならないからである。(30)

だがそれにしても、かつてニュートンは、自然が単純であるように定めている光を部分に分割したわけであったが、(31)それと同じようにいままた彼は、他方の単純な力を分割し、そしてこれらの力の量的関係に関する定理を立てるために便宜的に使用する補助線を力と呼んでいる。それゆえ、自然がまったく関知しないこれほど多くの力が、一体どうして現象の数学的取り扱いによって生じるのか、物理学者たちが驚くのももっともである。

力学と天文学のほとんど全科学が、いまいう力の分割と、そのうえに構成される力の平行四辺形の原理に基礎をおいているので[32]、それ自身模範的で自然現象にも矛盾なく適合するそのような壮大な科学のうちに、予定された仮説の証明は見出されるように思われる。いまいうこの原理は、それだけでみると、なるほど理性的根拠が欠けているようであっても、それの多様な効用は明白であるから、もっとも大きな信頼をかちとることになる。ともあれ、ある何らかの力の作用は、どうして平方によって示されねばならないのか、また力に関係するすべての量規定は、どうして平方の構造から生じる比例によって示されねばならないのか、といったことの真の理由を、われわれは後ほど知ることになるであろう[33]。そこでここでは、ただ次の点を注意するだけにしておく。——すなわち、直線ないしは曲線によって表現される単純な自然現象を他の異なった線に分割するやり方は、一つの数学的要請であって、それはこの場合数学にとって役だち、しかも多くの点で有益とみられるところから当を得たものだとされるが、しかしこの〔数学の〕原理は他の科学に依存しているということだ。さらにわれわれは、一つの原理をその効用とか結果に従って判断してはならないのであり、またこの要請に従って一本の線として表現される力の方向が〔もろもろの線に〕分割される場合、このように引かれるもろもろの線に対して、その手続きが数学上からみて便利であるというただそれだけの理由によって、物理的な意味を与えてはならないということである。

B　対立する二つの力

(1)　幾何学的推理

求心力は、それが重力と区別されるかぎり、遠心力と同じく、運動方向を数学的線に分割するあの方法とは別のところに起源をもつものではないということが、実際明らかになるであろう。すなわち、一つの無限小の円弧は、この場合平行四辺形に内接し、こうしてそれ〔円弧〕はこの平行四辺形の対角線になるわけであるが、この平行四辺形の各辺はまず第一に接線および結局はそれと同じものであるところの弦ないしは正弦であり、そして第二に正矢および結局はそれと同じものであるところの割線であることになる。ところで、これらのうち、一方の接線は遠心力として措定され、また他方の正矢は求心力として措定されるというようにして、これらの〔数学的〕線に物理的実在が与えられることになる。(34) そこで最初に、遠心力の実在性を検討することにしよう。

この際、まず第一に明らかになることはと言えば、接線の幾何学的必然性はどんな場合でも、接線の物理的力の必然性を導くことにはならないということである。純粋幾何学は、円の真の形式をまったく何も変えはしないし、また円周そのものを半径と比較したりすることもなく、かえって円周の半径に対する比例によって規定されるもろもろの線をただ比較したり識別したりするだけである。だが他方において、円を計算に委ね、円周の半径に対する比例を数によって表現しようとするところのこの同じ幾何学が、無限に多数の辺をもった正多角形の仮説に頼りながら、しかも無限と極限というこの概念[35]によって、この多角形そのものと直線とを同時に止揚することにもなる。それにしても、円を多数の直線に分割するというこの方法に基づく幾何学そのものが、この概念をただまったくの仮説として扱うかぎり、——それもそのはず、これらの直線は、平行四辺形が無限小に縮約されるにつれて消失してしまうものであるからだが——一体どうしてこのような幾何学が、これらの線の物理的実在の根源となりえようか[36]。

(2) 遠心力の物理的実在性

さらに、われわれが幾何学を顧慮しないで、ただちに遠心力の物理的実在性を問題にする場合、かつてニュートンもそのひとりであったがむしろ全イギリス人[37]が、何時も、最上の否むしろ端的に唯一の哲学と考えていたところのあの実験哲学から、もちろんのことながら、遠心力の哲学的構造を期待してはならない。イギリス人たちは、この力の仮説をもっぱら経験だけで証明することができると思っており、またそれを証明したがってもいる。ところが、彼等がそのさいに引き合いに出しているあの実例ほど味気ないものはない。

とくに、ニュートンおよびその弟子たちは、投石器で振りまわされる石が、それを振りまわしている手から遠ざかろうとし、この傾向《コナトウス》〔遠心力〕によって、投石器の紐をいっぱいに引っ張り、それが放たれたとたんに、そこから飛び去るところのあの石の例を引き合いに出している。(38) さらに彼等が遠心力を説明するのに、(39) もう一つの例として、ある山の頂上から大砲の火薬の力によって水平方向に与えられた速度で撃ち出された弾丸が、地上に落下するまでに、曲線に沿って二マイルの距離まで飛んだとする、――このような弾丸の場合を適用している。また初速度を適当に増すことによって、弾丸が投射される距離を思いどおりに増すことができ、描かれる弾道〔曲線〕の曲率を減らすことができさえすれば、弾丸が一〇度、あるいは三〇度、あるいは九〇度の距離に落下するようにすることも、また最後には、それはもうまったく地上には帰って来ないで、天空中へと進んでゆき、その前進運動によって無限に飛び続けるようにもできるというわけだ。(40) この後の例は、たとえ前例がなくとも誰もが十分に想像することのできる直線運動の概念を示している。これら二つの例のうち双方とも、物体を投げるという投射行為からこの概念を引き出しており、実際このようにすればもっとも手短にこの概念に達することができるというわけであって、この場合遠心力は、物体を一直線に推進させるところの力として定義されることになる。しかしながら、これら二つの例のどちらも、自然のなかにこのような性質をもった力があることの痕跡さえも示していない。

(3) 力の同一性と区別に関する真の哲学的概念

だがそれにしても、哲学というものは、実験的方法がもろもろの実験を介してその結果が誤っていても、また無駄であっても、ともかく認識しようと試みることがらを、おそらくアプリオリに演繹することができるであろう。ところで、この実験的方法のことだが、それは哲学と自称して、真の哲学的概念の幻影を何かがむしゃらに追いまわしているようなものだ。

この無知なる哲学〔実験的方法〕は、漠然と引力と反撥力〔斥力〕の対立を念頭において、それらをその運動論に利用したものと見なさざるをえない。[41] これに対して哲学は、力のこの区別を物質に負わせているが、それは、重力すなわち同一性そのものがこれらの力の前提条件をなしているという意味においてである。[42] あの〔ニュートン的〕惑星運動の構造が、このような〔哲学的〕見地からどれほどかけ離れているかは、次の点からしてもすでに明らかであろう。というのも、〔ニュートンにおいて〕直線方向に働くあの遠心力[43]は、二物体のうちの一方にだけ負わされて、他方の中心物体には目もくれないものだからである。それゆえ、これら二つの対立した力[44]の間には、何らの結合の原理もありえないことが分かる。また、矛盾的対立の性質をもっているこれらの力が、なぜ一直線上において対立しあわないで、かえって反対の直線を二分するある角に従って、互いに対立しあっているのはなぜなのかも、ここでは不明瞭と言うしかあるまい。それにしても、確かに、これらの力には共通の原理が欠けているわけだから、それらはただ空想的であるにすぎず、決して物理的な力でないことは明らかであろう。それゆえ、この実験哲学は、互いに無縁で共通の要素をもたないもろもろの力をもって現象を構成しようとするとき、真の哲学のうちにみられる互いに対立しあった力[45]を引き合いに出さない方がよい。というのも、真の哲学において言われるこれらの力の関係は、まったく別の意味をもつものだからである[46]。

真の哲学は、実験哲学の原理を拒否する。というのも、この原理たるや力学から借用されたものだからであり、しかもこの力学は死せる物質と等しく自然を偽造し、互いにまったく異なったもろもろの力からなる綜合をどんな物体にも実現しようとするものだからである。ところで、自然の偽造に献身するようなことは、自然そのものの認識にとっては断じて放棄されるべきであり、また偶然とか恣意が物理学のなかで場所を占めるなどということも許されるべきことではない[47]。しかし、太陽、惑星および彗星の運動を求心力と遠心力の比例〔関係〕によって説明しようとすると、われわれはこの場合、これらのもの〔太陽、惑星および彗星〕が何ら必然性によることなく、まったく偶然にただ集合しているにすぎないと言わざるをえないであろう。

(4) 真の幾何学における全体と部分

絶対に対立したものから自然現象を構成しようとするこの方法〔実験哲学〕は、なるほど中心に向かう力の概念および接線力[48]の概念を幾何学的・物理学的論証によって引き出してはいるが、しかしそのやり方は決して幾何学的方法と同一視されるべきではない。というのも幾何学は、直角ないしはある角度で互いに交わる線によって、円あるいは何かある別の曲線を作図しようと企てるようなことは決してしないからである。むしろ幾何学は、考察される円あるいは何らかの曲線を与えられたものとして前提し、そしてそのこと〔与えられたこと〕によって、〔この図形に示された〕もろもろの線の相互関係がどのように規定されうるかを示すものである。このような〔幾何学の〕真の方法をこそ、物理学はまさに模範とすべきであろう。すなわち物理学は、まずさしあたって全体を措定し、そしてそこからその部分の相互関係を演繹すべきなのであって、決して互いに対立する力、すなわち部分から全体を構成すべきではないであろう。だがそれにしても、そもそも数学に頼って自らの法則を確立しているあの物理学的天文学は、実際、数学に追従しないようにするなどということがどうしてできるだろうか。

確かにこの天文学は、遠心力・求心力および重力について論じていると思い込んでいるときでも、それが常に述べているのは、自然現象全体に関してである。すでにみたように、幾何学においては、二平方の総和の根に等しいある線が想定される場合、そこではある何か任意の線について語られているのではなくて、むしろ〔直角三角形の〕斜辺について、すなわち直角三角形というその全体によって規定された一つの部分について語られているとみられる。この場合幾何学は、この部分を恰《あたか》もその他の部分から区別するように全体から区別するのである。(49) ところが、いまいう天文学においては、求心力・遠心力および重力の数値が確定されると、それによってここに運動全体の同一の現象が明らかにされることになり、そうなると結局は、重力ないしは求心力あるいは遠心力の大きさ〔数値〕に基づいて問題を解決してみたところでどちらでも同じことになってしまうというわけである。この場合、これらのそれぞれの異なった力は、いまや単なる名称にすぎないということであり、そんなものはなくするに越したことはないであろう。というのも、これらの区別が無意味になれば、そのことによって諸現象の説明がまったく混乱したものとなり、また曖昧なものになるからである。

(5)　遠心力と求心力との同一性

この天文学のやり方には、明らかに矛盾が認められる。というのも、求心力によってひき起こされる現象〔求心力の結果〕は、正矢によって論じられ(50)、また遠心力によってひき起こされる現象〔遠心力の結果〕は、接線によって論じられながら、しかし同時にこれら両力の各々は、他方と交互に同一視されるからである(51)。だからといって、この矛盾を止揚するために、生まれてくる量の最初の比とか消滅してゆく量の最後の比(52)のうちに逃避するわけにはいかない。なるほど、そのところ〔存在しはじめ、また存在しなくなる諸量の極限の比〕においては、弧・正矢および接線の相互関係は、いわば相等性という一つの関係になっていて、そうなるとこれらの線の各々は、交互に置き換えられうることにもなろう(53)。もっと詳しく言えば、弧にとっても、正矢にとっても、また接線にとっても、さらにはたったいま論じられたようなこれらの力の区別にとっても、もはやそれらの存在する余地がまったくなくなったとき、あの〔生じてき、また消滅してゆく諸量の〕最初の比と最後の比は、もはやまったく零になるが、そのときになってやっとここにそれは相等性の関係であることが分かるからである。このようなわけで、運動全体の量が実際一方あるいは他方〔の力〕の量によって正しく表現されうる以上、遠心力は求心力と相等しいことになり、そうなると、いまやこの両方の関係、これらの区別およびこれらの名称そのものが、無意味なものになってしまう。

こうして、これらの区別が空虚なものになったという点からして、実際まず第一に、求心力は重力と同一であるということが承認されるであろう。ニュートンは、この両力の同一性を証明せんがために、まったくひとりで尽力したわけであった。したがって、物理学が天体の運動を構成するさいに、現象全体を重力に要約しながら、しかもそれと同時に重力の二つの要因として求心力と遠心力とを措定するとなると、この〔天体の運動の〕物理学的構成は、すでにこれらの要因の一方が力全体と同一視されているがゆえに、まったく無意味というほかあるまい。さらに求心力の法則によれば、求心力は距離に反比例するもの(54)とされ、また〔ニュートンによると〕運動の総量もこの同じ関係のなかにあるはずだとされるが、まさにこの〔求心力の〕法則は、遠心力のものと見なされるあの接線方向をすでに自らのうちにとり入れていて(55)、しかもこれを保持しているというわけである。何となれば、円運動は中心への傾向だけでひき起こされるものではなくて(56)、むしろ中心に向かう運動および接線の方向への運動から構成されるはずだからである。実に運動の総量が求心力に帰せられ(57)、しかも求心力の大きさによって規定されるものとすれば、この力は確かに遠心力に対立されることはなく、かえって現象全体〔運動全体〕はこの力〔求心力〕だけによって表現されることになるであろう。このようなわけで、幾何学の作図においても、求心力の作用は、三角形全体の面積――接線はその要因の一つになっている――あるいは〔円の〕扇形によって表現されることになる。

ところで、数学的比例においては、一方の力が他方〔の力〕と同一視されたり、あるいはむしろ全体として措定されたりすることはやむをえぬことである。この点からしてもすでに明らかなことであるが、互いに対立する力の総量は、一方の力の事実上の作用だけによって測定されるべきではなくて、この一方の力が反対の力によって妨げられなかった場合に生み出したであろうその結果によっても、測定されなければならないということである。だからこの場合、算定のさいには、他方〔の力〕によってひき起こされた結果は、そのつど双方の力に加算されなければならないわけである。したがって、求心力の実際の大きさは、正矢だけによって表示されるべきではなくて、また接線によっても、あるいはこの両者の積である対角線によっても表示されなければならないわけであり、それはちょうど遠心力の実際の大きさが、接線だけによって表示されるべきではなくて、むしろ正矢によっても、あるいはこの両者の積によっても表示されなければならないのと同様である。このことによって、遠心力もまた距離に反比例することが確認されるであろう。〔このようなわけで〕ここに検討される現象が求心力に帰せられようと、あるいは遠心力に帰せられようと、いずれの〔運動の〕問題の解答も常に同じことになるであろう。(58)

いまいう両力の各々が距離に反比例するとされるその法則からして〔言えば〕、動力学的物理学(59)はその運動の構造において対立を必要とするが、いまこれら両力は互いにそのような対立関係のなかにはないということが明らかになる。というのも、もし両力が互いに対立しあったものであるとすると、その一方〔の力〕が増大するとき、他方は減少することになるからである。ところがここにおいて、正矢および接線は同時に増大し、あるいは減少するということであって、だからそのさいにまさしく現象全体がまず両力の一方によっても、また他方によっても記述され、かつ規定されるということが分かる。さらにまたこの両力は、それら〔両力〕の真の原理と同一性[60]をなすところの何か第三の力に依存しているということも分かる。だがむしろこのことが意味していることは、求心力も遠心力も定義されえず、したがって現象もこれら二つの要因から明らかにされることもなく、かえって全運動現象の量だけが確定されるにすぎないという点である。

(6)　両力の区別の不合理な結論

(a)　速度の変化

ところで、求心力と遠心力の対立および正矢と接線によるこの両力の表現が、どれほど真の意味を欠いているかということは、楕円回転する同一物体の速度の変化が説明されるさいにもっとも明白に認められるであろう。というのも、求心力を表示するところの動径と、遠心力を表示するところの接線との比例〔関係〕は、楕円においては、いたるところ何時でも同一というわけではないので、この速度の変化は力の釣り合いの狂いによって説明されるのが常だからである。[61]実のところ、〔三角形の〕中線の二点においては、動径と接線の比例関係は相等しく、同様にまた速度も相等しいのであるが、これに対して〔惑星の軌道の〕遠日点および近日点においては、動径と接線の比例関係は、なるほど相等しくはあるが、しかし速度〔の比〕の方はまったく異なっているというわけだ。——ここにおいてまたとりわけ不可思議に思われることはと言えば、確かにすべての考察が数学的証明に基づいていながら、それにもかかわらず、すでに上述したように[62]、遠心力は距離の自乗に反比例すると主張する者があるかと思えば、また遠心力は距離の三乗に反比例すると考えている者もあるといった点である[63]。

個々の惑星の互いに異なった速度ばかりでなく、回転する全物体のそれをも説明しようとするところのこの方法のなかにあって、経験論の哲学が常に固執するあの観察の方法は、それ自身が堂々めぐりの論証〔循環論法〕であることを示している[64]。すなわち、個々の惑星の速度の差異は力の度合の差異性のせいであり、そしてまた力の度合の差異は速度の差異性のせいであるなどというものである。

(b) 赤道下での振子の振動速度の減少

次に、遠心力にかかわるところの別のよく知られた適用例についても論ずることにしよう。すなわち、緯度がより低くなるに従って〔赤道に近づくにつれて〕、振子時計の振子の振動がより遅くなってくるというこの現象を、一般にひとは、遠心力によって説明しようとしているようであり、またあの哲学に基づいて、それらの場所〔赤道直下〕においては重力がいっそう弱くなるはずだという点を承認しようとする。[65]〔振子の振動の遅れという〕この現象の説明として、赤道下においては重力が減少するということ、そして〔赤道から両極に向かって遠ざかるさいの〕重力の増加は、緯度の正弦の自乗に比例するということが仮定される。そこで、赤道下においては求心力は重力に等しくはなくなり、かえってそれは遠心力の反作用のために、$\frac{1}{289}$だけ減少することになると言われる。[66]ところで、この分数は次のようにして算出される。──すなわち、〔地球の〕中心から測定して一九、六九五、五三九フィートの距離にある物体が、一日に二三時間五六分四秒で等速円回転するとき、それが一秒間に描く円弧は、一、四三六・二フィートの長さになり、そしてその正矢は〇・〇五二三フィート、または七・五四ラインになる。さて地球上、パリの緯度において、物体の落下は一秒間におよそ一五・五フィート、つまり二、一七四ラインになり、[67]そして求心力は、一方において落下する物体が与えられた時間に通過する距離によって算定されることもあり、また他方においては正矢によって表示されることもありうるわけであるから、それゆえ最初の正矢と最後の正矢との間に、例えば前者〔遠心力〕は後者〔赤道下の重力〕の$\frac{1}{289}$になるといった程度の差が生じることになる。この点からこの分量は、すでに述べたように、接線によって表示されるところの遠心力の負担分になると結論されるであろう。[68][69]

だが、すでに見たように、われわれは一方の力を他方の力と随意に交換することができるし、またこれら両力をそれぞれ交互に置き換えても、これらの作用の法則性は少しも侵害されることがないわけであり、それゆえあの極小の二つの正矢を求心力の作用と見なして、これを重力に加えるのに障碍となるものは何もないわけである。この点からわれわれは、よしんば重力があの分数だけ減少せず、かえって増加するとしても、なおまた緯度がいっそう低下しても物体の重さが減ることもなく、むしろ増えるようであろうとも、やはり赤道下においては振子の振動の遅れが生じることになる、と主張することができよう。このようなわけで、当面の現象の測定と説明は要するに同じことになるであろう。

　経験の教えるところでは、緯度がいっそう低くなるに従って、振子時計の振子の振動はいっそう遅れてくると言われており、かくしてこの時計の振動は物体を落下させるところの重力に起因するものだということである。それゆえ、〔実験哲学の立場からは〕同じ長さでしかも同じ重さの振子の運動が緩慢になるのがみられるということは、重力がいっそう減少しているせいだと見なされるであろう。[70] しかしながら、振子の物体の運動というものは、決して単なる落下運動だけではないのである。むしろ、固定した箇所に吊り下げられた錘《おもり》は、この固定点からではなく横から振動を受けると、ただちに垂直線の落下を行なうことはできなくなるであろう。それゆえ、垂直線の方向は、もしそうしたいと思えば、求心力と遠心力――それは水平線の方向あるいは接線の方向を描き出すと言ってもよいが――とから生じるところの曲線に変えられることにもなる。

それゆえ、赤道下での振子の振動の遅れを説明するのに、赤道下では垂直の落下線〔垂直の落下方向〕から横に逸れるという現象ないしは水平運動が、あるいはこう言ってよければ遠心力が、そこ〔赤道下〕においては垂直線方向へのいっそう強い傾向にもなりうるより大きな障碍にぶつかるということであり、なお言い換えると、緯度がいっそう低いところでは、求心力はいっそう強い牽引力をもっていて、このために執拗なまでに垂直線方向に向かおうとする傾向を示すわけであり、垂直線から横に逸れると、これを再びもとに回復させようとし、こうして垂直線に反対の方向をより速かに克服するということ〔事由〕が挙げられるが、これらの点をもって、一体どうして上記〔赤道下での振子の振動の遅れ〕の説明にならないわけがあろうか。(71)

以上の点から要するに、右のような解釈は、その直径が地軸よりも短いところの赤道に比べて、〔地形が極方向に向かって〕いっそう隆起している(72)とみられる地球の形状(73)と、見事に一致していると言うことができよう。だから、いっそう低い緯度のところ〔赤道下〕で吊り下げられた振子は、一段と大きな質量に接近して、より強く引きつけられることになり、その結果いっそう大きな重さのために地球の方へ、つまり垂直線の方向へとより強く向かうことになる。それゆえ、この場合の振子はこの垂直線の方向からいとも容易に逸れて横にふれることはできないであろう。これに反して緯度がよりいっそう高いところでは、物体を引きつける質量がいたって弱いために、物体はこの場合いとも容易に横にふれる運動を行なうに違いないというわけである。

C 物質と重力

(1) 重力の算定における難しさ

かつてニュートンは起動力と加速力とを区別してみせたが、(74) いまこの区別を検討するなどということはいささか広汎にわたりすぎるであろう。ただこの場合ニュートンは、自分の論証中の間隙を包み隠すために、この両力を交互に利用しているようにみえる。それというのも、求心力〔重力〕の法則を月の運動とか諸惑星およびそれらの衛星の運動に適用するというあのあまねく知られた適用の手続きにあたって、彼は〔種々の異なった天体の〕質量をまったく考慮にいれていないからである。それゆえ、この重力の法則は単なる運動現象の一つの法則ではあっても、決して力の法則ではないということも明らかである。というのも、力によってひき起こされるもの〔力の結果〕は、当然のことながら、ただ単に力の法則に依存しているだけでなく、〔力が作用を及ぼすところの〕質量にも依存しているはずだからであり、諸現象もただ力の法則と同じであるわけはないからである。もちろんのことながら、この〔ニュートンの〕法則を月の運行と比較することによって説明するさいに、月と地球の質量の比を考慮にいれる者(75)〔物理学者〕も他にいるであろう。だが彼等の邪推するところでは、各惑星の種々の質量は、ただ力だけに関係するものとされるこの法則を何ら変更することにはならないとみられる。この場合、各惑星の質量は、太陽の質量と比較してあまりに微小すぎるからというのがその理由である。また彼等は、各衛星とそれらが回る惑星との関係に対しても、まったく同じことが適用されると思い込んでいるようである。それにもかかわらず彼等は、衛星の速度とその〔衛星の惑星からの〕距離に対するこの速度の比から、惑星の密度を算定するとともに、また同じようにして惑星に適用されたこの同じ比から、太陽の密度を算出するという具合である。

現象を説明する場合、求心力と遠心力とは交互に置き換えることができるとともに、また重力の減少はそれの増大と置き換えることができるということは、すでに指摘したとおりであるが、それと同様に、重力の減少によって説明される現象もまた重力の増大によって説明することができるというわけであり、そしてまた重力は距離の自乗に反比例するとされるあの法則(76)についても、これを逆にして、重力は距離の自乗に正比例すると言うことができる。すなわち、距離が増すにつれて重力は減ると言われる場合、まず重力を算定するのに必要な一つの要因、つまり速度が考慮されることになろう。それというのも、速度は距離が増すにつれて減少してくるがゆえに、重力は減るはずだ、と一般には思われているからである。しかし、力の大きさを算定するには、われわれは同時にその力が作用を及ぼすところの距離の大小を考察しなければならないのであり、したがって二倍の距離にわたって作用を及ぼすところの力は、四倍の大きさ〔の力〕と見なさねばならないであろう。それゆえ、重力の法則の通常の理解に従って、この力〔重力〕の増減がただ速度の量だけによって規定されるものとすれば、そしてこの場合この力の増減の比例〔関係〕を規定するためにも、またこの増減そのものの概念を確立するためにも、いずれにしても距離が考慮にいれられないものとすれば〔重力の法則がこのように表現されるとすれば〕、われわれは重力の大きさを算定するさいに、まさに同じ理由によって、速度を無視することができるのであり、そして力がより広大な距離にわたって働く場合、その力はより大きい力であると規定しうるとともに、またこの場合、この力は距離に正比例すると言うことができるであろう。(77) ちょうど梃子《てこ》の場合には、距離と重量というその二つの要因は、互いに反比例しあうと言われるが、この場合にみられるように距離が増せば、重力も随意に増加あるいは減少すると言うことができる。すなわち、距離が増せば、これとの釣り合いを保つために、ニュートンが原動力と名づけている重量は、どうしても減少せざるをえないことになり、結果として重力は減少することになるであろう。あるいはまた距離が増せば、重力もそれだけ増加することにもなる。というのも、距離が増してなお同等の重量を依然として保つとなると、それはいっそう大きな力に相当すると言えるからである。[78]

(2)　真の二契機〔空間・時間〕の統一としての重力の概念

以上の点からさしあたって明らかになることはと言えば、求心力と遠心力との区別はまったく空虚であって、またこれら両力〔求心力と遠心力〕のいわゆる法則は、実は物理的な力の外見とそれらの名称とによって歪められたところの数学的な運動の法則だということである。次いで、増加とか減少が重力に帰せられるのは間違いであるばかりか、さらには量規定も、また空間であれ時間であれ、他のどんな対象であれ、それらに対する量的な〔増減の〕関係も、重力そのものには該当しないということが分かる。そこで重力は、自らとだけ同一なものと見なされるべきである。つまりそれは、空間と時間という二契機、あるいはまたこう言ってよければ、静止せる空間と、運動によって時間のうちに生み出された空間という二契機の形式のうちに存在するとみられよう。しかるに、すべての量的区別や量的〔増減の〕割合は、これらの二契機〔空間および時間〕に、そのうちの一方が減れば他方は増すとされるこの契機の各々に属している。ただ、この両項が同一なるものと見なされないかぎり、この両者の間にはいかなる関係もいかなる比例も生じえないであろう。だがこの〔空間と時間の〕両契機の絶対的同一そのものは、変化することはありえない、つまり増えもしなければ減りもしないのである。[79]

これらの点からしても、ケプラーの精神的素質と才能がどれほど純粋なものであったかが分かるであろう。それというのも彼は、実を言うと増減する可能性のあるこの二契機の関係を措定しただけで、この関係に与えた純粋な真に天上的な表現を、何らの量をもたないとされる重力の量規定によって濁さなかったほどだからである。しかしながら、ニュートンによってもたらされた数学と物理学との間のあの混乱はどうかと言えば、一つには巨大な数学的構造と、それにもましてとりわけ天文学の領域へ数学をより効果的に応用するということが合わさって、学者たちの間にそれが罷り通ることとなったのである。だがそれにしても、重力についての［ニュートンの］学説は、一般大衆の注目をあびることとなった。実を言うと大衆は、ケプラーおよびその他の哲学者たちが述べているところの普遍妥当的な世界的力によって重力を知ったというよりはむしろ、石を地上に落下させる日常の平凡な力によって、天体もまた円運動をさせられるということを教えられたのである。なおこの点については、とくにニュートンの眼前に落下したリンゴにまつわるあの不幸な話によって証明されたとおりである。(80) 大衆は、ここから天界に対して強い確信を得ることになりはしたが、ただしかしこの場合まったく忘却されていることはと言えば、全人類の堕落、そしてこれに次いでトロイアの落城も、実はリンゴが災いの発端になっているということであり、実にリンゴは、哲学的学問にとってもまた不吉な前兆であるかのようだ。

それゆえ、学としての天文学は、それが数学の領域に依存するかぎり、主としてニュートンによって生み出されたものと認めざるをえないであろう。そうだとしても、だが同時にわれわれは、かつてニュートンが自己の数学的思考にまとわせていたあの物理学的な意匠を、いま再び数学的思考から除去しなければなるまいし、またこの物理学的な意匠のうちにあって真理とされるものを哲学の立場からあばき出してみることが必要であろう。ところで、あの実験哲学はイギリス精神の唯一の成果であり、またニュートン、ロック、およびこの精神を自分の著書のなかで表現したその他の哲学者にとっても同様であるが、ただこの〔実験〕哲学のやり方について、私は目下の論件にかかわる一例をここに挙げておこうと思う。(81)

(3) ニュートンにおける虚妄の一例——重量と形状の独りよがりの自立性

デカルト、アリストテレスおよびその他の哲学者の所説によれば、諸物体の重量は各々の物質に固有の形状に依存するとされるが、(82) いまニュートンは、この所説を論駁せんとの意図において、また〔物体の〕重量は〔それらの〕形状に依存するのではなくて、物質量に比例するものであることを証明せんがために、次のような実験を行なったのである。彼は、同じ重さの金・銀・砂・小麦等々二個ずつを、空気抵抗から生じる差異を除去するために、それぞれ二つの相等しい小箱に入れ、これによって長さ・重量・形・空気抵抗などいずれもすべて相等しい

〔二つの〕振子をつくった。形・長さ・空気抵抗について相等しいこの振子によって、何が明らかになるだろうか。重量を等しくするか、あるいは違えてみるか。そこでニュートンは、振動する物体の重量を等しくしてみたとき、幸いにこの振子の重量も等しくなることを発見したばかりか、それと同時に彼は、このような仕方で実験を行なうとともに哲学的に思惟することによって、同一の物質がただ形状の相違によって差異を生じるということを教えている上記の哲学者たち〔デカルトやアリストテレスなど〕を論破しえたと信じたのである(83)。この一例をみただけで、真の哲学が一体何を要求しているのかということについて、あの実験哲学はまったく無知であるのがよく分かるであろう。いまやこの同じ原理から、求心力および遠心力の真の根源もまた説明されよう。

(4) 物質の概念——物質と力の関係。ニュートン学派の神頼み

自然の活動的生命に対して無関心である力学においては、ただ死こそ物質に適用されうる唯一の根源的概念であって、これは惰性の力〔慣性抵抗〕とも呼ばれるものであり、言い換えると静止および運動に対して無関心であることを意味している。この物質は、客観すなわち絶対的に対立したものの最も抽象的な概念にほかならない(84)。それゆえ、物質のうちに認められるあらゆる多様性とか、運動によってはじめて現われてくるような多様性さえも、どこか外から物

質に加えられねばならないことになる。それでもなお実験を通じて、また帰納法によって、重力はすべての物質の〔一般的な〕性質であることが認識されることになる。ニュートンが提起した「哲学することの諸規則」のうちの規則IIによれば、自然界の同種の結果は、同じ原因に帰着されねばならないということであって、それは例えば、ヨーロッパにおける石の落下とアメリカにおける石の落下が、同じ原因によるものと見なされるのと同様だと言われる。さらに規則IIIによれば、実験によって見出されうるかぎりの、物体に属する諸性質は、すべての物体の〔一般的な〕性質と見なされるべきだと言われる。(85) ところで経験では、物質は重いと教えられているのに、実際には、石を地上に落下させる重力の性質と、天体において働く重力、とくにわれわれの太陽系に属していて、しかも地上に落下することのない天体のうちにみられる重力の性質とは、明らかにまったく異なるものであるがゆえに、あの実験哲学者たちは、この現象に対して別の原因としての力、すなわち遠心力を提示するのである。

この哲学は、重力の本性もまたその起源も知らず、そしてまた遠心力のつもりの、無限に水平線方向に向かうこの衝動の起源をも知らないのであるから、この哲学には、なるほどいっさい〔の原因〕を神の故にすることが許されるに違いない。(86) だが同時にこの哲学は、神および神意〔神の理性的摂理〕について正しく哲学的に思惟するとともに、またたとえこの哲学が自然について無知だとしても、それでも神を真に認識しうるように要請されなければならないであろう。ところで、神の働きは、外的でもなければ機械的でもなく、また任意的でもなければ偶然的でもないのである。それゆえ、よしんば彼等〔実験哲学者たち〕が主張するように、神が物質に諸力を与えたのだとしても、これらの力は、実は物質に固有のものであって、しかも互いに対立しあった力の内在的・内面的な原理であるところの物質の本性をなすものであると見なされねばならない。ところが、力学はこの概念〔原理〕にぶつかって後込《しりご》みする。それもそのはず力学は、神も知らず、真の力も知らず、また内面的にして必然的なものも理解していないからである。そこでかえって力学は、惰性的な物質が外からの衝動によって、あるいは同じことだが、物質そのものにとって外的な〔物質自身のうちに内在していない〕諸力によって、常に動かされるものだということを主張するのである。こうして力学は、ただ外的な原因にかかわり合うだけで、自然を理性によって概念的に把握しないならば、自己自身のうちに差別を措定するところの同一性の原理を捉えることはできないであろう。

ついにいま哲学は、この原理を再びとり戻し、それとともに哲学自身の再建をもはかったのであるが、しかしそれと同時に、また力学と物理学とを互いに分離し、これまで単なる動力学という名のもとに久しく力学から解放されなかった物理学を再び哲学にとり戻したのである。(87) さてわれわれは、この原理に立脚して、太陽系の基礎的原理を解釈するとともに、これを簡約して叙述したいと思う。

II　太陽系の基礎的原理の哲学的叙述

一般的原理——差別を措定する同一性

物質は客観的な重力であると言われるが[1]、このような意味において重力は、物質の本質をなすものである。同一の物質は、まず両極に分裂〔分極〕し、そのさいに凝集線[2]を形成するとともに、諸契機の異なった相互関係によって、多様な諸形態をその発展系列のうちに生み出すことになる。——ところで、重力のこの実在的差別から、重力のもう一方の差別である観念的差別、すなわち空間と時間〔の対立として〕の勢位の差別が区別されねばならない。というのも、この二重性が措定されると、〔この措定に基づいて〕さらに二元からなる二重性が、つまり一方は両極のそれ〔対立〕、他方は勢位のそれ〔対立〕、すなわちこれらから成る四方位が、措定されねばならないことになるからである[3]。

A　両極の実在的差別

(1)　凝集線あるいは度量関係の結節の系列(4)

まずわれわれは、重力によって規定されるところの凝集線について述べることにしよう。重力は、〔凝集線を構成するさいに〕各々すべての点のうちに自己自身を措定するが、それと同時にこれらの点は、諸契機の相互関係に従って多様な変化を与えられることになる(5)。このようにして重力は、自己自身〔その力〕の結節の系列(6)と自己自身の中心の系列とを生み出すのである。これらの各々は、その他の多数の関係を欠いているわけではないが、それら〔関係〕を自己自身の原理の支配下におくとともに、さらに自己自身の法則および自己の固有の組織に従って、これらを統括するのである。

太陽系そのものもまた、このような凝集線の表現であるが(7)、それは他の形態〔結節〕よりもいっそう巨大である。ただ太陽系においては、凝集線は引き裂かれていて、このため各物体〔天体〕は、自らが重力の中心〔点〕となっていて、確かに絶対的とまでは言えないにしても、他の物体〔天体〕に比べればより大きな自立性をもって、この体系〔太陽系〕に組み込まれることになる。というのも、どんな物体であれ、たとえそれが自己自身において一つの全体であっても、他の物体に依存しもせず、またもっと大きな体系の一部分とか器官でないような物体などまったく存在しないからである。[8]それゆえ各々の天体は、〔それぞれに固有の〕重力に対して、なるほど完全には〔絶対的に〕自由でも自立的でもないが、しかしただできるかぎり〔相対的に〕自由であり自立的であると言える。こうしてみると、諸惑星は、単なる偶然によって、まず直線軌道において無限の空間を通過していて、〔そのさい〕たまたま太陽の方へ接近したために、その影響をこうむり、それ以後やむなく回転軌道に一変することになったというものではあるまい。またあの仮説的な遠心力によって、各々の惑星は太陽から一定の間隔に保たれているのではなく、かえってこれらの惑星は、最初から太陽と共同して一つの体系を形成しているのであって、そのさい同時に凝集力という真の力によって引き寄せられたり、また遠ざけられたりすることになったというわけである。

(2)　力の中心と無差別点

力の中心〔点〕は、無差別点とは異なったものである。[9]なぜかと言えば、無差別点は、例えば磁石において、さらにまた死せる物質のなかに真の磁力線を再現するところの梃子《てこ》において示されるとき、それは〔作用のない〕中間《ミッテ》〔点〕[10]であるとみられるからである。[11]すなわち無差別は、平衡を保つ〔無関心〕ということであるから、何らの力も外部に及ぼすようなことはないが、しかし差別の規定となると、これは力に関係するということである。このようなわけで、諸力の中心は、確かにいまいう凝集線の内部に位置づけられてはいるが、しかしその中間《ミッテ》〔点〕におかれているのではないから、各々の天体がまさにこれらの力の中心であることになる。なぜかと言えば、物体は物理的な力の現象あるいは真実の理念《イデー》の現象にほかならないからである。

なるほどニュートンが考えたところによれば、太陽は諸惑星の引力によってその位置がわずかながらずれるはずであるから、重力の中心〔点〕すなわち無差別の中心〔点〕は、この太陽のなかに求められるべきではないと見なされる。しかしニュートンは、天体の運動を説明するために、もっぱら各天体間の相互の引力を仮定するのであるが、このような仮説によっては、ただちに〔太陽系の〕中心〔点〕たるものを定立することなどできまい。それにつけてもニュートンは、まず〔惑星の〕軌道の中心というものを措定するのでなければ、曲線運動についての自らの命題を首尾よく証明することなどとてもできないであろう。そこで彼は、〔『プリンキピア』の〕第一篇、第十一章において、「交互に求心力を及ぼしあう諸物体の運動」に関して述べている(12)。が、この箇所で彼が仮定しているところによると、諸物体の引いたり引かれたりする作用は、確かに相互的なものであり、したがって〔二つの物体があるとき、引かれる方も引く方も〕どちらの物体も、静止していることはできないということである。がしかし同時に彼が主張しているところでは、これらの両物体は、あの交互に引いたり引かれたりする作用

〔引力〕によって、恰も共通の重心〔重力の中心〕のまわりを回転するかのようだとも言われる。[13] この場合ニュートンは、〔運動の〕法則の系Ⅳを引き合いに出しているが、[14] ただしかしこの箇所で言われているところによれば、「二つの、あるいは多数の物体間の共通の重心は、これらの物体相互間の作用によって、その運動の状態ないしは静止の状態を変えることはない」というのである。だが〔ニュートンの意に反して〕このところにおいては、真の現実的中心あるいは中心的物体の必然性はどうしても見出せそうもない。それゆえ、いまいう共通の重心とは、まったく数学的な点にすぎないのであって、太陽が諸力の中心にあるか、それともこの力の中心にきわめて近接しているかどうか、こういった点は、まったく必然性に帰せられるべきではなくて、むしろ太陽に最大の質量を与えたところの偶然性に帰せられるべきであろう。ところで、太陽の巨大な質量——密度の概念もこの質量の概念に帰属するとされる——を仮定することは、そのこと自体、まさにすべての力は質量に依存するという仮説にまたしても立脚することになってしまう。

これに対して、真の力の中心は必然的に光の源であって、しかもこの光の源のうちにこそ、太陽の真の力と威厳〔完全性〕が求められるべきであるというのが、自然哲学の主張するところである。[15]

(3) 両極性の諸形式――磁石・振子・太陽系

われわれがすでに述べたように、この力の中心は、中間《ミッテ》〔点〕に位置づけられてはいない〔媒介項になっていない〕ということである。なぜかと言えば、凝集線によって外的な両極が生み出されるように、同じくまた二つの内的な力の中心も生み出されることになるからである。確かに、磁石の極点〔両極〕とか、あるいは楕円の二つの焦点のうちにも同様に、この内的な二重性〔二元性〕が認められるが、ただ楕円の焦点については、その主軸が真の磁力線であることになる。磁石のこの極点〔両極〕は、その各々が自己の力を及ぼすところの極よりも、反対の〔相対立した〕極にいっそう隣接しているように配置されているのである[16]。それゆえ、内的な極+Mは、無差別点と外的な極−Mとの間に、また同じようにして内的な極−Mは、中間〔点〕[17]と外的な極+Mとの間におかれることになるわけである。

また他方、太陽系は引き裂かれた凝集線を現わしていて、唯一の凝集体を形成しているのではないから、われわれがまた後ほどみるように、同一の物体が両極を一挙に実現するがゆえに、〔極となって〕実在する力の極点はただ一つしかないことになる。すなわち、太陽は〔二つの焦点をもつ〕楕円のその一つの焦点のうちにあり、もう一つの焦点は、ただの暗い数学的な点でしかないということである[18]。こうして、自然の〔本来の〕磁力線は、自然の振子の形態に移行することになる。ちょうど機械的な振子が、結果として〔両極のうちの〕一方の極の欠落した不完全な梃子《てこ》になるのと同じである。なお、片方の極がひとたび廃棄されれば、重力に屈して吊るされている物体は、〔喪失した〕極を生み出すことなどできないであろう。

これらの直線的にして活動的な、しかも硬直することのない物体の系列が、体系全体の基礎におかれている以上、みてのとおり、これらの物体が相次いで交互に関係しあって、唯一の物体を形成するというのではなく、まさに一つの体系を形成するものであることが分かる。だが自然は、このようなことでは少しも充たされることはないであろう。それというのも自然は、ここではただ線の形式においてだけ存在する力が、いまこそ物体の形式をまとってくれることを目ざしているからである。

B　勢位《ポテンツ》の観念的差別

(1)　点・時間・精神

両極の実在的差別および凝集線については、以上認められたとおりであるが、さらにひき続いて、もう一方の〔第二の差別面としての〕観念的差別、すなわち勢位[19]の差別あるいは主観と客観の差別へ移ることにしよう。——物質は充たされた空間として把握されるとき、それは形式を欠くことになり、この見地からすれば、空間および物質は客観の抽象的な概念にほかならないであろう。だが、物質の物理的ないしは実在的な概念を認識せんがためには、われわれは物質をやはり主観性の形式のもとにも措定してみなければならないし、また空間のなかに点を措定してみなければならない。この場合点は、なるほど空間の抽象ではあるが、しかし同時に〔点は〕空間に関係するものでもあるからである。充たされ尽くしたところの、いわば濃密な、それゆえ惰性的〔静止的〕でもある空間としての物質の概念のうちには、なるほど同一の空間のなかに侵入しようとする他の物質に対する対抗の観念がありはするが、しかしこの概念〔惰性的空間としての物質の概念〕は、ただ否定的にとどまって、内容空虚であるにすぎない。なぜかと言えば、空間が充たされてしまうと、何らかの変化とか対抗のきっかけ〔根源〕が空間それ自身から除去されることになり、このためそれ〔変化・対立の原理〕をどこか他のところから抽出してこなければならないからである。したがって、実在する物質を認識するためには、われわれは空間の抽象的な概念に、これと反対の規定である主観性の形式を付加しなければならない。ところでこの主観性の形式は、ラテン語で言えば、むしろ「精神」（mens）に相当し、またこの主観性が空間に関係する場合には「点」という形をとることになる。[20] このようにして、〔一方においては〕点、すなわち〔空間の〕自己区別というその固有の形式においては、時間と、〔他方においては〕空間とが、物質の要素を形成するのであり、そして物質は、この場合これらの要素から合成されるのではなくて、むしろこれらの要素の根源になっているとも言えなくないのである。

東西〔生起と消失〕のこの両極は、元来静止状態にあるものだが、この両極の互いに対立しあった勢位《ポテンツ》の内的にして最初の〔根源的な〕同一性と区別から、はじめて変化と運動の必然性が認められるようになる。[21] というのも変化〔交替〕は、区別から同一をとり戻しては、また新たな差別を生み出すという、恰も〔心臓の〕収縮と膨張のような、永遠なる原状回復にほかならないからである。[22]

(2)　点から線・〔線から〕面への移行

ところで、いまいう勢位のうちのもう一方〔の勢位〕である精神は、たえず空間を抽象して自己自身を生み出すとき、それは時間である。しかし精神は、この自己産出を空間に関係づけるかぎりでは、線を形成するのである。[23] それゆえ線は、自己自身を、しかも主観的形式において生み出すところの、〔そしてそのかぎりでは〕自己自身のうちに閉じこもっているところの精神なのである。しかしながら、精神〔線〕は、自分の反対である空間に移行し、そこで面を形成するとき、やっと自分の全き本来の形式を獲得することになる。ただし、この面にはすべての区別が欠けている。というのも、われわれはこれまでに精神と広がり〔延長〕の区別以外には他のどんな区別も想定したことはないからである。〔他のすべての区別を欠いた〕この面とは、平方である。

時間が空間に移行するということ〔移行〕は、むろん反省にとっては、まったく関係のないもの〔疎遠なもの〕のようにみえる。反省は、数学において、物そのものを抽象したり、また確かに物の数や度合を対比しようとしたりもするが、しかし非通約的な物そのものにとっては、時間および空間がまさにそれにあたる）を和解させたりはしない。しかしながら、たとえ幾何学や微分学[24]が物そのものを無視し、数学的操作[25]あるいは幾何学的証明によって見出された線や数しか〔局限して〕取り扱わないとしても、これらに対して物そのものに関係するはずの意味が付与されることになると、そこで数量が対比されるばかりではなく、物そのものも、実際に〔数学的分析の対象として同等に〕取り扱われるようになる。さらに言えば、数学においても線が面の形をとり、面が物体の形態をとるように取り扱われているから、この点では数学自身もまた、非通約的なもののあの交互的な移行を別の形式で使用しているとみられる。ただ一般に数学は、面は無数の〔無限に多数の〕線から合成される等々と主張することによって、この非通約的なものの同一性を、〔多くの場合〕無限という名称によって隠蔽しているようである。さらに数学が多数の数相互間の関係を無限級数によって表現するとき、まさにこのことによって数学は、反省の絶対的差異をすでに凌駕しており、そこで非通約的なものの和解を企てていることを自認している。だがとりわけ、いわゆる高等幾何学[26]は、面を線に還元し、そしてさらにこの双方を無限小に、すなわち点に還元する。これに対して解析学は、点から線を、しかも無限な線を構成するのである。だが、いかにして点から線が、そして線から面が生成しうるのか等々のことは、まさに運動の概念の助力を得てはじめて把握されるであろう[27]。すなわち、〔このことのためには〕それ以前に、空間と時間とが同一のものとして措定されているのでなければならない。

(3) 平方と立方（物体の落下とケプラーの法則）

さて、われわれがすでにみたとおり、線は自己自身をその固有の主観的形式において生み出すところの精神であり、また精神が自己の真に客観的な形態へといたるその移行は、平方であるとのことであった[28]。これに対して、所産的自然に属するところの所産〔物体〕とは、立方である[29]。というのも、精神をまったく捨象して、空間が自己自身を生み出すとき、まさに〔この空間にとっては〕三次元〔立体〕が存在しているからである。すなわち、生成する物体は平方であるが、これに対して存在する物体は立方である[30]。それゆえ、別々に分離〔区別〕された諸物体の関係は、線であり、言い換えるなら客観的な形態を欠いたところの主観的関係である。そこでこれら諸物体は、自分のこの差別を止揚し、一方〔物体〕が他方に落下して新たに自己〔一つの物体〕を形成するや否や、それらは線を平方に変えることになる。それゆえ落下の法

則は、距離の自乗に比例することになるのであり、あるいは平方と化した線として表示されるのである。(31)

このところには、もう一つ別の差別がみられる。それというのも、二つの物体の差別は、事実上止揚されるか、それともそのまま残存するかというものであり、すなわちそのうちの一つは実在するただ一つの物体になるか、他方はただ観念的な一つの物体になるかというものである。(32) 前者は、すなわち自由落下の場合であり、後者は円運動の場合にみられる。落下において、平方の要素は単純に時間の単位の和によって表示される。言い換えると、それ〔平方の要素〕は、ある何らかの任意の尺度に従って区分され、数で表現されるところの線によって表示されることもあろう。(33) これに対して、観念的な物体が生み出されるとみられる円運動の場合には、〔二つの〕物体間の差別が残り、したがってある点では時間と空間との差別がそのまま残ることになる。(34) 時間は周期を規定し、一方空間は物体間の距離を規定する。だがそれにしても、この周期と、物体が運行するところの場でもあり、また〔物体間の〕間隔とともに一つの角度を形成するところのものでもある空間とは、互いに関係づけられなければならないのであり、こうして実に運動量を規定するところのこの綜合が、平方そのものである。それゆえ、運動の質料と呼ばれるものであって、しかも交互に運動する二つの物体の全関係を表現するところのもののうちに、二つの要素が区別されることになる。すなわち、線としての距離と平方としての運動がそれである。そこで、これら二つの要素によって形成されるところの全体の数量は、立方ないしは物体〔として表示されることになる〕であろう。確かに重力は常に同一であるから、立方も常に同様であり、いま惑星を引き合いに出して言うと、全惑星にとっても事情は同じであろう。この点から、あの有名なケプラーの法則が容易に明らかになる。(35)

われわれがこれまで説明したところから、数学に必要な哲学的補助定理が借用されなければならないが、それと同様にまたそこから、ほとんど全応用数学の基礎になっていながら、今日まで真の証明がなされたことがない（しかもその証明は数学的な仕方では決して達成されえないとされる）あの諸定理に対する証明もまた演繹されなければならないということである。そこでわれわれは、上記の諸概念を通じて、この目標を目ざし模索してきたつもりである。時間と空間の綜合についてのわれわれの説明とか、精神すなわち線の平方への移行に、力のあの通俗的な分割は依存しているのであるが、それにしてもこの力の分割は、数学的に正しく必然的なものとして要請されはするけれども、しかしまったく物理学的な真理には欠けている。このところ〔力の分割〕から、自然法則を死せる物質に委ねるところの力学の諸法則への道程は、いとも容易である。だが法則そのものは、自然を偽造しようとする力学からではなくて、自然から演繹されなければならない。さて、われわれは論題をもとに戻すことにしよう。

(4) 惑星の運動の特性

先述のように天体間にあって、〔天体の〕距離の比は、〔天体の〕凝集線によって規定されるとのことであるが、この距離の比については後で検討することにしよう[36]。これに対して天体の互いに分離された質量は、エーテルの稀薄とは正反対をなす密度の中心、つまり極度の膨張とは正反対をなす極度の収縮としての点を形成するというわけである。このようなわけで物理学者は、絶対的弾性〔弾力〕および反撥力をエーテルに特有なものと見なし、これに対して引力を物体に特有なものと見なすのである。だから彼等が重力を適用するのは、もっぱら物体に対してだけであって、エーテルに対してではない[37]。だが、自然の最初の〔根源的な〕同一性は、極端な密度と極端な稀薄との間のこの対立を取り除くために、この対立の現象であるところの物体の分離を止揚しようと努める。しかし活動的な線[38]は、平方へ移行しようとして、物体的な形態をとろうとするのである。まさにこの傾向が、運動の現象なのである。

また他方において、諸天体から成るこの体系〔太陽系〕が、一つの塊になって凝固することなく、また「所産的自然」の悲しむべき状態に滑り落ちることもなく、またこのような自然に属する物体と運命をともにすることもないのは、自然の意図したところである。それどころかむしろ、この体系が理性の生きた表現であり、また理性自身の模写であることを自然は意図したのであるから、曲線運動によって生み出されるのは、実在的な物体ではなくて、一つの観念的な物体、すなわち平方だということになる。それゆえ、〔天体の〕線が仮定するところの立体[39]は、天体がその軌道を回転運動するさいに円を描いて囲むところの空間〔面積〕にほかならない。だからして、もしわれわれが円運動をその対立項によって定義しようとすれば、それ〔円運動〕は物体の止揚ということ、言い換えると、それは物体すなわち立方を平方へと還元することであると言わなければならない。[40]かくしてケプラーの卓越した法則は、この概念によって表現されることになる。[41]

純粋な円において、円周は一点からの等しい距離の概念によって規定されるのであるから、円の最初の〔根源的〕特性は、円周〔上〕のどの直径をとってみても、また円周〔上〕のどの場所も〔どの点をとっても〕、他の無数のものに比して何ら特徴をもったものではないということである。それゆえ、最初の凝集線から出発しながら、諸物体をただ一つの物体に結合させようとする自然の傾向を無視して、ただ諸物体の差別だけを考慮する場合には、物体の運動に到達することはできないであろう。だがそれにしても、中心物体の引力および軌道を回転する物体の遠心力から、力学的な仕方で円周は描きうるにしても、一体いかにして特定の直径を強調したり、また天体が南中点にあるときの凝集線[42]とか、さらには楕円[43]を導き出すことができるであろうか。

確かに太陽系においては、諸天体は相互に分離されていて、硬直した凝集線はそこにおいて止揚されて運動に移行してはいるが、しかしその凝集力は決して純粋な円のすべての直径の無差別のなかに消滅してしまったわけではない。むしろこの凝集線は、自ら軌道の軸になることによって凝集力を発揮するとともに、また〔軌道の軸の〕一方の極においては加速し、他方の極においては緩慢になるという運動〔速度〕の変化のなかに両極性を導入することによって、その凝集力を発揮しもするのである。(44) すなわち〔運動の変化について言えば〕、南中点の力、つまり太陽の力が最大限になるところの〔惑星軌道の〕遠日点においては、運動は緩慢になる。これに対して太陽の力が極小になるけれども天体に内在する力が最大になるところの近日点においては、運動は加速するというわけである。

惑星の運動の摂動、つまり最初の凝集力によって左右されやすい緩急の凝集作用に由来するこの諸現象も、実にいまいう点に関連しているとみられる。(45)

前述のように、われわれは磁性の実在的差別と勢位の観念的差別とを対立させたので、最後に簡単ながら次のことを付言しておくべきであろう。すなわち、この実在的差別それ自身もまた〔次に言うような〕二重の差別という形式のもとに存在するわけであり、したがって東西にわたる実在的な線が形成されると同時に、この線はまた、東西〔の両極〕が勢位の差別の法則に従属することになるがゆえに、測りがたい〔近日点と遠日点の〕長軸端をもった軌道を回転するところの、彗星と呼ばれる天体の線でもあるということである。

Ⅲ　補遺《スペレスト》——惑星間の距離の問題

さて私は、本論考〔末尾〕に、なお惑星間の距離の比に関する若干の所見を付記しておきたいと思う[1]。惑星の距離を確定することは、まったく経験の事柄にすぎないようにみえる。しかし実は自然の尺度や数は、理性に無関係であるはずはあるまい。それどころか、自然法則の研究もまたその認識も、その基づくところは、まさしく自然が理性的に形成されている[2]とのわれわれの信頼と、あらゆる自然法則の同一性についてのわれわれの確信とにほかならない。経験と帰納とに基づいて自然法則を探求しようとする者[3]のうちにとかくよくみられることだが、彼等は、首尾よく法則の形態を発見することができれば、理性と自然のこの同一性[4]を是認するとともに、ここに発見された法則を誇りにするであろう。だが、〔発見された〕自然法則に正しく合致しない異なった現象がある場合には、彼等は少なくともこのさい行なわれた実験の方を疑ってみることにより、何とかして法則と現象との調和を実現しようと努力するであろう[5]。

いまわれわれがここで論じようとしている〔太陽からの〕惑星の距離の比は、まさしくこの場合の一つの実例となるであろう。というのも、惑星の距離はこの場合ある等差級数[6]の比を示しているからであり、しかもこの場合、この数列の第五項に対応する惑星が自然界に見あたらないところから、火星と木星との間に実はもう一つの未発見の惑星が存在し、宇宙空間を周遊しているに違いないと推定され、そこで真剣にこの星が探索されているからである。[7]

しかしながら、いまいうこの級数は、算術的であって、まず数による自己自身からの生産になる数列に合致せず、したがって冪《べき》に合致したものではないから、この級数はどうみてもまったく哲学的な意義をもたないのである。[8] ところで、ピュタゴラス学派が数の哲学的関係[9]にどれほど熱心に没頭したかは、いまや周知のとおりである。そこで、二つの『ティマイオス』篇[10]において論じられている伝来の数列[11]をここに引き合いに出すことを許していただきたい。確かに『ティマイオス』では、この数列は惑星〔の距離〕に関連づけて説かれているわけではないが、しかしただデミウルゴスがこの比例に従って宇宙を形成したことになっている。[12] この数列とは、次のとおりである。

1, 2, 3, 4, 9, 16, 27,

この場合、この原典〔『ティマイオス』篇〕中の〔五番目の数9の次に8の項が立てられているが、その〕8を16に読み代えても差支えあるまい。[13] いまもしこの数列が、あの算術級数[14]より以上に真の自然秩序に符合しているとすれば、四番目と五番目の箇所の間に大きな空間が横たわっていることも、またその箇所に惑星を強いて探索するには及ばないということも明らかである。[15]

ところで、なお言い残していることを手短に述べておくと、上述の数を四乗〔自乗の自乗〕して、それから立方根を求めれば（なお最初の単位に代えて、$\sqrt[3]{3}$ を採用することとする）、次にみるような各惑星の距離の比を示す数列が得られることになる。[16]

1.4―2.56―4.37―6.34―18.75―40.34―81

さらにまた、木星の衛星[17]は、最初の四惑星の級数と同じ距離の比を互いに厳守していることが分かる。[18] ただし、これら〔諸衛星〕のうちの四番目の衛星だけが、その然るべき数を幾分超過しているようである。

これに対して土星の衛星の場合には、確かに変則的な比が適用されるが、しかしそれはきわめて注目すべき比であるとみられる。というのも、最初の四衛星の周期は、1, 2, 4, 8 の平方根と同じ比を保持しているが[19]、それら〔各衛星〕の距離は同じ数の立方根と同じ比になっているからである。[20] そこでこの周期それ自体の数を求めれば、次のようになるであろう。

$\sqrt{2^9}$, $\sqrt{2^{10}}$, $\sqrt{2^{11}}$, $\sqrt{2^{12}}$, $\sqrt{22}$, $\sqrt{32}$, $\sqrt{45}$, $\sqrt{64}$

五番目の衛星になると、それはちょうど五番目の惑星〔木星〕の場合にみられたのと同じように、級数の外形が変わってくる。つまり最初の四衛星の距離は、1, 2, 4, 8 の立方根、すなわち1—1.26—1.63—2であったから、そこで四番目の箇所には$\sqrt[3]{8}$が適合することになるが、これに対して五番目の箇所には、$\sqrt{8}$すなわち$\sqrt[3]{(16:32)}$が適合することになるということである。なお、立方根は距離の比を示すわけだが、この場合その立方の数列は、次のとおりである。[21]

$1,\ 2,\ 2^2,\ 2^3,\ (2^4:2^5),\ 2^8,\ (2^{12}:2^{13})$

すなわち……………$2^{\frac{9}{2}}$………………$2^{\frac{25}{2}}$

訳注

以下に注を付記するにあたって、訳者はとくに次の独訳、仏訳の両訳書から多く教えられるところがあった。すなわち、Philosophische Erörterung über die Planetenbahnen, Übers., eingeleitet u. kommentiert von W. Neuser, 1986. および Les Orbites des Planètes, Traduction et notes par F. de Gandt, 1979. の両書である。書中、とくに重要とみられる注について、しかも訳者がこれらの訳書のいずれかの注釈に依拠した場合には、訳注の末尾にその参照箇所を指示した。

I ニュートン天文学の原理の批判的論究（序を含む）

（1） まず species Universi は、「宇宙像」（das Bild des Universums）の意で、本論の基本的テーマをなしている。フランクフルトないしイエナ期に成立したヘーゲルのこの宇宙観は、その基礎を終始ギリシアの宇宙論においている。それゆえ、とりわけアリストテレスの宇宙観に基づいて思索する若きヘーゲルは、本論の冒頭において、秩序と調和によってつらぬかれた天上界と、生滅変化のいとまなき地上界という聖と俗の質的区別を前提することになる。

（2） プラトン『パイドロス』の 246E–247D の箇所が念頭におかれていたのではないかと考えら

れる。またこの論旨と類似した論述が、グロックナー版『哲学体系』第二部「自然哲学」第二六九節補遺にもみられる。「天体の運動はあちこちに引張られることではなく、自由な運動である。古人の言ったごとく、天体は聖なる神々のように往来するのである」(同書、速水敬二訳、上巻、筑摩書房、一二〇頁参照)。

(3) ここにおいてヘーゲルが依拠しているアリストテレス流の有機的宇宙観によれば、天界こそ聖なる神的世界であり、それゆえそこで行なわれる天体運動は、理性的原理に基づいていなければならないから、これこそ「理性の崇高で純粋な表現」の鑑であると言われることになる。さらに、この立場から生ずる天界と地界の質的区別に基づいて、「絶対的に自由な運動」としての天体物理学に対して、地上の物体の物理学つまり地球物理学が対峙されている。すなわち、ケプラーにおける天体運動の法則とガリレオにおける落下の法則とを区別することによって、ヘーゲルはいまここにおいて、ニュートンがかつて廃棄したこの区別を再び提起したとも言える。なお、グロックナー版前掲書「自然哲学」第二六九節補遺(前掲書、速水訳、一一七—一二〇頁)参照。

(4) ここにおいてヘーゲルは、キケロ『トゥスクルム論叢』のV, 4-10の箇所を念頭におき、それを批評しながら、合わせて目下の自分自身の立場を表明しているようにみえる。

(5) この論文には元来目次もないうえに、序や章節による区切りもない。ただし、この段落までが、おそらく本論の序にあたるものと思われる。大まかな目安ではあるが、この箇所に、本論において展開されるであろう全体の綱領が述べられているからである。このプログラムによると、本論が三つの項目から成り立つものであることが分かる。この目安に従ってラッソンは、ラテン語の原文に対訳のかたちで添えたそのドイツ語訳のテキストにおいて、本論をローマ数字によって三段に区分し、形式のうえから論文のスタイルをなすようにその体裁を整えた。いまかりにこの三項目に小見出しを示せば、次のようになろう。

［I］　物理学的天文学が一般に依拠している基礎概念の論究。

［II］　真なる哲学によってすでに確証済の太陽系の機構、主として惑星の軌道に関する叙述。

［III］　古代哲学に典拠を求めて、数学的な比例関係の基礎づけに関しても哲学が関与しうることの例証。

だが、この原典の構成をなおもっとよく知ろうとするとき、右の大まかな区分ではまだ十分とは言いがたい。この欠を補うには、まず本論の論理展開に即して、またテキストの行間を読み欠字を拾い出すような読みこみによって、章節の区分を定めるとともに、適切な小見出しをこれに与えながら、元来欠落している目次をより完全な体裁のもとに再現してみること、それよりほかに手立てはないように思われる。前掲の仏訳者ド・ガントは、まさにこの点を十分に考慮することにより、フランス語訳のテキストを作成しているようである。この点で、ド・ガントの仏訳は、われわれの要求をほぼある程度まで満足させてくれると言ってもよい。それゆえ、当邦訳書においても、右仏訳書のテキストを参照のうえ、章節の区分を定め、各々に小見出しを付記することにした。以下の試みは、多くの箇所においてこの仏訳書に依拠している。

（6）　第I章は、天文学がその物理学上の面において通常根拠としている基礎概念の論究にあてられているということ、もっと具体的に言えば、ニュートンの『自然哲学の数学的諸原理』における力学的天文学の原理の批判的論究であって、本論の大部分がこの論述にあてられている。

（7） グロックナー版前掲書「自然哲学」によると、同書緒論は補遺をもってはじまり、そのなかで自然考察法についてかなりの頁が割かれている（右同書、速水訳、一三頁以下参照）。この見解だけをもって、ただちにイエナ期のヘーゲルの立場を推考することはできないけれども、いま指摘されているこの箇所は、およそ右に述べられているような立場からみたニュートン批評と考えられる。なおヘーゲルにとって、ニュートンの天体力学は、数学的方法の自然認識の頂点に立つものであり、しかもそれは経験と概念に反して、数学的諸規定だけをその拠りどころとしていると見なされる。

（8） コペルニクスによる太陽中心説が、ドイツの天文学者ヨハネス・ケプラーによって継承され、ここにピュタゴラス＝プラトン的イデーの実現としてのコペルニクス的「天界の幾何学」は超えられ、さらに「天界の力学」の成立により、惑星の運動の三法則が定式化されて、近代天文学の基礎が確立されるにいたったことは、周知のとおりである。

（9） ニュートンの天体力学に対するヘーゲルの敵意は、終生変わらなかった。ヘーゲルによると、物理学的規定を単なる数学的規定と混同すること（例えば、力を線や点によって置き換えること）は、自然哲学上の混乱を招くことになるということであり、そしてニュートンこそ、こうした混乱をひき起こした張本人だというのである。さらにヘーゲルの考えによれば、「絶対的に自由な運動」つまり惑星の軌道運動に関する法則は、ケプラーによって発見されたものであるにもかかわらず、その後一般にはニュートンがはじめてこれらの法則の証明を発見したと見なされているが、この評価は不当だというのである。というのも、ニュートンは自分に与えられたその内容を単に数学的公式で表現したにすぎないからである。惑星の軌道運動の法則の発見者に与えられた不朽の栄誉は、その最初の発見者から不当に奪われてはならないとするヘーゲルの一貫したケプラー讃美の背景には、彼のシュヴァーベンの同郷人でもあったケプラーに対するいわば盲目的同郷愛をともなった尊敬の感情のごときものがまつわりついていたことは否定しがたいであろう。だが、このような外的理由をぬきにしても、ヘーゲルがその青年時代にケプラーの『世界の調和』（一六一九年）から深い感銘を受けていたことは疑いえないことみられる。――『エンチュクロペディー』樫山・川原・塩屋訳（世界の大思想、河出書房第二篇「自然哲学」第二七〇節、二二三頁参照。さらになお、ローゼンクランツ『ヘーゲル伝』所収の「惑星の軌道に関する論考」について、本書旧版付録一七一―八二頁参照。

(10) ニュートンがはじめて「引力」を物理学界に紹介したわけではない、と主張したのはヘーゲルだけではなく、ヴォルテール（一六九四―一七七八）もその著『哲学書簡』（一七三四年）のなかで、ニュートンがその創始者と目されている例の引力の新説が、驚いたことにすでに、ベーコンの著書（『新機関』（一六六〇年））のなかに明白に窺える、と述べている（右同書、林達夫訳、岩波文庫、七七頁参照）。また、十八世紀フランスの唯物論者ドルバック（一七二三―八九）も、その著『自然の体系』（一七七〇年）のなかで、ニュートンに帰せられている引力の説について、「自然のあらゆる存在に共通な運動法則、引力と斥力、慣性、必然性」と題する章をもうけ、これを論じている。『同書』（上）、高橋・三宅共訳（世界古典文庫、日本評論社）、八六―一〇〇頁参照。

（11）　この記述は、史実にてらして言えば、必ずしも正確ではないと言える。すなわち、ケプラー以前の天体研究には二様あって、一方は数学的天文学であり、他方は物理学的天文学あるいは哲学的天文学と言われるものである。前者は、もっぱら運動学的モデルを立てることでこと足れりとして、概して純粋仮説と見なされてとり入れられるところの原因とか仮定の類はこれを研究の対象としないのである。これに対して後者は、天体の原因とかその本質を研究するのに適しているとみられる。そこで、「自然哲学者」として発言した学者は、概して太陽に由来する力とは別の方法を探求したようにみえる。例えば、そのうちあまねく知られているものとしては、デカルトの宇宙物質の渦動の解明（この学説は、後にホイヘンスおよびライプニッツによって完成されたのであるが）を挙げることができよう。ところで、ケプラーの独創的な命題は、彼が太陽は惑星の運動をひき起こすところの力を秘めていると断言したところに起因していると言ってもよい（vgl. F. de Gandt, S. 130）。

（12）　ニュートン以前には、地上に存在する物体の運動と天体の運動とは、まったく別種の運動であると信じられていた。ガリレイによる地上の物体の運動の法則とケプラーによる天体の運動の法則とは、まったく別々に発見されたものであって、ニュートン以前には、この両者の間に密接な関係があるとはついぞ知られなかった。ニュートンが地球上でみられる力の概念を天体間にまで拡張することによって、ここにはじめて天界も地界も同質の力と同一の運動法則によって支配されていることがつきとめられた。すなわち、ニュートンのもとにおいて、ケプラーの天界の力学とガリレイの地界の力学との区別は廃棄されて、両者は統一されることになる。なお、ここに完成されたニュートンの力学的自然観の根拠ともなっているのが数学的方法である。ところが、アリストテレスの宇宙論によれば、天界は地界とは質的に異なる神聖な場所と見なされており、いまヘーゲルはこの観点を継承しているから、天界を地界と同一の運動法則・同性質の重力の法則に従わせたニュートンの業績が排撃されることになる。

(13) すでに指摘されているように、ヘーゲルのニュートン批判の一つは、彼が徒らに物理学と数学とを混同しているということ、すなわち元来物理学的規定(質規定)であるものを数学的規定(量規定)によって置き換えた結果、浅薄な機械論ないしは数学主義におちいったということである。

(14) ここで注目されることは、ヘーゲルが数学的比例と理性とを同時に意味するところの ratio という言葉を巧みに用いているということである。因に仏訳では、この両義を表現しようとして rapports-rationels という合成語をあてている。これらの点を考慮して邦訳では、かりに「理性的〔合理的〕な関係」と訳しておいた。

(15) このところのヘーゲルの記述の背景には、おそらく次のような事情が考慮されていたのではないかと推察される。――すなわち、ケプラーに『新天文学』(一六〇九年)というあまねく知られた著書があるが、この書には元来『因果律に基づく新天文学、すなわちティコ・ブラーエ卿の観測結果から、火星の運動に関する考究により明らかにされた天界の物理学』という意味深長な題がつけられている。ケプラーはこの書において、その表題が示すとおり、天体運動を自然的因果律に基づいて説明しようとしたわけで、その点でここに新たに提示された天文学は、単なるコペルニクス的「天界の幾何学」ではなくて、「天界の物理学」であった。すなわちケプラーは、太陽中心説という点ではコペルニクスの体系を継承しながら、さらにティコ・ブラーエの精密な観測データに依拠して惑星運動を研究し、いわゆるケプラーの法則を導くにいたったと言われる。すでにケプラーの思惟においては、各々の惑星をその軌道において推進させる原動力が太陽にあるとする観点は疑うべくもなかった。さらに加えて、太陽からの距離と惑星の速度は逆比例するとの考えから、ついに「太陽と惑星とを結ぶ線分は、〔その惑星の軌道上のいかなる場所においても〕一定の時間に一定の面積を描く」との結論を得た。これが、いわゆるケプラーの第二法則と言われるものである。さらに彼は、この法則の適用によって、コペルニクスにおいても受け継がれた円軌道の観念を廃棄し、その代りに楕円軌道を採用するにいたった。「惑星は太陽を一焦点とする楕円軌道を描く」と言われるものであり、この原理がすなわちケプラーの第一法則である。この書においてケプラーの関心は、単に天体運動の動力学的構造のみならず、運動の原因とか物体間の相互作用とか重力などといった新しい力学的観点にまで広がっていることが分かる。彼の立場は、同じコペルニクス体系の支持者の間にあっても、その体系のうちに数学的仮説しかみなかったオシアンデル（一四九八―一五五二）などの立場とは必然的に異なることになる。以上のような問題に対する穿鑿が、この箇所の記述に反映していると考えられよう。

(16) ヘーゲルの見地からすると、十七、八世紀のいわゆる数学の一部門である幾何学および算術は、いまいう数学的なものの全体を把握しえないとみられる。なぜなら幾何学は、ただ空間の原理だけに依存し、自然の全体から時間を捨象するものであり、また算術の方は、もっぱら時間の原理だけに頼り、自然の全体から空間を捨象するものだからである。自然の全体、つまり生きた自然は、空間と時間の統一としてはじめて真に把握されると言われる。したがって、いまいう「数学的なものの全体」こそこの場合の課題となるであろう。いわゆる高等数学は、この課題を実現しうるか。これに対するヘーゲルの見解が次に約言されている。

(17) ここで言われている「高等幾何学」(sublimiore geometria) とは、この場合、デカルトの解析幾何学とか、ライプニッツ＝ニュートン流の微積分学などが意味されていると考えられる。ただしそこでは、空間と時間の統一がまだ形式的にとどまっていて、真の統一を得ていないとみられる。この両項が真に概念的統一を得てはじめて自然の全体性は把握されるというのがヘーゲルの考えである。彼によると、このことが約束されるのは、真の数学すなわち自然に内在する弁証法的構造の数学的表現としての「自然の数学」にほかならない。

(18) すでに、(1)「ニュートンの誤謬」の節において指摘されているように、ヘーゲルによれば、ニュートンの誤謬の第一点は、物理学と数学とを混合したということである。だから、彼の著書の表題にも、そのことが端的に表明されているというわけだ。以下にこの『プリンキピア』の書からの引用およびその批評が多くみられるが、ここでは『自然哲学の数学的諸原理』河辺六男訳（世界の名著、中央公論社）によって、その該当箇所を指摘した。

(19) 前掲書、定義Ⅷ、六四頁参照。

(20) 同書、六四頁。なお『エンチュクロペディー』のうち「自然哲学」第二六六節においても、この同一文章の引用とともにその批評がみられる。同書（世界の大思想）、二二八頁参照。

(21) ニュートン『プリンキピア』第一篇のうち、「第十一章　互いに求心力を及ぼしあう諸物体の運動について」の前提にあたる箇所、同書（世界の名著）、二〇四頁参照。ここにおいて、ヘーゲルによる指摘はないけれども、ニュートンによって「より容易に理解でき、よく知られた言い方」として、Impulsus〔衝撃・衝突〕という概念が用いられているのは、明らかにデカルトの『哲学の原理』からの影響によるものと断定してよいであろう。

(22) ヘーゲルの自然哲学にとって、あるいは彼の自然観からみれば、力学と物理学の区別は基本的なことであると考えられる。すなわち、初期の体系においても、晩年の完成した体系においても、ヘーゲルは常に一貫して力学に対しては、運動が外的誘因によって生じるところのすべての自然現象（衝突とか落下など）を扱わせている。だがこれに対して、後者つまり物理学においては、物質は自己を運動のなかに措定し、自己を自己自身によって規定すると解される（例えて言えば、磁石はこの自由な個体の一つの実例である）。あるいはまた、この後者においては、運動は常に運動する物体《もの》の固有の目的によってのみひき起こされるとも言われる（vgl. F. de Gandt, S. 132)。

(23) ここでも繰り返し指摘されているように、「物理学と数学との混合からなる体系」を編み出したところに、ニュートンの誤謬の第一歩があったということである。すなわち彼は、物理学の対象を力学の方法によって分析し、ここに提示された単なる数学的諸規定を物理学的規定から区別せず、むしろこれを混同してしまったと言われる。

(24) ケプラーは、地球と月の引力について、きわめて独創的な理論をもっていた。しかるに、彼は潮流について月の引力の影響として合理的な考えを示す反面、またそれを地球の気息《プネウマ》として説明するといった神秘主義的な考えに囚《とら》われていたことも否定しえない。だが、このような神秘的思弁を廃棄したところの彼のより近代的にして合理的な理論の側面は、ニュートンの万有引力の法則への方向に連なるものと考えられる。いまヘーゲルのケプラー観の典拠を探るに、おそらくはケプラーが『新天文学』において、一般的な重力の定理とか、あるいは月の引力によって潮流の現象を説明するところのあの合理的な考え方などを示している箇所に基づいているものと推定される。なお、『新天文学』(島村訳、世界大思想全集〔II―31〕、河出書房)、一〇九頁以下参照。

(25) ヘーゲルによると、ケプラーは諸現象のうちに提示される数学的規則性をありのままにとり入れるところの純粋な学問の典型を示しているとみられる。これに対してニュートンは、空虚な力の架空の構造に頼っていると言われる。『エンチュクロペディー』のうち「自然哲学」第二七〇節、同書(世界の大思想)、二二三頁以下参照。なお、現在諸家によって指摘されているように、ここにみられるヘーゲルのニュートン批判は必ずしもあたっているとは言えない。

(26) 訳注15のなかでも指摘しておいたように、ケプラーは『新天文学』において、「太陽と惑星とを結ぶ動径によって描かれる扇形の面積は運動の時間に比例する」ことを明らかにしたのであったが、いまヘーゲルのこの本文においては、右にいうケプラーの第二法則、すなわち「面積速度一定の法則」が念頭におかれているとみられる。

上図は、動径が描く面積速度が軌道上のどこでも一定であることを示している。つまり、惑星は太陽にもっとも近い点（近日点）ではもっとも速く動き、太陽からもっとも遠い点（遠日点）ではもっとも遅く運動するということである。すなわち、惑星が同一時間に弧 $\overset{\frown}{AB}$, $\overset{\frown}{CD}$, $\overset{\frown}{EF}$ を通過するとき、扇形 SAB, SCD, SEF は面積が等しいというのが、第二法則の意味である。

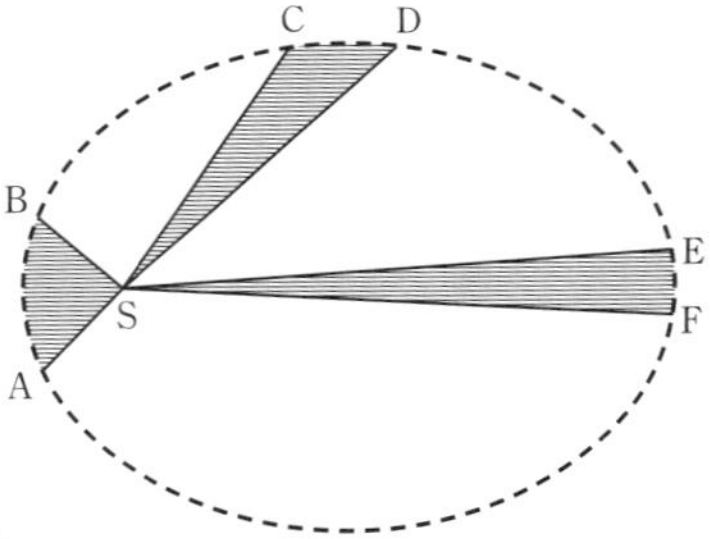

（27）重力に関するニュートンの法則がケプラーの天体運動の法則の焼き直しにすぎないとのヘーゲルの見解は、終生一貫していた。すなわち、ここでもニュートンの命題がケプラーの法則の形式から導出可能であることをヘーゲルは指摘しようとしている。ただし、この場合ニュートンの法則は重力の原因を包括的に含意するものであるから、ケプラーの法則との一致を示すことは可能である。なお、ケプラーの法則とニュートンの法則との関連については、ヘーゲルの創見によるものではなく、むしろフランクールの『力学基礎論』（一八〇七年）第二巻、第十一章の所説に依拠して、ヘーゲルが指摘したものであることが分かる。『エンチュクロペディー』のうち「自然哲学」第二七〇節、同書（世界の大思想）、

二二四頁参照。また、独訳者ノイザーの注釈によれば、ヘーゲルが就職論文の執筆の際、マルティンの『フィロソフィア・ブリタニカ〔英国の哲学〕』(B. Martin, Philosophia britanica oder Lehrbegriffe der newtonischen Weltweisheit, Sternkunde etc. Leipzig 1778) から多くの示唆を受けたことが指摘されているが、マルティンのこの書 (Bd. 3, S. 241) においても同様に、ニュートンの公式がケプラーの法則から導出できることが明記されていると言われる (vgl. W. Neuser, S. 149)。さらになお、ニュートン『プリンキピア』第一篇、第二章のうち、命題4、系5の項、同書(世界の名著)、一〇二頁参照。

(28) ニュートン『プリンキピア』第一篇、第二章のうち、命題1の項、同書(世界の名著)、九七頁参照。

(29) ここにおいて言われているニュートンの命題の内容は、すでに訳注26でも示したように、ケプラーの第二法則すなわち「面積速度一定の法則」と呼ばれているものである。そしてこの節においてヘーゲルが繰り返し論じていることは、単純な数学的規定をもって改変すれば、ケプラーの法則からニュートンの法則を得ることは可能だということである。だから「引力」にしても、軌道の半径および惑星の回転時間に依存するところのある一定の数学上の数値として示されるということだ。これらの点に関して、ヘーゲルは後年の「自然哲学」においても次のように論じている。——「ニュートンは、重力を表現するためにケプラーの法則を整理して、$\frac{S}{T^2}$という数学的規定を強調したのであるが、しかしそれはすでにケプラーの法則のなかに存するものであった。それは、円の定義の場合のように、$a^2 = x^2 + y^2$として演繹されたのである。すなわち、これは不変なる斜辺（半径の）と可変なる直角夾辺（横座標あるいはコサイン、縦座標あるいはサイン）との関係である」（グロックナー版前掲書「自然哲学」第二七〇節補遺、同速水訳、一三九頁参照）。すなわち、ここでもヘーゲルは、ニュートンの法則がケプラーの法則から導き出された帰結であることを示そうとしている。ヘーゲルによると、ケプラーの法則が実に偉大な法則であると言われるのは、それが事柄あるいは事象の理性をきわめて簡明直截に表わしているからだという。これに反して、ケプラーの法則を重力という力の法則に転化したニュートンの公式は、中途半端なままにうろついている反省のこじつけと本末顚倒を示したものだと言われるのである。

（30）周知のように、ライプニッツは力学的見地に帰着して、デカルトの力の概念の検討を試み、いわゆる「死力」・「活力」の概念を見出したのであった。だが、いまヘーゲルはこの箇所の記述のさいに、ライプニッツの『力学試論』（一六九五年）にみられる右の両概念の区別を念頭においていたのではあるまいか。——「力は二重になっていて、その一方は原始的な力であり、私はこれを死せる力とも名づけている。というのも、この力のうちにはまだ何らの運動も存在せず、かえってただ運動をひき起こすはずみがあるにすぎないからである。それはちょうど銃身にこめられている弾丸の場合とか、あるいはまだ紐で停止されているかぎりでの投石器の石の場合のようなものである。だが他方の力は、現実の運動と合一した普通の力であって、私はこれを生きた力と名づけている。遠心力でさえ、また同じく重力あるいは求心力もまた死せる力の実例である。ところが、もうすでに落下している錘から生じる震動の場合とか、あるいは元に戻ろうとしている弓から生じる震動の場合には、力は生きたものであり、それは死せる力の無数の連続した刻印から生起するところのものである」(Leibniz, G. W., Specimen dynamicum. Hrsg. von H. G. Dosch, G. W. Most und E. Rudolph. Hamburg 1982. S. 13)。この観点からすると、ヘーゲルの機械的〔力学的〕な力は、「死力」(vis mortua)であり、これに対して物理的な力は「活力」(vis viva)に相当するとみられる(vgl. W. Neuser, S. 150)。

(31) ヘーゲルによるニュートン学説の批判は、まず第一には彼の天体力学に関してであり、いまみるとおり本論の主軸をなしているものだが、これに対してさらに第二には色彩論に関してであった。ただし、後者については当面の対象になってはいないが、例えばローゼンクランツも前掲書に一節を割いて言及しているように、ヘーゲルは初期のころからゲーテの色彩論にたいへん興味をよせていたことが分かる。ちょうど天体力学においてニュートンを排してあれほどケプラーに注目したように、彼は、色彩論ではゲーテを支持した。そしてゲーテの色彩論への関心が、ヘーゲルのうちにおいてニュートンに対する反論の意識をいっそう向上させたようにみえる。ただ、ヘーゲルがイエナに登場し、この就職論文を執筆していたその時点で言えば、ゲーテの色彩論研究はまだむしろ初期の段階にあったわけであるから、その時期にヘーゲルが影響を受けたとすれば、もっぱらニュートンの光学理論との対決により、物理的色彩に関する試論を展開した『光学論考』(一七九一—九二年)の時期のゲーテの色彩論を介してであったろうと推定される。以来、ニュートン光学に徹底して反論したゲーテの立場へのヘーゲルの追従は、彼のケプラー讃美と同様、終生変わらなかったようにみえる。むしろヘーゲルは、後年の「自然哲学」において、もっと明確に言えば、ゲーテの自然科学における主著『色彩論』（一八一〇年）の刊行後に、さらにいっそうゲーテに賛同する立場から、なおいっそう具体的にニュートンの色彩論に対する攻撃を展開したとも言える。——ニュートンの理論によると、白色光つまり無色の光は、五色ないしは七色から成っているとのことだが、まずさしあたって、光の場合にも合成という最悪の反省形式に訴えて、明をこのさい七つの闇から成立させようとする考え方の幼稚さについては、どれほど罵倒してもしすぎることはないとヘーゲルは強調する。『エンチュクロペディー』のうち「自然哲学」第三二〇節、同書（世界の大思想）、二六四頁参照。この箇所は、暗室にさし込む太陽光線をプリズムを通過させることによって、白色光がいろいろな色と屈折性の異なるさまざまな光線から成っていることを示すことができたとされる、ニュートンの周知の光学的実験（いわゆる白色光の合成の実験）のことを指しているのである。この実験の成果であるニュートンの合成説に対して異議を唱えたゲーテを、ヘーゲルは支持する。ゲーテの理論によれば、光と光に対立する闇とが互いに作用しあってこそ色彩が生み出されると言われる。あるいはまた色彩は、光と闇というそれぞれ自立的な両契機が区別されていながら、同時により高い統一へもたらされる両者の質的関係に基づくものとも言われる。ゲーテに従ってヘーゲルもまた、明と闇の両契機によって色彩を説明しようとする。「それだけとしても現存する闇とそれだけとしても存在する明とが、透明性を介して、具体的にして個別化された統一へ措定されて、色彩という現象を生じる」（同書、二六〇頁参照）。元来光は、単純であるように措定されているものであるから、ゲーテが指摘するように、それはプリズムのような機械的装置によって分析されもせず、したがってまた量的測定によって規定されるものでもないと言える。だが、それにもかかわらずニュートンは、この点に逆らって拙劣で不当な観察と実験を試みたということであり、それゆえ彼の誤謬は、そもそもこのような不純な経験的データから推論したり結論したり証明したりするあの数学的方法のうちに根ざしているというのが、ヘーゲルのニュートン反駁のあらましである。この箇所においてもまた、ニュートンの数学的形式主義に対するヘーゲルの一貫した批判がみられる。──「ひとの噂では、ニュートンは大数学者であったそうだ。もうそれだけで彼の色彩論は正しいかのようにきこえる。物理学的なものは、大きさは別として、数学的には証明されえない。色彩については数学は無関係である」（グロックナー版前掲書、第三二〇節補遺参照）。

(32) ニュートンの天体力学にみられる数学的証明は、もっぱらここにいう「力の平行四辺形の原理」による分割と綜合に基づいている。この原理あるいはこれに従ったやり方は、単なる数学的要請にすぎないものであるから、これによって取り扱われる力は真の力とは言えない。ヘーゲルの見解からすると、真の「生きた力」とは無縁な、単に機械的作用のみを取り扱う科学、それがニュートン力学であると見なされる。

(33) これらの問題については、本論考第Ⅱ章のBのうちの(3)「物体の落下とケプラーの法則」の箇所において詳述される。

(34) 仏訳者ド・ガントの注するところによると、本論のこの箇所は、首尾よくはこばれている論証の優れた部分までも無効になってしまうほど、重大な誤謬の一つに該当すると指摘されてい

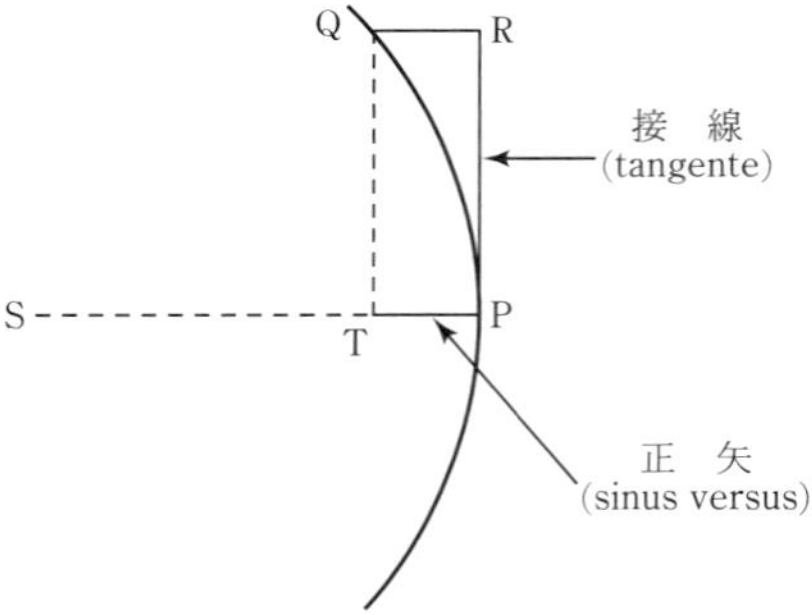

る。それによれば、ヘーゲルはニュートンの『プリンキピア』のうちの基本的な図式を逆に解釈しているという。その問題のところとは、同書第一篇、第二章のうち求心力の規定について論じられている命題である。その命題1によると、「回転する諸物体が、不動の力の中心にひかれた動径によって描くそれぞれの面積は、不動の一平面上にあること、そして時間に比例すること」と言われる（同書、世界の名著、九七頁参照）。ニュートンは、この命題を「力の平行四辺形の法則」に基づいて、幾何学的な方法で証明している。周知のように、この命題の内容をなすのは、ケプラーの第二法則すなわち「面積速度一定の法則」と呼ばれているものである。なお、前記の注15および26を参照。

一体ニュートンは、中心の力によって引き寄せられる動体の軌道をどのように表わし、またどのように分析しているか。これを図で示せば、上図のようになる。

さて微小時間内に、物体は弧 $\overset{\frown}{PQ}$ を描く。直線 PT すなわち正矢（sinus versus）は、物体がその直線軌道から逸れるさいの軌道の偏差の度合を示す。この弓形は、動体 P がただ中心の力（求心力）だけの作用を受けて描いた直線軌道の一部分と見なされうる。これに対して接線 PR は、初速だけによって、言い換えると、どんな力の影響によることもなく、ただ惰性だけで描かれた軌道の一部分である。正矢は時間の自乗に比例して増大し、接線は時間に比例すると言われる。

さて、右のうちヘーゲルが指摘した点を閲するに、ニュートンは接線が「遠心力」を表わすなどとはどこにおいても述べていないということだ。いま前掲図の説明でも分かるように、接

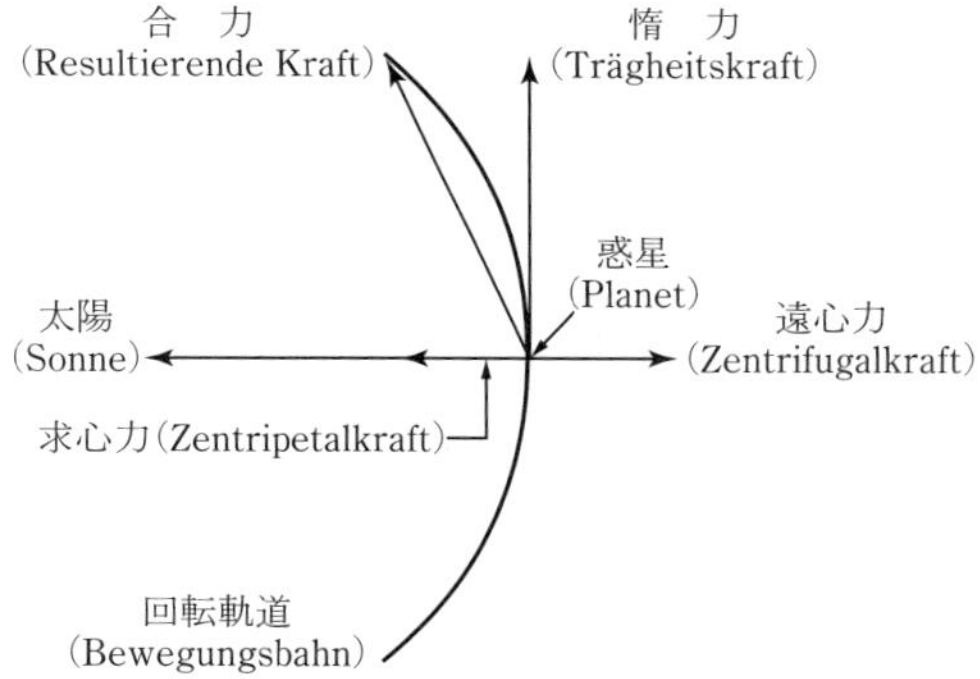

線は実のところ動体に加えられる力の作用に応ずることはなく、ただ惰性的な軌道に対応するにすぎないとみられる。ところでヘーゲルは、曲線運動のニュートン力学的分割を変形することによって、結果的には、求心力と「遠心力」という互いに異なった「力」をごまかすことになった。一方では、ただ簡略化しようとするためであったろうが、他方ではヘーゲルの単純な誤解によるものであった。だがヘーゲルの立場からすると、惑星の軌道とその速度の変化をニュートン力学で説明させるためには、まずいまいうこの両力の組合わせに頼るほかなかったようにみえる。例えば、軌道の無限小の各部分は、両力の合成なのであって、さらに言い換えると、遠心力を表わす接線と求心力を表わす正矢とによって構成される平行四辺形の対角線であ

るとも言える（vgl. F. de Gandt, S. 136-37）。

また独訳者ノイザーも、前頁に掲げたような図解によって、目下問題のヘーゲルの誤謬の箇所を指摘している。

前掲図は、みられるとおり、二つの互いに排他的な物理的概念を包括している。すなわち一方は、ニュートンの「力学的」惑星運動であり、他方はダランベールの「静力学的」惑星運動である。ここにおいてヘーゲルは、ニュートンの惰力とダランベールの遠心力とを混同しているとみられる。注27に示されているマルティンの前掲書『英国の哲学』にも同様の混同がみられるところから、ヘーゲルはおそらく多くの論点を右の書に依拠して本論考を執筆したために、同書と同様の誤謬を踏襲することになったものかと推察される（vgl. W. Neuser, S. 151）。

（35）この原語は、notio infiniti et ultimae rationis で、直訳すれば「無限と究極の比の概念」となるが、ここはラッソンの読み方、すなわち Begriff des Unendlichen und der letzten, kleinsten Größe〔無限と無限小量の概念〕の意に解した。この箇所は、ヘーゲルによるニュートンの無限小量の概念に対する批評である。『プリンキピア』第一篇「物体の運動について」のうち、冒頭の第一章「続く諸命題を証明するための最初の比と最後の比の方法」において、ニュートンのいわゆる極限の概念が提示されているところから、ヘーゲルはこの部分を念頭において批評したものと思われる。この極限の方法を用いてニュートンは、そしてライプニッツも同じように、微積分法を考案したのであったが、いまヘーゲルはそれらと同一次元の問題に着目しているのである。ただ彼はこの箇所において、この無限小量の論法のことを批評して、ある種の仮説を措定しては続いてこれを廃棄してしまうようなやり方だと言っている。

(36) 「無限小」(das unendliche Kleine) の観念に対するヘーゲルの批評が、『イエナ論理学』において詳細に述べられているところから、おそらく本論考を執筆のさい彼のうちにおいては、この問題をめぐる想念がすでにある程度まとまっていたものと考えられる。ヘーゲルはこの無限小の観念を批評して、数学者はすべて随意に、無限的近似値の量的規定と無限性の質的規定との間をあちこちと転変していると言っている。そのさい彼は、この問題を通俗化するために、概念の代りに感性的表象をおくという俗流のやり方で説明しようとしたヴォルフの方法を非難したのであったが、そこで挙げられている事例についても、すでに『イエナ論理学』においてとりあげられている。——すなわちヴォルフは、微分の消去を測量師のやり方にたとえて、測量師が山の高さを測量している場合に、山頂に砂粒が多少あるかどうかは正確さにおいて別に変わりはないと言う。ところで、ヘーゲルによると、このようなやり方は、一方では正確さを要求しながら、他方では些細なものを無視〔消去〕することであり、実はこのことのうちに潜んでいる矛盾を解明し、これを除去しようとするところにもろもろの困難がつきまとうと見なされる。ここにおいてヘーゲルは、無限小の観念にともなう困難とこれを克服しようと努める数学者たちのいろいろな方法を批評しながら、最後的にはニュートンの微積分における極限の移行(Grenzübergang)の概念の誤謬を批判するのである。すなわち、ヘーゲルによると、ニュートンは単なる計算によって経験を超え出て諸法則を発見しようとしたということであり、言い換えると彼は、幾何学的記号に立ち帰り、これに実在的意味を付与しようとするやり方によって、それ自身何らの存在ももたないのに存在の命題でありうるような諸命題を発見しようとしたと見なされる。『大論理学』（武市健人訳、岩波書店）上巻の二のうち、「数学的無限の概念規定性」の項、八七頁以下参照。さらに『イエナ論理学』（Jenenser Logik, Metaphysik und Naturphilosophie, hrsg. v. G. Lasson, Leipzig 1923. S. 14ff.）参照。

（37）この場合の実験哲学者とは、もちろん英国国立協会の会員であって、例えばF・ベーコン、R・フック、J・ロック、そしてニュートンなどのような哲学者ないしは物理学者を指している。また、ヘーゲルが本論考を執筆のさいに、多くの示唆を受けた『英国の哲学』の著者B・マルティンも、同国立協会の会員であった。ところで、「実験哲学」（Experimental philosophy）という用語であるが、すでにニュートン以前に、これまでとまったく異なった自然観察のやり方を表示する英語の慣用語として斯界で用いられていた。それは例えば、H・パワー『実験哲学』（ロンドン、一六六四年）という同名の用語をタイトルにした書物が刊行されていることをみても分かる。ただしかし、いまこの箇所においてヘーゲルが名指しで言っているのは、むしろニュートン以後の実験哲学であると考えられる。

（38）この投石器の事例は、何らの引用符もなく、『プリンキピア』第一篇の定義Vの説明から引用されていることが分かる。ところで、ニュートンの原文では、このあと次のように説明されている。――「〔石が手から遠ざかろうとする〕この傾向とは逆向きの、投石器が石をたえず手の方に引きもどし、その軌道上に保たせる力を、軌道の中心である手の方に向けさせるところから、向心力〔求心力〕と私は呼ぶのである」（同書、六一頁参照）。この説明からしても分かるように、遠心力についてては何ら問題にされてはいない。つまりニュートンがここにおいて提示しているのは、求心力の定義にほかならないのである。なるほど、ニュートンは、投石器において回転している石に働く力について、互いに相反する二力の対立を認めている。すなわち、それを振りまわしている手から遠ざかろうと努める傾向《コナトウス》〔遠心力〕と、飛び去ろうとするのをたえずその軌道上におしとどめ、しかも軌道の中心である手の方に向けさせる力としての求心力の対立である。なおニュートンによると、任意の軌道上を回転するすべての物体についても事情は同じであるという。つまり、それらの物体はすべて「軌道の中心から遠ざかろうと努める」が、釣り合いを保つために、物体を抑制し、「軌道上に保持する反対向きの力〔求心力〕」がここに存在しないとすると、物体は直線上を一様な運動をもって飛び去るであろうと解される。確かにここには、二力の対立が語られている。この場合、「中心から遠ざかろうとする衝動」（conatus recedendi a centro）は、確かに遠心力（vis centrifuga）と呼ばれるであろう。これに対して、「諸物体を、中心〔とする一点〕に向かって傾ける力」は、言うまでもなく求心力（vis centripeta）である。そしてニュートンにとっては、この両力はまさに直線上にあって各々に対して反対向きの力であることは言うまでもなかった。それゆえ、いまここにおいて、投石器から石が放たれるや、円の接線方向に飛び去るであろうこの運動が、遠心力の作用によるものと見なされているわけではないということだ。ところが、ヘーゲルは、ニュートンが提示したあの投石器の事例を誤って解釈し、石が接線方向に飛び去るあの運動をニュートンが遠心力の作用によるものと見なしていると解したのであった。ヘーゲルにとって、ニュートン流の遠心力は、あくまでも接線方向に推進する力にほかならなかった。このような誤解のためにヘーゲルは、最後まで求心力・遠心力というこの両力について、ある角をなす二方向に分裂した二つの力と見なす偏見から解放されなかったようにみえる。一方において、ヘーゲルがカント的な引力と斥力を物質の力学的構成として積極的に認めている点を考慮するとき、なおさらの印象を与える。なお注34においても、ヘーゲルの誤った解釈について指摘したとおりである。

(39) ヘーゲルが本論考を執筆のさい、多くのヒントを受けたとされる例の『英国の哲学』の著者マルティンも、確かに、いまいう点に関連して遠心力にはふれまいとの気づかいを示しているようにみえる。それでいて、この著者も、遠心力のことを誤解して推進方向と同一視してはいるが、この遠心力の定義の背景については簡潔に表現している。――「投げられている物体には、さらに衝突〔推進力〕と重力という二つの力が作用を及ぼすことになる。一方の力によって物体は等しい時間に等しい大きさの空間を運動するが、しかし他方の力によって物体は低下するというわけである」(B. Martin : op. cit., Bd. 1, S. 152f., vgl. W. Neuser, S. 152)。

(40) 火薬の力によって撃ち出された弾丸の例もまた、『プリンキピア』の定義Vの説明からの引用である。このところも、引用符が用いられず、そのまま原文が引用されているが、前例の場合と同様にこの引用箇所も、みられるとおり遠心力を対象にはしていない(同書、六二頁参照)。しかしながら、最初に表明されたヘーゲルのこの場の誤解は、そのまま晩年の体系のなかにまでもちこまれている。『エンチュクロペディー』のうち「自然哲学」第二六六節、同書

（世界の大思想）、二二七頁参照。

（41）まず第一に、「引力と反撥力の対立」（oppositio virium attractivae et repulsivae）に着目することにより、『プリンキピア』に先立って運動論を展開したニュートンのことが暗示されているものかと思われる。確かにニュートンは、この両概念から物質の哲学的構造についてヒントらしきものを得たようにみえる。それゆえ彼にとって、遠心力は物質に固有の単純な反撥力に由来する一つの形式であるとみられよう。ところでカントは、周知のように『天体の一般的自然史と〔天体の〕理論』（一七五五年）において彼の宇宙論を展開したのであったが、そのさい彼はこの書の序言のなかで、自然界の秩序の進化発展を説明するために、論中もっとも基本的な概念として、「引力」（Anziehungskraft）と「反撥力」（Zurückstoßungskraft）という二力を導入し、これに依拠した経緯を述べている。それによると彼は、この概念をニュートン哲学から借用したとのことである。『カント・宇宙論』荒木俊馬訳註（恒星社）二六頁および六〇頁以下参照。さらにこの点に関するヘーゲルの批評は、『大論理学』にみられる（同前掲書、武市訳、上巻の一、二二二頁以下参照）。

（42）ここにおいて言われている哲学は、シェリングの哲学を指しているものと考えられる。ヘーゲルが本論考を執筆していた当時のシェリングは、フィヒテの知識学の立場を離れて、むしろスピノザ主義の立場から、自然哲学と先験哲学とを統一するところの、いわゆる同一哲学を確立しようとしていた。この立場を表明した書が『私の哲学体系の叙述』（一八〇一年）であって、いまヘーゲルが本論考のこの箇所において念頭においていたのは、おそらくシェリングのこの『叙述』の哲学的立場であったに違いない。――「最初の存在においてAとBの実在の直接的根拠としての絶対的同一性は、重力である」(Schellings Werke, hrsg. v. M. Schröter, München 1927. Bd. Ⅲ. S. 42)。この場合のAとBは、最初の対立のことであって、ここでは引力と反撥力を指している。それゆえ重力は、物質と同等の絶対的同一性の特殊的形態であるとみられる。このところから、「物質界は引力と反撥力との間に交わされる一つの釣り合いを構成する」(a. a. O. S. 44)と言われる。なおこのような観点は、『自然哲学体系の草案への序論』(一七九九年)のうちにもみられる。

(43) ノイザーの指摘するところによると、この箇所はマルティンの前掲書(Martin : op. cit., Bd. 1. S. 154-59)に依拠しているという。

(44) ニュートン的な求心力と遠心力という互いに相対立した二力を指す。ところでヘーゲルが、この両者の間に必然的な結合の原理を認めないわけは、何よりも彼がこのニュートン的二力を一直線上における反対向きの二力として考えていないからである。あくまでもヘーゲルにとっては、この二力の対立はまったく偶然的な結びつきでしかなかった。

(45) カント的な引力と反撥力という相互に対立しあった二力のことが想定されているとみられる。あるいはもっと具体的に、例えば注42において指摘したような点から、シェリングの自然哲学における視点が念頭におかれていたのではないかとも考えられる。というのもシェリングは、イエナ大学に迎えられる以前に、すでに『自然哲学への理念』(一七九七年)の書を公表しており、しかもそのなかで彼は、力のうちに引力と反撥力という対立しあう両力のあることを指摘するとともに、さらにこのような特質をもった力は物質なしに考えることはできず、また物質の方も力なしに考えることはできない旨の彼自身の見解を述べているからである。右同書、『シェリング初期著作集』小西邦雄他訳（日清堂書店）所収、二二〇頁以下参照。

(46) ヘーゲルの評するところによると、ニュートン物理学は、力の各々をそれだけで独立のものと見なしているということ、つまりもろもろの力を自律的なものと見なしているとされる。これに対して、ヘーゲルのいう真なる哲学的構造においては、力の二重性なるものが規定されていて、しかもそれが同一の基体として存在することによって、そこに釣り合いが保たれることになるということであり、それゆえ互いに対立しあった力はそれぞれ別々に扱うことは許されないとされる。この箇所は、なるほど表面的にはシェリングの哲学に依拠しているようにみえるが、しかしここには基本的にすでに、後年の『精神現象学』におけるあの力の概念へと発展してゆくヘーゲル固有の思惟が認められるであろう。

(47) 「自然の偽造」とは、この場合力学を指しているとみられる。力学が取り扱うのは、惰性的物質であり、そこでは偶然と恣意が支配していると解される。それゆえ、ヘーゲルによると、このような力学は生きた自然を把握することはできないとされる。かえって、数学や力学から区別された物理学だけが、生きた自然を把握することができるとヘーゲルは考えていたようである。なお、この就職論文の公表の直前に刊行されたヘーゲルの最初の哲学的著作『フィヒテとシェリングとの哲学体系の差異』（一八〇一年）のなかでも、同じ趣旨のことが言われている。「恣意と偶然は、低俗な立場においてのみ場を得るものにすぎず、絶対者の学の概念から追放されている」(本書、一八三頁以下参照)。

(48) この箇所において、「求心力・遠心力」の用語を用いず、故意に vis ad centrum tendentis〔中心に向かう力〕および vis tangentialis〔接線力〕というまわりくどい表現をしているのは、これらの力を誤解している〔とヘーゲルは考えていた〕実験哲学を念頭においているからであろうと思われる。

(49) このような幾何学的方法が述べられるさい、ピュタゴラスの定理が想定されていたのであろうか。というのもヘーゲルは、ピュタゴラスの定理を哲学的に確かな根拠をもったものと見なしているからである。『大論理学』武市健人訳(岩波書店)下巻、三三四頁以下参照。さらにまた、グロックナー版前掲書「自然哲学」第二五六節補遺(同速水訳、六三—六四頁)参照。

(50) 注34の説明あるいは図解を参照。正矢(sinus versus)は、字義としては「逆に向けられた正弦」の意。

(51) 以下において、求心力と遠心力との相等性を論証しようとしているが、そのさいにヘーゲルが頼っている論拠は、あまりに錯雑としていて、説得力に欠けているようにみえる。わずか数行の不透明な論証のあと、「〔ゆえに〕遠心力は求心力と等しい」(vis centrifuga centripetae aequalis est)との帰結を導き出しているが、そのさいこれに先立って提示されている前提がいま一つ論理明快でないために、これから導き出された帰結も不明晰であることになる。なお独訳者ノイザーの指摘するところによると、この箇所においてヘーゲルが頼っている論拠はいくつか考えられるが、とりわけラプラスの『宇宙体系論』の独訳書(Laplace, P. S., Darstellung

des Weltsystems. Aus dem Französischen von J. Hauff. Frankfurt 1797. Bd. 1, S. 291ff.）に依拠しているのではないかという（vgl. W. Neuser, S. 153）。

（52）『プリンキピア』第一篇のうち、冒頭の第一章「最初の比と最後の比の方法」の箇所を指している。右同書（世界の名著）、八七頁以下参照。

（53）「無限小」の観念に対するヘーゲルの批評については、注36に述べたとおりであるが、なおこの箇所に関連する記述が後期の「自然哲学」のうちにみられる。「無限小という表象は、ニュートンが無限小においてはあらゆる三角形が等しいとしたことに基礎をおくこの証明をもって、ひとを感歎せしめている。しかし正弦と余弦とは等しくはない。それゆえに、無限に小なる量として措定されれば両者は等しいと言われるならば、一切はかかる命題で解決されもしよう」（グロックナー版前掲書「自然哲学」第二七〇節補遺、同速水訳、一三八—一三九頁参照）。

（54）右同書によると、ケプラーの法則の「ニュートン的形式は、重力が運動を支配するということと、重力が距離の自乗に反比例するということである」と述べられており、そしてこの論拠を示すために、原注が付記されていて、ラプラス『宇宙体系論』（パリ、一七九六年、第二巻、一二頁）から次の文が引用されている。「ニュートンは、この力が実際に距離の自乗に反比例することを発見した」。そして、さらに『プリンキピア』からも次の文が引かれている。「天体が楕円、放物線あるいは双曲線において（楕円はしかし円に移行するが）運動するとき、求心力は距離の自乗に反比例する」（前掲書、第二七〇節補遺、同速水訳、一三四頁参照）。

（55）周知のように、ニュートンは『プリンキピア』の冒頭において、定義Vの求心力の説明に投石器の例を用いている。独訳者ノイザーの指摘するところによれば、このニュートンの説明よりもはるかに説得力をもって例のマルティンが、太陽系と石の間の類推を簡潔に表現しているという。「この種の運動の本性を理解することは、重要なことである。というのも、太陽系全体における運動もこういった運動を基礎としているからである。そういったことは、例えば回転運動する物体として惑星をおいてみるとか、あるいは中心点として太陽を、中心力の代りに求心力を、そしてさらに衝撃の代りに、事物の創造にあたって発揮されたあの全能なる神の力をおいてみれば、容易に分かるであろう」（B. Martin : op. cit., Bd. 1, S. 159 ; vgl. W. Neuser, S. 153）。

（56）ヘーゲルの仮定によれば、円運動には二つの力が必要であって、その一つは中心に向けられる力であり、他方は接線力であるとされる。こうしてみると、ヘーゲルは惰性の原理を認めなかったのか、それとも彼はこの原理を理解していなかったとも考えられる（vgl. F. de Gandt, S. 142）。

（57）ヘーゲルにおいては、しばしば力は運動量（quantitas motus）と一緒に結びつけて語られる。ただしこのところでは、求心力をただ一つの力、つまり重力と同一視してしまうと、円運動は重力だけで起こると見なされることになり、遠心力は不要になってしまう。

（58）この両力の関係の問題についてのヘーゲルの考え方は、後年においても基本的には変わらなかったようである。因に、この問題に関する彼の批評が、後年の『大論理学』にみられる（同前掲書、武市訳、上巻の二、二八〇頁以下参照）。さらに『イエナ論理学』（a. a. O., S. 24–25）

も参照。

(59) 原語 physica mechanica は、直訳すれば「機械論的自然学」となるが、ここでは力学のうち主として運動と力との関係を解明することによって、いわゆる動力学的世界観を確立したニュートン物理学が念頭におかれ、またそれから影響を受けたカントの動力学的自然哲学の立場が念頭にあったとみられるので、本文の訳語を用いることにした。

(60) 原典では verum principium et identitas に先行して、per unam atque alteram vim〔一方の力によって、また他方の力によっても〕と両力の働きが強調されているところから、ここではこの両力を両方の語にかけて、「この両力の真の原理と両力の同一性」との意に解した。

(61) ノイザーの指摘によれば、ヘーゲルはこの箇所および以下の叙述にあたって、ラプラスの『宇宙体系論』（a. a. O., S. 295-96）に依拠していたのではないかという。すなわち、ここにおいてラプラスは、作用する力を垂直分力（「曲率半径」の方向）と接線分力とに分けて、こう述べている。「前者は遠心力と釣り合いを保ち、後者は物体の速度を加・減する」。ところでヘーゲルが、垂直分力・接線分力をそれぞれ遠心力・求心力と混同することになった原因は、右にいう点に関係しているかもしれないと言われる（vgl. W. Neuser, S. 153）。

(62) 注54を参照。ただしそこでは、遠心力ではなく、求心力が「距離の自乗に反比例する」（reciproce in duplicata ratione distantiae）ことが指摘されていた。

(63) 前者は、注54に指摘したように、ラプラスを指しているとみられるが、後者についてはニュートンの門下生で、エディンバラ大学の数学教授でもあったコリン・マクローリンの『ニュートン哲学の注解』(MacLaurin, C., Expositio philosophiae Newtonianae. Wien 1761. S. 387)を指しているとされる(vgl. W. Neuser, S. 153)。

(64) この箇所は、ニュートン物理学の論証の仕方が同語反復的な根拠からなされる形式的な説明でしかないとして、ヘーゲルがニュートンを批評しているところと考えられる。

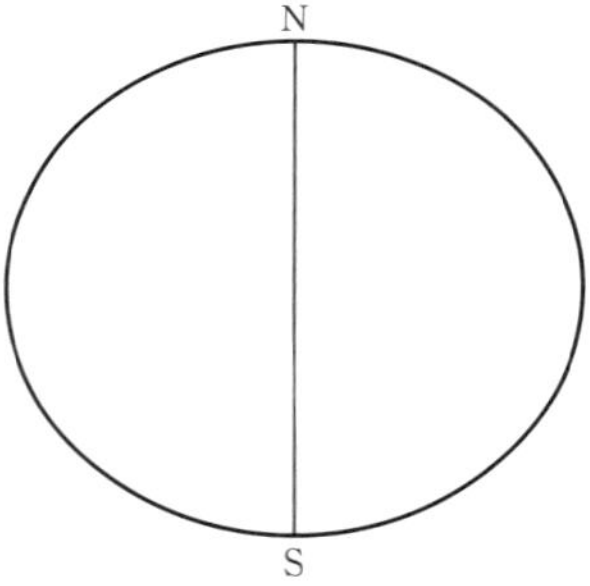

ところで、力についてのニュートン的同語反復(Tautologie)に対する論駁が、後年の『大論理学』(同書、武市訳、中巻、一〇五頁以下参照)のなかにみられる。仏訳者ド・ガントの指摘によれば、このテーマはまだ一八〇一年の諸論文のなかには見当たらず、それが現われはじめるのは、やっと『イエナ論理学』(a. a. O., S. 41-63)においてであるとされる。確かにこの書のなかで、ヘーゲルは力の概念について詳論しており、同語反復の概念にもふれて、例えば「説明」の同語反復とか、力の同語反復について批評している。この点から「反省」(Reflexion)の否定的な面と積極的な面が、体系の展開のなかに連結されることになったとみられる。そしてさらにヘーゲルは、力と根拠についての彼自身の見解を明確にすることによって、ニュートンの説明の仕方に対する批判を確定することになる。ヘーゲルによると、力の概念の二つの契機は、それぞれ独立のものとしてあるのではなく、かえって不可分なるものと見なされるのである。す

なわち、力はそれ自身現象の単純な実体としてあるものであり、そしてそれだけでは固有の内容をもたない単なる反復でしかない。が、他方において力は、自己内復帰した反省としての力である。ここには明らかに「否定的統一」(die negative Einheit) の概念が要請されていることが分かる。これらの点において『イエナ論理学』は、目下の就職論文よりもはるかに豊富な学説を提示するとともに、反省・根拠・実体に関して『大論理学』の主題を予告している(vgl. F. de Gandt, S. 144)。さらになお、見田石介『ヘーゲル大論理学研究』(大月書店)第二巻、二五二頁以下参照。

(65) この箇所および以下の記述において、『プリンキピア』第三篇のうち、命題19および同20に依拠することにより、かなり自由に適例が引用されていることが認められる。右同書(世界の名著)、四四六頁以下参照。

なおニュートンによると、重力が赤道下において減少するということであるが、そのわけは赤道下では南北の両極に向かってゆくよりも地形が隆起していて、この現象のために地球が南北の両極において扁平になり、いわゆるオレンジ形になっているため(前頁上図参照)、問題の赤道下は地球の中心からそれだけより遠隔の地になって、このため重力がいっそう弱まるはずだと解される。そしてこの点は、振子の実験によって証明されるであろう、というわけであった。すなわち、ニュートンの重力説によれば、重力が弱まるにつれて、当然のことながら錘の落下に基づく振子の振動はいっそう緩慢になるはずだからである。

(66) $\frac{1}{289}$, quae vi centrifugae tribuitur は、直訳すると、「遠心力に分配されるところの$\frac{1}{289}$」の

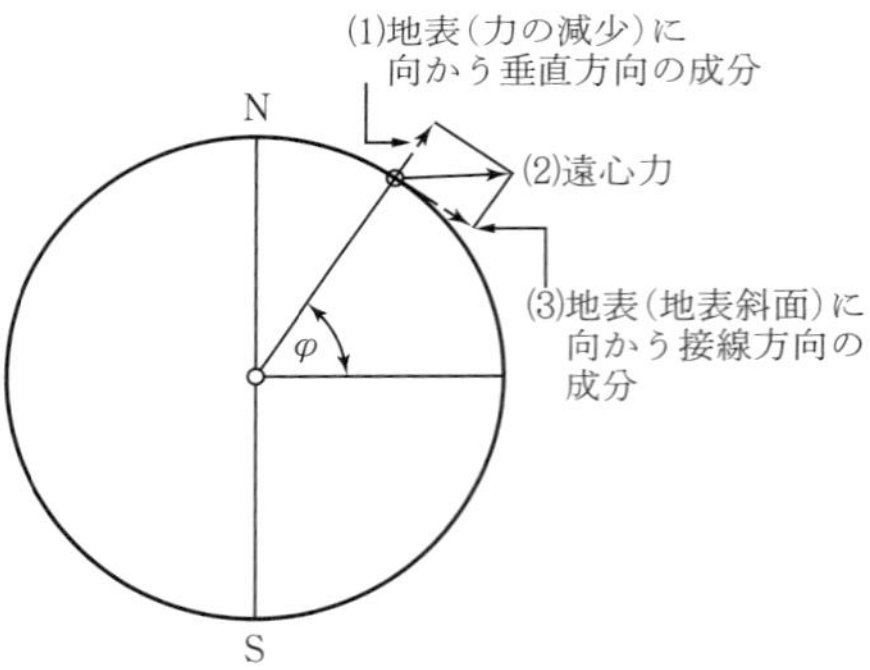

意。したがって、この箇所は、「それ〔求心力〕は遠心力に分かたれる$\frac{1}{289}$の分だけ減少することになる」と訳される。

(67) 前掲書、命題19に依拠した叙述であるが、これら一連の数値にヘーゲル自身による修正のあとがみられる。

(68) pars $\frac{1}{289}$ ille vi centrifugae tribuitur は、直訳すると、「上記のあの$\frac{1}{289}$の分量は遠心力に分かたれることになる」の意味。なお、ダンネマンの指摘するところによると、ホイヘンスがいま問題の振子の遅れの現象を、赤道に近づくにつれて重力に反作用して遠心力が増大し、赤道下では重力の$\frac{1}{289}$に達する結果であると説明した、ということである。そしてニュートンが『プリンキピア』において示している計算(命題19)からも分かるように、ホイヘンスによって見出されたのと同じ値が得られたのだという。ダンネマン『大自然科学史』安田徳太郎訳(三省堂)第五巻、一五五—五七頁参照。

(69) 「すでに述べたように」とは、注34において指摘されている箇所を指し、そこでも遠心力は接線によって表わされるとされたが、いまここにおいてもヘーゲルの同じ誤解が繰り返されている。右に示した図にみるように、N‐S軸を回転運動する球形の地球は、緯度φの地点において遠心力をもつが、そのさい地表に向かって垂直状態にある遠心力の成分(1)は、この遠心力のために地上物体の重さがどれだけ減少するかを示すものである。この力の成分に対して、さらに垂直状態にある力の成分(3)は、物質が赤道の方へどれほど強く引き寄せられるかを示す。ところで、ヘーゲルがこの箇所において語っているところの「接線力」は、遠心力を意味するものではなく、むしろ求心力と遠心力に対して垂直状態になるもので、いわゆる視界方向に向けられている（vgl. W. Neuser, S. 154）。

(70) 地球は両極において扁平になった回転楕円体であるとのニュートンの仮説を証明するためには、実際に極および赤道付近において子午線の度の長さを測定してみる必要があった。そして予想されたとおり、ピエール・ド・モーペルテュイ（一六九八―一七五九）の指揮する観測隊によってもたらされた測定値から、ニュートンおよびホイヘンスによる「地球の形状」に関する仮説は確証されたのであった。そのさいモーペルテュイは、ホイヘンスの振子の理論に依拠して、振子の加速度あるいはその遅れを測定したのである。なおこれに先立って、赤道下における振子の遅れについて報告されていて、この現象をニュートンは注65で示したような視点から説明したわけであるが、いまこの箇所では、これらの問題が念頭におかれているようにみえる。

(71) この箇所においてヘーゲルは、右のニュートンの観点と正反対をなす視点から、例の振子の遅れの現象を説明しようと試みている。ヘーゲルによると、振子の運動は単なる落下運動によるものではなく、なお横から衝撃が加えられることによって、すなわち遠心力の作用が加わることによって起こるものである。ところで、赤道下において重力はどうかというと、そこでは重力の中心に近いため、それはいっそう増大することになるとみられる。そうなると、求心力がいっそう強くなるため、「垂直落下線によってひき起こされる区別」（differentia a linea lapsus verticali effecta）すなわち垂直の落下方向から横にふれる現象は、いっそう妨げられることになる。そこで振子は、垂直線の方へなおいっそう立ち帰ろうと努め、それゆえますます遅くなるとみられる。なお、ヘーゲルのこうした観点は、後年の『イエナ自然哲学』（a. a. O., S. 249）のうちにもみられるばかりか、さらには晩年の「自然哲学」のなかにまでもちこまれている。「振子運動を静止させるものは摩擦だけではない。たとえ摩擦がなくなったとしても、振子は静止することになるはずである。重力は、振子を物質の概念によって静止させる力である。……そして振動は落下の線において停止する」（グロックナー版前掲書、第二六六節補遺、同速水訳、一〇四頁参照）。

（72）原語 ad aequatorem, cujus diameter axi brevior est, altioris は、「その直径が地軸よりも短いところの赤道に比べて、〔地形が極方向に向かって〕いっそう隆起したところの」の意で、地球が南北の両極方向に伸びた楕円体であることを表現しようとしている。

（73）十八世紀の初頭、フランスの知識人たちの間において、「地球の形状」（figura terrae）の如何が話題になっていた。カッシーニ（一六二五―一七一二）の測定によると、子午線の彎曲は赤道に近づくに従ってゆるやかになることから、地球の地形は「赤道下において」は扁平になっており、それゆえ南北の両極の方に長い楕円体であろうと推定された。しかしこの仮説は、ニュートンの理論的結論（地球は南北の両極において扁平になった楕円体であるとする）に反するものであった。このところから、地球の形状についての二つの仮説をめぐって論争が交わされることになった。そこで一七三五年、パリ科学アカデミーは、この論争に結着をつけようとして、地球を実地に測量する調査隊を派遣することに踏みきった。すなわち、まず一方のラ・コンダミヌ（一七〇一―七五）の指揮する調査隊を南アメリカのペルーに派遣して、以後八年間にわたって測量あるいは調査に従事させた。さらに他方、モーペルテュイの指揮する隊には、一七三六年から三八年までラプランド地方に派遣して調査させた。これらの観測の結果、緯度が高くなるにつれて弧長が大きくなるところから、ニュートンの仮説（オレンジ形）の正しさが証明されることになった。しかるにヘーゲルは、この箇所においてカッシーニの説に依拠し、赤道下で地形が扁平になっている場合にも、ニュートン説と同様に、振子の振動の遅れる理由を説明しうることを提示しようとしている。

（74）ニュートンは、『プリンキピア』の定義Ⅶおよび同Ⅷにおいて、「起動力」（vis motricus）と「加速力」（vis acceleratricus）とを区別した。この両力のうち、前者がいまわれわれのいうところの力を指すのに対して、後者は単純な加速度を意味する。右同書（世界の名著）、六三頁参照。

（75）ここにおいて具体的には、ラプラスのことが念頭におかれていて、おそらく彼の書（『宇宙体系論』）からヒントを得たものと思われる。それゆえ、この箇所の主語の位置におかれている不定代名詞 Alii〔他の者たち〕とは、ラプラスを中心とする「他の物理学者たち」のことであり、したがって以下の文中の「彼等」というのも、この物理学者たちのことを指している。

なおこの箇所の前後に「質量」という語がしばしば用いられているが、この原語は massa で、ドイツ語の Masse に対応し、「塊」の意。ところで力が物体を動かそうとするとき、物体は他からの作用に抵抗して自分の状態を保とうとする。つまり、すべての物体には元来このような惰性（慣性）が備わっているところから、この惰性の大きさを表わす固有の分量を考えることによって、ここに物体が有する物質の分量が得られる。このところにおいて用いられている「質量」は、まず第一にはいわゆるニュートンの用語であって、物体を構成している物質の分量という意味である。物体の単なる重量と区別して、ニュートンがこの用語をまったく独自の意味において用いようとしているわけは、『プリンキピア』の冒頭の定義Iが、まずこの用語の説明にあてられている点からみても首肯しうるであろう。なおこれに対して、ヘーゲルのいう「度量」（質量の訳語があてられる場合もあるので注記しておくが）のカテゴリーは、後年の『大論理学』（同書、武市訳、上巻の二、二〇三頁以下参照）のなかにみられる。また本論考の第II章、注4参照。

(76) ニュートンによると、例えば木星の諸衛星が、それらの軌道に保たれる力は、木星の中心に向かい、そして中心からこれらの衛星のある場所までの距離の自乗に反比例するということであり、それは土星の衛星についても同じであると言われる。また主惑星がそれらの軌道に保たれる力は、太陽に向かっていて、太陽の中心からこれら惑星の場所への距離の自乗に反比例すると言われる。これらのどの命題においても、物体を引く力は質量に正比例し、距離の自乗に反比例するという重力の法則が証明されたのである。ニュートン、前掲書（世界の名著）、第三篇、命題の項、四二四頁以下参照。

(77) 一般的に言って、力の概念が成立するのは、近世物理学においてであるとされる。例えば、デカルトの渦動説は、宇宙に充満する流動体の渦動でもって重力現象を説明するものであった。またガリレイの惰性（慣性）の法則は、物体に対する力の働きによって速度の変化（加速度）を解明した。さらにまたケプラーにとって、物体間において引きあう力（引力）は、一種の磁気力と見なされ、量規定によって示されうる力の概念であった。しかしながら、このような力学的な力の概念が真に確立されるのは、ニュートン以降になってからであるとみられる。すなわち、ガリレイによる地上の落下運動の法則とケプラーによる天体の運動の法則とは、ニュートンの動力学において統一されることになったからである。その結果、注76で指摘したように、引力は質量に正比例し、距離の自乗に反比例するという重力の法則が確証されたのである。いまヘーゲルはこの箇所において、これらの歴史的展開を念頭におきながら、とりわけその帰結としてのニュートンの法則を批評しているものとみられる。

ところで、ライプニッツは力を物体に内属するものと考えていたが、ニュートンの方は、概して、力が中心物体のうちに存するというような言い方はしない。むしろ彼は、重力の法則に従って減少する力について論じているのである。これに対して、ヘーゲルは全体的な力とか中心物体によってひき起こされる力の働く場を考慮しようとする。だから例えば、二つの中心力が各々異なった距離に対して同一の作用を及ぼす場合、この両力にとってそれらの距離は同じであると見なされることになる。それゆえ、いっそう大きい距離にわたって働く力は、より大きい力をもっていると規定されることになる。このような意味で、いまこの箇所において「重力は距離に正比例する」(vis [gravitatis] in directa ratione distantiarum est)と言われているわけで、したがってその意味するところは、ニュートンの場合と同じでないことが分かるであろう。

(78) 重量(pondus)という用語がここでは、ただの重さを示すさいの一般的な意味と、梃子の腕の長さによって倍加される重量という意味との両義を含んでいて、曖昧さのうちにもその表現は、何ともヘーゲル独自の洒落として解されなくもない。

(79) 原文 Gravitas una eademque est は、直訳すると「重力は〔自己と〕同一なるものである」となるが、この場合仏訳では「重力は一定不変なるものである」(la gravité est une, qu'elle est constante)と意訳されていて、この方がこの場の文脈にてらして理解しやすいように思われる。

(80) ニュートンの引力の法則に関連して「一般大衆」(plebes)のことが言及され、それらの間に伝えられた引力の発見にまつわるあのリンゴの伝説にもふれられているが、ヘーゲルはこれらの典拠をヴォルテールの『哲学通信』(一七三四年)から得たものとみられる。すなわち、ニュートンは「ある日、庭を散歩して果物が樹から落ちるのを見たとき、あらゆる哲学者たちがこんなに永い間その原因を究めようとしてその甲斐もなく、一方世間の人はそこに何かの不思議があるとさえ感づかない、この重力について深い冥想に引き込まれたのであった」（同前掲書、一〇三—一〇四頁参照）。因に、あまねく知られたリンゴの伝説は、ヴォルテールが右の書のなかで、「イギリス便り」の名にふさわしく世間に紹介したことから、一般大衆の間にたちまちにして広く伝わったと言われる。ヴォルテールは一七二六年から二九年までの三年間イギリスに亡命中、時に二七年ニュートンの死の直後に同家を訪ね、家事を預かっていた彼の姪からリンゴの話を聞いたという（vgl. W. Neuser, S. 155）。

（81）F・ベーコン以来、ロックやニュートンを代表とするイギリス精神の「実験哲学」（philosophia experimentalis）については、すでに注37において指摘したとおりであるが、なおヘーゲルの後年の『大論理学』のなかにも類似の見解が述べられている（同前掲書、武市訳、上巻の二、二二七—二二八頁参照）。ただヘーゲルは、これらの箇所において、イギリスの物理学者と哲学者とを一定の規準に基づいて区別することなく、「実験哲学」の名称のもとで批評し、どの箇所においても、主としてニュートンをこの哲学の代表者として扱っている。

（82）ヘーゲルは、『プリンキピア』第三篇のうち、命題6「諸物体の重量は、それぞれ〔各物体〕における物質量に比例すること」の箇所を自由に引用している。そしてこの命題は、系1「物体の重量はそれの形や構造には依存しない」および系5「重力は磁力とは性質の異なるものである」によって証明されることになる。なお、はじめにヘーゲルは、「デカルト、アリストテレスおよびその他〔の哲学者〕の所説〔によれば〕」と書いているが、この表現も実は右の箇所から借用されたものであることが分かる（右同書、世界の名著、四二八頁以下参照）。ただし、元来ニュートンの原典においてこれらの哲学者の所説が正確に引用されていないことにもよるが、それにもかかわらずその原典を拠りどころにしてヘーゲルがさらに孫引きしているため、この箇所にみるこれらの所説の出処がいま一つ不明確になっている点は否めない。例えば、右にいう哲学者の所説としてヘーゲルが「諸物体の重量は各々の物質の形状に依存する」(pondera corporum a formis materiae pendent) という命題を引いているが、概してその意味するところから察するに、アリストテレス『自然学』およびデカルト『哲学の原理』を指して言われたものと考えられる。それにしても、いま論考にいうところの「デカルト、アリストテレスおよびその他の哲学者の所説」が、はたして物体の形状が重量に影響するとの観念とか、あるいはエーテルないしは極微の物質についての定義に関係しているか否かについて穿鑿することは、容易なことではなかろう。

(83) デカルトによると、「重量は各物体の物質の量に対応しない〔比例しない〕」(『哲学の原理』第四部、二五)と見なされる。これに対してニュートンは、重量と物質の量とは比例すると言う。この点に関して彼は、異なった素材(金・銀・砂・小麦等)を用いて、重量を等しくした諸物体の物質量を振子によって調べてみた。この実験により彼の得た結論は、重量が等しいと き素材が異なっていても物質量も等しいということであった(右前掲書、四二八頁参照)。

(84) 初期カント哲学において、物質の特性を表わすのに生命の不在(Leblosigkeit)ということが論じられていた点が、このときのヘーゲルの関心をひいたのであろうか。本論考と同時期の論文『差異』においても、右のカントを念頭において次のように書かれている。「カントの自然学においては、一方では、自然の根本諸力の可能性を洞察することはそもそも不可能なことである。他方、〔この自然学にとっては、自然は物質、すなわち〔主観に対して〕あくまで絶対に対立させられたもの（absolut Entgegengesetztes）であり、しかも自己自身を規定しないものである以上〕この種の自然学は、ただ機械論〔的自然〕を構成することしかできないのである。実際、カントの自然学は、引力と斥力〔反撥力〕という貧弱な概念を用いることで、実はかえって物質を豊かにしすぎてしまった。というのも、力というものは、外的なものを産出するところの内的なもの、すなわち自己自身を措定する働きとして、自我と等しいもの（＝自我）であり、このような働き〔自己措定する作用〕は、純粋に観念論的な立場からすれば、〔客観的な〕物質に帰属させることはできないからである。が、〔純粋に観念論的な立場に立ちながら〕カントは、物質を単に客観的なものとして、つまり自然に対立するものとしてのみ把握するにすぎない」（本書、一七五頁参照）。

（85）本文で指摘されているニュートンの提示した「哲学することの諸規則」（Regulae Philosophandi）とは、『プリンキピア』第三篇のはじめに提示されている同規則を指している。この箇所には、そのうちの規則IIおよびIIIから、引用符により指示することなく原文が引かれ、あるいはその要約が示されている（同前掲書、四一五頁参照）。

ところで、ヘーゲルにとって、物質に対して力の外面性を支持するような考え方は、拒否されることになる。右の規則IIIによると、あらゆる物体に符合するところのものは、ありとあらゆる物体に普遍的な性質と見なされるべきであるのに、一体どうしてニュートンが引力を物体の本質的属性と見なすことを拒むのか、ヘーゲルには理解しがたいことである。なおこの箇所におけるヘーゲルの考え方の展開は、次のごとくである。――運動を介して識別されることになる差異は、すなわち地上での落下運動と惑星の自由運動との間にみられる差異がそれである。いま右の規則ⅡおよびⅢによって、重量が普遍的なものであることが分かる。ところで、惑星と石とはそれぞれ違った運動をすることは明白であるから、この差異を説明せんがためにここに遠心力が提示されることになる。云々（vgl. F. de Gandt, S. 152）。

（86） ニュートンの自然哲学にまつわる神概念に関して簡単に述べておくことにする。『プリンキピア』第三篇（命題5）において、「天体をその軌道上に保持するところの力をこれまで求心力と呼んできたが、いまやそれが重力にほかならないことが明らかにされたから、今後はこれを重力と呼ぶことにする」との注解がみられる。ここにきてやっと「重力」が、宇宙における天体運動の究極の原理として提示されたものであることが分かる。しかしそれと同時に、同時代の天文・物理学の分野ばかりか哲学の領域からも、「重力の本性」あるいは「重力の原因」（causa gravitatis）をめぐって、いろいろの疑問が投げかけられたことは、後続の諸成果を考慮するとき、わけても注目に値するであろう。

一方、ニュートンのもう一つの成果として、当時評判となった書『光学、すなわち光の反射・屈折・回折および色についての論考』（一七〇四年）の刊行がみられた。これに続いて、同書ラテン語版（一七〇六年）が刊行され、書中第Ⅲ篇に追加された「疑問」（Queries）のなかで、著者は汎神論的自然観を提示した。そのうちの一つにこう書かれている。「すべての有形の事物は、堅い固体粒子からなり、最初の創造において、聡明な能動者の意図によって、さまざまに結合されたように思われる。有形の事物に秩序を与えることは、それらを創造した者にふさわしいからである。そして、もしそれが神の御業であるならば、世界の起原を他に求めること、つまり世界はたんなる自然法則によって渾沌から生じたのであろうなどと主張することは、非哲学的である。もっとも、ひとたび形成されると、世界は自然法則によって多くの年代にわたって持続することができるのであるが。なぜなら、彗星があらゆる位置をきわめて偏心的な軌道で動くのに対して、すべての惑星を、あるわずかな不規則性をのぞいて、同心的な軌道上を同じ方向に運行させることは、盲目的な運命のよくするところではないからである」(『光学』島尾永康訳、岩波文庫、三五四頁参照)。

さらに、『プリンキピア』第二版(一七一三年)が刊行され、この書のなかにも神の問題を論じた「一般的注解」が付加されることになった。初版の刊行以来、重力の原因が問われ、彼はこれを現象から発見することができなかったとして、いまやこの疑問に関して「我は仮説をつくらず」との態度をとった。右注解にこうある。「仮説は、それが形而上的なものであろうと、形而下的なものであろうと、あるいは超自然的なものであろうと、力学的なものであろうと、実験哲学においてはその場所をもたないものだからである。この哲学では特殊な命題が現象から推論され、後に帰納によって一般化される。こうして物体の不可侵性・可動性・衝突力および運動と重力の法則が発見されたのである」(右前掲書、五六四—六五頁参照)。にもかかわらず、彼はこれ以後も重力の原因について熟考せざるをえなかった。この疑問を前にして、彼が心中どれほど動揺していたかは、右の同じ注解のなかに、次のように記しているところをみても明らかである。「この太陽・惑星・彗星の壮麗きわまりない体系は、至知至能の存在の深慮と支配とによって生ぜられたのにほかならない。またもし恒星が他の同様な体系の中心であるとしたら、それらも同じ至知の意図のもとに形づくられ、すべて唯一者の支配に服するものでなければならない」（右同書、五六一頁参照）。

これらの箇所にみるような神に関する論究をめぐって、同時代人たるライプニッツと、ニュートンの代弁者たるS・クラークとの間で論争が交わされることとなった。そしてこの論争を通じて、ニュートンの力学的世界観およびそれの信奉者（ニュートン学派）のうちに、いわゆる「神頼み」の側面がいよいよ明確になったと言える。とまれ、なるほどニュートンの時代において、これらの論争がありはしたが、しかしヘーゲルが本論考を準備していた当時、つまり十八世紀末から十九世紀初頭の頃にあっては、$F=\gamma\frac{mM}{r^2}$なる関数形式で示される重力が、地上の落下運動と天体の運動をともに首尾よく説明することで、一般には信憑性を得ていたということは言を俟たない。

（87）『差異』論文のなかにも、この箇所と恰も表裏をなすとでも言えるような哲学上の転換点が提示されている。どちらもともに、カントおよびフィヒテの哲学からシェリングの哲学への移りゆきが示唆されていることが分かる。いま『差異』論文に依拠して言えば、時代の要求という点から哲学への要求を推考してみるに、それはまずカントおよびフィヒテの哲学体系においてみられた自然の不当な取り扱い（これらの哲学による不当な自然考察）から方向を転じて、シェリングの哲学体系においてみられる仕方、つまり理性自身を自然と調和させるような哲学への要求が、示唆されていると解せられる。自然との調和とは、すなわち「理性が自己を断念したり、あるいは自然の浅薄な模倣者となるという意味での調和なのではなく、理性が自己自身の内的な力に基づいて自然へと自分自身を形成してゆくという意味での一致」のことだと言われる（本書、二二頁参照）。

ところで、カントの自然形而上学における物質の動力学的構成説によると、引力と反撥力は交互に制約しあう物質の契機として解されるのであるが、ヘーゲルはこのような動力学的物質観を確かに称賛している。というのも、彼のみるところでは、カントが『自然科学の形而上学的原理』において展開した試み（右の物質の構成説）は、物質の概念に端緒を開き、この試みによって自然哲学という観念の覚醒を促したと考えられるからである。だが同時にヘーゲルは、この試みを批判した。すなわち彼によると、カントは一方において引力と反撥力という反省規定をあくまで対立するものと見なし、そして物質はこの両力から生ずるはずであると考えながら、また他方では物質を一つの出来上がったものとして前提しているという。そうなると、物質がすでに存在していて、これが引かれ・かつ反撥されるのだということになってしまう。そこでヘーゲルは、次のように言う。「この両者〔引力・反撥力〕は独立なもの、あるいは力として別々に考えてはならない。物質は、この両者が概念契機であるかぎりにおいてのみ、この両者から結果として生ずるのであって、この両者の現象に対しては、しかし前提されたものである」（『エンチュクロペディー』、同前掲書、二一三―一四頁参照）。

II　太陽系の基礎的原理の哲学的叙述

（1）この箇所の原文は materia est objectiva gravitas となっており、「物質は客観的重さである」との訳をあてることもできる。元来 gravitas には、「重さ・重力」の両義があり、ヘーゲルはこの語を区別することなく用いているが、曖昧を避けるために「重力」には、vis gravitatis の語を適用している場合もある。ところで、第I章、C—(4)「物質の概念」の項において、「重力はすべての物質の「一般的な」性質である」（gravitas materiae universae qualitas est）との先行の内容から判断して、この箇所には本文の訳語を採用した。

（2）本論考を執筆していた当時のヘーゲルが、「凝集線」（linea cohaesionis）について、どのように理解していたのか詳細はつかみえない。ただ考えられうることとしては、第I章の注41および87の箇所で指摘したとおり、カントの自然哲学において、物質という現象を可能にする必然的制約としてまず第一に「反撥力と引力」という両力の対立が導入されたことが注目される。シェリングの自然哲学もまた、この両極性（Polarität）の観点を継承したものと言える。つまり彼によると、この両力の対立する中間点に、力の平衡する点としての無差別点を考えれば、ここに長さの次元を得て磁力（磁気性）の概念が成り立つと解される。すなわち、磁力という物質のこの抽象的規定は、対立する両極の間に働く力の不可分な合一として、いっさいの自然的生起の根本的形式であるとされる。

いまヘーゲルは、このようなカント＝シェリングの動力学的物質観からヒントを得て、凝集力（Kohäsion）の概念に着目したものと考えられる。この力は、物質に共通する性質としての重力の特殊な規定性であり、ヘーゲルにおいてもまた物質の自己形成の一段階をなすものとみられる。なおこの場合の凝集力は、磁力と共通の性質をもつものとみられ、ここに磁力の区別性と同じく両極を備えているとされる。ちょうど磁力が磁場の各点における接線の方向をもって磁力線を形成するように、こちらもまた凝集力の方向を示す凝集線を形成するという。両極の間にはりつめたこの力線は、恰も梃子の現象にみられるような一種の緊張した線とでも言えようか。そしてこの力の働く場の各々の部分は、それ自身また新たに梃子を形成する。それは磁石において、折半した一片がまた新たに一つの磁力になるようなものである。そこで惑星の系列から成る太陽系もまた、その各点において異なった凝集度をもつ一つの凝集線の一断片ではないかというのが、この時期のヘーゲルの見解であったと推定される。なお後年のヘーゲルの考えについては、グロックナー版前掲書、第二九五—九六節補遺参照。

（3） 本論考の第Ⅱ章への序にあたるこの箇所において、太陽系の構成に関して観念論的自然哲学の立場から見解を述べようとする旨が語られている。ただしかし、具体的に言って、シェリングの自然哲学とヘーゲルの自然哲学との間にどのような本質的差異があるのかについては、ここには示されていないようにみえる。けれども、いまこの章において展開されているのと同じ見解が、そのまま彼の後年の自然哲学の体系の中にもちこまれていることが窺える。ここにおいてヘーゲルは、量比例を新たに解釈しなおすことによって、ピュタゴラス＝プラトン的数理論を復興させ、さらにこれを進展させようとしている。すなわちこの数理論に基づいて、彼はケプラーの法則を引き出そうとさえ試みているようにみえる。

なおこの箇所の「四方位」（quatuor regiones）という用語は、仏訳者ド・ガントの指摘によれば、F・バーダー（一七六五—一八四一）の『ピュタゴラスの四角形あるいは四方位について』（一七九八年）に依拠したものではないかという。さらにシェリングもまた、バーダーのこの四方位という考えを称賛したということである（vgl. F. de Gandt, S. 154）。

（4） この節の小見出し「度量関係の結節の系列」（Knotenlinie von Maßverhältnissen）は、『大論理学』第一巻 有論、第三篇 度量、第二章のうちBの項において論じられている。なおこの小見出しには、「度量の諸比例の結節線」の訳語をあてることもできよう（右同書、上巻の二、二六一頁以下参照）。

周知のように、『論理学』第一巻「有論」のうち、まず「大きさ」（die Grösse）を問う量論において、最初にとりあげられるのは純量であるが、それが一定の量を意味するとき定量となる。この際、「定量の無限性」が吟味検討されるそれらの論述においては、ヘーゲルの数論の特色が顕著に窺われる。論中、「数学的無限についての概念規定」というヘーゲル自らによる詳細な注釈が挿入されていて、その帰結するところは「ニュートン批判」にゆきつくが、その論拠として、意外にもシューベルト（Schubert, Fr. Th. von, 1758-1825）の『天文学』（Lehrbuch der theoretischen Astronomie, 1798）の書と、その参照箇所が指摘されている。ヘーゲルが当面の問題の論点を展開するのに手中に収めていたものと推考されるこの知られざる文献の価値を、最初に認めて注記したのは、さすがラッソンの慧眼にある（Ebend, a, I. S. 276）。

また、この点に依拠した仏訳者ド・ガントが同書を閲覧し調査した上での発言によると、ヘーゲルは一八〇一年当時、当就職論文を作成するにあたって、この理論天文書を通読し参考書にしたばかりか、それ以後においても、ケプラー『新天文学』からの抜粋やニュートン『プリンキピア』の原文の抜粋所収の本書を、あたかも教科書のごとく身辺におき遺愛の書としていたように想像される（ibid. p. 179）。さて、目下の小見出しの主旨につき、右仏訳者の要約するところのシューベルトの論説に即して言えば、宇宙の内部に働く凝集力の度合に従って形成された凝集線は、異なる凝集度に応じて発展系列をなし、ここに各惑星の系列から成る太陽系を構成しているという。さらにこの場合、異なる凝集度から成るこの力の結節の系列は、「度量関係」（Maßverhältnisse）によって表わされると解せられる。

なお、「度量」（Maß）という用語は、同時に限度とか尺度とか割合とかの意味をもつが、ここでは慣例にならって度量の訳語を用いる（邦訳のなかに、質量と訳されている場合もあるが、ここではこの訳語は採らない）。ヘーゲルによると、「度量」のカテゴリーは、一方（量）の変化が他方（質）の変化をもたらす場合に用いられるという。各々の度量は、他の度量に関係しあうことによって、ここに多くの度量関係が成立することになり、こうしてこの諸関係が度量の対応関係の系列を形成するという。そこで、この「度量関係の結節の系列」を具体的に説明するのに、水がその一例として挙げられる。――「水の温度は、さしあたり水の液体的流動性とは無関係であるが、しかし液状の水の温度の増減がある限度に達すると、この凝集状態が質的に変化し、水は一方では水蒸気に、他方では氷に変化することになる」（『小論理学』一〇八節補遺参照)。

このような度量の構造に関して、クーノ・フィッシャーは次のように述べている。「特有化する度量は、その量の変化を通して質の変化を規定するのであり、それを通して度量の対応関係そのものを変えるのである。さて、質と量は、まず相互に無関心で、外的に対応するから、量的変化が起こっても、質はなお同じものであり続ける。しかし、定量がさらに増大すると、質が突然に変化、急変する点が現われる。量と質が再び落ち合い、相互にいわば交叉するこの点を、ヘーゲルは結節と呼んだ。しかも、このような結び目のすべてにおいて、ある新しい度量の対応関係が成立するのであるから、この結節をなす線を〈度量対応関係の結節線〉と呼んだ。この表現は天文学から借りてこられたものであって、天文学においては、太陽系に属する天体の楕円軌道が地球の軌道(黄道)と交叉する点が結節と呼ばれ、それと太陽の中心とを結ぶ直線が結節線と呼ばれる」(K・フィッシャー『ヘーゲルの論理学・自然哲学』玉井・岸本訳、勁草書房、六七頁参照)。

(5) 凝集線に関しては、すでに注2において述べたとおりであるが、さらになお本論考を準備していたヘーゲルがとくにこの箇所にあたって参考にしたに違いないものとして、ステフェンスの『地球の内的自然史考』(一八〇一年)が挙げられる。H・ステフェンス(一七七三—一八四五)は、ノルウェー生まれのデンマークの哲学者で、ヘーゲルのイエナ登場に先立って、同地にあってシェリングと交流を結び互いに影響しあった仲として知られる。彼は右の書において、実験哲学者のかかげる観察・実験という方法によっては物質を認識することはできないとして、この方法を排斥し、むしろ物質の内部に働く「凝集力」をもって物理学の原理とすべきであることを説き、この原理（凝集力）によって物質系列を説明することを試みた（vgl. H. Steffens : Beiträge zur innern Naturgeschichte der Erde, 1801.〔フライベルク刊の原本の復刻本、Amsterdam 1973〕S. 101ff.）。

（6）この原語 series nodorum に「結節（点）の系列」の訳語をあてたが、このうちの nodus は、一般的には結び目とか関節の意味に用いられる。さらにこの語に対応するドイツ語 Knoten は、この一般的語義のほかに、なお「交点」を意味する天文学用語としても用いられるようである。独訳者ノイザーの解釈するところによれば、この語はまさしく天文学上の術語（Terminus technicus）であって、太陽系に属する惑星あるいは彗星の楕円軌道が黄道（地球の軌道）と交叉する点を意味するという。そしてこの場合、惑星が黄道面の南側から北側に移るさいに通過する方の交点を「昇交点」（Aufsteigender Knoten）と言い、これに対して他方の交点は「降交点」（Absteigender Knoten）と言われる。なお、これらをまとめて示した次頁の図解によって分かるように、天文学用語としての「結節線」（Knotenlinie）は、惑星の軌道面と地球の軌道面（黄道面）との両面が接触する点（結節点）と太陽の中心とを結ぶ直線を表示するとされる。

ところで、ここにいう series nodorum に対応する Knotenlinie を、ラッソンは両交点を結ぶ連結線（Verbindungslinie）つまり「結節線」の意味に解釈している。これに対してノイザーは、この箇所をもっと概括的に解して、空間の〔量的〕連続性から派生した不連続な惑星の軌

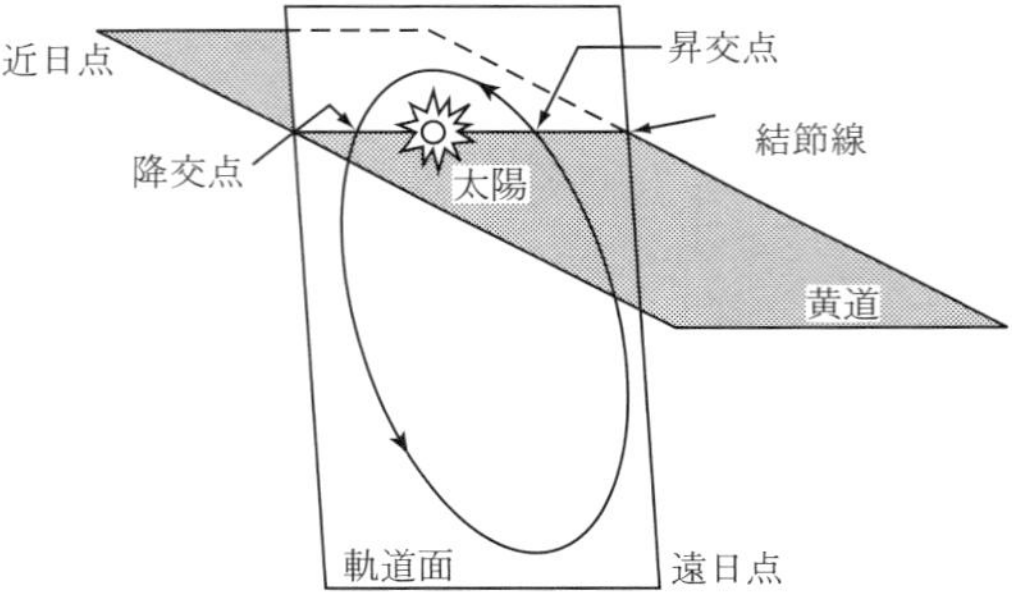

道と見なそうとしている。あるいはまた彼は、これを《昇交点》―《太陽》―《降交点》あるいは《太陽》―《惑星》という連結線と解してもよいという。というのも、ヘーゲルは後年の『大論理学』（前掲書、上巻の二、二六一頁以下参照）にみるかぎり、この「結節線」を、質に転化される不連続化を介して連続性から派生する一定の系列と解しているからだというのがその理由である（vgl. W. Neuser, S. 156–57）。

（7）前注4を参照。

（8）本論考が準備されていた一八〇〇年の秋以来、一八〇二年初頭にかけて、イエナにおけるシェリングと、その前年いわゆる無神論論争のために同地からベルリンに去ることになったフィヒテとの間において、超越論哲学と自然哲学との対立の是非をめぐって、一連の質疑応答が交わされた（なおこれらの経緯については、公刊されている『往復書簡』Fichtes und Schellings philosophische Briefwechsel aus dem Nachlasse Beider, hrsg. von I. H. Fichte und K Fr. Schelling, Stuttgart 1856.〔『フィヒテ－シェリング往復書簡』W・シュルツ解説、座小田・後藤訳、法政大学出版局〕によって知られる）。

この一連のいわば論争を背景にして、一八〇一年にシェリングは、『私の哲学体系の叙述』を刊行した。この当時のドイツ思想界において傑出していたこの両哲学者の論争の渦中に、しかもその舞台となっているイエナで論陣を張っていた旧友シェリングのもとに赴いた若きヘーゲルが、まず最初に自己自身の哲学的立場を公表せんがために『フィヒテとシェリングとの哲学体系の差異』を刊行し、シェリングの哲学に賛意を表明したことは、あまねく知られている。

ところで、シェリングはフィヒテの哲学のなかで萎縮している自然認識に着目し、まずこれを解放しなければならないと考えた。シェリングの自然哲学において、自然はそれ自身一大有機体と考えられており、また言い換えると自然は生成する叡智（werdende Intelligenz）であり、またそれは大いなる生命器官《オルガン》とも見なされている。すでにイエナにおいてこのような見解を表明していたシェリングと、彼の哲学に共鳴したヘーゲルにとって、少なくともこの時期の両者にとって、自然のすべての物体は、一つの完全なる全体であると同時に普遍的な鎖の一環であると考えられていた。いまここに指摘している問題点を、ヘーゲルは『差異』論文のなかで主要テーマとして扱い、またシェリングも『叙述』のなかで論じている。

（9）　原語 punctum indifferentiae は、惰性点あるいは零点の意味をもつが、このラテン語に対応するドイツ語 Indifferenzpunkt は、この時期のシェリングの自然哲学上の論文「力動的過程の一般的演繹」（一八〇〇年）のなかで使用されたシェリング哲学の独自の用語として、ここでは「無差別点」の意味に用いられている。なお『差異』論文のうちでも、例えば、C「シェリングとフィヒテとの哲学原理の比較」の箇所で、次のように用いられている。「絶対者は対立する限りでの両者〔主観‐客観〕の絶対的な無差別点として、両者を自己のうちに包括し、両者を産み出し、しかも両者から自己を産み出すのである」（本書、一五八頁参照）。

(10) 原語 medium は、「〔媒介する〕中心」の意味で、ドイツ語の Mitte あるいは Mittelpunkt にあたる。

(11) バーゼル大学の数学教授ヤコブ・ベルヌイ（一六五四―一七〇五）は、ホイヘンスの遠心力の法則を静力学的立場から基礎づけようと試みた。というのも、ホイヘンスは、すでに力学研究の成果として、振子時計に関する著作（『振子時計、あるいは振子の運動について』パリ、一六七三年）を公表していて、しかもこの力学的モデルに即して遠心力の物理学を発展させていたからである。これに対してベルヌイは、梃子の原理をよく観察することによって、梃子に沿って広範囲に及ぶ平衡条件（Gleichgewichtsbedingungen）から、ホイヘンスのそれと同じ法則を推論したのであった。ベルヌイのこの論証は、ヘーゲルが本論考の執筆のさいに、多くの示唆を受けた『英国の哲学』の著者B・マルティンによっても報告されているという（同前掲書、第一巻、二〇九頁参照。vgl. W. Neuser, S. 157）。

(12) この箇所の前後の文脈は、『プリンキピア』第一篇、第十一章「交互に求心力を及ぼしあう諸物体の運動について」の項目が念頭におかれている。原典には引用符号は用いられていないが、訳出にあたって、右の項目からの引用文であることが明確である場合には、カッコで明示した。右前掲書（世界の名著）、二〇四頁以下参照。

(13) この文章は、右の箇所を念頭においており、原文によれば、ambo [corpora] attractione

ista mutua *quasi* circum gravitatis commune centrum revolvi sumit〔二つの物体は、あの交互に引きあう作用によって、恰も共通の重心のまわりを回転するかのようだ、と彼は述べている〕となっている。ただし、ニュートンの原文では、「二つの物体は、交互に引きあうかのように、共通の重心のまわりを回転する」（前掲書、二〇四頁）となっていて、若干文意が異なっている。というのも、ヘーゲルはこの箇所を念頭におきながら、quasi〔恰も……のように、いわば……〕の位置を置き換えて引用しているからである。しかし実際に、ニュートンがこの箇所でむしろ言おうとしているのは、両物体が「恰も共通の重心のまわりを回転するかのようだ」ということではなくて、「交互に引きあうかのように（quasi attractione mutua）……回転する」という点であったであろう。

（14）『プリンキピア』の「公理、または運動の法則」を指している。この箇所は、そのうちの系Ⅳ、同前掲書、七七頁参照。

（15）このところで言われている physica philosophia は、「自然哲学」（die Naturphilosophie）の意で、とりわけシェリングのそれを指しているとみられる。周知のように、ケプラーおよび彼に先立つコペルニクスは、宇宙における中心の場所を太陽のうちにおいた。またルネッサンス期の自然哲学者たちのなかにも、類似の考えを表明している者が認められる。彼等にとって、光は太陽という格別の崇高さの象徴ないしはその力の媒体であった。例えば、ケプラーは『新天文学』のなかで、こう書いている。「太陽はその輝きにより特別の意味をもつ天体であるということから、太陽の位置を世界の中心点と見なそうという他の形而上学的な議論があるが、これらについては、私の小冊子〔『宇宙の神秘』一五九六年〕のなかでも、コペルニクスの著作でも注意しておくべきである。またピュタゴラス学派は中心火という名で太陽を理解した……」（右前掲書、一〇八頁参照）。

シェリングの自然哲学も、そしてヘーゲルのそれもまた、そこにはとりわけケプラーによって提唱された右のごとき問題が継承され、そしてそれぞれ独自の仕方で再現されていることが窺える。まずシェリングについては、とくに『自然哲学体系の第一草案』（一七九九年）、そしてヘーゲルについては、グロックナー版前掲書、第二七五節補遺、同速水訳、一五九―六八頁参照。

（16）独訳者ノイザーの解釈するところによれば、この前後の箇所は、同期のテュービンゲン大学教授K・A・エッシェンマイヤー（一七七〇―一八五二）の著作のうち、とくにシェリング哲学からの影響の成果とされる『自然形而上学の諸原則から磁気現象の法則をアプリオリに展開する試み』（一七九八年）の一節（同書九五頁以下）から引用されたものであるという（次頁の図解を参照）。

図の説明――エッシェンマイヤーが報告している試みからすると、「極点」（punctum culminans）は二つの外的な点という両力〔二倍の力〕をもっている。それゆえヘーゲルは、この極点を区分し、一方をいわゆる焦点とみ、他方を「暗い、ただの数学的でしかない点」（umbilicus [punctum], cujus caecus et mere mathematicus est）だと見なしている。惑星の磁気〔磁力〕は、この場合外的な両極の役を引き受けることになる。これが磁気誘導〔感応〕

（Magnetoinduktion）の基本的な試みであるということを、ヘーゲルはここでエッシェンマイヤーの報告から推定しているのかもしれない。

さらにヘーゲルは、この箇所において、先人の三つの観点を集約しているようである。

一、ケプラーは、一つの磁気〔磁力〕のモデル（Magnetmodell）を使用することによって、惑星運動の原因を記述しようとした。すなわち、彼の試みによれば、太陽は球形磁力で、その両極のうち一方は中心に、他方は表面にあるように考えられた。これに対して棒磁石と考えられる諸惑星は、この場合恰も梃子のように、回転する太陽によって連行されることになる、というのである。

二、ヤコブ・ベルヌイは、先の注11ですでに指摘したように、梃子を手がかりに、静

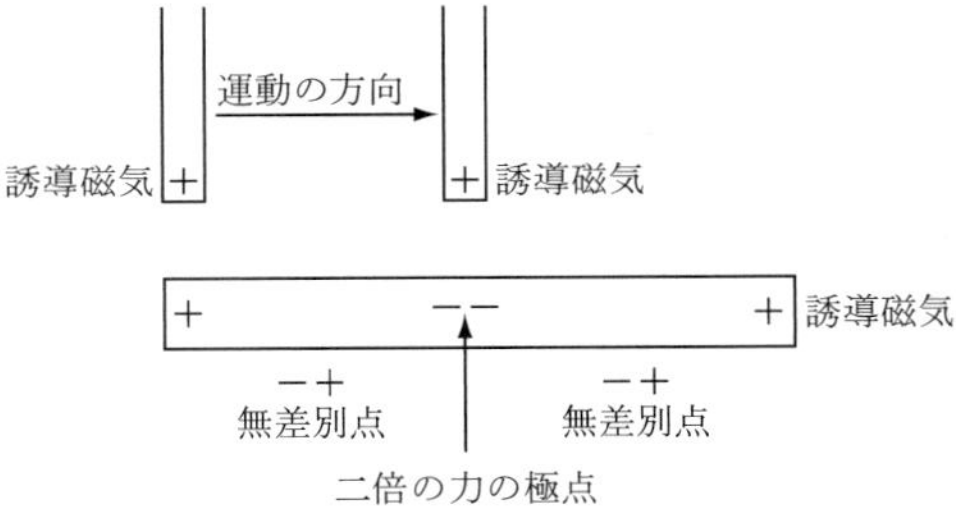

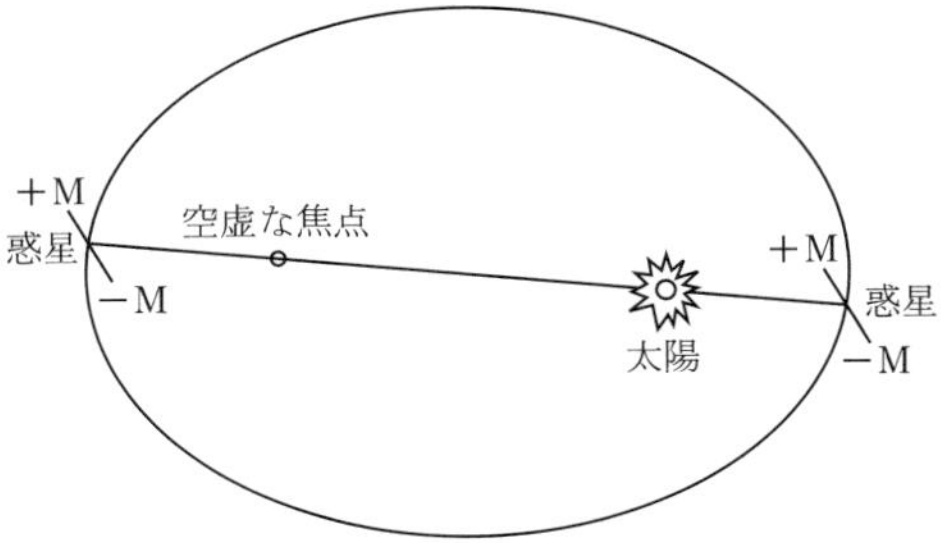

力学的諸規則で遠心力を説明したとされる。

三、エッシェンマイヤーは、梃子への類推《アナロギー》において、一つの磁気〔磁力〕的試みを展開した。彼の試みによると、棒磁石上に三つの極が形成されていて、その各々の間に無差別点があるとされる。このうちの中間極は、「極点」であって、他の極に比べて二倍の力があるという。エッシェンマイヤーは、この演繹を、自分の用いる冪〔累乗〕のモデル（Potenzmodell）に還元することにより、これをアプリオリと名づけている。なおシェリングおよびヘーゲルは、この試みを評価しているとみられる（vgl. W. Neuser, S. 158–59）。

(17) 「中間点」の訳語をあてた medium は、「媒介項あるいは媒語（Mitte）」の意であり、ここでは無差別点に相当する。

(18) 太陽系においては、凝集線は破れて各天体の系列を形成している。各々の系列を成した惑星系は、恰も磁石の両極のごとくに、二つの焦点をもつ楕円軌道を描くが、このところで太陽はと言えば、二つの焦点の一方に「実在する力の極点」として位置し、他方の焦点は「数学的な点」（punctum mathematicum）でしかないものである（前頁に示す図解参照）。なお、この数学的な点は、空虚な焦点でしかなく、「それが世界の中心点であろうとなかろうと、数学的な点は、重い物体を動かすことはできない」と、ケプラーは書いている（『新天文学』、前掲書、一〇九頁参照）。このようなわけで、「各惑星の軌道は楕円形で、その焦点の一つに太陽が位置している」といういわゆるケプラーの第一法則は、ここにおいて理性的な意義を得ていることが分かる。

(19) 本論考は、シェリング哲学で言えば、いわゆる「同一哲学」の時期に相当する。なおこのシェリング哲学の立場は、『私の哲学体系の叙述』（一八〇一年）のなかで詳論されているが、それによると「理性」は、主観的なものと客観的なものとの「無差別」（Indifferenz）として定義されている。このような点から理性は、絶対的理性とも名づけられ、さらには絶対者としての生きた自然であると解されることにもなる。この絶対者としての自然からすべてを演繹しようとするのが、この時期のシェリング哲学の試みであった。シェリングにとって、絶対的理性は、いわば絶対的一者であり、自己同一である。そしてこの理性存在の法則は、同一の法則つまり同一律として、A＝Aによって表わされるという。シェリングによれば、主観と客観とは絶対的同一であるかぎり、この両者の間には、質的な対立はなく、ただ量的差別がありうるにすぎないと言われる。この量的差別は、絶対的同一性の外にあって、有限なものにだけ属しており、主観と客観との割合の区別であるところから、A＝Bによって表わされる。さらになお、この両者の量的差別を表現するために、ここに「ポテンツ」（Potenz）の概念が導入されることになる。

ところで、シェリング哲学の用語として知られる「ポテンツ」の語は、一般に勢位ないしは展相の訳語があてられている。この語は元来力の意であるが、数学の術語として冪ないしは累乗の意に用いられるところから、累乗に従って進展してゆく力、つまり順をおってたかまってゆく力の概念と解されることになる。

さて、絶対的同一性としての宇宙は、次のような図式からなる一つの直線によって表示される。

$$\overset{+}{A}=B \quad\text{———}\quad A=A \quad\text{———}\quad A=\overset{+}{B}$$

この直線は、両極の一方、すなわち主観性の優勢なる場合（$\overset{+}{A}$＝B）と、これに対して両極の他方、すなわち客観性の優勢なる場合（A＝$\overset{+}{B}$）とをそれぞれ示すとともに、その中間点がA＝Aであることを示している。この図式によって、宇宙の全体は、量的差別の総和として量的無差別（A＝A）に帰するものであることが分かる。

以上の点からみて、両極の一方は実在的なもの、あるいは自然であり、他方は観念的なもの、あるいは精神であることになる。まず自然の側面は、三つの勢位に従って発展する。すなわち、A＝Bの第一の勢位は、物質と重力であり、このうち重力は引力と反撥力としてある。物質においては客観が優勢であるところから、A＝$\overset{+}{B}$ということになる。第二の勢位は、光である。重力が自然の外的直観であるのに対して、光は内的であり、ここでは主観が優勢であるから、A^2によって表わされる。そして第三の勢位は、重力と光との統一としての有機体（A^3）である。「同一哲学」の立場を示す『叙述』においては、以上のような自然の勢位《ポテンツ》の論が展開されている。ヘーゲルは、この箇所において、以上のような点を念頭においていたものとみられる。

(20) この箇所の前後に述べられている問題は、イエナ期の自然哲学にもちこまれ、さらには後年の体系のなかの「自然哲学」においても、やはり主要な問題として扱われていることが分かる。例えば、『イエナ自然哲学』のなかに、次のような本文がみられる。——「時間は、点を介して空間に浸透する」あるいは、「精神は時間である」(vgl. Jenenser Logik, Metaphysik und Naturphilosophie, hrsg. v. G. Lasson, Leipzig 1923, S. 215; S. 369)。

ところで、この箇所において「われわれはこの主観性の形式を明示するのに、ラテン語の常用語 mens をあてる」と言われているが、ここではこの mens に「精神」の訳語をあてた。mens は元来「心・心情・思念」の意であるが、かつてラッソンも、そしてノイザーもその独訳にあたって、これに Geist の訳語をあてている。ことにノイザーの注記によれば、「ラテン語の mens とドイツ語の Geist という語の意味する範囲は同じではないということを、ヘーゲルはこの箇所において明示しようとしている」ということである。だがノイザーもまた、その適訳に窮してかラッソンと同様に、Geist の訳語を用いざるをえなかったようである。また仏訳者ド・ガントも、この箇所において、esprit の訳語をあてるのは十分でないと注記している。彼によると、mens という語は、元来もっともプリミティブで、しかもほとんど限定されることのない形態にある主観性を示すものであるという。そしてヘーゲルは、しばしば自我をこのような意味で用いていることがあるという。むろん、この場合の自我は、フィヒテの言うところの「自我」ではない(vgl. F. de Gandt, S. 157)。

(21) 仏訳者ド・ガントの注記するところによれば、太陽系の運動は、ここにおいて言われる勢位の同一性と区別に基づいているという。つまり、太陽系の運動というのは、現にある状態を常に新たに再興したり、分裂ないしは消滅させたりする「交替」(mutatio) にほかならないからである。さらに互いに対立しあった両項の間に緊張があるからこそ、一方の項から他方の項への移行の過程もまた可能となるのである。このような運動の理解の仕方は、どうみても古典物理学のやり方ではない。古典物理学の場合は、まず運動からある状態を生み出すのであって、もっぱら場所の運動にかかわるものだからである。

因に、ヘーゲルは『エンチュクロペディー』のうちの「自然哲学」第二六九節において、運動に関してこう述べている。「運動そのものは一般に、ただ多数の物体の体系、しかも互いに異なった規定に従って相互に関係しあう物体の体系においてのみ意味と現存とをもつ」（同書、世界の大思想、二二三頁参照。さらになお、vgl. F. de Gandt, S. 158）。

(22) 仏訳者ド・ガントの注釈によれば、ここにいう「収縮と膨張」（contractio et expansio）のテーマは、本論考と同世代になる諸書のいわば常套手段だったらしく、しかも同期の自然哲学が、著しく異なった起源をもつ諸要素から基礎づけた「融合《アマルガム》」（Amalgam）という現象の顕著な一例を示すものであるという。——この考え方は、若きヘーゲルのテュービンゲン時代に、もうすでに流行していたと言われる。それは、事実ヘルダーリンが学生のとき使用したノートの一頁に書き写していたとされる次のごとき文言からも窺えるであろう。すなわち、「神は不滅なる収縮と膨張である。それは世界の創造と不易性を表わすであろう」。ヘルダーリンは、この文言をヤコービの主要著書『スピノザの学説について、メンデルスゾーン宛書翰』（一七八五年）から抜き出したのではないかと言われる。つまり、この手紙のなかでヤコービは、スピノザに関してレッシングと交わした対話、わけてもレッシングがライプニッツの思いもよらない章句を引き合いに出して返答するといったそんな答弁までも報告しているのであるが、右のヘルダーリンが書き写したとされる文言は、まぎれもなくこの箇所からのものであったという。それゆえ、この用語はライプニッツのものということになるが、しかし実際には、レッシングのスピノザ主義的態度によって受け取りなおされたものとみられよう。

こうしたレッシングの控え目な態度にもかかわらず、「収縮と膨張」の図式《シェーマ》は、ここにきて、ライプニッツ的＝スピノザ的な影響を結局は再び統一することになる。例えば、ゲーテは論文『植物のメタモルフォーゼ』（一七九〇年）以来、この考え方をひんぱんに使用しており、これを受けてシェリングおよびヘーゲルも好んでこのテーマを活用するにいたったのではないかと考えられる。

この思想がこうして斯界にうまく浸透してくると、それは同様にしてスイスの生理学者ハラー（一七〇八―七七）の神経・筋肉組織に関する学説ともめぐりあうことになる。つまり、彼の生理学上の学説である「刺激感応性説」（Irritabilitätslehre）によると、刺激感応性とは、神経あるいは人為的刺激の作用により収縮しうる筋組織の特質であると規定される。こうした成果に接して、ゲーテやF・バーダーは、各々自己流のやり方で、ハラーの理論を再検討しようとする。いまや自然哲学は、このテーマに関して、それぞれ自分流儀に趣向を凝らして次のように誇張するしかないであろう。――「神・宇宙・筋肉・植物・太陽系など、これらはすべて収縮と膨張である」（vgl. F. de Gandt, S. 158）。

（23）主観性の形式としての精神（mens）は、点（punctum）として空間のなかに自己を産出すると、線（linea）である。線は言いかえると、実は精神であるから、自己自身に閉じこもった主観的形式にほかならない。しかしこの線は、自己にとって対立である空間に関係するとともにそこに移行するとき、客観的形態としての面（planum）が生ずる。つまり線は、ここにおいてやっと自分の本来の形式を得ることになるという。

（24）原典では、ただ calculus となっているが、geometria と並列しておかれているところから察するに、内容的には、デカルトの解析幾何学とかライプニッツおよびニュートン以来の微積分学を意味していると考えられる。そこで、この calculus をここでは、Differentialrechnung あるいは calcul différentiel の意に解した。ただし、ラッソンはこれを das rechnerische Verfahren と解している。

（25）原文 operationes calculi は、ここでは直訳しておいたが、厳密に言えば、Operationen der Differentialrechnung の意味である。

（26）この箇所において言われている altior quae vocatur geometria とは、いわゆる sublimior geometria の意であるから、本文のように訳した。なお、ラッソンはこの語の内容からみて、"der höhere Teil der Mathematik, die Geometrie" と解している。

（27）ギリシアの宇宙論のうち、とくに数をもって宇宙を規定しようとするピュタゴラス学派の量的観点において、また近代思想の汎神論的世界観の源流であるN・クザーヌスあるいはG・ブルーノの宇宙論思想のなかにも、この箇所で言われているように、点の運動から線・面ないしは空間を理解しようと試みていることが認められる。そのうち例えば、ブルーノによると、最大のものは宇宙そのものであり、これに対して最小のものは、個別的に規定された生命であると考えられる。この最小という概念のうち、「数学的最小」と規定されるもの、これは点（punctum）である。彼によれば、点が線（linea）の原理であり、はじめであるとともに終わりであるという。さらにヘーゲルが、これらの想念を発展させて後年の体系のなかにもちこみ、そこで運動論を根拠にして彼独自の空間論を展開したことは、あまねく知られているとおりである。例えばヘーゲルによると、「点が自己の外に出てゆく」（das Außersichkommen des Punktes）かぎり、点もまた一つの他者になる。すなわち、「点は線となる」（das Werden des Punktes zur Linie）と言われる。しかるにこれに対して、ニュートンは、数学的線へと移行する点の表象を微分学の根本概念とすることによって、ここに純粋に数学的な変化の概念的把握の問題を解決したと言われる（『大論理学』上巻の二、三三頁参照）。さらに『エンチュクロペディー』のうちの「自然哲学」第二五四―五六節、同前掲書、二〇五頁以下参照。また拙論「ヘーゲルの空間論」（『フィロソフィア』第五九号、一九七一年）参照。

（28）「精神の、自分自身の真に客観的な形態への移行は平方である」（transitus ejus［mentis］in speciem sui vere objectivam est quadratum）は、言いかえると、線は自己の真に客観的な形態としての面へ移行するが、この線の面への移行が平方である、と解されよう。

（29）「所産的自然」（natura naturata）としての所産である物体は、立方、つまり三次元の立体（cubus）である。

（30）この箇所は、時間と空間の概念が念頭におかれているようにみえる。というのも、後年の「自然哲学」において、その各々について次のように規定されることになるからである。すなわち、「時間は有、しかもありながらあらぬ、またあらぬながらにある有であり、直観された生成である」と規定され、これに対して「空間は三次元の区別をもつ」と規定されている（『エンチュクロペディー』、「自然哲学」第二五五―五八節、右同書二〇六―〇八頁）。なお、拙論「ヘーゲルの時間論」（日本哲学会編『哲学』第二一号、一九七一年）参照。

（31）原典では、「落下の法則は、距離の自乗に比例する」（lex lapsus est ratio quadrati distantiae）となっているが、ここでは言うまでもなく、「一定の時間内に通過する空間〔距離〕は、経過した時間の自乗に比例する」というガリレオの自由落下の法則が意味されている。すなわち、落下速度Vが時間tに比例するとの仮定から、比例常数をgとすれば、$V=gt$ となる。さらに、物体が静止の状態から等加速度をもって落下するとき、距離Sは、その間の平均速度$\frac{V}{2}$で一定時間〔tの間〕等速度運動した場合の通過距離に等しいと見なされうる。したがって落下の法則は、$S=\frac{gt}{2}\cdot t=\frac{1}{2}gt^2$ と表示されることになる。この場合、距離Sは平方（quadratum）と化した線を表示している。なお、このガリレオの法則に関して、後年の「自然哲学」のなかでは、次のように述べられている。「落下の法則は、外から規定された死せる機械的関係の抽象的な等速度に対し、一つの自由な自然法則である。すなわち、物体の概念から規定された面を自己のうちに持っている法則である」（右前掲書、第二六七節、二二一頁参照）。

（32）この箇所の前後の文脈を理解するために、若干ながら言葉を補っておく。本文にも繰り返されているように、線は精神として、自己自身を主観的形式において生産するものとして規定された。ただこの線にあっては、別々に分離されて互いに隔たりあった二つの物体の関係(Corporum a se sejunctorum ratio) が考えられているにすぎない。この二つの物体の差別は、二様の仕方で止揚されうることになる。すなわち、その一つは、この差別が事実上止揚されて、実在するただ一つの物体になるという仕方であり、他方はこの差別がそのまま残って、ただ理念のなかだけで観念的に一つの物体になるという仕方である。そしてこの場合、前者は自由落下であり、後者は円運動においてみられるという。

(33) この箇所は、ガリレオの落下の実験のことが念頭におかれていたものと考えられる。さらにヘーゲルは、ガリレオの試みに依拠しながら、等加速運動における通過距離を算定するのに、一つは積分法の仕方に基づくものと、他は近似値を求める旧式のやり方に頼るという二種の仕方があることを提起しているようにみえる。なおこの問題が、ヘーゲルにとって晩年にいたるまで依然として関心事であり続けたとみられるのは、後年の「自然哲学」からも窺うことができる。因に、グロックナー版前掲書、第二六七節補遺、同速水訳、一〇五—一一頁参照。

(34) 惑星の楕円軌道による運行の場合にも妥当する。この場合においても、同じように、二つの物体の差別は、周期と距離との差別として残ることになる。

(35) ヘーゲルはここにおいて、ケプラーの第三法則の思想を哲学的概念によって再現しようとしている。すなわち、ケプラーのこの法則は、「二つの惑星の公転周期の平方〔自乗〕は、太陽からの平均距離の立方〔三乗〕に比例する」と規定される。ヘーゲルによると、物体の立方つまり三次元の立体を止揚し、これを平方に還元すること、すなわち立方の平方化という形をとることが、この場合、天体の運行の理性的な表現としてのこの第三法則のもつ概念的内容であるとされる。

(36) 本論考の末尾に「補遺《スペレスト》」として付け加えられた付論において、惑星間の距離の問題が検討されている。

(37) ヘーゲルの評するところによると、物理学者は死せる結果とか生じた現象といったものしか見ようとしないばかりか、彼等は、反撥力をエーテルに、引力をもっぱら物体に帰することによって、この互いに対立しあった両力を別々に分離することができるものと思い込んでいるようだという。

(38) ここにいう linea virtualis には、「活動的な線」の訳語をあてたが、他方、「仮の〔虚〕線」の意もある。すでに述べたように、点が動いて線となり、線が動いて面となると言われるとき、この場合の線は自己を展開する「活動的な線」と考えられる。しかし他方、線は面へ移行してはじめて物体的な形態をとりうるものであるから、線がただの線にとどまるかぎり、それは「仮の虚線」〔虚像〕でしかないのである。

(39) この箇所の corpus は、単数形で「立方体」(cubus) の意に用いられ、さらにこの同一文中の後の corpora は、その複数形で「諸天体」(corpora coelestium) の意に用いられていると考えられるので、ここでは各々そのように解した。

(40) 天体の回転運動の理性的な表現は、物体の特性としての立方(三次元の立体)を止揚することであり、しかも「立方を平方に還元すること」(reductio cubi per quadratum) でなければならないと言われる。ヘーゲルによると、ケプラーの法則のうちの第三法則は、この想念の概念的表現であるという。前注35を参照。

(41) この箇所においては、すでに述べたように、ケプラーのいわゆる第三法則が問題にされている。この法則によれば、惑星の公転周期の平方とその軌道の長半径、つまり楕円の焦点である太陽から惑星にいたるまでの平均距離の立方との比例は常に一定であるという。言いかえると、惑星の公転周期（T）の自乗と長半径（a）の三乗の比は等しいということであって、このことはすなわち、すべての惑星に対して $\frac{T^2}{a^3}=1$ になると解される。ヘーゲルによると、この法則の概念的表現として、ここに「立方の平方への還元」〔いわゆる立方の平方化〕という概念的関係が得られるという。なお、ノイザーの注釈によれば、ヘーゲルがこの箇所の概念的帰結を得るのに常にその根拠としていたのは、むしろケプラーの第二法則であったと見なされる。すなわち、その法則によると、惑星の軌道の動径が描く面積は一定時間に対し一定である、というものである（vgl. W. Neuser, S. 160）。

(42) いわゆる遠日点においては、太陽の力が最大限になるとみられるが、いまここに天体が子午線経過点、つまり南中点にあるというのは、まさにこの地点にあることを言うのである。

(43) 惑星の運動を想定するとき、円運動の仮定が古代以来自明のこととされたが、ここにおいてヘーゲルは、この神聖視されたコペルニクス的な円運動の公理から直接的に楕円を導き出すことの困難を提示しているようである。しかし、円はむしろ楕円の退化した形態であり、あるいは変質化した楕円にほかならないと解されるとき、この困難は解消することになろう。

（44）惑星の軌道が楕円であるとの発見（ケプラーの第一法則）がなされて以来、自明のこととされていた円運動の仮定が廃棄されることとなった。またこれにともなって、天体の運動が等速的であるという観念も見棄てられた。ここにおいてケプラーは、この第一法則の楕円に依拠することにより、惑星は近日点では遠日点におけるよりもいっそう速く運動することを証明した。いわゆる面積速度一定の法則というケプラーの第二法則がそれである。この箇所においては、この法則の概念的関係が暗示されている。

（45）ここでは、惑星の軌道は楕円であり、太陽はその焦点の一つにあるという、いわゆるケプラーの第一法則のことが、念頭におかれているのではないかとみられる。さらになお、太陽系の諸天体が他の惑星の引力の影響によって楕円軌道からずれるという現象、いわゆる「摂動」（perturbationes）についても、ヘーゲルはこの箇所でとくに注意を喚起しているのではないかとも解せられる。それというのも、惑星が基準運動からずれるというこの摂動があるために、惑星の平均距離と周期との関係は、ケプラーの第三法則に従わないことになるからである。

Ⅲ　補遺——惑星間の距離の問題

（1）本論の末尾に補遺として加えられたこの付けたり（superest）は、惑星間の距離についての法則の問題を検討することに充てられたのであるが、はからずもここに展開されている付論こそ、ヘーゲルの自然哲学全体の真価にかかわる問題をひき起こすことになったのである。ところで、本論考におけるヘーゲルの根本思想は、真なる哲学的立場として「理性と自然の同一性」(identitas rationis et naturae) の原理を、惑星の軌道の法則に適用するということであった。そして本論では、主として惑星運動に関するケプラーのいわゆる三大法則に依拠しつつ、それらの各項の理性的意義が論証されたのであるが、右に言うようなヘーゲルの根本思想の主旨からすれば、さらになお各惑星の太陽からの距離あるいはその間隔という点に関して、その割合を表わす法則が見出されなければならないであろう。このような理由からヘーゲルは、惑星相互間の距離の問題について、ここに付けたりを添えたのであった。因に、次に引くローゼンクランツの言葉は、問題の一件があって以来、ヘーゲルの思弁哲学に対してきわめて敵意のこもった論駁が加えられるなか、あくまでも冷静にその正鵠を射たところの、同時代の証言と言ってよいであろう。——「それにしても、ヘーゲルが論文の結びに二頁ばかりの〈補遺《スペレスト》〉という語をもって添えた一片の付論がなかったなら、この論文はシェリング自身が拠りどころとした当時の自然哲学のもっとも根本的なものの一つとして論駁の余地のないほどの価値を維持したであろう」(本書旧版付録I、一七六頁参照)。

(2) この箇所の原文 natura a ratione conformata est のうち、a ratione は「理性的に」のほかに、「比例によって」の意味を含むところから、本文中の訳文は同時に、「自然は比率から成っている」との二重の意味をもつことに注意。

(3) この原文 qui ex experientia et per inductionem leges quaerunt は、「経験を通じて、また帰納法によって法則を得ようとする者たち」の意で、自然研究者ないしは自然科学者のことを指している。

（4）前注1において指摘したとおり、この形而上学的自然哲学の書は、何よりも観念と現実の同一性、つまり「理性と自然の同一性」（identitas rationis et naturae）の原理をその哲学的立場としているということである。

（5）ヘーゲルによると、自然のうちに漲る理性的尺度をなおざりにしては、真の意味での自然研究はありえないということであり、このような視点から、「自然研究も自然認識も、まさしく自然が理性的に形成されているとのわれわれの信頼に基づいている」ということが強調されるのである。そこで、経験とか帰納的なやり方によって自然法則を探求しようとする自然科学者は、このような方法によって得られた理性的な自然法則に適合しない現象がみられる場合には、むしろ自分たちの行なった実験の方を疑ってみるべきだというのである。ヘーゲルが実験的方法に関して言及する場合、常にベーコンの経験論にまで遡り、そこから由来するニュートンやロックなどを包括するイギリス精神の実験哲学を念頭においている。なお、この箇所において明瞭に窺われるのは、ヘーゲルの実験に対する考え方と、周知の identitas rationis et naturae の原理に対する彼の頑固なまでの信頼であるとも言える。

（6）ここにいう progressio arithmeticae は、近代語では progression arithmétique ないしは arithmetische Reihe に対応し、「等差級数」あるいは「算術級数」の意である。すなわち、その意味するところは、例えば 4, 7, 10, 16, 28, 52, の数列にみられるように、各項が常にその直前の項に一定の数を加えて得られるものである。

（7）この箇所においてヘーゲルの念頭にあったのは、いまいう惑星間の距離について立てられた法則として、当時の天文学界において支配的であった「ティティウス＝ボーデの法則」（das Titius-Bodesche Gesetz）ないしは「ボーデの法則」と呼ばれるものであったと考えられる。確かに、ヘーゲルが青年時代に本論考の執筆にあたっていた十九世紀の初頭の頃には、惑星系はまだ天王星までしか発見されていなかったので、この法則は、観測の結果に即してただ経験的に考案されたものでありながら、各惑星の太陽からの距離（実測値）とよく合致したこともあって、天文学者たちによって支持され信頼されていたのである。ここにおいて、「太陽からの平均距離＝$3\times2^{n-1}+4$」という一般式によって得られた各数列（4, 7, 10, 16, 28, 52, ……）を実測値と比較し吟味してみて分かったことには、実に第五番目の数に対応する惑星が存在しないではないか。この点からして、第四の惑星である火星と次の木星との間の広い空間に、未知の惑星が実在するに違いないとの推測がいよいよ真実らしくなってきて、この問題の新惑星を探索しようとの熱が当時の天文学界にいっそうたかまった。そしてドイツでは、この、、、実在すべき新惑星を探索するための団体までも組織されたということである。だがそれにしても、ただまったく経験的に観測の結果から考案されたにすぎないこの法則を盲目的に信頼している天文学界の現状を目の当たりにしたヘーゲルが、どれほど忌わしく思ったことか、——このときの哲学者の苦々しい思いが、この箇所の行間にただよっているようにみえる。

（8）ただ経験的に導出されたにすぎないこの「ボーデの法則」に対するヘーゲルの批判を要約すると、まずこの法則による数列は、単なる算術級数にすぎず、それゆえ無概念的であって、哲学的な意義を有するものではないと見なされる。そこでヘーゲルの考えによれば、自然の理性的関係を表現するところの確実な根拠をもつ法則であるためには、自然における勢位（potentia）の数論的表現としての累乗ないし冪（potentia）の規定に依拠したものでなければならない。それゆえ、このような法則による数列とは、「数の自己自身からの生産」（numerorum ex se ipsis procreatio）つまり冪の規定に基づく数列であることになる。なお、先の注IIの（3）の箇所を参照。因に、ノイザーの指摘するところによると、F・バーダーは、通常の機械論的な立場における算法としては加法と減法を挙げるにとどめているが、しかしこれに対して、自然科学における動力学的方法の求めようとする自然法則については、乗法・冪指数・除法さらには根の開平によって表示されるべき旨述べているという。このような理由で彼は、物理学者に、生きた累乗と根の開平とに基づくことを要請するのであろう（F. von Baader, Über das pythagoräische Quadrat oder die vier Weltgegenden. Tübingen 1798. S. 215, vgl. W. Neuser, S. 161）。

（9）この箇所にいう philosophicae numerorum rationes は、「数の哲学的対応関係」のほかに、「数の哲学的比例」という二重の意味をもつことに注意。また形容詞 philosophicus は、numerus を修飾するものと読むこともできる（例えば、ノイザーはそう解している）が、ここでは ratio を修飾するものと解した。ところで、この箇所において指摘されているとおり、惑星間の距離の数的比例ないしは数学的秩序の問題を最初に提起したのは、ピュタゴラス学派であった。この学派の開祖ピュタゴラスが、鍛冶屋でハンマーの発する音の響きを聞いて、協和音を構成する比例を発見した話は、あまねく知られているところである。こうした伝来の話のうえに、さらになお音響学的研究を重ねることによって、協和音を発する絃の長さの間に比例を見出すにいたった同学派は、これらの経験に基づいて、天界にも同様の比例が存在するに違いないと推定したのであった。

(10) ヘーゲルはこの箇所において、二つの『ティマイオス』篇を参照したことを示唆している。すなわち、二つの『ティマイオス』とは、プラトンのあまねく知られた同書名の対話篇とは別に、さらになおロクロイのティマイオス(Timaios ho Lokros)の撰になるものと称せられる一篇の著述が存在するところから、ここではこの両書を指して言ったのであろう。なお、問題のティマイオスについて付言すると、彼は南イタリアのロクロイ出の人で、しかもソクラテス、プラトンと同時代のピュタゴラス学派の哲学者としても知られている。それというのも、当のプラトンがシチリア旅行の際に、ロクロイのこの哲学者と知合いになったことが奇縁となって、対話篇『ティマイオス』の主要人物として、彼の名を後世に残したからである。しかるにギリシア末期、新プラトン主義の哲学的動向のもとで、注目すべきことに、同学派のプロクロス(四一〇―八五)によって、『宇宙と自然の霊魂について』(Peri psychas kosmō kai physios)の書のことが、はじめて言及されて以来、実にこの書はロクロイのこの哲学者の撰になるものとして伝えられ、中世哲学の世界に永く影響を及ぼしたのであった。しかしながら、近代の哲学史家テンネマンの厳密な原典の考証がなされて以後は、この書はおそらく一世紀の頃に新プラトン主義者の作為になる偽書と見なされるにいたった。そう解される根拠としては、とりわけこの書が、プラトンの『ティマイオス』篇の概要であるうえに、新ピュタゴラス学派の見解を交じえてその内容としていることが指摘されよう。だがそれにしても、なお近代になってこの書は、二種類の近代語の訳に恵まれることになる。まず一七六三年に、注釈付きのフランス語訳が刊行された。さらにヘーゲルの青年時代に、この仏訳書に基づき、旧友シェリングの従兄にあたるバルディリ（一七六一―一八〇八）によってドイツ語訳の刊行をみた。この訳者は、なおカント哲学の影響を受けて、理性的実在論を説き、わけてもシェリングおよびヘーゲルに先立って思弁哲学への途を開拓した哲学者でもあった。いまヘーゲルが本論考において、二つの『ティマイオス』として参照しえたうちの一冊は、多分彼自身にとって身近であったはずの先輩の手になるこの独訳書（"Über die Seele der Welt und Natur"）であったものと考えられる。

（11）ここにいう「伝来の数列」（tradita numerorum series）とは、古来ピュタゴラス学派によって伝えられた数列を指している。プラトンは、万物の成立の根底に一定の数的対応関係が支配していることを説くピュタゴラス学派の影響を受けて、ここに同学派のいう数列を再興したのであった。なおこのほかプラトン思想のうちには、イデア的数ないしはエイドス的数に関する考え方、さらには霊魂の輪廻の思想など種々の面においてピュタゴラス学派の影響が見出される。

（12）本論考のうち、とくにこの箇所にかかわる問題点を顧みながら、プラトンの『ティマイオス』において説かれている宇宙形成に関して、ここにその概観を示しておきたい。まず、宇宙の製作者たる神デミウルゴスは、一定の規範に従って宇宙を創造したとされる。すなわち、一つの生命体として創られたこの宇宙は、それ自身、魂と体とをあわせもつものとみられる。宇宙の体は、球体として形成され、そしてその体の中心に宇宙の魂が形成されることになる。その際、デミウルゴスによる魂の形成は、有・同・他の混合と分割という仕方を通じて行なわれるのである。さて、魂の分割（構成）という仕方についてみると、それはまず第一に(I)、全体から一つの部分を取り、次には(II)、最初の二倍の部分を取り、三回目には(III)、二回目の一倍半、つまり最初の三倍にあたる部分を、四回目には(IV)、二回目の二倍（つまり最初の四倍）にあたる部分を、五回目には(V)、三回目の三倍（つまり最初の九倍）にあたる部分を、六回目には(VI)、最初の八倍の部分を、そして七回目には(VII)、最初の二七倍の部分を取るというような仕方である。これを図示すると、左掲のようになる。すなわち、一方に二倍の系列が生じ、他方に三倍の系列が生じていることが分かる。さらになお、最初の六つの数の総和が、最後の数に等しい（1＋2＋3＋4＋9＋8＝27）ように按配されている。このような仕方の分割をへて形成される宇宙の魂が、宇宙の体を包括するとき、天体が成立することとなり、ここにおいて恒星の軌道と惑星の軌道の区別が生じることになる。なおこの場合の惑星とは、すなわち月・太陽・金星・水星・火星・木星・土星である。ところで、ヘーゲルもこの箇所において指摘しているように、確かにプラトンの『ティマイオス』では、この数列が惑星の距離の比に関連づけて説かれているわけではない。しかしながら、この数列は、デミウルゴスが宇宙の創造にあたって拠りどころとした規範であった

1……（I）

2……（II）

3……（III）

$(2^2)=4$……（IV）

$(3^2)=9$……（V）

$(2^3)=8$……（VI）

$(3^3)=27$……（VII）

ところから推察すると、これらの惑星系は、地球から恰も1, 2, 3, 4, 9, 8, 27, の比をなす距離にあることが想定されるであろう(vgl. Platon : Timaios, 35b-36b. なお同書、種山訳〔「プラトン全集」12、岩波書店〕四一—四四頁参照)。

(13) ヘーゲルが注目したところの『ティマイオス』篇中で論じられているピュタゴラス=プラトン的数列とは、前注にもあるとおり、1, 2, 3, 2^2, 3^2, 2^3, 3^3, すなわち1, 2, 3, 4, 9, 8, 27, というものである。しかし、この数列をよくみると9の次に8の項がきている。数列上のこの退行は、数の進行にとっては確かに都合がわるいので、ヘーゲルはこれを修正しようとした。8の項の代りに、2^4すなわち16をおけば、正しい数列が得られる。つまり彼は、数列中の一箇所の数字を消去するために、一般に認められている原典の改竄を行なったことになる。すなわち、右の数列を本文にみるように読みかえたのである。ところで、プラトンの注釈者たちは、前注にみるように、ティマイオスのこの本来の数列のなかに、調和した意味をもつものとして、一つは1, 2, 4, 8と、他は1, 3, 9, 27という組合わせからなる二つの重ね合わされた数列を読みとることにより、この神秘的な数列の意義を強調したのであった。だから、このようなプラトン学者の視点からすると、ヘーゲル的な作為をこの数列にもちこめば、当然その意味するところはたちまち失われてしまうことになる。つまり、二倍の系列と三倍の系列とから構成されるこの二義的な数列の調和は崩れることになるというわけである(vgl. F. de Gandt, S. 164)。

(14) 「あの算術級数」(illa arithmetica progressio)とは、「ティティウス=ボーデの法則」に用いられた数列を指している。前記の注7の箇所を参照。

（15）ここに推称されている数列において主要な点は、四番目の4の項と五番目の9の項であって、4は惑星の系列では火星に対応し、9は木星に対応するということである。そして、この両惑星の間隔の空きすぎは、いまや誰にも一目瞭然であるところから、ヘーゲルはここに言うように推論したのであった。ところで、すでに先の注Ⅱの（2）にみるように、ヘーゲルにとって太陽系全体は、実に宇宙の内部に働く凝集線の現われとして把握された。それというのも、宇宙の内部には凝集力が働いていて、しかもその（宇宙の）各点において異なる凝集度を含んでいるということであり、この力の度合によって形成される凝集線の発展系列が、惑星の系列になっているとみられるからである。したがって各天体は、異なる凝集度を含む宇宙の結節の系列であって、この力の結節の系列は度量関係によって表わされることになる。そこで自然の理性的秩序を正しく表現しうるピュタゴラス＝プラトン的数列こそ、真の意味においてこのような宇宙の生きた形態に近いものを示しているのではないか。この伝来の数列への信頼から、おそらくヘーゲルは、一八〇一年八月二十七日イエナにおいて、大学教授資格取得討論の席上、いま本文にみられるような主張をもって、この論文を弁護したに違いない。ところが、同年一月一日にすでに、イタリアの天文学者ピアッツィによって、問題の空間に小惑星ケレスが発見されていたのである。このためヘーゲルの推論からすれば、存在しないはずであった惑星が突如出現するという好ましくない偶然によって、この若き自然哲学者の本論考のうち、惑星間の距離を論じたこの補遺の部分は、思わぬ誤謬をはらむことになったのである。

拙訳『惑星軌道論』（一九九一年刊）が日の目を見て数年のころ、訳者は思いがけず、前掲書の新独訳を企てたヘーゲル学者として周知のW・ノイザー氏から各種抜刷を贈呈されるという好運に恵まれた。ノイザー氏の報告によれば、小惑星クレス発見のニュースは、すでに一八〇一年五月六日付『イエナ新聞』に報知されていたという。なおまた同年六月には、この件に関してもっと詳細な論評が月刊誌（『天文・地理学情報通信』）に公表されたのだが、われわれの哲学者はこの点を見落としていたというのである。右ノイザーの指摘によれば、ヘーゲルは後年これらの報告を知り、『エンチュクロペディー』第一版（一八一七年）において、若き日の労作に関してこう言及している。――「惑星の系列の距離という問題につき、私が先年かの就職論文で試みたものは、もはや十分なものとは認めがたい」（§280）と（vgl. W. Neuser, S. 55, 176）。

(16) ヘーゲルは、先述のように自讃するピュタゴラス＝プラトン的数列に依拠しながら、しかもこれをさらに展開していろいろと数論的表現を与えることにより、次に言うように木星の衛星ばかりか、さらには土星の衛星についてまでその距離の比を示しうるとして、以下それについて論じている。

(17) ノイザーの指摘するところによれば、当時の天文学は、木星の衛星に対しても（a, a + b, a + b + 2b, a + b + 2b + 3b, …）、土星の衛星に対しても（a, a + b, a + bb, a + bbb, …）、同様に一つの距離の数列を挙げていたようである。それどころか、新たに発見された天王星の衛星はまだいずれも観測されていなかったが、それらの衛星に対してさえ、同様の数列を挙げているという。——G・N・フィッシャー「天王星の衛星系について」（『ベルリン天文学年報』一七九〇年、二一三—一九頁）参照（vgl. W. Neuser, S. 161）。

(18) ヘーゲルがこの箇所において、伝統的な数列を拠りどころにして開示した「各惑星の距離の比を示す数列」は、木星の衛星（最初の四衛星）のその中心天体からの距離の比にそのまま符合するという。これを表示すれば、次の表のようになる。

(1) イオ（Io）	1.4
(2) エウロパ（Europa）	2.56
(3) ガニメド（Ganymed）	4.37
(4) カリスト（Callisto）	6.34

(19) ノイザーの注釈によれば、土星の衛星について、ここに示されている最初の四衛星の周期は、ラプラスの数値とよく符合しているということである。これを表示すると、次の表のようになる（vgl. W. Neuser, S. 162）。

(1) ミマス（Mimas）	$\sqrt[2]{1}=1$
(2) エンケラドゥス（Enceladus）	$\sqrt[2]{2}=1.414$
(3) テチス（Tethys）	$\sqrt[2]{4}=2$
(4) ディオーネ（Dione）	$\sqrt[2]{8}=2.828$

（20）土星の衛星の場合、最初の四衛星の距離は、その周期について適用されたのと同じ数（1，2，4，8）の立方根と同じ比になっているということであって、それはすなわち1—1.26—1.63—2であると言われる。

（21）ヘーゲルが本論考を執筆していたその当時においては、土星の衛星は全十個のうち、まだ七番目までしか発見されていなかった。そこで、この自然哲学者は、これら既知の七衛星について、その中心天体からの距離の比を検討したのであった。因に、ノイザーの注釈によれば、ここにおいて哲学者が提示しているこれらの衛星の数列は、要するに次頁に掲示した表のようになる（vgl. W. Neuser, S. 162）。

(1) ミマス（Mimas）	$\sqrt[3]{1}=1$
(2) エンケラドゥス（Enceladus）	$\sqrt[3]{2}=1.26$
(3) テチス（Tethys）	$\sqrt[3]{2^2}=1.63$
(4) ディオーネ（Dione）	$\sqrt[3]{2^3}=2$
(5) レ　ア（Rhea）	$\sqrt[3]{2^3}\sim\sqrt[3]{2^{9/2}}=2.828$
(6) チタン（Titan）	$\sqrt[3]{2^8}=4.226$
(7) イアペトゥス（Iapetus）	$\sqrt[3]{2^{25/2}}=17.959$

惑星の軌道に関する哲学的論文への暫定的テーゼ（1）

DISSERTATIONI PHILOSOPHICAE

DE

ORBITIS PLANETARVM

PRAEMISSAE THESES,

QVAS

RECTORE ACADEMIAE MAGNIFICENTISSIMO
SERENISSIMO PRINCIPE AC DOMINO

DOMINO

CAROLO AVGVSTO

DVCE SAXONIAE IVLIACI CLIVIAE MONTIVM
ANGARIAE ET GVESTPHALIAE REL.

CONSENTIENTE

AMPLISSIMO PHILOSOPHORVM ORDINE

PRO LICENTIA DOCENDI

RITE OBTINENDA

PVBLICE DEFENDET

DIE XXVII. AVG. A. CIↃIↃCCCI.

GE. WILH. FRID. HEGEL

PHILOSOPHIAE DOCTOR

SOCIO ASSVMTO

CAROLO SCHELLING

WIRTEMB.

IENAE

TYPIS PRAGERI ET SOC.

惑星軌道に関する哲学的論文に先立っての討論

右の件につき、まずは当アカデミーの学監にして、かつきわめて尊大で静謐この上なき君主、かつまたハンガリア、ヴェストファリア等の山野、枢要の地にまでも及ぶところのザクセン・ワイマール公国の君主カール・アウグスト大公の承認を仰ぎ、諸哲学者各位の指図に従い、大学講師資格を取得するにあたり、慣例にならって1801年８月27日、公衆の面前にてヴュルテンベルクのカール・シェリング立ち会いのもとで、論弁につとめるものとする。

哲学博士　ゲオルク・ヴィルヘルム・フリードリヒ・ヘーゲル

イエナ　プラガー印刷

第Ⅰ条
矛盾は真理の規則であり、非矛盾は虚偽の規則である。(2)

第Ⅱ条
推論は観念論の原理である。(3)

第Ⅲ条
正方形は自然の法則であり、三角形は精神の法則である。

第Ⅳ条
真なる算術においては、一を二に加える以外に加法〔加算〕はなく、三から二を引く以外に減法〔引算〕はない。そして〔と同時にこの場合〕三は和と考えられるべきではなく、また一は差と解されるべきではない。

第Ⅴ条
磁力が自然の梃子《てこ》であると同様に、太陽に向かう各惑星の重力は自然の振子である。(4)

第VI条
理念は無限と有限との綜合であって、全哲学は理念のうちに存する。

第VII条
批判哲学は理念を欠くがゆえに、懐疑論の不完全な形式である。

第VIII条
批判哲学が提起する理性の要請なるものの実質は、まさにこの哲学そのものを破壊し、かつスピノザ主義の原理である。(5)

第IX条
自然状態は不法ではない。さればこそ、この状態から脱〔出〕しなければならない。

第X条
道徳学の原理は、運命に対する畏敬である。

第Ⅺ条
徳は、行為および受苦のいずれの無垢をも排斥する。

第Ⅻ条
あらゆる点において絶対的に完全な道徳は、徳と矛盾する。(6)

訳注

（1）このいわゆる「就職テーゼ」の原タイトルは、Dissertationi Philosophicae de Orbitis Planetarum Praemissae Theses となっているから、字義どおりに訳せば、「惑星の軌道に関する哲学的論文に先立って報告される諸テーゼ」となるが、ここでは表記のように訳した。因に、当時のドイツにおいては、大学教師として就職するための免許（資格）を取得するためには、志願者はまず、⑴ドクトル学位の「承認」ないしは「認定」（Nostrifikation）を求めて〈申請書〉を提出しなければならない。そして次に、⑵いわゆる「就職論文」（Dissertation）を提出し、その価値について審査を受けるとともに、さらに、⑶公開の「討論」（Disputation）が課せられ、あらかじめ提出されている「討論テーゼ」、つまりいわゆる「就職テーゼ」をめぐってその公開の席上でなされる質疑応答に基づいて、当の志願者は、講義する能力を備えているか否かの判定を受ける、という慣行になっていた。

ところで、ヘーゲルのこの「就職テーゼ」は、先の「就職論文」と同様に、当時の慣例にならってラテン語で書かれているが、わずか五頁ばかりの小冊子である。いまこの翻訳にあたって、訳者はラッソン編『ヘーゲル初期著作集』（ライプチヒ、一九二八年）に収録されたものに依拠したが、この書においては、当のテーゼは「就職論文」の後に収められている。というのも、K・ローゼンクランツの研究と同様に、ラッソンにおいてもまた、ヘーゲルにとって教授資格取得の手続きが、先に述べられたような正規の段階をへて成就されたものだとする解釈に立っているからである。しかるに最近のヘーゲル研究によれば、また本書の解説において訳者も説明しているように、当「就職論文」よりも先に、「前もって報告される諸テーゼ」(Praemissae Theses) が書き上げられ、少なくとも公開討論日（一八〇一年八月二十七日）に先立って、イエナのプラーガー書店で印刷され、ただちに提出されたものであることが確認されている。因に、W・ノイザーの前掲書（『惑星の軌道に関する哲学的論文』一九八六年）に転載されている小冊子「討論テーゼ」の写真版を閲するに、上記の十二条からなる諸テーゼが、「同年八月二十七日、G・W・F・ヘーゲルとその補佐役たるカール・シェリングによって、公開の席で弁護される」旨の記載と合わせて、然るべく印刷に付された体裁のものであることが認められる (vgl. W. Neuser : op. cit. S. 72ff.)。以上の点から、このテーゼのタイトルが「就職論文」に「先立って報告される諸テーゼ」(Prae-missae Theses) となっているのは、字義どおり、時期的に先立っていることを意味するものであると解せられる。だが、教授資格取得にかかる正規の手続き (Habilitation) としては、「就職論文」の後に、「討論テーゼ」が位置づけられるところから、本書においては、結果的にはラッソンの編纂方法と同様に、このテーゼを「就職論文」の後に収録することにした。

（2） この箇所の原文を示すと、次のとおりである。Contradictio est regula veri, non contradictio, falsi. すなわちラッソンは、これを次のように独訳している。"Der Widerspruch ist die

Regel für das Wahre, der Nichtwiderspruch (die) für das Falsche.”ところで、ローゼンクランツはこのテーゼの後半の文を contradictio non est contradictio falsi と読んでいる(vgl. Hegel : Erste Druckschriften, hrsg. v. G. Lasson, S. 405 ; K. Rosenkranz : op. cit. S. 157. なお、本書旧版(『惑星軌道論』)付録一八七頁および一九一頁参照)。

(3) ローゼンクランツの注釈するところによると、十二条からなるこれらのテーゼの配列は、一見したところでは雑然としているようであるが、そこには一定の脈絡があると見なされる。すなわち、これらの配列を区分してみると、まず最初に、(1)論理学的なテーゼが提示され、次に、(2)自然哲学的なテーゼがおかれており、さらに続いて、(3)哲学一般の概念に関する批判的なテーゼがあり、そして最後には、(4)実践哲学に由来する若干のテーゼが提示されているという。そこで、この最初の第Ⅰ・Ⅱ条は、論理学的なテーゼであるとみられる(vgl. K. Rosenkranz : op. cit. S. 156)。

(4) この箇所にあたる第Ⅲ—Ⅴ条の諸テーゼは、自然哲学的なテーゼであるとみられる。とりわけ第Ⅴ条は、その用語例から推して、「就職論文」のテーマと直接関係のあるテーゼであると考えられる。

(5) さらに続いてこの箇所にあたる第Ⅵ—Ⅷ条は、哲学一般の概念に関する批判的なテーゼであるとみられる。

(6) 最後の配列になる第Ⅸ—Ⅻ条は、実践哲学から得られたテーゼであろう。

なお周知のように、青年ヘーゲルは、テュービンゲン、ベルンそしてフランクフルトと遍歴しながら、それらの時期、それらの土地において、然るべき思想上の成果を蓄積したのであったが、いまイエナにいたって、それらの思想がさらに成熟し、互いに関係しあい、そしてここに集大成されたこれらの素材をもとにして、哲学者のうちで体系構想の思いがいよいよ固まってきたように推測される。ところで、この推測が正しいとすれば、これらの十二条からなる暫定的テーゼの全項目は、あるいはこの時期に哲学者の心中において目論まれていた体系構想の粗描だったのではないかとも考えられるであろう。先に示したローゼンクランツの区別から推考するに、この時期のヘーゲルの体系構想として、「論理学・自然哲学・形而上学・精神哲学」から成る四部門の構成が想定されることになる（vgl. Rosenkranz : op. cit. S. 179）。

なおわが国においてこの「討論テーゼ」に関して論究された文献としては、金子武蔵「ヘーゲルの就職テーゼ」（『日本学士院紀要』第38巻第2号、一九八二年）、および中埜肇『ヘーゲル哲学の基本構造』（以文社、一九七九年）のうち「第三章　体系構想——その展開過程」を挙げることができるであろう。双方の論文はともに啓発的な論考であり、参照されることを望む。

また欧文による文献としては、本書旧版（『惑星軌道論』）付録のローゼンクランツの論考のほかには、若干ながら次のものが知られている。

Th. Haering : Hegel. Sein Wollen und sein Werk. Bd. 1. Leipzig 1929.（Nachdruck : Aalen 1963.）

H. Glockner : Hegel. Bd. 2. Stuttgart 1940.（endgültige Fassung, Stuttgart 1968.）

訳者解説——若きヘーゲルの学問の曲がり角——一八〇一年イエナのヘーゲルの立場

はじまりのヘーゲル

ヘーゲル学者として周知のJ・ホフマイスターの編纂になる『ヘーゲル書簡集』(全四巻)のうち、第一巻は、まず哲学者のシュトゥットガルトでの少年時代(一七七〇—一八八年)、つまりその家庭教育、ラテン語学校、そしてギムナジウムでの勉学に従事した十八年に及ぶ期間に交わした「文書《ドクメント》」を収めると謳っているが、実際われわれが当巻中に見るのは、ギムナジウムに在学中の十五歳のときに学友に宛てた唯《ただ》一通の手紙だけである。だが、この一通の文書を見るだけで、読者の知的好奇心を満足させるに十分であると言ってよいかも知れない。というのも、それこそ、一体これが十五歳の少年の手になったものかと疑いたくなるほど知的な文面で、なるほどこれを介して後年の哲学者像を十二分に想像させてくれるだろうからである。例えば、その一節にこうある。
「……ところで、話題をかえて別のことを書こうと思う。以前の約束のとおり、ケストナー(1)氏のケプラーに寄せる寸鉄詩をお知らせしよう。それは次のとおりである。

誰ひとりとして、未だケプラーの高さに昇った人はいない。
なのに、この人が飢えて餓死したとは。
彼の才知は、もっぱら精神を快楽させるに尽くした。
それゆえ肉体は、パンなくして彼を置き去りにしたのだ。

まさに眼光は紙背に及ぶ。数学的知能には概して、機智は稀《まれ》なはずだが、ケストナーの機智は尽きることがない。さて、もう一つの詩を示せば、次のとおりだ。

オイラー(2)のごとき優れた人物を育て上げた精神は、
世の慣習には拘泥せず、さりとて
名誉の勲章に手を染めることもない。

ケストナーの瞑想の深さも逸話になるが、いまそれをお伝えしよう。……」(3)

この手紙のなかで少年ヘーゲルは、ケストナーのその他の寸鉄詩を紹介し、この人物にまつわる逸話を語るなどして、末筆ながら、われらがケストナーとはライプツィヒ生まれで、いまやゲッティンゲンの宮中顧問官、かつ数学教授なのだ、とわが友に伝え聞かせている。

この知的少年はその後、シュトゥットガルト時代を終えるや、その年の秋よりテュービンゲン神学院時代(一七八八―九三年)をむかえるわけで、そこにおいて運命的な二人の友と邂逅し、友交を深めることになる。ひとりは、同年の天才詩人ヘルダーリンであり、他のひとりが五歳若いシェリングである。

このうちヘルダーリンは、シュトゥットガルトの西北の寒村にある修道院として名門のマウルブロン僧院附属学校を卒業し、さらにここテュービンゲン大学神学院で新教の正統神学を修め、聖職者として最高の道を歩むはずであった。が、生来彼はあふれんばかりの詩的才能に恵まれ、すでにマウルブロン在学中、十六歳にして詩人として立つ道を模索し始めてもいた。ことに彼は、自分と同郷のシュヴァーベン出身の偉大な先輩詩人シラーを愛読し、なかんずく詩形式としてシラー流の思想詩に範を求め、かつまたクロプシュトックに従って「頌詩《オーデ》」に仕立てるスタイルを秘かに学び習得していた。例えば、次に示す頌詩《オーデ》「ケプラー」(4)(自筆原稿に一七八九年の作とある)は、これら若き日の「習作」の一つである。

〔頌詩〕 ケプラー

星々の間をわが精神は駆けぬけ、
天空《ウラヌス》の世界を飛翔し、
冥想《おもい》にふける。その道は孤独で、
かつまた果敢、しかも厳正なる歩みを命ずる。

英雄のごとく、威厳をもって歩め！
されど自惚れず、面《おもて》をあげて見よ！
ほら、かの人が近づいて来る、高だかと、
勝利の凱歌を奏する国から、かの人が近づいて来る。

アルビオンの思想家を、
また深夜の天空《ウラヌス》を見つめる人を、
より深き冥想の世界へと導いて、自ら先立ち燈火かざしつつ、迷宮に足踏み入れたかの人が。

されば気高きテームズの誇りの者は、
かの人の墓前に心ひそかに頭《こうべ》をたれて、
いとも相応しい称讃を手向《たむ》けんものと呼びかけた。
「スエヴィアの子よ、あなたが事を始めたところ、

あらゆる世紀が目眩《めま》いを起こしたところで、
ああ！　わたしはいま、あなたの手がけた事を成就しよう。
栄光に輝く人よ、あなたがゆく手を照らしてくれたから！
あの迷宮のなかで、暗闇に光を注いでくれたから。

胸中に燃える火がたとえ
生命《いのち》の髄を焼き尽そうとも、あなたに追いつき、
わたしは事を成し遂げよう。この道は崇高だから、厳粛で偉大だから。
あなたの道は、金を蔑《さげす》み、自ら充足するの道に尽きる。」

ヴァルハラの悦び！　かの偉大な人を生んだのは、
わが祖国ではないか？　またテームズ河の讃えた人をも？
初めて迷宮に光を創り出した人を、
天地の極に通ずる小径を星座に教えた人をも？

ヘクラの雷鳴もわが念頭から忘れ去るだろう、
たとえ毒蛇《まむし》を踏もうとも震えはすまい、スエヴィアよ！
そなたこそ、かの人の生みの母だとの誇りにかけて！
アルビオンの感謝がわれらのものと知れば。

誠実な人びとの母なる大地よ！　スエヴィアよ！
汝、静かな大地よ！　無窮の時がそなたに歓呼を送る。
輝く人びとを数限りなく育てあげた大地よ、
去来する種族の声が、そなたに忠誠を誓うだろう。

右の詩の背景には、標題「ケプラー」にかかわる思想に関連する事象がまつわりついていて、そうした思想の歴史を度外視しては詩の内容を理解できないという意味で、これはまぎれもなく思想詩の範疇に属すると言える。――なお、この詩に注目したひとり、『惑星軌道論』の仏訳者ド・ガントの注釈によると、この詩が生まれる機縁となったのは、天王星《ウラヌス》の発見（一七八一年）であり、この天文学史上の事件から当の作者（若きヘルダーリン）は触発された、とみられる。(5) というのも、それまで太陽系は、水星・金星・〔地球〕・火星・木星・土星の六惑星から成立すると考えられていたが、いま英国の天文家W・ハーシェルにより自作の望遠鏡で新惑星（天王星《ウラヌス》）が発見されて、これまでの固定観念が崩れることになったわけで、それは確かに天文学史上でも特筆すべき大事件と見られたからである。それゆえ、ときに若き詩人ヘルダーリンが、マウルブロンおよびテュービンゲン両神学院にわたる、自らにとって二重の偉大な先輩ケプラーを讃える頌詩の構想を得たのではないかということは、十分考えられることである。おりよく、この頌詩が成った時期（一七八九年）は、一方ではフランス革命の影響を受けたことにもよるが、「人類の理想に寄せる讃歌」が、自由・美・愛などをめぐって強調されることになる。他面では、この詩の冒頭で表現されているとおり、現実的には「シュティフト」（大学神学寮）での孤独のなかに喘《あえ》ぎながら、若きヘルダーリンの理想を目指す精神が、かの大先輩に追従せんとばかりに、詩作において最高潮に高揚していたことを思わせる。

頌詩「ケプラー」の全文は、拙き試訳によれば前掲に見るとおりである。ただ、これにつき余談を挿めば、筆者が早年、松浪信三郎先生のサルトル原典講読の授業に列席していたおりのこと、先生の講義が思いがけない方向に逸れ、ヘルダーリンの詩の解明に転じたことがあって、その際先生の弁明によれば、ヘルダーリンの格調高き詩というのは、われわれのぎこちない音読ではどうにも文学鑑賞にたえないのであり、ただ詩の主旨としてはかくの如しだと注釈せざるをえないとのことであった。この逸話が、先生の後年の名エッセイ「ヘルダーリンの帰郷」のもとになっているのである。(6) さて、われわれとしても、この際ヘルダーリンの詩の文学鑑賞がねらいなのではなく、むしろ詩と哲学の狭間を語りたいのである。そこで、松浪先生の流儀に倣い当面の論考の主題に即して、前記の仏訳者ド・ガントの注釈を拠りどころにこの頌詩の主旨を、かいつまんで要約しておきたいと思う。

わが精神よ、かの先哲に思いを託して天空を飛翔し、宇宙論的冥想にふけろう。そうすれば、見よ、かの人「テュービンゲン出の偉大な天文学者ヨハネス・ケプラー」が近づいて来る。この人こそ、実は英国の思想家ニュートンをはじめ、同国の観測天文家W・ハーシェルの先駆にして、かつまたこの深遠な学問の世界に彼らを導き入れもしたではないか。されば、イギリスの誇りの者「ニュートン」は、かの人「ケプラー」の墓前に額突《ぬかづ》き、称讃をたむけた。「シュヴァーベンの子「ケプラー」よ、あなたが事を始めたところは、あらゆる世紀の先人たちが目《め》眩《ま》いを起こしたところだが、そこでわたしはいま、あなたの手がけた事を成就しよう。栄光に輝く人〔ケプラー〕よ、あなたが行く手を照らしてくれたから。この道は厳粛で偉大だから。あなたの道は、金を蔑み、自ら充足するの道に尽きる」と。天堂の恵み、かの偉人〔ケプラー〕を生んだのは、わが祖国ではないか。また、イギリスの誇りの者〔ニュートン〕をもではないか。たとえ氷島のヘクラ火山の轟きにも何ら震えはすまい。わが祖国シュヴァーベンよ、かの人〔ケプラー〕の生みの母だとの誇りにかけて。また英国の感謝がわが祖国へのものと知れば。無窮の時があなたに歓呼を送る。栄光に輝く人びと〔ケプラーやニュートンなど〕を数限りなく育てあげた母なる大地よ、去来する種族の声が、あなたに忠誠を誓うだろう。(7)

頌詩の主旨は、あらまし以上のとおりであるが、目下われわれの眼前にするこの詩の自筆稿本によると、一七八九年の作であることが確認されるのであり、この年度はヘルダーリンがテュービンゲン神学院に入学の翌年にあたる。神学院では、おりしもこの年の秋、在学生の先輩F・ニートハンマー(一七六六—一八四八)の卒業に際しての懇親会があって、これを機にその後輩ヘーゲルとヘルダーリンは、さらなる友交を深めることとなったと見られる。が、さしあたって両者の共通の話題となったはずの当「ケプラー」問題が、これ以上を望めない良友の知的媒介をへて、われわれのヘーゲルの脳裡に成熟し論文の体裁をなすに至るのは、少なくとも八年後フランクフルトで旧友と再会するまで待たなければならない。

さらに、本論考の主題を考察する上で絶対に欠かせない人、すなわちかの「早熟の天才」（ingenium praecox）シェリングが、前述の哲学上の仲間に加わったのは、二年後の一七九〇年の秋のことである。だが、ヘーゲルがこの年若い才人から哲学上の影響を受けるようになるのは、実際にはここテュービンゲンを卒業して以後のことである。何と言っても、両者のあいだに五年という年齢のずれがあって、一方のヘーゲルの方からすると、早熟の相手が神学院に来て最初の二年間は、宗教に関する研究に従事し、その後哲学の方向に転じて、まずカント哲学を媒介して足早にフィヒテを研究し、まさにフィヒテ学徒たるの成果として、第一作『哲学一般の形式の可能性について』に続き、『哲学の原理としての自我について』、さらには『独断論と批判論に関する哲学的書簡』等と、力作を次々と発表したとき、こちら当のヘーゲルはすでにスイスのベルンへと旅立ち、シュタイガー家の家庭教師職に従事していたからである。なお加えて、ヘーゲルと同年に神学院を卒業したヘルダーリンが、別の関心からテュービンゲンを去ってイエナに赴き、当時評判の高いフィヒテの講義に列席していて、その感激の次第を手紙で伝えてきていた。それにつけてもヘーゲルは、眼前にする同時期のフィヒテの一連の著作（『知識学の基礎づけ』）を理解するのに、わが友シェリングの諸著作こそ、最良の手引きであるばかりか、また将来においても何がしか拠りどころとなり得るものと確信し始めたに違いない。目下、ヘーゲルはひとりベルンの外地にあって、はるかに祖国の思想界の現状を展望するとき、もはやカントの時代は終焉し、若きカント学派のうちでは、ひとりフィヒテのみが傑出しているが、やがて年少の友がこの「知識学」の立場を超脱するかも知れないことを予感させした。このような点から、われわれのヘーゲルは近い将来、「フィヒテとシェリングの哲学的差異」を吟味検討することも、後進の者が学界で活動するにあたって軽視しえぬ「課題」であるに違いないと、自覚することになるであろう。

ところで、ヘーゲルがベルンでの家庭教師の契約期間が満了する三年目の一七九六年の初めに、ヘルダーリンはフランクフルトの銀行家ゴンタルト家の家庭教師の職に就いていた。かつてテュービンゲンで別れに際し、「一にして全」(hen kai pān) なる信条を表明していた当のヘルダーリンにしてみれば、できれば当地で旧友との再会を期したいと思い、それにつけても友が晴れやかにドイツへ帰国できる道をと内々に探索していて、彼はついにこれを実現した。すなわち、「ヘーゲル年譜」によると、一七九七年一月初旬に、フランクフルトの豪商ゴーゲル家の家庭教師の職に就くとあるのは、ヘルダーリンの尽力によるのである。かくしてヘーゲルにとって、外地ベルンで渇望していたもの、つまり研究に必要な余暇とか学友との知的交流が新たに得られ、将来に向けて不安のなかにも自己の学問上の可能性を求めて充実した時期が始まることになる。就中、ヘルダーリンとの対話が一層充実して、ヘーゲルの思想形成が佳境に達しようとしていたやさき、図らずも見えない力としての「運命」が、ある美しい友情で結ばれた人間関係（一つは、ヘーゲルにとって永遠の友ヘルダーリン、他はヘルダーリンにとって永遠の人ディオティーマことゴンタルト夫人ズゼッテ）を粉砕した。一七九八年九月下旬、家庭教師として仕えるゴンタルト家主人の発した暴言に伴う痛ましい一件がもとで、一介の家僕たるにすぎぬヘルダーリンは直ちに主家を立ち去るほかなくなり、ヘーゲルは、またしても旧友との別離を経験しなければならない事態に立ちいたったのである。

因に、これに関して一言付記すると、詩人は、このときの体験を一篇の「悲歌《エレギー》」に託して告白しているが、(8) これに対して神学者は、思いがけなくも旧友の悲劇的な「運命」を共に体験したことにより、当面の未定稿に加筆を重ね、『キリスト教の精神とその運命』と（傍点の部分を付し）改題した上で、これを決定稿にまで仕上げたことが知られる。(9) ただ惜しむらくは、この力作は著者の生前、思うところあって未刊にとどめられたのである。だが、後年イエナにおいて『精神現象学』が構想され、その書において自己意識の自立性と非自立性、すなわち「主と僕」の項および「不幸な意識」の項が考察された際、著者ヘーゲルはきっと旧友の身にふりかかったこの一件を心においていたに違いないのである。

それにしても、若きヘーゲルの学問形成にとってフランクフルト時代になされた下準備の作業が、その真価を問われることになるイエナ時代のそれとともに、どれほど貴重な価値を有するかは、いま改めて言うまでもなかろう。親友のこの不幸以来、ヘーゲルにとってフランクフルトという都市は実にいまわしい土地に変貌したのだが、これを翻って考えると、この筆舌に尽くしがたい苦境があったればこそ、かえって哲学者として将来のために十分な下準備の研究を蓄積するによりよき環境となり得たと言えなくもないのである。

一八〇〇年の後半期に起草されたと推定される宗教に関する「断片」、いわゆる『一八〇〇年〔フランクフルト〕体系断片』は、これらの下準備の思惟作業のひとつに数えられる。われわれがこの遺稿に立ち入って注目するのは、他でもない当の「断片」がヘーゲルの思想発展を推し測る何らかの手がかりになるとの期待からであろう。それは、あたかもヘルダーリンの詩作を学術的文体に仕立てたとでも言える苦渋に充ちた文章でつづられた宗教に関する手記であるが、その中に弁証法的な考え方を示す表現として、「生〔命〕とは結合と非結合との結合である」[10]（das Leben ist die Verbindung der Verbindung und der Nichtverbindung）という提言が見られる。実にヘーゲルの遺稿となったこの手記は、フランクフルト時代最終の一八〇〇年の成立に間違いないと思われるが、翌一八〇一年、イエナで刊行された彼の最初の哲学書『差異』論文にも、同じ主旨の提言が使用されているのをわれわれは見出す。すなわち、絶対〔的統一〕者そのものは、「同一性と非同一性との同一性である」[11]（die Identität der Identität und der Nichtidentität）と定義されているのがそれである。この共通点から判断して、短絡的ながら、多分右の両論文はほぼ同じ時期に起草されたのに違いないと推考される。この当時のヘーゲルは、シェリングの同一哲学の影響もあって、その媒介によれば、例えば主観‐客観の対立も容易に克服することが可能であろうと考えた結果、その形式的な表現方法として、かのぎこちない定式にゆきついたものと考えられる。

なおまた、「ヘーゲル年譜」中の一八〇〇年の箇所には、右の『体系断片』の記述のあとに、学術上の作業としてだが、一般には注目されそうにない「幾何学研究の断片」との記述が見られる。ホフマイスターの『ヘーゲル〔の発展に関する〕資料集』を拠りどころに詮索すると、ギムナジウム時代のヘーゲルは、ローレンツ（Lorenz, Johann Fr., 1738-1807）の『数学』を教科書として勉強したことがあり、それ以来十年以上も経って再び同数学者ローレンツの独訳になる『ユークリッドの幾何学』の書を精読研究したらしく、この際の断片は、その読書抜粋であることが知られる。が、かく詮索してみても、この項目がこの箇所（一八〇〇年）におかれている意味は皆目見当がつかない。つまり、この事項に関連する他の「資料」ないし読書抜粋などの研究断片の類が、何らかの事情により湮滅して伝わらないとすれば、情報不足の感を免れない。

いま仮に、われわれの哲学者の思惟の歩みを先取りして詮索すれば、この翌年の一八〇一年には周知のとおり、この無名の青年が神学者としてではなく、また政論家としてでもなく、まさしく哲学者として、目下ドイツの精神生活の中心地であるイエナにおいて、その第一歩を踏み出すことになるはずである。そのためにまず彼は、哲学的著作を刊行することによって、自分の学問的立場がいずれの系列に属するかを表明しておく必要にせまられていたに違いない。しかもそれと同時に、彼には学界において自分の目的を果たし易くするためにも、「教授資格取得論文」(Habilitations-Schrift)を作成することが急務となったであろう。まさに風運は急を告げるの心的状況のもとでヘーゲルは憧れのイエナへ赴いたのであるから、その前年の一八〇〇年当時には、やがて刊行されるはずの書名とか論文の表題などを含め、それ相当の未定稿で埋まっていてよいはずなのである。が、われわれの現実に眼にする「ヘーゲル年譜」中の一八〇〇年の欄は、それらしい痕跡を何一つとどめていない。それは一体何故か。

いま定評を得ている『ヘーゲル伝』の著者K・ローゼンクランツは、ケーニヒスベルク大学の正教授でカント学者としても知られるが、若き日に晩年のヘーゲルの講義に出席したほか、直接にヘーゲルその人と親しく面談するなど、同じ時代を生きたという幸せに加えて、さらに各地のヘーゲル哲学の信奉者たちとの交流をも重ねて、よき意味でのヘーゲル哲学の真髄を身上とした学者だった。このような意味でローゼンクランツは、伝記作者として実にふさわしい人物と認められ、ヘーゲルの没後十年にして、ヘーゲル家の遺族から哲学者の遺稿や同家の文書類の一切を託されるという願ってもない厚意も加わって、この畢生の大業を完成しえた。かくして、当『ヘーゲル伝』は、「故人の友人の協力による完全版」と謳われた最初の「ヘーゲル全集」の補遺として、一八四四年に刊行されたのである。いま、ローゼンクランツのこの書が、われわれに何がしかの光明をもたらしてくれるように思われる。「ヘーゲル年譜」中の一八〇〇年の空白につき疑問を投げかけたわれわれとしては、何はさておき『ヘーゲル伝』の著者の語るところに耳を傾けよう。

「ヘーゲルは〔最初の著作により自分の学問的立場をあらかじめ表明した以上、いまやそれに則って〕まずは自分の目的のために教授資格取得〔のための〕論文を作成することが彼の責務となった。このためのテーマは、惑星相互間の距離の法則性に関する研究と言われるもので、彼はこの研究をもう長らく携えていた。力学および天文学に関するカントの著作からの抜粋とか、またケプラーやニュートンなどからの抄録といったものが、すでにずっと以前から彼の手もとにある。彼はこの論文を最初ドイツ語で書いた。次いで彼はそれをラテン語でもっと簡潔に要約した。これらの手稿やその一部分である計算の下書きがいまも残されている(12)」。

右の引用文の冒頭につき、一、二のことを付記しておきたい。繰り返しになるが、まだ無名であったヘーゲルは、一八〇一年、当時の哲学界の中心地イエナにおいて思想活動をするのに、自分の哲学的立場の特徴を表明する必要があることを事前に予想していた。最初の哲学書の対象については、旧友シェリングとの友誼的関係を表明するのが何よりも得策だと見きわめていたヘーゲルにしてみれば、現にある『差異』論文以外には考えられ得なかったであろう。同時代の哲学的状況を熟知するローゼンクランツにしてからが、この選択をよしとして評価しているほどである。しかも、カントの弟子として周知のラインホルトこそ、フィヒテをイエナの哲学界へと導き入れたとの世評を有するが、新進の著者は、その評判のラインホルトを水先案内に仕立てて、フィヒテの体系とシェリングの体系との「差異」につき自説を表明することにより、首尾よくラインホルトも、フィヒテをもふり向かせたのである。だが、哲学者として立とうとするヘーゲルにとってさらに難関と言えるのは、むしろ「教授資格論文」の方ではなかったか。

ローゼンクランツによれば、ヘーゲルはもう長い期間にわたって、太陽から各惑星までの距離〔あるいは間隔〕に妥当する比例の法則性を求めての研究を重ねていたという。それは、ギムナジウム時代のあの「ケプラー崇拝」とか、テュービンゲン時代におけるヘルダーリンの頌詩「ケプラー」、そしてフランクフルトでのその旧友との再会と共通のテーマをめぐっての学的対話(13)などから、ヘーゲル当人が触発されたことによると言ってよいであろう。当人にとって当面の論文のテーマである太陽から各惑星までの距離の問題については、すでにカントがその著『天体の一般的自然史』(一七五五年)において論究していた。それゆえ、ローゼンクランツが指摘しているとおり、ヘーゲルは自己の重い課題を成就するために、カントの天文書からの抜粋をはじめ、ケプラーやニュートンなど各種の参考文献からの覚え書を作成していたのであり、就中、ペテルスブルクの天文学者シューベルトの著作『天文学』からの抜粋は、目下重要な手控えとして彼の手許に保存されていたはずである。

ところで、『宇宙の神秘』（一五九六年）の著者、つまり若きケプラーの着想によれば、宇宙は、ある種の均斉のとれた図形（三角形、四角形、五角形など）を重ね合わせて、言わばそのような図形を見えない骨組として構築されているもの、と想定される。[14] この妄想とも言える着想が、実は後年ケプラーの三法則を導く機縁をなすとはいえ、目下『宇宙の神秘』のもとでは、若き著者の当面の着想に基づき、読者は「天文学的な軌道の決定と幾何学的考察」を拝聴させられることになる。それにしても、われわれのヘーゲルがフランクフルト時代最終の一八〇〇年当時、数学者ローレンツに従って『ユークリッド幾何学』の独訳書を精読研究のうえ手控えを作成していたのを見ると、彼がケプラーの書を読むために、どれほどの熱意と努力を傾注していたかが分かる。

以上のようなわけで、先にわれわれが指摘した「ヘーゲル年譜」の一八〇〇年の欄に付記された「幾何学研究の断片」に対して、いまや（この時点で教授資格論文に充てることを決意したと推定される）当「惑星軌道論」作成のためにヘーゲルが下準備とした前記の各種文書を並記してみれば、それぞれの存在理由とその意味が確《しか》と了解されるであろう。

かくして、ヘーゲルは一八〇一年一月、旧友シェリングの勧めに従って、フランクフルトからイエナに赴いた。スイスのベルン以来七年に及ぶ家庭教師という中間職から解放されて、かのロマン派の牙城イエナの地に向かうヘーゲルの引越し荷物のなかに、われわれとしては、直ちに公刊されるはずの原稿の二束が確認されるだけでよいのである。[15] この二篇は表裏一体をなし、実にヘーゲルにとって最初の哲学的著作であって、しかも後年のヘーゲル哲学体系の基礎を実質的に確立したものとして注目されるべきものである。(なお余談ながら、『差異』論文に対して、ヘーゲル没後十年の一八四一年に逸早く注目したのは、若きヘーゲル学徒マルクスであった。ときに二十三歳のこの青年は、自己の私淑言を表現するのに、まず最初の哲学論文を先哲の『差異』論文にあやかって、『デモクリトスとエピクロスとの自然哲学の差異』(Differenz) と題すると共に、しかもこれを学位請求論文に仕立てて、場所も同じイエナ大学に提出することにより、学界に第一歩を踏み出したのである。[16])

一　『差異』論文[17]の解釈

一八〇〇年という年は、哲学史上とくに際立った境界を意味しない。が、早熟の天才の名にふさわしいシェリングは、この年弱冠二十五歳にして、フィヒテの影響下にありながら、初期思想の頂点をなす『超越論的観念論の体系』の公刊により、イエナ界隈の思想界にあっては一躍時代の寵児に見立てられていたに違いない。この翌年にヘーゲルは、イエナの斯学界に参学したのであり、ときに三十一歳、未だ無名の一学徒でしかなかった。彼にとって初めての公刊論文、いわゆる『差異』論文の標題には、「十九世紀の初頭における哲学の状況を概観するにあたってのラインホルトの『寄与』（第一分冊）に関して」との附言（副題）を伴っている。[18]イエナに来た当初に、彼は偶然ラインホルトのこの「小冊子[19]」を手にしたわけだが、この偶然のめぐり合わせが、彼に『差異』論文を書かせる直接の動機となったのであり、また彼の方向をも定めたと言えるから、こうした偶然的邂逅というのは、いつの場合も何とも因縁めいたものを感じさせる。ただし、ヘーゲルにとってラインホルトの所論は、わが思いを展開するのによき拠りどころたる奇縁なのではなく、むしろ反対に、この言わば世間的通説を否定することによって、わが所論を学界に提示し、できうれば新進の学徒として一歩踏み出すための、千載一遇の奇縁と言えるのである。

ラインホルトの哲学的遍歴[20]は、まず若き日の『カント哲学に関する書簡』（一七八六―八七年）の公表をもって始まる。これが多数の読者の注意をひいたばかりか、カントそのひとからも称讃を得るほどの評判をとり、当代切ってのカント学者としての名声により彼は、イエナ大学に招かれるという幸運に浴した。十年に満たぬ彼のイエナ時代にあって、当の大学をカント研究の拠点に仕立て上げたばかりか、フィヒテをして「知識学」（Wissenschaftslehre）へと向かわせ、ひいてはイエナ大学への道をも準備したことは、彼の功績として称えられてよい。さらにラインホルトが(『寄与』のなかで)自ら語るところによると、彼はフィヒテ哲学に心酔したあと、ヤコービ哲学に接近し、さらにそれを経てバルディリの論理学に従うといった経緯をたどる。かくのごとく世紀末から十九世紀初頭にかけて、その哲学的世界を歩むラインホルトの遍歴に接して、しかもこれほどの慧眼ぶりをもって何故フィヒテとシェリングの哲学体系の「差異」(Differenz)を理解しえなかったか、とヘーゲルは怪しむのである。かくして、本論考においてヘーゲルは、斯界でも一般的に見落とされた両体系の差異を、自らその傘下に立つシェリングの視点によって指摘すると共に、なお慎重なやり方で自己自身の哲学的立場を、これに併記して披露してもいる。われわれとしては、絶えずこの点を見落とさぬよう注意しておきたい。

さて、本論考は、「一八〇一年七月　イエナ」という日付の序文をもつが、副題に記すラインホルトの「一八〇一年の」『寄与』を手引きにしたとしても、この時期にあってカント以後の哲学界の動向は不透明で、同時代人として斯界に立つヘーゲルにとっても見通しがつきかねたに違いない。このような状況のなかにありながら、ヘーゲルはこの序文のなかで、カント哲学の特徴に言及し、カテゴリーの演繹の原理において、この哲学は真の観念論であり、しかもこの原理こそ、フィヒテが純粋で厳密な形式において採り出したものであり、カント哲学の真髄と呼んだものだ、と断言している。序文にみるこの発言に続く文脈は、さすがヘーゲルの卓見であり、いかに旧友シェリングの庇護を予想しても、十字街頭に立って見透かす彼の眼識は、一家言をもつ哲学者の誕生にふさわしく本論考を終始つらぬいている。なお、この充実した内容をもつ序文は、本文の原稿がすべて書きあげられて後に執筆されたに違いないと推考される。それというのも、本文の主要な内容の一つ（例えば、シェリングの体系はフィヒテの体系からは区別されるべきものであり、しかもシェリングの体系は自然哲学において、「主観的な主観‐客観」（フィヒテ）に対して「客観的な主観‐客観」を対立させ、さらにこの両者を単なる主観的位相より高次のものにおいて合一されているものとして提示しているとの面が、〔ラインホルトの書では〕見落とされている、との一件）が、序文でも先取りされて論述されているからである。

『差異』論文の構成

格調高い序文をもって始まる本論考は、目次によって概観すると、次のとおりである。

A　当世の哲学活動に見られる種々の形式

B　フィヒテの体系の叙述

C　シェリングとフィヒテとの哲学原理の比較

D〔ラインホルトの見解とその哲学について〕

なおD章は、原書には一行分の余白のみで何ら見出しがない。ただ冒頭で著者自身が、まず「フィヒテ哲学とシェリング哲学に関するラインホルトの見解」について述べ、次いで「ラインホルト自身の哲学」についても述べることが順序であろう、と弁明しているから、この意を酌んで、ズールカンプ版では［Über Reinholds Ansicht und Philosophie］と端的に表記したのであろう。本書では、これらを考慮した上で、右のとおり見出しはズールカンプ版に従った。が、ここは実質上「ラインホルト批判」との見出しになっていても一向に差し支えない内容で、新進学徒ヘーゲルの率直な見識も披露された一節であることには間違いないのである。

フィヒテの体系の叙述

ところで、前掲の目次のうち、本論考の主題を考慮すれば、さしあたって「フィヒテの体系の叙述」が、われわれにとって当面の課題となる。この章の冒頭において、ヘーゲルはこう述べている。――「フィヒテの体系の基礎は、知的直観であり、また思惟自身の純粋自己思惟にして、かつまた〈自我＝自我、自我在り〉、という純粋自己意識である。絶対者は主観‐客観であり、そして自我はこの主観と客観との同一性である」[21]。

右の箇所のヘーゲルの叙述は、主としてフィヒテの『知識学の基礎』（一七九四年）およびその補遺にあたる「第二序論」に基づいている。ところで、根源的同一性というのは、自我＝自我、A＝Aの形式によって表わされるが、この場合、主語の自我と、客語の自我との両者の関係を措定する働きを予想せざるをえないのであり、この関係は、『知識学の基礎』において、次の根本命題として表現されることになる。

⑴第一の根本命題は、「自我の絶対的自己自身の措定〔作用〕」（absolutes Sich-selbst-Setzen-des Ich）である。これすなわち、無限の措定〔作用〕としての自我である。

⑵第二の根本命題は、自我の絶対的な反対措定の働きであり、すなわち無限な「非我」（das Nicht-Ich）の措定である。

⑶第三の根本命題は、自我と非我との「絶対的な分割」（absolutes Teilen）、無限の領域を可分的自我と可分的非我とに配分する働きを通しての前記二つの原則〔根本命題〕の絶対的結合である。

この三つの絶対的原則、つまり根本命題についてのヘーゲルの注釈によれば、それらの命題は、それぞれ自我の三つの絶対的な活動を提示しているということ、そして絶対的な活動が、このように複数あること〔多様性〕から直ちに推論されるのは、これらの活動と根本命題がただ相対的なものにすぎないということであり、しかもそれらが意識の全体性の構成にかかわる限り、単に「観念的な構成要因」（die ideele Faktoren）でしかないということになる。それゆえ、この第三の原則（第三根本命題）においては、実際には客観的自我は主観的自我と同等ではない（主観的自我に対して、同等に措定されていない）、とヘーゲルは言うのである。

この第三の根本命題たる「綜合」の規定について、なお言い換えると、主観的自我はまさしく自我であるが、客観的自我の方は、「自我＋非我」（Ich + Nicht-Ich）なのである。この「自我＝自我」に対して、「非我」（ein Nicht-Ich）は、あくまで絶対に対立したものである。だが、この両者を結合することが必要なのであり、これこそ「思弁の唯一の関心事」（das einzige Interesse der Spekulation）であると言われる所以でもある。が、それにしても、（自我と非我との）絶対的に対立し合っているものを前提して、果たしていかなる結合が可能であろうか。ただ理論的能力（としての自我）によっては、この絶対的対立を克服することはできないのである。この場合フィヒテに即して言えば、ただ実践的能力によってのみ、当面の「対立の止揚」は実現されることになろう。要するに、理論的能力によっては、自我は自己にとって客観的になることはない。あくまで自我＝自我を貫徹し得ないために、客観が自我に対して「自我＋非我」として生じて来る。すなわち、純粋意識は経験的意識と同等でないことが証明されることになる。(22) このような点から、フィヒテにおける客観的世界の超越論的演繹の特徴が明らかとなる。「自我＝自我」は思弁の原理、すなわち主観的な哲学的反省の原理であるが、この哲学的反省は、しかし経験的意識に対立している。それゆえ、この「自我＝自我」を哲学の原理として一般に妥当せしめるためには、それが経験的意識との対立を是非とも止揚しなければならないのである。

この際、経験的意識の多様性が純粋意識の多様な活動により産出されるとすれば、「自我＝自我」は「相互に並存する客観全体」（Totalität des Auseinander der Objektivität）の内在的実在根拠となるであろう。だが、それにしても経験的意識のうちには、対立するもの、x（ein x）が存在する。純粋意識は自己自身を措定する作用であるがゆえに、このxを自ら産出することはできないはずであり、ただそれを前提せざるを得ないのである。自己自身を自我として措定するこの理論的能力は、自我であると言っても、非我によって規定されたものである以上、そもそも純粋な内在的領域とは言えない。この内在的領域の内部においてさえ、自我の一切の産出は、同時に自我によって規定されたものではないのである。それゆえ、純粋意識は、それが経験的意識の多様性を自分から産出する限りにおいて、欠如あるものという性格をともなって現われる。かくして、純粋意識のもつこの根源的な欠如性が、客観的世界一般の演繹の可能性を担っている限り、純粋意識の主観的側面は、この演繹において最も明瞭に現われることになる。それにしても、自我が客観的世界を措定するのは、自我が自己自身を措定し、その限りで自己を欠如せるものとして認識するからである。が、このことによって純粋意識の絶対性は失われることになる。かくして、客観的世界は自己意識（すなわち、非我に対する反定立として現われる自我の意識）に対して、それの「制約ないし条件」（Bedingung）であるという関係を得ることになる。このような具合にして、純粋意識と経験的意識とは、相互に制約し合うのである。かくして、純粋意識が経験的意識へと進展するのは、フィヒテ流に言えば、純粋意識が完全な意識でないことによるのである。

さて、哲学的反省は、自我の絶対的自由の活動である。自己定立（つまり、自己自身を措定する働き）、すなわち主観と客観の同一性は、本来の意味での自我の自由の活動である。「自然」とも呼ばれる客観的世界が、自我の自由の活動として演繹される限り、その自由の絶対的反定立（非我）は、自我の自己自身による「自己制限」（Selbstbeschränken）として現われて来る。自我のこの制限は、もちろん自我の内在的なものである。というのも、自我が己れ自らを制限する当の主体だからであり、そして客観は単にこの自己の自己制限を説明するためにのみ措定されるにすぎないからである。これに対して、「知性としての自我の自己制限」（das sich selbst Beschränken der Intelligenz）のみが、唯一実在的なものなのである。かくして、いまや経験的意識によって主観と客観との間に措定された絶対的対立は、知性のこのやり方によって止揚されはする。だが、また別のかたちで、このような対立が知性自身のなかに持ち込まれることになる。そこで、こうした諸対立や制限という障碍を克服することこそ、当面の哲学的要求の関心事であろう。

自然法と倫理学

さてわれわれは、次にフィヒテの「人間の共同体に関する二つの体系」(die beide Systemen der Gemeinschaft der Menschen) につき、まず『自然法の基礎』(一七九六年) をとりあげ、続いて『倫理学の体系』(一七九八年) を拠りどころにして、ヘーゲルのフィヒテ解釈の要旨を示しておきたい。

ここでフィヒテのいう「人間の共同体」とは、理性的存在者の共同体のことで、それは自由の必然的制限によって制約されたものをいう。この場合の自由は、自己を制限するという法則を己れ自らの法則としているのである。この際の制限という概念が自由の王国を構成している。自然に対して、自由は理性的存在者の理性的であることの特徴を示す。すなわち、自由は自体的に一切の制限を止揚するものとして、フィヒテの体系では最高位のものである、とヘーゲルは言う。ただし、ひとたび理性的存在者が他者としての理性的存在者と共存する共同体においては、すべての理性的存在者の自由が保障されるために、当の自由は放棄されねばならない。かくして、共同体の概念がまたもや理性的存在者の自由の制限となる。すなわち、自由は自由たらんがために、自己自身を止揚しなければならないのである。だが、それにもかかわらず、理性的存在者としての人間は、個々人において理性的であり、自由であるべき存在であるに違いない。それゆえ、「個々の人格が他の人格と結ばれた共同体は、本質的には個人の真の自由の制限と見なされるべきではなく、むしろ個人の自由の拡張として見なされなければならない」とヘーゲルは付言する。「最高の共同体は、また最高の自由でもある」からである。だが、もし仮に理性的存在者のこの共同体が本質的に理性的存在者の真の自由を制限するものであったとしたら、当の共同体はまったく完全に「最高の専制」（die höchste Tyrannei）と呼ばれるものとなるであろう。この条件文付きの一行は、推察するに、自由と平等を目指した「フランス革命」からの教訓のごときを反映しているようでもあり、同時代の証人フィヒテ、シェリングおよびヘーゲルの共通の想念でもあったに違いない。

しかるに、いま当面の問題としてフィヒテの『自然法』の体系を検するに、この書においては、「共通の意志による〔個人的自由の〕制限」（die Beschränkung durch den gemeinsamen Willen）が、いまや「法」にまで高められ、悟性によって概念として固定されている。そのことによって、真の自由は否認される結果にならざるを得ない。――このように理性的存在者の自由の窮状が、フィヒテにおいて自然法として主張されているのである。しかしだからと言って、フィヒテにおいては、われわれの終局の目標が、こうした理性的存在者の窮状を止揚し、この悟性的で非理性的な共同体の代わりに、概念のもとでの一切の隷従から解放されて自由な生あるものの組織関係を、理性によって構築することである、というようには主張されていない。むしろ、フィヒテの場合、このような理性的存在の危機状態が生存の全活動にわたって限りなく拡張されていることが、絶対的必然性であると自認されているのである。言い換えると、かく悟性の支配するこの共同体は、生存が悟性によって押し込められて陥った当の生命の危機、その結果として果てしなく続く規定と支配の状態を、美《うる》わしい共同体の真の無限性のうちに止揚すること、それこそ当の共同体自身が自己の最高の「法」とすべきなのに、フィヒテにおいては、そのようには思惟されていないのである。すなわち、諸々の法を習俗によって無用のものとし、満たされざる生活の放蕩を聖なる享受によって、また抑圧された力による犯罪を偉大な目的に向かう可能的な行為によって、それぞれ無用のものとすることこそ、自己の最高の「法」とすべきだというようには思惟されていないということである。むしろ、フィヒテにおいては反対に、概念の支配と自然の隷従とが絶対化され、しかも無限にまで拡張されている、とヘーゲルは言いたいのである。

なお、右の一節への結びとしてヘーゲルは、「正義は行なわれよ、たとえ世界が滅びるとも」(Fiat justia, pareat mundus) との格言を引用している。カントも『永遠平和のために』において、この格言を引き合いに出しているが、そこでは「正義は行なわれよ、たとえ世界の一切の悪が滅ぶとも」の意に解された。しかるにフィヒテの場合は、カントの解したようにでなく、ここに意味されている正義(法)は、世界を解放するそれではなく、むしろこれを荒廃せしめるものである以上、当の格言も次のごとき意になるだろう、とヘーゲルは付言するのである。

——正義（法）は行なわれよ、たとえそのために、あらゆる信頼、あらゆる快楽と愛、そして真の人倫的同一性のあらゆる力が根絶せしめられようとも、という意味での法なのである。

さて、われわれは、フィヒテの「人間の倫理的共同体の体系」[23]の考察に移ろう。フィヒテの「倫理学」（die Sittenlehre）においては、概念と自然とが「一にして同一」の人格のうちにおいて一緒に措定されねばならぬと言われる。国家においては、ただ「法」（das Recht）のみが絶対に支配すべしとされるが、道徳の領域においては、「義務」（die Pflicht）のみが力をもつべきであるとされるけれども、それは実を言うと、当の義務が個人の理性によって法則として承認される限りにおいてのことなのである。フィヒテによれば、自我が端的に為すべきものとして自我に啓示されるものが自我の義務だと言われる。この意味で、「知識学の諸原理」によるフィヒテの「倫理学」は、さしあたって「義務論」（Pflichtenlehre）を含むことになると言われるわけである。

なるほど人間が自己の主人であって同時に自己の奴隷であるという倫理学上の観念は、自然法の説く状態、つまり人間が疎遠な他者の奴隷であるとされるような状態よりは外見上はるかによしとすべきと思われる。しかし、自我の自由と自然の関係が、倫理・道徳の上で、主観的な「支配と隷従〔主・奴〕の関係[24]」となり、「自然を自ら抑圧するもの」（eine eigne Unterdrükung der Natur）となる場合には、この関係も自然法に見る関係より、はるかに不自然（反自然的）であると言えよう。自然法の関係においては、端的に言って命令者と権力者は、生きた個人の外に存する他者として現われるという関係にある。それにしても自然法の関係においては、生者は自己の外に権力者をもちながら、常に自らそれ自身において自由と自然との一体となった自立性を維持している。ところが、倫理学においては、命令する主体が人間のうちに移され、このために人間存在の内部において命令者と服従者とが絶対的に対立し合う関係になる。そうである以上、人間の内的調和は破壊されていることになる。いまや人間の本質をなすのは、それこそ克服するにしえない自己分裂に他ならない。人間はこうした自己分裂に直面して自ら統一を目指そうとするが、絶対的非同一性が根底にある以上、人間に残されているものとしては形式的な統一性にすぎないのである[25]。

ところで、「知識学」の諸原理を拠りどころにして、演繹された諸々の義務が絶対的なものであるならば、それらは対立し衝突することはありえない。だが、現実に様ざまな場面での義務がある以上、それらの間の対立が「衝突」（Kollision）をひき起こすこともありうる。実際、諸々の義務のあいだで衝突が起きるにもせよ、行為はなされねばならない以上、現実的には義務の絶対性が放棄され、ある義務が他の義務に優先されることにもならざるをえない。ともあれ、元来人間は、社会的な生活を営むものである限り、その立場にあって各種の身分をもつが、フィヒテは本章の結びとするにあたって、その身分固有の義務のうち、とくに美的芸術家の義務意識をとりあげ、道徳論の一例としている。(ただしヘーゲルは、この箇所をまとめながら、注目すべきことに、フィヒテが美についてすぐれた意見を提示しているとはいえ、果たして美を道徳法則の観念に適用するというやり方はいかがなものか、との疑念を表明している。)

フィヒテによれば、芸術家にみられる美的感覚は、悟性と心情《ヘルツ》の「結合帯」(Vereinigungsband)であると規定される。というのも、彼によると、芸術家というのは、学者のように悟性だけに依存せず、また民衆の説教師のように心情だけに訴えるのでもなく、むしろ自分の能力を集中して、「全心情」(das ganze Gemüt)に訴えるものだ、と見られるからである。このような理由によりフィヒテは、美的芸術家と美的教養に対して、理性目的の促進にとって最高の関係をもつものと認めるわけである。

かくして、フィヒテにおける美的自然観は、いまや道徳法則に対しても適用されることになる。フィヒテはこう述べている。——「道徳法則は、無条件に命令するもので、一切の自然的傾向を抑制する。道徳法則をそのように見る者は、道徳法則に対して奴隷として従う。しかし、道徳法則はやはり同時に自我自身であって、われわれ自身の本質の内なるものに由来するのである。それゆえ、われわれが道徳法則に従う場合、われわれは実はわれわれ自身に服従しているのである。道徳法則をこのように見る者は、それを美的に見ているのである」。されば、われわれがわれわれ自身に服従することは、われわれの自然的傾向がわれわれの道徳法則に服従

することなのである。自然の美的直観においては、道徳的な意味での「服従」という分裂状態は存在しないのである。(26)

以上が、ヘーゲルによる「フィヒテの体系の叙述」のあらましである。

シェリングとフィヒテの哲学原理について

次に、われわれはシェリングとフィヒテの哲学原理の比較について検討する。一八〇一年、イエナの哲学界に登場したヘーゲルにとって、再会した旧友・若きシェリングは、すでに五年以上にわたる輝かしい哲学歴を具えていた。それゆえ、この際『差異』論文の著者としては、論考の展望からして書中に、「シェリングの哲学原理の叙述」の一章を追加することもできたに違いない。が、著者はその見取り図を書かれざる章として胸中に秘め、いま見るとおり「二つの哲学原理の比較」の方を優先し、本書全体の仕上げを急いだものと推考される。それゆえ、われわれ読者にとって、本章がとりわけ難解であるとみられるのは、多分にかく省略されて説明不足という点にも起因しているのではあるまいか。そこで、いまかいつまんでヘーゲルにとっては言わずもがなとも思われている一八〇一年頃に至るまでの最初期シェリングの哲学思想の略説をとりまとめておきたい。

序文での記述を若干繰り返すことになるが、一七九四年の四月、フィヒテは主著『全知識学の基礎』の刊行（同年、夏学期）に先立ち、論文『知識学の概念について[27]』を公刊した。この小冊子こそ、実はシェリングが最初の哲学論文『哲学一般の形式の可能性について』（同年秋、テュービンゲン刊）を著わす機縁となったのである。このとき、シェリングは弱冠十九歳。翌一七九五年三月、シェリングは、『全知識学の基礎』の第一部に刺激を受け、第二作目の論文として『哲学の原理としての自我について』を刊行した。彼のこの試みによると、哲学の原理が自我でなければならないとされるわけは、措定するものと措定されるものとがそこで（自我において）一致すると見られるからである。「我＝我」（Ich = Ich）の命題において、形式と内容は相互に制約し合うことになる。とくに、フィヒテが賛辞を示した当『自我論』（Vom Ich）は、ディルタイ流に言うなら、「新しい汎神論のプログラム」を発展せしめた企てでもあった。というのも、「自我は自己自身を産出し、一切の実在を自己自身のうちに措定する」との命題は、すなわち自我こそ一切の存在、一切の実在を含むとの意であるゆえ、それこそ「全一者」、言うなれば「一即一切《ヘンカイパン》」（hen kai pān）との宣言に他ならないからである。

この際、余談ながらテュービンゲン大学神学院の卒業生で、後輩の若き学徒ヘーゲル、またヘルダーリンそしてシェリングなどに対し、先輩として篤き友情を示したニートハンマー（F. I. Niethammer, 1766–1848）のことを、一言書き添えておきたい。その横顔を披露すると、彼はその後イエナでも神学を学び、一七九二年にイエナ大学で教授資格を得、同大学の講師そして員外助教授を経て、一七九八年神学教授となり、一八〇三年ヴュルツブルク大学に招聘、さらに一八〇六年ミュンヘンの学務委員および高等宗教局評定官となって、実務畑でのその手腕が知られる。とくにイエナ以後、同郷のよしみもあってヘーゲルとは終生の交友関係を維持したのだが、いまはこれにはふれない。当面の問題として注目される点は、次の二点であろう。まず(1)イエナ当時、神学研究者にして、かつドイツ学者協会の『哲学雑誌』(Philosophisches Journal, 1795-98)の編集者を兼ねていたニートハンマーは、若きシェリングの先の力作『自我論』に感銘し、さっそく同誌に寄稿を依頼した。おりよくシェリングはこれに応えて、第三作目の論文として『独断論と批判論に関する哲学的書簡』を同誌(九五年)に寄せた。なお翌年にも続けて、シェリングは「自然法の新しい演繹」を同誌に寄稿した。フィヒテは自然法を(道徳論と共に)知識学の根本原理に従って論じているから、シェリングの論文は概して知識学の注解ではないか、と学界人には解されたかも知れない。が、これら一連の稀有の才気からなる業績の評判よろしきに接して、ニートハンマーはこの若き才人をイエナ大学に招くにあたって何か支援できないかと模索するが、やがて具体的な立案を得て、その翌年に私案が実現した。年譜によれば、一七九八年、フィヒテおよびニートハンマーの尽力により、イエナ大学哲学部の員外助教授となる、とあるのがそれである。時に、シェリングは二十三歳であった。

さて、もう一点(2)は、同じこの『哲学雑誌』[28]を舞台にして一七九九年、フィヒテを巻き添えにして起きた出来事、いわゆる無神論論争がそれで、それこそ「イエナ大学史」においても忘れえぬ事件であろう。事の起こりはこうである。ニートハンマーは、初め独りでこの学術雑誌の編集を担当していたが、後にフィヒテに対する信頼心から協力を要請し、了承を得た。これを機会に、フィヒテの弟子フォルベルクから論文「宗教概念の発展」の寄稿を得て、フィヒテはこの論説への緒論として、「神の世界支配に対するわれわれの信仰の根拠について」なる前置きを付して、一七九八年の同誌に掲載した。事はこの両者の論文に発するわけだが、本文をなすフォルベルクの論文は、確かに懐疑的無神論と見なされても仕方あるまい。これに対してフィヒテの「緒論」の主旨は、神と道徳的世界秩序とを概念的に同一視する点にある。すなわち、われわれの道徳行為は、神的支配へのわれわれの信仰と結ばれているのであり、道徳的秩序こそ神である以上、道徳的行為をする限りわれわれが「神への信仰」を放棄することはあり得ない、というのである。このような論旨に対して、何ゆえに無神論であると決めつけられようか。しかるに、雑誌が刊行された当時、実はフィヒテの身辺に下世話な企みがからんでいて、驚くなかれ「フィヒテおよびフォルベルクの無神論に関して父から子に送る手紙」という匿名の小冊子がザクセン地方に頒布され、告発・譴責にからむ事件に仕立てられることになった。これによってザクセン政府は、当該雑誌を発売禁止、論文を没収する措置をとり、かつ配下のワイマール政府に対して、当事者を然るべく厳重に処罰せよと命じた。事ここに至って、もはやイエナ大学の一教員たるの身分にすぎぬフィヒテは、当大学を統轄するワイマールの意向に服従する他ないと悟り、自ら認《したた》めた弁明書二通を残し、大学を辞職したのである。(29) 一つは、「ザクセン侯国の没収令によって譴責された無神論の告訴に対して公衆に告ぐ」（一七九九年一月）であり、他方はニートハンマーと共に大学当局に向けた文書で、「無神論の告訴に対する『哲学雑誌』編集者の法的な弁明書」（同年三月）がそれである。

ところで、右の事件の顚末をわれわれのヘーゲルは、フランクフルトにあって家庭教師の合間にか小耳に挟み、対岸の火災の如くに心に留めたかも知れない。また、世間の噂話ながら、イエナから偉大な人物が去り大学の受けた損失を問われて、ゲーテは「一星堕ち、一星上る」と言ったという。こんなこぼれ話をヘーゲルは耳にしただろうか。前の句の人物がフィヒテなら、後の句に該当する者は誰か、そんなことを夢想する浪人中の学徒は、当時何人もいたに違いないのである。

さて、われわれはもう一度、当面の主題に立ち帰ることにしよう。すでに指摘した『自我論』に続くシェリングの第三作目の力作『独断論と批判論に関する哲学的書簡』について一言述べておきたい。前述の『哲学雑誌』に発表されたこの論文を読んだフィヒテは、遅ればせながらシェリングにその感想を寄せた。(30) その手紙によると、独断論というのは実在論哲学、そして批判論の方は観念論哲学と読み替えられて、前者がスピノザの体系を指し、後者がカントの体系を指していることが知られる。シェリングの論文では、この両哲学はともに真理であることもでき、ともに両立しうるとされているようであるが、それは正しくない、とフィヒテは反論する。が、シェリングによれば、独断論も批判論も、ともに一元論の体系である点で本質的に同一なのであり、両哲学はともに唯一の同一的絶対者を目指す点で共通性をもつ。ところが、両哲学は同一のことを問題にしながら、結果において「差異」を生じることになる。というのも、独断論は絶対者を客観（非我）として求め、これに対して批判論はそれを主観（自我）において求めようとするからである。かくして、独断論は主観を客観のなかに廃棄するところから、実在論と呼ばれるのであり、また批判論の方は客観を主観のなかに融合せしめるところから、観念論と呼ばれることになる。以上のとおり、全十篇の書簡を通して、あらゆる角度から両体系のあいだの相違点と同一点が指摘されはしたが、翻ってこの両体系をもっと深い内奥の根底においてさぐれば、あるいは前代の哲学者の定言のとおり、その差異の融合をえて、「反対の一致」（coincidentia oppositōrum）の境地が可能となりはすまいか。確かにこの当時シェリングは、「フィヒテの相の下に」あると自他ともに認めているが、それでいてこの書簡体の作品は、その限界からの離脱を目指そうとする企てがシェリング自身の内的対話（独語《モノローグ》）を形成しているように読みとれるのである。すでに了解済みの命題、つまり自我と非我との対立が、より深い根底において（第三の根本原理を導入する場合のごとく）、融合・合一するかの

「絶対的同一性」の真意ないし正体は何だったのか。
以上を要するに、自我（主観）を原理とする批判論と、非我（客観）を原理とする独断論との全き無差別の同一性が、すなわち「主観‐客観」の同一性の学の体系として、はるかに求められているように想起されまいか。そうした視点から、当の『哲学的書簡』を再考してみると、それこそ一八〇一年以後に成立することになるシェリングのいわゆる「同一哲学体系」なるものの「原型《ウアビルト》」（Urbild）が、かすかに提示されていると解せられなくもないのである。[31]
なお序《ついで》ながら、右の初期シェリングの思想の立場につき、別の角度から論文形式にして、同『哲学雑誌』（一七九七年）に発表された力作「最近の哲学的文献の一般的概観」[32]についても注目しておきたい。この論文は、注に記すとおり、実際はフィヒテの「知識学」に対する注釈を念頭においている点で、総じてフィヒテの傘下にあると見なされる。周知のように、フィヒテ（の知識学）によれば、人間が自己の外的世界（非我・客観）のうちに見出されると信じてきたものは、実は端的に自己自身のうちに求められる、と換言される。が、それにしても、このフィヒテ的発想に触発されて、やがてシェリングの目指すロマン主義的自然観の理論化を成就したことはこれまた注目されてよい。
前述の主旨を換言して繰り返すと、自然を自我の本質から導出するということ、つまり自然の哲学的演繹の企ての謂《いい》であるが、シェリングはこれを主軸にして、同時代の自然科学的諸知識を結集することにより、自らの哲学的思索の成果として、『自然哲学考』（一七九七年）を仕上げた。哲学者の体系的理論からすれば、最初の『自我論』に対して本書は、当然帰結されるべき対極としての自然の論考に位置づけられよう。ただし、この際自然は、いまや大いなる秘術をもって、その一切の現象を相対立する二つの力の対抗として、つまり「牽引」（Atraktion）と「反撥」（Repulsion）という両力によって説明されることになる。またこの際、シェリングの独自の思弁的表現をもってすれば、「自然は眼に見える精神であり、一方精神は眼に見えない自然である」と見なされることにもなる。さらに翌年シェリングは、『世界霊魂について』（一七九八年）なる才気あふれる小論文を追加して発表した。その副題を示せば、「一般的有機体を説明するにあたっての高次の物理学の一つの仮説」とある。そこで自然は、いわば「世界霊魂」（Weltseele）として内在的原理をもち、そこに独自の生命が内在すると見なされている。事ここに到って、新進哲学者シェリングの思弁的自然哲学は、フィヒテの徹底した観念論の介入をもはや許さないほど整合的な論理構成を具えていることが窺われるのである。

以上のとおり、われわれは早熟の天才が弱冠十九歳でフィヒテの哲学に触発され処女作を発表して以来、目下二十三歳までの哲学活動のあらましを紹介した。この時点での若き哲学者の動向を、哲学史家H・グロックナーは次のように書いている。

「シェリングがイエナ大学で講義を始めたのは、一七九八年から九九年にかけての冬学期からである。一年後シェリングがフィヒテの後任として教授となったとき、シェリングのかちえた成功は、名声高かった前任者フィヒテのそれに比べても引けを取るものではなかった。思い惑うことなくシェリングは、公衆の面前に自分の諸研究を発表し続け、きょう書きあげられたシェリングの講義原稿が明日にはもう印刷にまわされていたことも時にはあったくらいである[33]」。

さて、シェリングはイエナ大学での最初の講義として二科目を担当することになり、一つは「自然哲学」であり、他の一つは「超越論的観念論」であった。前記の引用文の末尾でグロックナーがアイロニー気味に語っているとおり、講壇の教師は、実際当の講義原稿をもとにして、まず『自然哲学の体系の最初の草案』（一七九九年）、およびその『序論』（Einleitung）を刊行し、次いで他方の『超越論的観念論の体系』（一八〇〇年）をも刊行した。この時期の当の講壇哲学者の考えによれば、哲学には二つの側面があり得るとのこと、一つは「自然哲学」（Naturphilosophie）であり、他方は「超越論哲学」（Transzendental-philosophie）である。哲学が元来かく区別され得べきである以上、両哲学は相互に並存し得るのであり、かく考える立場を自己の立場とした当の哲学者は、この時点で、フィヒテの観念論としての「知識学」の立場を超え得たと確信したに違いないのである。

なおもう一歩立ち入って、超越論的観念論を論じたこの『体系』の叙述を示せば、こうである。——まず一切の知が主観(自我)=客観(自然)の一致に基づく以上、主観と客観とは相互に前提し合い要求し合う二つの側面(二極)に見立てられよう。この二極を統一するのに、二つの仕方が想定される。すなわち、客観の方が最初にとりあげられると、これに一致する主観はいかにして付加されることになるか、が問題となる。これすなわち、自然哲学の課題である。これに対して逆に、主観の方が最初に扱われると、これに一致する客観はいかにして主観から生ずることになるのか、が問題となる。これすなわち、超越論哲学の課題である。——かくも明晰に論じられるこの『体系』書は、序文によると一八〇〇年三月の日付をもつ。ヘーゲルはフランクフルト時代の最終年のある日、この書に接して旧友シェリングの立場がフィヒテのそれと決定的に「差異」を生じている点に確《しか》と気づいたに違いない。一方、問題の当事者フィヒテは、かの無神論論争の結果、いまやベルリンの地にあって、ヘーゲルとほぼ同じ時期に旧友から送られた同書を読み終え、その感想として、「超越論哲学と自然哲学とを対立させる貴君の考えには同意しかねる」と手紙に記している(34)。

なるほどグロックナーによれば、イエナ時代におけるシェリングの全ての仕事のうち、超越論哲学を論じたこの『体系』こそがまさに白眉とされる。が、この評価は、あくまでもシェリングの哲学的発展に即しての哲学史家の見識というものであろう。問題の書は、外見上は明らかに、フィヒテの「知識学」の方法によって企てられたシェリングの最後の著作に違いないが、しかしフィヒテの立場との「差異」がもはや誰の目にもかくも明白になった以上、シェリング自身としては、自ら弁明の書を認《したた》めざるを得ない事態にあることを自覚したのであろう。かくして翌年、『わが哲学体系の叙述』(35)(一八〇一年)を発表したのである。

以上は、『差異』論文の著者がイエナに来た一八〇一年の当時、当地の斯学界で一般に認知されていたであろうシェリング哲学についての情報のあらましである。このときわれわれとしては、いわゆる哲学的知識として周知の初期シェリング哲学が、いまやフィヒテの主観主義の立場を脱して、新境地として同一哲学体系の立場に到達しているのを見出す。この両哲学の差異を指摘してヘーゲルは、フィヒテの立場を「主観的な主観‐客観の学」、これに対してシェリングの立場を「客観的な主観‐客観の学」と呼び、自然哲学とみた。それにしてもこの当時、ヘーゲルがことにシェリングの自然哲学に見られるロマン主義的美的世界観に共感したことは、『差異』論文においてのみならず、他方の『惑星軌道論』にも反映していることが窺われる。これらの問題に関しては、ここでは詳説できない。

二 『惑星軌道論』の解釈——ヘーゲルの自然哲学への第一歩

教授資格取得論文をめぐって

一八〇一年一月、無名の学徒ヘーゲルは、当時のドイツ哲学界の中心地イエナに赴き、旧友シェリングの思想的傘下に立って著作活動を開始した。その際さしあたって、若きヘーゲルが自分の哲学的立場の特徴を表明しておく必要にせまられ、最初の哲学的著作として『フィヒテとシェリングとの哲学体系の差異』を刊行するにいたったことは、前述のとおりである。さらにひき続いて彼は、ただちに次の課題として、「教授資格取得論文」つまり就職論文を、その年の冬学期がはじまる前にイエナ大学哲学部に提出しなければならなかった。ところが、最初の『差異』論文の原稿の仕上げと出版に際して、この新進学徒は思いのほか多くの時間を必要としたとみえて、目下問題の就職論文を提出期限までに完成することは不可能となった。

一八〇一年八月十三日、ヘーゲルはともかく同大学哲学部に、ドクトル学位の承認を求めて申請書を提出した(36)。その後の重ねての青年ヘーゲルの懇願を忖度した学部当局は、この際、当の就職論文の提出を後回しにして、「討論」の方を先行させて実施してもよいとの異例の措置を彼に通達した。この勧告に従って、ヘーゲルはただちに「討論テーゼ」(Disputationsthesen)の準備にかかったのであったが、なおその間の事情についてもう少し立ち入って述べておきたい。

その当時、大学において講義する資格を得ようとする者は、承認ないしは「認定」(Nostorifikation)を得るための手続きと、そしていわゆる「就職論文」(Dissertation)を提出し、公開審査を受けるという順序を踏まえなければならなかった。ヘーゲルの場合、この「認定」に関してどうであったかと言えば、彼がかつてテュービンゲンにおいて授与されたマギステル学位を、イエナ大学の哲学部において認めてもらう必要があった。そのための手続きとしては、まずマギステルの学位記を当該学部に提出し、そして認定を受けるための手続き料を納入するというのが慣例であったが、それらのことはヘーゲルにとっては造作もないことであった。だが、彼にとって困難はこの先にあったのである。すなわち、「論文」を提出し公開審査を受けなければならないという「教授資格取得」(Habilitation)の制度が、彼の前に横たわっていた。ともかく学問的柱となる当の就職論文の価値審査が最優先されることはもとより言うまでもないことであったが、なおそれにおとらず不可欠の課題として、講義資格を取得しようとする者にとっては、右の論文の提出に付随して公開の席上での「討論」(Disputation)が義務づけられていた。それというのも、当の志願者が学者として、また同時に大学での講義担当者としての適性を具えているか否かを審査しようとするのが、この制度の趣旨だったからである。

このようなわけでヘーゲルは、所定の手続きに従って上記の「認定」の申請書を提出したのであった。彼は、ともかくもこの年の冬学期から大学で講義をはじめたいと願望していた。哲学部のメンバーの間では、この認定に対して異論はなかった。長老の教授をも含めてすべての教授たちは、イエナ大学のドクトル学位の名簿にヘーゲルの名前を記載することに対して異議を唱えなかった。それにしても、ローゼンクランツも指摘しているように、当時のイエナ大学の講義目録は、哲学で溢《あふ》れんばかりの盛況ぶりであって、それは恰《あたか》も独断的なヴォルフ哲学からロマン主義の色彩を帯びた自然哲学までも備えており、実に多種多様の哲学的な立場の見本帳のごとき観を呈していたのである。(37)

こうした哲学の教授陣のうちには、例えばウルリッヒ（A. H. Ulrich, 1746–1813）という教授がいて、ヘーゲルの最初の哲学的論文（『差異』論文）の校閲にあたってくれたこともあって、この無名の著者のことをとかくよく言って弁護してくれる者もありはした。またこれは学部長の案であったが、ヘーゲル自身の希望するように、この冬学期は試験的に講義をもたせて、春に論文の公開審査を受けさせるという条件つきで、いま仮の教授許可証を交付してはどうかという意見もあった。このようにあれこれの経緯はあったが、詮ずるところ学部当局としては、志願者にはあくまで論文を提出させるべきであるという形式の厳守に固執した。その形式に従えば、ヘーゲルは学部の審査員たちに論文を配布して審査を受けるために、急ぎこれを印刷に付さねばならなかった。冬学期の講義の要綱は、九月のはじめに印刷されることになっていた。この期限に間に合わすためには、どうしても八月中にすべての手順を完了していなければならない。だが、目下のヘーゲルにはそれは不可能であった。

同八月十五日、ヘーゲルはついに意を決して新たに請願書を提出した。そのなかで彼は、講義する資格が付記されていない認定など自分にはまるで必要ではないので、一カ月間の猶予を与え、その間に論文を提出するという条件で何とか講義を許可してくれるようにと学部に要請したのであった。学部当局と志願者との間でかなりの押し問答が交わされたに違いないが、ともあれこうした経緯をへた後、ついに当局は志願者に次のように勧告した。――すなわち、とりあえず形式的に論文のタイトルを届け出ること、そしてさしあたりテーゼを提出して、「討論」の席上で志願者は、このテーゼをめぐって反論と弁明をおこない、論文はその後で提出してもよい、というものであった。大学当局の下したこの措置は、他に前例をみないやり方というのではなかったようで、例えばわずかこの半年前にフリードリヒ・シュレーゲルも、これと同様のやり方で講義資格を取得したということである。

八月二十日、ヘーゲルは委細承知して認定を受けるための手続き料を納入し、イエナ大学における他のドクトル学位取得者と同様に、哲学部の成績簿に名前を記載してもらうことによって、ここに正式に「認定」を受けることになったわけである。

そして一週間後の八月二十七日、ヘーゲルはちょうど彼自身の三十一歳の誕生日にあたるこの日に、おって提出されるはずの「論文」の内容について公開審査を受けることになった。そこで当局は、緊急に論文の試問担当者の手配をしようとしたが、困ったことに、ちょうど休暇の時期にさしかかっていて、市中には目ぼしい講師がみつからなかった。いよいよ最後の土壇場になって、学部長の計らいにより、学部の認可を取り付けたうえで、学生を論文の試問担当者の資格で任用してもよいという便法がとられた。

以上のような諸事情のもとにあって、実際ヘーゲルはいよいよ慎重に思慮を重ねたあげく、『惑星の軌道に関する哲学的論文に先立って報告される〔暫定的〕テーゼ』と題する小冊子を、右の討論日に先立って哲学部に提出したのである。それは少部数ながら印刷され、ここに与えられている暫定的テーゼは、十二条から構成されていて、全文ラテン語で書かれている。すなわち、それはわずか五頁ばかりの小冊子、いわゆる仮綴本に仕立てられて、規定どおり学部へ提出され、そして論文審査にあたる各委員の手もとに配布されたのであった。

いま、ここに与えられているこれらの暫定的テーゼを読むと、その表現は一見逆説的なスタイルではあるが、きわめて簡潔にして明瞭である。またこれらのテーゼの配列は、一見したところでは雑然としているようでありながら、個別的に検討してみると、これらはいずれも内容的には広範囲な問題を含んでいることが窺われる。さらにこれらをよく読み較べてみると、実に論理学ないしは認識論・自然哲学・倫理学などといった広汎なる諸問題にわたっていることが認められる。なお概して言えることは、これらのテーゼにおいて扱われているテーマが、目下就職論文の主題になるはずの「惑星の軌道に関する問題」に限定されないで、それよりはむしろ、今後の講義課程を予想したうえでの一般的な哲学上の原理に関する諸問題に向けられているということである。なおまた、何と言ってもここイエナにおけるヘーゲルの哲学形成を展望するうえで、これらのテーゼを積極的に評価するところのローゼンクランツ、ヘーリングあるいはグロックナーなどの諸家の意見によれば、ここにはすでに将来の壮大な弁証法的体系構想の輪郭が認められるという。[38]

ともあれ結局は、すでに指摘したとおりに事態は進展し、実にヘーゲルは、彼の三十一歳の誕生日にあたる八月二十七日、右のとおりすでに提出済の論題をめぐって「討論」の席上、反論と弁明をおこなったわけである。それゆえ、ヘーゲルにとってまさにこの日は、学問上の誕生日であり、彼の出発点ともなったのである。因に、この公開審査つまり公開の「討論」にあたる委員のメンバーは、慣例により反論者と擁護者から構成されていて、その委員の顔ぶれは次のとおりであった。まず反論者の側には、シェリングとニートハンマーの両教授、そして学生シュヴァルゾットの三名、これに対して教授資格取得の志願者が自らの提出したテーゼを弁明するさいに、これを支持する擁護者ないしは補佐役としては、哲学者シェリングの実弟にあたる学生で、当時イエナ大学に在学中であったカール・シェリングが選定され、[39]各々その任にあたった。こうして志願者ヘーゲルは、「反論者」（Opponent）の質問・反論に対して、自説の支持者にして補佐役でもある「弁明者」（Respondent）とともに、もっぱらテーゼの弁明につとめたという次第である。

それにしても、「討論テーゼ」の小冊子が、いまわれわれに情報を提供してくれるのは、せいぜい右に述べた程度にしかすぎない。はたしてあの論題をめぐってどのような討論が交わされたのであろうか。一体ヘーゲル自身の弁明はどのようであったのか。——小冊子の頁の余白は沈黙し、委細は杳として知るべくもない。しかしながら、多分この当日、テーゼの弁明は首尾よくおこなわれたものとみえ、先に学部当局が示してくれた異例の措置の日から一カ月半を経過した十月十八日になって、ついに印刷に付された問題の就職論文『惑星軌道論』が提出された。当の論文の提出と、なおその翌日の付けたり講義実習とをもって、いまやヘーゲルは、大学教師として講義する資格に必要なすべての条件を満たしたのである。[40]

就職論文の主題

さて就職論文『惑星の軌道に関する哲学的論文』は、目次もなければ序や章節による区切りもなく、本文はみられるとおり、いきなり次のような書き出しの言葉をもってはじまる。

「天体を除いて、自然が創り出す地上のいかなる物体も、自然の第一の力、すなわち重力の点からみれば、十分に自立的とは言えない。これらの物体はいずれも、たとえこれらがどれほど完全にそれ自身の仕方で宇宙像を表現していても、全体の圧力によって消滅することになる。

これに対して天体は、土塊に束縛されることなく、その重心を自らのうちに十分に担っているから、神々のように透明なエーテルのなかをゆったりと移動する。だから太陽系と呼ばれることの有機体〔生命体〕以上に、理性の崇高で純粋な表現はないし、また哲学的考察にふさわしいものは他に存しないのである」。

この記述のあと、すぐ続けてキケロのソクラテス礼讃に対するヘーゲルの批評が述べられている。それによると、確かにソクラテスは自然哲学から人間の哲学へと眼を転じ、もっぱら人間の日常生活に即して哲学することに専念したとされるが、このような哲学的態度は称讃に価するものではなく、むしろわれわれにとっては逆に、自然哲学から引き下げられた哲学を再び自然哲学へと向上させ、自然探究の方向を目指しての哲学的努力が傾注されるのでなければ、哲学的思惟は人間生活にとって無用のものになりはすまいか、というのである。ここに示されたヘーゲルのこの見解は、まず第一には、まさしく自然哲学に関する論文を大学の講壇哲学につきつけたこの時点での彼自身の立場の表明であると解されよう。だが同時に、自然の問題は、ヘーゲルにとって、単にこの時点だけの仮初《かりそ》めの課題であったと見なされるべきではなく、むしろ生涯にわたって、彼の哲学的思惟のなかで常に本質的な役割を担っていたと解されるべきであろう。

次に、この論文において展開されるであろう全体の綱領が述べられているが、そのプログラムによると、本論はおよそ次の三項目に区別され、もっぱらその基礎的原理が提示されるといいうことである。

Ⅰ　物理学的天文学が一般に依拠している基礎概念の論究。

Ⅱ　真なる哲学によって確証済みの太陽系の機構、主として惑星の軌道に関する叙述。

Ⅲ　古代哲学に典拠を求めて、数学的な比例関係の基礎づけに関しても哲学が関与しうることの例証。

右の三項目について具体的に言えば、Ⅰは、ニュートンの『自然哲学の数学的諸原理』における力学的天文学の原理の批判的論究であって、本論の大部分がこれに充てられている。さらにⅡは、太陽系の基礎的原理の哲学的叙述であり、なお具体的には、ケプラーの天体運動の法則を概念的に演繹し、かつその意義を哲学的に基礎づけようとするヘーゲルのいわば野心的な試みとみられなくもない。そして最後のⅢは、本論の末尾に「補遺《スペレスト》」として付け加えられた付論として、ヘーゲルが惑星間の距離の問題に関して彼自らの自然哲学的見解を提示した箇所である。ところが、このわずか二頁ばかりの付論こそ、実はこの労作にとって不幸な、問題の箇所となった。というのも、この「補遺」が付加せられたばかりに、この労作は、実証的な自然研究の成果の前に思弁哲学の欠陥を暴露した当の実例として、後世、常に悪評の対象とされ、辛辣な扱いを受け、ついには不問に付せられることとなったからである。

だがそれにしても、一体どうしてヘーゲルは、十八世紀から十九世紀にかけてもっとも華々しい部門として開けてきたあの天体力学にかかわる厄介な問題を、こともあろうにこの地味な就職論文の主題に選択したのであろうか。察するに、単純ではあるが有力な動機としては、諸家の指摘にもみられるとおり、ヘーゲルが少年時代から天文学をはじめ数学や自然科学に強い興味をもっていたことが、まず第一に挙げられるかと思う。(41) またローゼンクランツの指摘するところによると、ヘーゲルはフランクフルト時代において、カントの力学および天文学に関する著作からの抜き書きとか、またケプラーやニュートンの著作などからの抜き書きといったものを作成しながら、天文学の哲学的諸問題に関する原稿を書きためていたということであり、それゆえおそらくこれらの素材のなかから彼は、将来の就職論文のための主題として、惑星相互間の距離の法則性に関する研究を思いついたものとみえ、それ以来長らくこの課題をもちまわっていたのである。(42)

なおまた、ヘーゲルがまだフランクフルトにいた一八〇〇年三月に、シェリングは『超越論的観念論の体系』を出版したのであったが、ヘーゲルは同地においてすでにこの書を研究していたことを、ローゼンクランツはあわせて報告している。そしてこのときの成果がヘーゲルの最初の『差異』の著作に反映していることは、前述のとおりだが、さらにシェリングのこの体系の書の末尾に論じられているケプラーとニュートンの力学の比較の箇所から何らかのヒントを得て、ヘーゲルはあの就職論文の主題を決定したのではあるまいかとの推測も、右の点から考えてあながち否定しえないであろう。確かにこの時期のヘーゲルにとって、シェリングからの啓発がすこぶる顕著であったことは否めない。だが、それ以外に、当時のドイツ哲学界の状況からみて、カントの自然哲学を継承・補訂することこそ、若き世代の哲学の徒に課せられた焦眉の問題であったという点も、ここで十分に考慮に入れてみなければなるまい。

ともあれ以上を要するに、いまやヘーゲルにとっては、もともと自然科学に対する彼自身の関心がなお依然として強いうえに、この時期における地道な研究成果に加え、さらにカントおよびシェリングの自然哲学の著作からの啓発にもよって、ここに天体力学の分野に関して思弁的形而上学的考察を試みんとする着想がいよいよ決定的となったのではあるまいか。——こうしていまわれわれのもとに与えられているこの論考は、思うに、なるほど各惑星の太陽からの平均距離の比を論じた結びの部分で、思わぬ大失態を演じはしたけれども、しかしながら概してケプラーの天体運動の法則を賞揚し、ニュートン物理学を批判することを主旨とするユニークな自然哲学の試みとして、いまも思想史的意義を失うものではないであろう。それゆえ、われわれはまずこの原典を、それに付着しているさまざまな誤解と偏見から解放することによって、与えられたものとして受け取りなおすことから始めなければならない。なおこの本論を正しく読むことによって、ここに覆われた真理を再び開示することこそ、当時の自然哲学の本質を解明するうえに意義があるばかりか、さらにヘーゲル弁証法の真の誕生の地とその論理の形成過程を究明するうえにおいても、意義があろうと思われる。

惑星間の距離の問題

次に、この論考の末尾に「補遺《スペレスト》」として付け加えられた付論の問題にふれておく。

概して、この論考全体をつらぬいているヘーゲルの根本思想はと言えば、真の哲学的立場として、「理性と自然の同一性」（identitas rationis et naturae）の原理を、惑星の軌道の法則に適用するということであった。この場合、まず第一に(1)惑星軌道の形式、そして次に(2)惑星軌道内における時間と空間の関係、さらに(3)軌道運行時間の、太陽からの距離に対する関係、これらの点に関して理性法則が惑星の軌道を支配しているということが示されるべきである。いま、K・フィッシャーの的確な注釈に依拠して要約すれば、上記の三点に関しては、惑星運動に関するケプラーのいわゆる三大法則によって完全に説明することができるということである。まず、(1)の項に関しては、惑星軌道における円形運動の公理を撤廃し、楕円軌道を提唱した第一法則によって、「各惑星の軌道は楕円形で、太陽はその楕円の焦点の一つに位置している」と説明される。次に(2)の項に関しては、惑星がその軌道上を運動する速度について規定した第二法則（いわゆる面積速度一定の法則）により、「太陽と惑星とを結ぶ線分〔動径〕によって描かれる面積が、一定の〔等しい〕時間に一定の〔等しい〕大きさとなる」といった関係にあることが説明される。さらに(3)の項に関しては、惑星が太陽のまわりの軌道を一周する周期と、惑星の太陽からの平均距離との関係を示した第三法則により、「各惑星の公転周期の自乗は、各惑星の太陽からの平均距離の三乗に比例する」と説明される。(43)

しかしながら、「理性と自然の同一性」の原理を惑星の軌道の法則に適用するというヘーゲルの根本思想の主旨からすれば、さらになお各惑星の太陽からの距離あるいはその間隔というもう一つの点に関して、その〔間隔の〕割合を表わす法則が見出されなければならない。このような理由からヘーゲルは、惑星相互間の距離の問題について余分な付論を末尾に添えたのであった。

そこで、まずはじめに問題となったのは、「ティティウス＝ボーデの法則」と呼ばれるものであって、これはいまいう惑星間の距離について立てられた法則として、当時の天文学界において支配的であった。つまり、ヘーゲルが青年時代にこの論文の執筆にあたっていた十九世紀の初頭の頃には、惑星系はまだ天王星までしか発見されていなかったので、この法則は、観測の結果に即してただ経験的に考案されたものでありながら、これらの各惑星の太陽からの距離（実測値）とよく合致したこともあって、天文学者たちによって支持され信頼されていたのである。ここにおいて、「太陽からの平均距離＝$3\times 2^{n-1}+4$」という一般式によって得られた各数列（4, 7, 10, 16, 28, 52, …）を実測値と比較し吟味してみて分かったことには、実に五番目の数に対応する惑星が存在しないではないか。この点からして、第四の惑星である火星と次の木星との間の広い空間に、未知の惑星が実在するに違いないとの推測がいよいよ真実らしくなってきて、この問題の新惑星を探索しようとの熱が当時の天文学界にいっそうたかまった。そしてドイツでは、この実在すべき新惑星を探索するための団体までも組織されたということである。

なお、K・フィッシャーも右にふれた注釈において指摘しているように、また周知のとおり、かつてカントもまた『天体の一般的自然史と〔天体の〕理論』（一七五五年）において、右の問題を考察したことがある。ただしカントは、火星と木星との間隔が他の各惑星間のそれに比して空きすぎていて釣り合いがとれないこの原因を、木星の発生機構から説明しようと試みたのであった。すなわち、カントの言うところの太陽系の生成の視点からすれば、この間隙に介在していた物質をかき集め吸収し尽くすことによって惑星のなかで最大の質量をもつ木星が生起したと考えられ、このためにこの箇所にだけ空きすぎて不釣り合いな空間が残存することになったのではないか、ということになるのである。

ところで、ヘーゲルが当時の天文学界において支配的であった「ティティウス＝ボーデの法則」を非哲学的として論駁した理由は、何よりもこれが単に経験的に立てられた仮説的法則だということであり、したがってその理論的根拠がまったく不明瞭であるという点にあった。そこでヘーゲルは、これに代わって自然の理性的秩序を十分に表現しているところの哲学的・理性的法則がいまや現実的法則として提示されることを要請したのであった。ヘーゲルによれば、理性的法則は、単なる算術的級数ではなくて、「累乗」(Potenz)に従って進展する数列を要求すべきものとされた。この観点からすれば、3の倍数によって幾何級数的に増える数列を主軸とした算術的級数(ティティウス゠ボーデの法則に用いられた数列)は、当然撤廃されねばならないことになろう。そこでヘーゲルがこの数列に代わって提唱したのは、プラトンの『ティマイオス』にみられる数列であった。というのも、上述のとおり、累乗に従って進むこのピュタゴラス゠プラトン的数列の方が、はるかに正しく自然の理性的秩序を表現しうるものと考えられたからである。この視点は、あきらかにヘーゲルが旧友シェリングの自然哲学における「勢位〔展相〕」(Potenz)の概念に依拠していることを示している。

ついでに言えば、ラテン語 potentia に由来する Potenz の語は、元来力の意であるが、累乗に従って進展してゆく力の概念と解されることにもなる。さらにシェリングにとってポテンツは、自然の量的差別としての各段階を支配している根源的な力と考えられた。いまシェリングのこの「展相説」Potenzenlehre に依拠したヘーゲルが、その数論的表現としての累乗の概念に注目したことも、さらにまた累乗規定を含んだ数列こそ自然の理性的秩序を正しく表現しうるはずだと考えたことも、けだし当然であったろう。

ヘーゲルが注目したところの『ティマイオス』におけるプラトンの数列とは、1, 2, 3, 2^2, 3^2, 2^3, 3^3, …すなわち1, 2, 3, 4, 9, 8, 27, …であるが、プラトンによれば、世界をつくる神デミウルゴスがこの数列の規則に従って世界を創造したとされる。(44) しかし、この数列をよくみると、9の次に8の項がきている。数列上のこの退行は、数の進行にとっては確かに都合がわるいので、ヘーゲルはこれを修正しようとした。8の項の代わりに、2^4すなわち16をおけば、正しい数列が得られる。

1, 2, 3, 4, 9, 16, 27, …

この数列において主要な点はと言えば、第四番目の4の項と第五番目の9の項であって、4は惑星の系列では火星に対応し、9は木星に対応するということである。そして、この両惑星の間隔の空きすぎは、いまや誰にも一目瞭然である。ヘーゲルは本文にみられるとおり、次のように推論した。

「もしこの級数が、真の自然秩序に近いものを示しているとすれば、第四〔火星〕と第五の惑星〔木星〕の間に大きな空間があることも、またそこにはいかなる惑星も求められまいということも明らかであろう」。

ヘーゲルは一八〇一年八月二十七日イエナにおいて、大学教授資格取得のための「討論」の席上、前記の推論にみられるような主張をもって、この就職論文の主旨を弁護したに違いない。そして、すでに述べたとおり彼は、印刷に付されたこの小冊子を同年十月十八日にイエナ大学へ提出したのであった。

ところが、同年一月一日にすでに、イタリアの天文学者ピアッツィによって、問題の空間に小惑星ケレスが発見されていたのである。このためヘーゲルの推論からすれば、存在しないはずであった惑星が突如出現するという好ましくない偶然によって、この若き自然哲学者の論考は思わぬ誤謬をはらむことになったのである（この点に関しては「就職論文」Ⅲ「補遺」訳注15参照）。

ティティウス＝ボーデの法則と小惑星の発見

最後に、前節において問題となった「ボーデの法則」（Bodesches Gesetz）について一、二の点を書き添えておく。この法則を最初に発見したのは、実はヴィッテンベルクの数学者ティティウス（J. D. Titius, 1729–96）であった。一七六六年に、彼はボンネの『自然に関する観察』[45]の独訳書を刊行したが、その際この書に付した注のなかで、彼は太陽と各惑星の平均距離の関係を表わす一つの法則を提示した。プロイセンの天文学者で、後にベルリン天文台長となったボーデ（J. E. Bode, 1747–1826）がこの法則に注目し、彼は一七七二年、著書『星空を知るための手引き』[46]のなかで、この法則を支持するとともに学界に広く紹介したのである。この

ボーデの法則

	(1)	(2)	(3)	(4)	(5)	(6)	(7)	(8)
惑　　星	水星	金星	地球	火星	ケレス	木星	土星	天王星
番号(n)	0	1	2	3	4	5	6	7
$3\times 2^{(n-1)}$	0	3	6	12	24	48	96	192
$3\times 2^{(n-1)}+4$	**4**	**7**	**10**	**16**	**28**	**52**	**100**	**196**
実　　測	3.9	7.2	10.0	15.2	27.7	52.0	95.4	191.9

ような事情によりこの法則は、「ティティウス＝ボーデの法則」ないし「ボーデの法則」と呼ばれることとなった[47]。

右の法則によれば、各惑星の太陽からの距離の比は、惑星のなかでもっとも内側にある水星までの距離を4とし、これに0, 3, 6, 12, 24, 48, 96, という3の倍数の等比級数を加えることによって得られるという。つまり、4, 7, 10, 16, 28, 52, 100, という数列が、各惑星の太陽からの距離の比を表わすということである。

太陽に近い順序に従って、水星を0、金星を1、地球を2というように、各惑星に順次番号を付す。そして、水星には0、金星には3、地球には6、と順次3の倍数を配する。一般にn番目の惑星であれば、2の($n-1$)乗を3倍した数を配することになる。こうして得られた数列にそれぞれ一律に4を加えると、4, 7, 10, 16, 28, …という数列を生ずる。これらの数列が、地球と太陽の間の平均距離を10とした場合の各惑星の太陽からの距離の比を表わすものである。式で表わすと、太陽からの平均距離＝$3\times 2^{n-1}+4$となり、その結果を実測と比較して示せば、右頁の表のようになる。

このボーデの法則では、もし火星の次に第五番目（番号４）の数に対応する惑星として木星が続くものとすれば、数列は実測の数値に合致しないが、火星から木星に移る場合に順番を一つだけとばすと、この法則に基づく数列と実測とが合致することが分かる。

問題は、この場合の火星と木星との間の飛躍である。火星から木星にいたるこの間隙は、空きすぎていて何とも不調和である。この空きすぎは、なぜなのか。それは実在的なものなのか。だが、もしそうでなければ、この間隙（火星と木星の間）に、いまだ発見されていない惑星が存在しているのではあるまいか。このようにボーデが推論したのも、もっともであった。こうして第五番目の惑星の存在可能なるや否やにまつわる疑問とともに、他方ではボーデの法則がはたして正しい法則であるか否かについても疑問がなげかけられたのであった。

ところで、ボーデが右の数列にはじめて着目した当時（一七七二年）には、惑星系は土星までの六個の惑星が発見されていたにすぎなかったが、十年後の一七八一年に、イギリスの天文学者ウィリアム・ハーシェル（W. Herschel, 1738–1822）によって、土星の外側に新惑星として天王星が発見された。この新惑星の太陽からの平均距離は、ボーデの法則に示されている数値とほとんど一致することが分かった。このことによって、ボーデの法則に対する信頼はいっそうたかめられた。もっと端的に言えば、火星と木星の間で順番を一つだけとばすという巧妙な作為によってこの法則性を粉飾する代わりに、この間隙（数列で28にあたる箇所）に未発見の惑星が存在するに違いないと考えた方が、より合理的であるとの見方が強まったのである。問題の惑星が発見される期待はいやがうえにもたかまり、当時ドイツでは、アマチュア天文家ヨハン・シュレーテル（ハノーヴァの近くのリリエンタールに天文台をもっていた）を団長とする専門の天文学者たちによる新惑星の探索団まで組織され、惑星軌道に近い黄道付近の観測活動が熱心に続けられることになったという。このような機運のうちに十八世紀末が終わった。そして、十九世紀の幕開けを飾るにふさわしく、一八〇一年一月一日、問題の新惑星が発見された。ただし、ドイツ国内ではなく、はなはだ皮肉にも、上記の団体に属さないところの、イタリアの南端、シチリア島のパレルモ天文台のピアッツィ（Giuseppe Piazzi, 1746–1826）によって発見されたのであった。

新惑星は、まさしく火星と木星との間のある間隙に、それもボーデの法則が示す既知の数値の箇所（太陽からの平均距離が数列にして28となるべき場所）にあった。この新惑星はケレス（Ceres）と命名された。それは、ピアッツィが発見してからちょうど一年の後、ドイツの天文学者オルバース（H. Olbers, 1758–1840）によって再確認された。その三カ月後の一八〇二年三月二十八日に、彼は偶然にも、かつてケレスが発見されたと同じ場所に、別の小さな惑星を発見したのである。これもケレスと同じく火星と木星の間を運行する惑星であることが判明した。これがパラス（Pallas）である。オルバースの仮説によれば、もともと一個の惑星であったものが爆発していくつもの小さな惑星に分裂したとされ、ケレスとパラスはその破片ではないかという。一個の惑星が爆発して多数の破片に分裂したとするオルバースの惑星生成説は、惑星の成因に対する一つの仮説として説得力をもったものと言える。これらの破片はもっと多く存在するはずとのオルバースの予想に従って、一八〇四年にはハルディングによってユノ(Juno)が発見され、一八〇七年に再びオルバースによって、ヴェスタ(Vesta)が発見された。これら四個の惑星は、いずれも火星と木星の間を運行しているものだが、太陽系の他の惑星と比較してきわめて小さいという共通点から、W・ハーシェルの提案によって、他と区別するために、これを総称して「小惑星」(Asteroid)と名づけられることになった[48]。

その後、小惑星の発見は多くを数え、現在ではその数は、軌道の確認されるものだけでも約四、〇〇〇個に及ぶと言われる(最後の一行は、訳者の二十年前の調査によるもの)。

注

(1) ケストナー(Abraham G. Kästner, 1719–1800)は、ゲッティンゲン大学の数学教授、かたわら奇抜な警句をからめた格言的短詩、つまり寸鉄詩の作家としても令名をはせた。いま手紙に引用されているのは、ケストナーの『随筆・雑纂』(Vermischte Schriften, 1783. S. 175)

によったものと推考される。なお後年、ヘーゲルがイエナ期の「自然哲学」において、「テコ(der Hebel)の平衡」を考察するとき、その箇所ではケストナーの主著『応用数学の基礎』(Anfangsgründe der angewandten Mathematik, 1765)が参考文献にあげられている。

(2) オイラー(Leonhard Euler, 1707-83)は、十八世紀数学の「偉人」として一世を風靡した。なお、物理学・天体力学の分野でも、その偉業が評価される。些事ながら、形式論理学で扱われる定言判断の四種(A・E・I・O)のモデルについてSとPの外延の関係から、各々の判断のあらわす意味を図形で示した「オイラーの図式」は、論理に疎遠な人に対しても、知を啓発せしめる試みとして注目される。

(3) ヘーゲルのギムナジウム時代の貴重な証言であるこの手紙が初めて公表されたのは、哲学者の長男で歴史学者カール・ヘーゲル(Karl Hegel, 1813-1901)の編纂になる『ヘーゲル往復書簡集』(一八八七年)においてである。その後、ホフマイスターの編集になる同名の書簡集の第一巻(Briefe von und an Hegel, hrsg. von J. Hoffmeister, Bd. 1, 1952, S. 3-4)に所収。

(4) 訳者が以前たまたま手にした『ヘルダーリン詩集』は、ヨハンネス・ベッヒャー精選、G・ルカーチ序文付き一冊本(F. Hölderlin:Dichtungen, eine Auswahl von Johannes Becher, mit einer Einführung von G. Lukács, Berlin, 1952)であった。それはおよそ六十篇余をおさめた小詩集ながら、この書(四七—四八頁)によって訳者は、頌詩「ケプラー」を初めて知ったのである。かく選集におさめられている以上、「ケプラー」は必ずしも単なる習作と見なされるべきでないのかも知れない。

（5） Hegel:Les orbites des planètes（Dissertation de 1801）, Traduction et notes par F. de Gandt, Paris, 1979. この仏訳書のうち、補遺（2）「テュービンゲンにおけるケプラー覚書」（一七五頁以下）参照。

（6） 松浪信三郎『ヴァリア・ポエティカ——詩と哲学の遍歴』（河出書房、一九七四年）所収、「ヘルダーリンの帰郷」二六五頁以下参照。

（7） バイスナー編『ヘルダーリン全集』（Hölderlin, Sämmtliche Werke, hrsg. von F. Beisner）第一巻、八〇—八一頁。その注釈、三二六頁以下参照。なお、この全集版のテキストに基づく河出書房版『ヘルダーリン全集』1、九八—一〇〇頁参照。また、ド・ガントの右前掲書のうち、一七三—七五頁参照。

（8） 謝罪

聖なる人よ！　わたしは幾たびも　神々に似るあなたの／あの金色《こんじき》の静けさをかき乱した
さらになお／ひとの世の深く秘められた悲痛の数かずを／あなたはわたしから学び知った。／／おゝ　最早忘れたまえ　赦されたし、かのことを！／和《おだ》やかな月にかかるむら雲のごとく　わたしは立ち去ろう／そうすればまた、あなたは昔ながらに静かな憩いのなかで／
美しい輝きを投げかけよう、あまい光よ！／／

右の悲歌《エレギー》は、「別離」とともに、一七九八年フランクフルトでの作と推定される（全集、第一巻、二四八頁）。ひとの世の倫《みち》を踏みはずせない切なさと人生の悲哀をのり越えて、ヘルダーリンは孤高の詩人の境地を歩む。

（9）一方ヘーゲルは、当面執筆の論文中、末尾の「その運命」のくだりを、次のごとき重苦しい言葉で結んでいる。――「神と世界、神的なものと生との対立のうちに存するこの両極のあいだで、キリスト教会はゆきつもどりつ循環を経過したのだが、ある非個体的〔人格的ならざる〕生ける美のなかで安らぎを得ることは、キリスト教会の本質的性格に反することである。そして、教会と国家、礼拝と〔実〕生活、敬虔と徳、聖職〔行為〕と世俗〔行為〕とが、決して一つに融合し得ないということが、キリスト教会の運命なのである」（vgl. Hegels theologische Jugendschriften, hrsg. von H. Nohl, S. 342）。

（10）『一八〇〇年〔フランクフルト〕体系断片』に見られる提言。H・ノール、前掲書、三四八頁。

（11）『差異』論文中、C「シェリングとフィヒテとの哲学原理の比較」のうち、I「哲学原理としての同一性の二つの立場」において示されている定義〔なお本書の同箇所に示す訳注〕参照。

（12）『惑星軌道論』（村上恭一訳、法政大学出版局、一九九一年）、〔付録〕一七一頁参照。

（13）S・グリムの報告「フランクフルトにおけるヘルダーリンとヘーゲル――ヘーゲルの『惑星軌道論』とヘルダーリンの《詩論》考」（Hölderlin-Jahrbuch, Bd. 31, S. 139ff.）――右の筆者S・グリムによると、ヘルダーリンとヘーゲルの共通の関心事は、この際まず天文学なのであって、就中もっと端的に言うと、共通の先輩ヨハネス・ケプラーに対する共感だった。すなわち、ケプラーは一つの惑星が神聖な太陽の周りを楕円を描いて回るという真実をつきとめ、そこから他の「惑星の軌道」も同じように楕円を描くということを帰結したのであり、それによってすべての惑星の運動法則を導出すると共に、地上の世界も天空の世界も同等であることを演繹したというこの偉業に対して、ヘルダーリンとヘーゲルが共感したことに尽きる。二人は、物質の力が外面的に存するというニュートン力学を斥け、むしろケプラーの立場を弁護しようとする。旧友との対話を媒介として、ヘーゲルはフランクフルト時代の終わり（一八〇〇年）までに、『惑星軌道論』の構想を得たものと推考されるのであり、その成果としてのヘーゲルの考えが逆にヘルダーリンの「詩論」（Dichtungs-theorie）に反映していると言える。概して、以上のようなことをグリムは報告している。

（14）拙論「ケプラーの弁明——第一・第二の「法則」発見四百年に寄す」（岩波『図書』一一、二〇〇八年、一一―一七頁）参照。

（15）正式の標題までは決め難いが、おそらく一つは（一八〇一年の）『差異』論文（die Differenz-Schrift von 1801）として成立するに違いない未定稿の束であったと推定される。他は「就職論文」（Habilitations-Schrift）の下書きであったに違いない。すなわち、それは「自然哲学」の領域に属する最初の哲学的論文である。

（16）拙著『哲学史講義』（成文堂、二〇一〇年）二五四頁以下参照。

（17）『フィヒテとシェリングの哲学体系の差異』は、近年、ヘーゲルの哲学体系の基礎を確立した最初の論文として、にわかに注目されるようになって以来、〔一八〇一年の〕『差異』論文（die Differenz-Schrift）という略称が定着したように見える。よって以下、この標記を用いる。

（18）この原書の標題が Differenz（差異）から始まり、本書の内容が同世代の哲学者フィヒテの体系とシェリングの体系の「差異」を論題とするかぎり、この時点で若き著者ヘーゲルの本書によせる熱意と意気込みが、並でないことが如実に窺われる。というのも、若き著者から見て、副題の主役をなすラインホルトはもとイエナ大学教授であり、しかも十九世紀初めの哲学の動向を語る点ではこの道の大家であるのに対し、本書はその意見に異議申立てを企てたものだからである。

(19) ラインホルトの『寄与』(Beyträge) と題されたこの「小冊子」は、一八〇一年から三年まで六分冊にわたって刊行された雑誌である。が、ヘーゲルの『差異』論文では、もっぱら一八〇一年刊行の「第一分冊」が論述を展開するのに恰好の水先案内の役をつとめたのである。

(20) ヘーゲルが『差異』論文の先導役に見立てたラインホルト (K. L. Reinhold, 1758-1823) の業績について、訳者はかつて作成していた手控えをこの箇所の訳注に充てるつもりでいた。が、訳者は若き日、西洋古典・古代学者で知られた岩崎勉教授担当の「西洋哲学史」講義を何年か聴講したことがある。先生は一九二〇年代半ばハイデルベルク大学に留学、ヴィンデルバントの後任、西南学派のリッケルトに師事された。その経歴の然らしめるか、先生は好んでヴィンデルバントの「哲学史」のことをよき範例とされた。訳者がおりよく先生の講義にめぐり合えたのは、わけても名著の誉れ高い『西洋近世哲学史』が、先生の旧知の訳者を得て、文庫本で流布した時期にあたる。それゆえ、カント以後の十八世紀末から十九世紀初頭にかけての哲学の状況の中に立つひとりの哲学者(ラインホルト)の思惟の動向を考慮する手がかりとして、訳者はわが先学の勧めに従って、この書を挙げ該当箇所を示しておく。——ヴィンデルバント

『西洋近世哲学史』（豊川昇訳、新潮文庫、昭和三十一年）第三巻、二二九—五四頁参照。

(21) この箇所については、本書の該当箇所に対する訳注を参照。ただこの際われわれとしては、ヘーゲルがいつ頃から当『差異』論文を構想し、またその主題をめぐって下書きを準備し始めたかを推考してみることが必要である。当面の問題としては、ヘーゲルがフランクフルト時代の最終年にあたる一八〇〇年に、シェリングの『超越論的観念論の体系』（同年三月の日付の序文）が刊行されたわけで、この書を手にしたヘーゲルの精神的衝撃はおそらく想像を絶するものだったろう。時にシェリングはまだ二十五歳、はやくに自然科学の研究に没頭し、天才的洞察により自然哲学に対する基礎的・認識論的基盤を形成・模索するうち、一七九七年頃すでに体系の骨組を仕上げ、万全の推敲を重ねて一八〇〇年ついに、同時代のロマンティークの思想を集大成した美的世界観の体系化を実現したのである。同書、第一章の第二節「超越論的観念論の原理の演繹」のなかで、著者は哲学的思惟活動にとって、「知的直観」という方法がいかに不可欠のものなるかを説いている。そしてこの箇所の参考文献として、シェリングはフィヒテの「知識学への第二序論」（一七九七年）を掲げている（vgl. Schelling, System des transzendentalen Idealismus, hrsg. von R. E. Schulz, Felix Meiner, S. 38)。実際、フィヒテは当の「第二序論」において、「知的直観」こそ、全哲学にとって唯一の確乎たる立脚点であると説いている（vgl. Fichte, Zweite Einleitung, Werke, Bd. 1, S. 466)。いまわれわれの指摘しているヘーゲルの原典《テキスト》の文脈の行間には、以上のような同時代の状況が反映しているものと推考される。

（22）自我は、常に非我によって限定されていて、非我に対して規定を下そうとすると、反撥され、非我に対して反定立にならざるをえない。これを要するに、自我は「自我＝自我」であるとの理論的能力を徹底し得ないことをいう。それゆえ、自我による客観の規定は、かく「自我＋非我」にならざるを得ない。また自我は、純粋自我（自我＝自我）として客観を規定する働きの面をもつが、ひとたび規定を下そうとすると、経験的自我は非我に反撥されて、反定立的とならざるを得ない。この場合の自我は、非我に規定されていて、やはり「自我＋非我」であると言える。かくして、「純粋意識は経験的意識と同等でない」と言われるのは、以上述べた点と同義である。

（23）原書の標題は、『知識学の諸原理による道徳論〔倫理学〕の体系』（Das System der Sittenlehre nach den Principien der Wissenschaftslehre）となっている。なおヘーゲルは、後年（例えば、『ハイデルベルガー・エンチュクロペディー』において）Sittlichkeit と Moralität とを区別して、前者は Sitte（習俗）から発した共同体の生活法則を意味する「人倫」を指し、これに対して後者は個人的規範としての「道徳」（意識）を指すものと解した。『差異』論文当時のヘーゲルは、Sittenlehre を広義に解して、道徳論（＝Ethik）と同義的に用いている。それゆえ、本書では、それぞれの箇所の文脈に即して訳文を作成した。
なお序《ついで》ながら、フィヒテには『道徳論の体系』と呼ばれる倫理学書が二種類あって、目下ヘーゲルが『差異』論文で批評の対象にしているそれは、一七九八年刊行になる初期フィヒテの倫理学書、すなわち「知識学」により名声を得た若き著者がイエナ大学に招かれ、その四年後に成就した待望の書を指す。しかるに、哲学史的知識としては周知のとおり、一八一〇年、ベルリン大学創立に際し、フィヒテが同哲学部長に就任、そしてそれと同時に担当した講義のひとつ、『道徳論の体系』（一八一二年刊）の方が、最晩年のフィヒテの思索の成果たる労作として評判が高いと言える。

（24）「支配と隷従〔主・奴〕の関係」（das Verhältnis der Herrschaft und Knechtschaft）として、この一節の前後に見える想念は、数年後に『精神現象学』において周知の「主奴の弁証法」として定着することになる。この奇抜なアイディアも、実はベルンおよびフランクフルトでの六年ないし七年におよぶ家庭教師時代の原体験から発したヘーゲル自身の屈折した心境が反映しているものと推考される。

（25）自我は、自我としてありながら、常に自己の彼方を目指して自己形成しようと欲する。自我は、かく努力すればするほど自己分裂し、自己に対立することになる。それゆえ、自我はそれ自身において、自己充足することがないのであり、否それどころか、自我の本質を成すのは、「自己分裂」以外の何ものでもないと言える。このテーマも後年、『精神現象学』のうち、周知の「不幸な意識」（das unglückliche Bewußtsein）として、ヘーゲル独自の哲学的思惟に高められることになる。

（26）本章Bは要するに、端的に言うと、人間の行動に関する伝統は、「習俗」（Sitte）のうちに表現されており、この習俗の思想は「法」（Gesetz）を通して述べられ、しかもこれによって統轄された「共同体」が、「国家」（Staat）に他ならない。——これら三つ巴《どもえ》の関係について、ヘーゲルがフランクフルト時代にフィヒテの「自然法」および『道徳論』（Sittenlehre）を読み、それらを拠りどころに批評しながら、自らの見解を語っていると言えるのではなかろうか。——本章を読んでの訳者の単純な感想を、注ならざる注として末尾に書き添えておきたい。

（27）因にこの論文は、レクラム文庫にも所収、原文ではわずか五〇頁ばかりの小冊子。同第二版の序文とともに、また付録としてシェリングの前掲論文についての同時代の雑誌の批評文も収められていて、フィヒテの知識学との関係が当時どう受けとめられていたか、その反響の様子も窺われる（vgl. J. G. Fichte, Über den Begriff der Wissenschaftslehre, hrsg. v. E. Braun, S. 83ff., 1972, Reclam）。

（28）一七九七年、フィヒテは『哲学雑誌』をニートハンマーと共同編集することとなり、この年同誌に論文「知識学への第一序論」、および同「第二序論」を発表した。いわゆる無神論論争は、この翌年同誌に寄せた論文に端を発する。

（29）この忌まわしい事件のゆえに、フィヒテはイエナ大学を辞職し、一私人としてベルリンへ旅立つ。確かにこの一件は、フィヒテの人生にとっては不幸な出来事だったが、イエナを離れたことで、旧友シェリングとの「往復書簡」という副産物を後世に遺すこととなった。かくして、いまではこの学術的資料は、両哲学を学ぶ者にとってよりよき手引きともなる。—— vgl. Fichte-Schelling Briefwechsel, Einleitung von W. Schulz, 1968（『フィヒテ - シェリング往復書簡』ウニベルシタス叢書、法政大学出版局、一九九〇年）参照。

（30）右同書、一四五頁以下参照。

(31) この当時は、ロマン主義の時代とも重なり、文学においても哲学思想においても、様ざまな表現形式が試みられた。書簡体もその一つで、ある意味で時代の趣向を反映したようにも見える。例えば、ラインホルトの第一作は『カント哲学に関する書簡』、それと前後してヤコービの『スピノザの学説について』も書簡体である。シェリングにとって雛形となったのは、シラーの『哲学的書簡』(Philosophische Briefe, 1786) だったかも知れない。この場合、シェリングが書簡体を選択したのは、当人が「脱フィヒテ」の心境を告白するのに主観的な手紙文をもってよしとしたからであろう。図らずも三十余年前、旧友による右同書所収のシェリング初期著作の訳書が成った。いま、これにより当面の箇所に的確な要約を示しておきたかったが、わが読みの進展ならざるを恥じ、これを断念した。いま重ねて旧友の訳書を記し、その労を多としたい。『シェリング初期著作集』(日清堂書店、一九七七年) 一三一—二〇二頁参照。

(32) 当面問題の論文の成立について、シェリング自身の説明によると、それは元来「知識学の観念論に対する注解論考」(Abhandlungen zur Erläuterung des Idealismus der Wissenschaftslehre) との標題で、一七九六年と九七年中に書かれたものであり、初めて雑誌に公表されるに際し、前記の標題に改題されたのである。が、後年一八〇九年にシェリング著作集の編纂の際、その所収にあたって、本論考は最初の標題に戻し校定されたという (vgl. F. W. J. Schelling : Schriften von 1794-98, [Wissenschaftliche Buchgesellschaft, 1975] S. 225ff.)。

(33) H・グロックナー『ヨーロッパの哲学』(樫山欽四郎監修、早稲田大学出版部、一九六七年) 八〇四頁参照。

(34)『フィヒテ－シェリング往復書簡』、前掲、一二一頁参照。
(35)「わが哲学体系の叙述」(Darstellung meines Systems der Philosophie) は、一八〇一年、シェリングによって編集・刊行された個人雑誌『思弁的物理学雑誌』第二巻(第二分冊)(Schelling: Zeitschrift für spekulative Physik, Bd. 2 [Heft 2], hrsg. von M. Durner, F. Meiner Verlag, 2001) に発表された。なお第二分冊は、この「叙述」論文のみ所収、小冊子とはいえ、百数十頁に及ぶ力作。なお、この雑誌は、この二巻で中断された。
(36) G. Biedermann : G. W. F. HEGEL. Urania Verlag Leipzig, Jena 1981. S. 54ff. (ビーダマン『ヘーゲル・伝記と学説』尼寺義弘訳、大月書店、一九八七年、五一頁) 参照。この頁に、上記の日付を明記して提出されたヘーゲル自筆の申請書の写真が挿入されている。
(37) K. Rosenkranz : Hegels Leben, Berlin 1844. S. 147 (ローゼンクランツ『ヘーゲル伝』中埜肇訳、みすず書房、一九八三年、一四一頁) 参照。
(38) ローゼンクランツの解釈については、拙訳『惑星軌道論』付録IIを参照 (vgl. Th. Haering : Hegel. Sein Wollen und sein Werk. I. Leipzig 1929. S. 759-62 ; H. Glockner : Hegel. II. Stuttgart 1940. S. 239-44)。
(39) 哲学者の実弟カール・シェリング (Karl E. Schelling, 1783-1855) は、その当時、兄の影響を受け、自然科学分野のうち医学専攻の学生であった。後年、『特殊形態の生命論』(Dissertatio de idea vitae praecipue formis, 1805) により、テュービンゲン大学で学位を取得。そして、出身地の中心都市シュトゥットガルトで開業。ヘーゲルの未婚の妹クリスティアーネは、四十代の頃から鬱病を持病としたが、その治療にあたったのが当カール・シェリング医師だったという（vgl. Hegel : Correspondance. I. traduit, par J. Carrère, Gallimard, 1962. pp. 394, 398, 425f.）。

（40）訳者は、まず第一に本書を手にする読者のために、ヘーゲルが若き日に就職論文および討論テーゼの提出方法をめぐってどれほど苦慮したか、その経緯の一端をここに報告した次第である。この一節を草するにあたって、訳者はとりわけ A. Гульга : Гегель, Москва, 1970, C. 40-46 に依拠した。

（41）Th. Haering : op. cit. S. 702 ff. なおもっと具体的には、ヘーゲルがシュトゥットガルト・ギムナジウムに在学中のときに書いたとされる「数量の表象に関する若干の考察」“Einige Bemerkungen über die Vorstellung von Grösse”（datiert 14, Mai, 1787）と題する習作を参照（“Hegel-Archiv”, hrsg. v. G. Lasson, Bd. Ⅲ, Heft 2, 1916, S. 40-42）。またこの小論は、最近、「ヘーゲル大全集」（G. W. F. Hegel Gesammelte Werke, hrsg. v. der Rheinisch-Westfälische Akademie d. W. Hamburg 1968–）の第一巻に収録された（“Frühe Schriften I.” hrsg. v. F. Nicolin und G. Schüler, 1989. S. 40-41）。

（42）Rosenkranz : op. cit. S. 151.（『惑星軌道論』付録Ⅰ、一七一頁参照）。

（43）K. Fischer : Hegels Leben, Werke und Lehre, 1. Teil. 2. Auflage, Heidelberg 1911. S. 233.

（44）『ティマイオス』種山恭子訳（「プラトン全集」12、岩波書店、一九七五年）四一―四四頁参照。

（45） C. Bonnet : Betrachtungen über die Natur. Amsterdam 1766.
（46） J. E. Bode : Anleitung zur Kenntnis des gestirnten Himmels. Hamburg 1772.
（47） M. M. Nieto : The Titius-Bode Law of Planetary-Distances, Its History and Theory. Oxford 1972.
（48） 平山清次『小惑星』（岩波書店、昭和十年）九頁参照。

訳者あとがき――わがセピア色の心象風景から

一九六一年（昭和三六）五月、樫山欽四郎著『ヘーゲル精神現象学の研究』刊行、奇しくもこの年度、先生から卒論指導を受けたことをもって、学業をお終《しま》いにするつもりでいた。しかるに、右書中の魅惑的な問いかけが、私の人生を狂わせた。かくてそれから八年、何とも陰鬱なわが院生時代が始まる。慌ただしい前期課程の報告として、恥ずかしながら、「キルケゴールのヘーゲル批判」なる論文をもって修士論文にあてた。いま思い起こすに、右の研究課題をめぐっては、恩師の他に、松浪信三郎、川原栄峰両先生から身にあまる懇切なご指導にあずかることとなった。

その当時、私の在籍していた文学研究科には、多種多彩な学友がいた。例えば、仏文専攻の何某は、松浪先生担当の「サルトル『存在と無』講読」に夢中であったし、また独文専攻の何某は、浅井真男先生担当の「ヘルダーリン詩論講義」に出席し、当の天才詩人に熱中していた。

そして時おり彼は、おりよく本邦初訳になる『ヘルダーリン全集』をかかえてきて、その形而上学的な詩のいくつかを選び解釈してみせてくれたものである。

さて、わが師担当の「ヘーゲル『精神現象学』講読」は、冒頭の書の人気も加わって、哲学専攻以外の右にいう院生仲間をも惹きつけ、常時二十名以上の聴講生を得て盛況にあった。おりよく一九六六年、現在平凡社ライブラリーに収められた、先生の独特の語りによる邦訳書が刊行された。その頃は、いつ果てるとも知れぬと思われたこの講座も、まだ学園紛争の冷めやらぬとき、当の先生が忽然として不帰の客となられ、あっけなく幕を閉じた。その後一時《いっとき》して、私より三歳ばかり年長で同門のヘーゲル学者・出口純夫氏から、『精神と言葉』と題するヘーゲル研究書が届いた。それは、学位論文として「先師の霊前に捧げる」にふさわしい力作である。先年、その出口純夫兄も急逝した。いまも、この書を開くと、懐かしいあの頃の光景がセピア色となって凝固する。

このほど、故出口氏の引き合わせかとも思える縁で、平凡社ライブラリー編集部の保科孝夫氏に巡り会う機会を得た。――私の長い灰色の青春時期、ただ「ヘーゲル学にまなぶ」との素心から、当の哲学者のイエナでの第一歩の心境を慕い、その処女作につき三十年余、断続的に読みつないだ「手控え」が、保科孝夫氏のご尽力により、「初期哲学論集」として上梓されることとなった。訳者のよろこび、これに過ぎるものはない。また最後に、校正刷を通読して下さった法政大学講師越部良一氏に対しても心よりお礼を申し上げたい。

二〇一三年五月

湘南、腰越の仮寓にて

村上恭一

平凡社ライブラリー　787

ヘーゲル初期《しよき》哲学《てつがく》論集《ろんしゆう》

発行日…………2013年５月10日　初版第１刷

著者……………G. W. F. ヘーゲル
訳者……………村上恭一
発行者…………石川順一
発行所…………株式会社平凡社
〒101-0051　東京都千代田区神田神保町3-29
電話　東京(03)3230-6579[編集]
東京(03)3230-6572[営業]
振替　00180-0-29639

印刷・製本 ……中央精版印刷株式会社
ＤＴＰ…………株式会社光進＋平凡社制作
装幀……………中垣信夫

ISBN978-4-582-76787-2
NDC 分類番号134.5
B６変型判（16.0cm）　総ページ548

平凡社ホームページ　http://www.heibonsha.co.jp/